德国刑法总论

【当代德国法学名著】

当 代 德 国 法 学 名 著
Repräsentative Deutsche Rechtsliteratur der Gegenwart

德国刑法总论

Strafrecht Allgemeiner Teil

[德] 约翰内斯・韦塞尔斯/著
Johannes Wessels

李昌珂/译

法律出版社

图书在版编目(CIP)数据

德国刑法总论:犯罪行为及其构造/(德)韦塞尔斯著;李昌珂译. —北京:法律出版社,2008.9(2016.12 重印)
ISBN 978-7-5036-8757-0

Ⅰ.德…　Ⅱ.①韦…②李…　Ⅲ.刑法—研究—德国
Ⅳ.D951.64

中国版本图书馆 CIP 数据核字(2008)第 133686 号

责任编辑/卫蓓蓓　卞学琪　　**装帧设计**/李　瞻

出版/法律出版社　　**编辑统筹**/对外合作出版分社
总发行/中国法律图书有限公司　　**经销**/新华书店
印刷/三河市龙大印装有限公司　　**责任印制**/吕亚莉

开本/850 毫米×1168 毫米　1/32　　**印张**/18.25　**字数**/417 千
版本/2008 年 11 月第 1 版　　**印次**/2016 年 12 月第 2 次印刷

法律出版社/北京市丰台区莲花池西里 7 号(100073)
网址/www.lawpress.com.cn
投稿邮箱/info@lawpress.com.cn　　**销售热线**/010-63939792/9779
举报维权邮箱/jbwq@lawpress.com.cn　　**咨询电话**/010-63939796

中国法律图书有限公司/北京市丰台区莲花池西里 7 号(100073)
全国各地中法图分、子公司销售电话:
统一销售客服/400-660-6393
第一法律书店/010-63939781/9782　**西安分公司**/029-85330678　**重庆分公司**/023-67453036
上海分公司/021-62071010/1636　**深圳分公司**/0755-83072995

书号:ISBN 978-7-5036-8757-0　　**定价:**45.00 元
(如有缺页或倒装,中国法律图书有限公司负责退换)

本书翻译得到德意志学术交流中心
和德国科学基金协会的支持

**Die Übersetzung erfolgte mit
Unterstützung des DAAD und
des Stifterverbandes der Deutschen Wissenschaft**

当代德国法学名著总序

当代德国法学名著译事之缘起，在乎“取法人际，天道归一”之理念。

天地渺渺，众生芸芸；然天地何以长存不灭，众生何以繁衍不息？此中必有亘古于今之一般法则。天地者，自然之谓；众生者，乃自然所赋生灵之长，人也。而人所以居万物之首而为生灵之长，概因其不仅是生于自然，而且还能领悟于自然，进而以理性和智慧的劳动创造受益于自然。由此而论，天地间至真至善至美，莫过于人与自然之和谐融合。正如庄子所说：“知天之所为，知人之所为者，至也。”而中国哲人所言“天人合一”，实际表明着人类的最高智慧和境界。但是，最高的智慧未必是功利的智慧，最高的境界往往不是现实的境界，此乃人类虽为万物灵长，但又归于万物的本性使然。尽管不无缺憾，但却理所当然。纵观古往今来，可知人类始终是在理想与现实、理性与物性的矛盾状态中存在发展。不过，人出于其自然本性但又以其理性确认的社会秩序，又使之在这种永远不会解消的矛盾状态中生存发展成为可能。

自古以来，食色之性、交往之需、名利之求、功德之义，无论国人洋人、权贵庶民，众生莫不有之；惟每人认取之价值，或此或彼因人因地因时而异。但基于人之本性所产生的社会，无论东方西方，必然有其共性。于是有老子的古训："人法地，地法天，天法道，道法自然。"而希腊的斯多噶哲人也说："按照自然而生活。"由此可知，同属自然之人类，本有其共同的理念与法则。以法律而言，中国、西方法律虽文化传统各异，然毕竟都是人类社会的法律，必然有其共同的人性内涵。所以，考察法律，应着眼超越地域、国度和民族，甚至超越时空的人际层面，努力发现本来属于整个人类的理念和规范，并在此基础上寻求并促进人与人、民族与民族、国家与国家之间越来越普遍深入的交往。吾人之规可为他人所取，他人之法可为吾人所用，概其皆出乎人之本性。所以"取法人际，天道归一"，当为人类社会法律进步之最高思想境界。以迄今历史度之，人类生存发展的必然趋势是越来越普遍深入地相互结合和依赖，经济的全球化和文化的世界化正在相辅相成地迅速演进。在人类发展进程中，产生于人类本性的共性愈多愈充分地为人所认识，则人与人之间、国家与国家之间的交往就愈可能有效和平地进行。作为人类社会的行为规范，任何国家的法律都是人与人之间实现交往、确定关系及秩序的最重要途径。就此而论，可断言未来人类的发展与和平，很大程度上将取决于全人类在法律法则上的沟通与趋同。

本着取法人际或取法自然的理念，当代德国法学名著译事拟系统全面地翻译当代德国法学具有代表性的学术成果。因为德国法不仅为可取之一方法律，而且还与当代中国法制有着特殊的关联。事实上，当代中国内地与台湾地区的法制是基于清末民初之际的法律改制发展而来。当时采纳了欧洲大陆法系法制模式，而其中又以汲取德国法律，特别是民法、刑法居多。不仅如此，20 世纪以来中国法制和法学的发展还颇受德国法制和法学的影响，现今中国法制和法学的不少思路实际都与后者有关联。因而，中国法制建设和法学进步自然更容易从德国法制与法学中获得启发。此外，由于近代德国历史法学派和学说汇纂学派对罗马法和罗马普通法的系统研究与整理，近现代德国法学形成并获得了其本身独有的特色，其丰富成熟的法律理论与教条，恰恰是目前乃至21世纪我国法学与法制建设所迫切需要的。

当代德国法学名著的选题范围包括法哲学和法的基本理论、国家法、法律史、民法和商法、经济法、刑法、国际私法等内容。选题标准是：德国乃至欧洲法律界已经普遍公认为经典的名著，或在德国普遍使用的有代表性的教科书。与此同时，亦根据我国的实际需要翻译介绍一些有关法律文化背景方面的工具书和著名法学家的传记。初步选题首先由德国学者提出，然后由编委会综合各方面意见，最后根据我国实际需要确定翻译选题。为保证翻译质量，翻译工作严格采取译、校和三审程序。每部译著由一责任编委审阅或校对。译稿一审通过后，编委会和编辑部就一审提出的问题召开由德国教授和有关译者参加的翻译工作会议；在此基础上，译者还专程前往德国与作者或有关学者探讨翻译的疑难和细节问题。在此方面，德意志学术交流中心（DAAD）提供了有力的支持。在赴德改稿基础上提出的第二稿通过二审后，由译者进一步修改、润色定稿，复经审阅后交付出版社。

系统翻译德国法学名著的想法由来已久，但正式酝酿于1997年秋，经过近一年的准备筹划，于1998年秋开始实施，拟于2005年完成全部选定书目的翻译。应该说，德意志学术交流中心的霍恩贝格尔先生（U. Hornberger）和法律出版社社长贾京平先生对促成此项翻译计划起了重要作用，黄闽总编亦助之鼎力。而此项翻译计划能够顺利实施，亦诚有赖编委会和编辑部各位同仁的共同志趣和辛勤工作。六位德国著名学者：考夫曼（A. Kaufmann）、克茨（H. Kötz）、克努特尔（R. Knütel）、何意志（R. Heuser）、孟文理

(U. Manthe)和胜雅律(H. von Senger)教授在计划拟定、选题推荐和具体翻译工作中均给了我们以宝贵帮助。德国大使馆柯灵博士(T. Klinner)、李雅思先生(M. Licharz)和毕满天先生(M. Biermann)以多种方式推动此项翻译计划。德意志学术交流中心驻京办事处主任史翰功(H. Schmidt)博士、施密特—多尔(T. Schmidt-Dörr)博士和该中心波恩总部的比尔克(Klaus Birk)博士亦对此计划给予了热情和有力的支持。德国跨国基金会(Inter Nationes)对部分书目的出版提供了支持。特别要提及的是,江平、谢怀栻、潘汉典等法学界前辈对于此项工作始终给予着关注和支持,中国政法大学有关部门亦对我们的工作提供了帮助。法律出版社张波、卞学琪先生对出版工作兢兢业业、认真负责;朱宁女士和她的同事也一丝不苟、精益求精。在此,谨对上述所有法律界同仁和有关机构表示由衷的谢意。我之所愿,所有参与此项计划和给予该计划关注和支持的人,都能从此处呈献的工作成果中得到虽非物质的,但却真实诚恳并有长久价值的酬劳。因为,倘若这些成果能够在21世纪和中华崛起之际被赋予些微历史和现实意义的话,那么它将胜于所有致谢和嘉言。

米　健

2005年秋于京城蓟门

德文第二十七版序

对本卷的这次再版，我对书中的整个讲解作了改编、补充和修改。至1977年4月的相关立法、司法判决和书籍被结合其中。对于竞合说（案例17，边码750及之后）的讲解，则是结合了联邦议会1997年5月15日决定的对《刑法典》第177～179条的改革（联邦议会，印刷品13/7324）而产生的很快将要生效的法律上的变更。这里具有重要意义的有《刑法典》第178条、第237条今后将要废除，因为它们的适用范围被扩展了的新版本的第177条所覆盖。

我要感谢我的儿子、律师汉斯·乌尔里希·韦塞尔斯博士，他给予了我很有价值的协助。此外，我在这里要感谢对本卷的这次再版提出了建议或者给我寄来了自己发表论著的所有的人。

约翰内斯·韦塞尔斯

1997年5月于明斯特

德文第一版序

法学教科书“重点”系列的目的和特点，已在系列第一卷的前言中有了描述，不再赘言。

本卷的所讲，限制在德国刑法“总则部分”的从释义学角度的重点之上，也就是说有意识地放弃了对极其丰富的材料进行加工，特别是有意识地放弃了对行为的具体“法律后果”（刑罚、处分、缓刑）进行展开。根据从教学的视角选择出来的法律案例，即一步步地发展了刑法体系的基础——该体系对于学界涌现的现代潮流给予了空间。通过这种过程的讲解，希望能够帮助初学者容易地进入“总则部分”这个到今天仍是一个引起激烈争论的问题之中；对于高年级学生和毕业后的实习生，则希望起到快速地对释义学的核心问题有个整体的概观和对参加国家考试起到复习最重要的科目范围的作用。但是，对司法判决和相关书目的提示，旨在给深入的学习阶段和更高要求的教科书提供指引。

对于刑法上的行为概念、故意的和过失的作为犯、不作为犯和竞合理论，本著以特别的章节加以讲解。讲解所依照的是正处在成为主流势头中的“社会行为说”和“限制责任说”，也就是说本著所持的观点立场，是居于“极端—目的”学说和较老的、正在失去影响的“古典系统”之间。

我的助手卡尔－奥托·贝克曼、德特勒夫·多厄宁和鲍尔·恩斯特·奎林先生，我在这里谨向他们的大力协助表示最衷心的感谢。

韦塞尔斯

1970年1月于明斯特

翻译凡例

《当代德国法学名著》丛书的翻译工作依下述规范进行：

一、结构

以原著标题编码为基础，采取国内学术著作与译著通常采用的标题编码顺序，如：编、章、节、一、（一）、1、（1）、a、（a）。

二、译名

1. 人名

外国人人名以音译为原则，依次参照商务印书馆的《德语姓名译名手册》、大百科全书出版社的《简明大不列颠百科全书》中文版、上海译文出版社的《德汉词典》所附的人名译名表和《外国人名词典》确定；上述工具书中没有的，参照商务印书馆的《德语姓名译名手册》所附的人名音译表确定译名。但上述工具书所确定的人名译名与学界通行的译法不一致时，以后 者为准，如：T. Mommsen——蒙 森；Kierkegaarde——克尔凯戈尔；Schopenhauer——叔本华；Justinianus——优士丁尼……按照上述方法仍然难以确定的译名，由"当代德国法学名著"编译委员会和编辑部讨论确定。

2. 地名

外国地名以音译为原则:一律根据中国地名委员会编、商务印书馆出版的《联邦德国地名译名手册》和中国大百科全书出版社出版的《世界地名录》确定译名。

3. 其他译名

书名、学派名、机构和团体名称一律以意译为原则,并且参照《简明不列颠百科全书》中文版和有关工具书确定译名。依照工具书未能确定者,依照通行译名确定。如:Digesten——学说汇纂、Reusus modernus pandectarum——学说汇纂现代实用、Historische Rechtsschule——历史法学派、Pandenktenwissenschaft——学说汇纂法学……

所有人名、地名、书名、专用术语及机构名称第一次出现时,均在圆括号内注明原文,重复出现时不再标明原文;人名重复出现时,仅取其姓氏中译或附加其名字中译的首字,如:迪·克斯勒(Dirk Käsler)。

三、相关规范

1. 重要概念或原文提示词句

原文正文中采用斜体或其他特殊字体的重要概念或提示文字,译文一律使用楷体,并用圆括号注明原文。原文中说明性文字或阐释性文字一律用小一号宋体排出。

2. 注释

(1)原文注释一律采用脚注,按原著注释顺序编码。一般采用连续编码或以章为单位连续编码的方法。

(2)译者注亦采用脚注,以“*”号标出,如:*、**、……凡译者注均列于原文脚注之后。

3. 补充性或说明性文字

原文中使用不同字体,具有注释、补充或说明性的字句或段落依据原文体例,或采用楷体,或提行采用小一号宋体,以示区别。

4. 争议名词和箴言或谚语

(1)有争议的名词在译文后用圆括号注明原文;

(2)箴言或谚语亦在译文后用圆括号注明原文;

(3)对争议名词、箴言和谚语附加必要的译者注并注明依据或来源。

5. 原文有边码者,译文按照原著标明边码。

四、标点符号

1. 书名号

著作、论文和期刊的名称均冠以书名号。

法律、法规名称使用全称的,使用书名号;使用简称的,不加书名号。

2. 引号

引号(包括单引号和双引号)的使用与原著一致。

3. 方括号

标明作者国籍,一般采用该国译名的第一个汉字,加方括号。

有必要重复使用括号时,方括号内使用圆括号。

4. 星号

仅在译者说明文字场合使用。

五、缩略语表

原著缩略语表均依原著体例译出以双语列于篇首。

六、索引和附录

1. 原著索引以双语形式保留,先外文后中文,并采用原著使用的顺序;索引文字所在页码以原著为线索,原则上按译文页码注明。

2. 原著的附录一般均作相应的译文附录。

德文缩略语索引

aA	其他观点
aaO	出处同上,该书
abl.	反对,否定
Abs.	款
AcP	民事法律实践档案
AE	刑法典选择性建议,总则,1966 年(1969 年第 2 版)
aF	旧文本
AK-	选择性刑法典评释
AktG	证券法
Alt.	选择性
Anm.	评语
ARSP	法哲学和社会哲学档案
Art.	条
AT	总则
BayObLG	巴伐利亚州高等法院
BayObLGSt	巴伐利亚州高等法院刑事判决汇编
BBG	联邦公务员法
betr.	有关的
Bd.	卷
BGB	民法典
BGBl	联邦法律公报
BGH	联邦最高法院
BGHSt	联邦最高法院刑事判决汇编

BGHZ	联邦最高法院民事判决汇编
BJagdG	联邦狩猎法
BRRG	公务员法的框架法
BT	分则
BT-Drucks.	联邦议会印刷品
BtMG	麻醉品法
BVerfG	联邦宪法法院
BVerfGE	联邦宪法法院判决汇编
bzw	或者,更确切地说
CR	计算机与法律
DAR	德国汽车法
dh	也就是说
Diss.	博士论文
DJT	德国法学者大会
DtZ	德国法律杂志
E 1962	1962 年刑法典草案(联邦议会印刷品,IV/650)
EGBGB	民法典引导法
EGStGB	刑法典引导法
Einl.	导言
Erg.	结果
EST	为年轻法学人编辑的判决汇编
EuGRZ	欧洲基本法杂志
evtl.	可能发生的
EzSt	刑法和违反秩序法判例集
FamRZ	全体家庭法杂志
Festschr.	纪念文集

ff	以下,之后数页
GA	戈尔特达默刑法档案
Gedschr.	怀念文集
GG	德意志联邦共和国基本法
GmbHG	有限责任公司法
GrS	刑事大判决委员会
GVG	法院组织法
GV NW	北莱茵—威斯特法伦州法律和条例公报
HESt	最高法官刑事判决
hL	主流理论
hM	主流意见
HRR	最高法官判例集
Hrsg.	主编
idF	在这个文本中
ieS	在狭义上
IRG	国际刑事法律协助法
iS	在……意义上
iwS	在广义上
JA	法学工作报
JGG	青少年法庭法
JMBl NW	北莱茵—威斯特法伦州司法部公报
JR	法学环视
Jura	法学培训
JuS	法学教育
JW	法学周报
JZ	法学者报

KastrG	关于自愿阉割和其他治疗方法的法律
KG	柏林高等法院
KO	破产条例
Lb	教科书
LG	州法院
LK-	刑法典莱比锡评释集
Lkw	机动车
LM	作为工具书的联邦最高法院判例集,主编:林登迈尔、默林等
LZ	莱比锡日报
MDR	德国法律月刊
MedR	医事法
MRK	1950 年 11 月 4 日关于保护人权和基本自由的公约
MschrKrim	犯罪学和刑法改革月报
mwN	进一步的证明
nF	新文本
NJ	新法学
NJW	新法学周刊
NK-	洛默斯刑法典评释
Nr	号码,项,点
NstE	刑法判决新汇编
NStZ	新刑法杂志
NZV	新交通法杂志
OGHSt	英国占领区最高法院刑事判例集
ÖJZ	奥地利法学者报
OLG	州高等法院
OLGSt	州高等法院刑事和刑事诉讼法判例集

OrgKG	1992年7月15日颁布的反非法毒品交易及以其他形式的有组织性犯罪法
OwiG	秩序违反法
RG	帝国法院
RGBl	帝国法律公报
RGSt	帝国法院刑事判决汇编
Rn	边码
RPflG	法定监护人法
RVO	帝国保险条例
S.	句子,页码
SchlHA	石勒苏益格—荷尔斯泰因报告
SchlHOLG	石勒苏益格—荷尔斯泰因州高等法院
Sch-Sch-	申克—施罗德刑法典
SchwZStr	瑞士刑法杂志
SFHÄndG	1995年8月21日颁布的妊娠和家庭援助改变法
SK-	刑法典系统评释
Sog.	所谓的
SoldG	军人法律地位法
StGB	刑法典
StPO	刑事诉讼法
StrÄndG	刑法修改法
StrRG	刑法改革法
StrVert	刑事辩护人杂志
StVG	道路交通法
StVO	道路交通条例
StVollzG	关于执行自由刑和剥夺自由的保安处分措施法
StVZO	道路交通许可条例
ua	除了别的之外;此外,另外,其中(还)有

usw	等等
uU	可能,也许
vgl	比较,参考
VOR	交通法和违反秩序法杂志
VRS	交通法汇编
VVG	保险合同法
WaffG	武器法
WiKG	反经济犯罪法
WStG	军事刑法
zB	例如
ZPO	民事诉讼法
ZRP	法律政策杂志
ZStW	整体刑法科学杂志
zust.	赞同性的
ZVG	强制拍卖与强制管理法

参考书目

瓦瑟尔曼(Wassermann)主编:《选择性刑法典评释》,第1卷,1990年,(Alternativkommentar zum Strafgesetzbuch, Bd. 1)。

鲍曼(Baumann)/韦伯(Weber)/米奇(Mitsch):《德国刑法总则》,第10版,1995年(Strafrecht, Allgemeiner Teil, 10. Auflage 1995)。

贝尔茨(Berz):《形式的构成要件实现和实质的法益保护》,1986年,书中引用:《法益保护》(Formelle Tatbestandsverwirklichung und materieller Rechtsgüterschutz, 1986. Zitiert: Rechtsgüterschutz)。

布莱(Blei):《德国刑法总则》,第18版,1983年(Strafrecht Ⅰ, Allgemeiner Teil, 18. Auflage 1983)。

布洛伊(Bloy):《刑法上的作为归责类型的参加形式》,1985年(Die Beteiligungsform als Zurechnungstypus im Strafrecht, 1985)。

博克尔曼(Bockelmann)/福尔克(Volk):《德国刑法总则》,第4版,1987年(Strafrecht, Allgemeiner Teil, 4. Auflage 1987)。

布格施塔勒(Burgtaller):《刑法上的过失犯》,1974年(Das Fahrlässigkeitsdelikt im Strafrecht, 1974)。

登克尔(Dencker):《因果性与整个行为》,1996年(Kausalität und Gesamttat, 1996)。

多纳迟(Donatsch):《过失犯中的注意测量和结果》,1987年(Sorgfaltsbemessung und Erfolg beim Fahrlässigkeitsdelikt, 1987)。

埃伯特(Ebert):《德国刑法总则》,第2版,1994年

(Strafrecht, Allgemeiner Teil, 2. Auflage 1994)。

埃塞尔(Eser)/布克哈特(Burkhardt):《德国刑法Ⅰ、Ⅱ》(法学研究教程),第4版,1992年(Strafrecht Ⅰ,Ⅱ, Juristischer Studienkurs, 4. Auflage 1992)。

弗兰克(Frank):《德国刑法典》,第18版,1931年(Strafgesetzbuch, 18. Auflagc 1931)。

弗罗恩德(Freund):《结果犯和不作为》,1992年(Erfolgsdelikt und Unterlassung, 1992)。

弗里施(Frisch):《故意和风险》,1983年(Vorsatz und Risiko, 1983);《符合构成要件的举止和结果的归责》,1988年(Tatbestandmässiges Verhalten und Zurechnung des Erfolgs, 1988);"排除不法以及/或者罪责的认识错误",载埃塞尔/佩隆主编:《正当化和免予责任》(Ⅲ),1991年,书中引用:《认识错误》(Der Irrtum als Unrechts-und /oder Schuldausschluß, in: Eser/Perron [Hrsg.],Rechtfertigung und Entschuldigung Ⅲ, 1991, S. 217. Zitiert: Irrtum)。

加拉斯(Gallas):《犯罪论文集》,1968年(Beiträge zur Verbrechenslehre, 1968)。

格塞尔(Gössel):《刑法,案例与解答》,第7版,1997年(Strafrecht, Fälle und Lösungen, 7. Auflage 1997)。

君特(Günther):《刑法的违反和刑法不法的排除》,1983年(Strafrechtswidrigkeit und Strafunrechtsausschluß, 1983)。

哈福特(Haft):《德国刑法总则》,第7版,1996年(Strafrecht, Allgemeiner Teil, 7. Auflage 1996)。

哈塞默(Hassemer):《刑法基础导论》,第2版,1990年(Einführung in die Grundlage des Strafrechts, 2. Auflage 1990)。

赫茨贝格(Herzberg):《正犯和参与》,1977年(Täterschaft und Teilnahme, 1977)。

希尔施(Hirsch):《消极的构成要件标志的学说》,1960 年(Die Lehre von den negativen Tatbestandsmerkmalen, 1960)。

赫鲁施卡(Hruschka):《按照逻辑—分析方法的刑法》,第 2 版,1988 年(Strafrecht nach logisch-analytischer Methode, 2. Auflage 1988)。

雅科布斯(Jakobs):《德国刑法总则》,第 2 版,1991 年(Strafrecht, Allgemeiner Teil, 2. Auflage 1991)。

耶赛克(Jescheck)/魏根特(Weigend):《德国刑法教科书·总则》,第 5 版,1996 年(Lehrbuch des Strafrechts, Allgemeiner Teil, 5. Auflage 1996)。

阿明·考夫曼(Armin Kaufmann):《不作为犯的释义学》,1955 年(Dogmatik der Unterlassungsdelikte, 1955)。

阿尔图·考夫曼(Arthur Kaufmann):《责任原则》,第 2 版,1976 年(Das Schuldprinzip, 2. Auflage 1976);《责任与刑罚》,第 2 版,1983 年(Schuld und Strafe, 2. Auflage 1983);《刑法责任理论中的不法意识》,1985 年新版(Das Unrechtsbewußtsein in der Schuldlehre des Strafrechts, Neudruck 1985)。

金阿普费尔(Kienapfel):《德国刑法总则》,第 4 版,1984 年(Strafrecht, Allgemeiner Teil, 4. Auflage 1984)。

金德霍伊塞尔(Kindhäuser):《作为犯罪的危险》,1989 年(Gefährdung als Straftat, 1989)。

屈尔(Kühl):《德国刑法总则》,1994 年(Strafrecht, Allgemeiner Teil, 1994)。

屈佩尔(Küper):《力图的开始和共同正犯》,1978 年,书中引用:《力图的开始》(Versuchsbeginn und Mittäterschaft, 1978. Zitiert: Versuchsbeginn);《正当化的义务冲突之基本问题和界限问题》,1979 年,书中引用:《义务冲突》(Grund- und Grenzfragen der rechtfertigenden Pflichtenkollision, 1979. Zitiert: Pflichtenkollision);

《“具有责任的”正当化紧急状态》,1983 年,书中引用:《紧急状态》(Der “verschuldete” rechtfertigende Notstand, 1983. Zitiert: Notstand);《许可国家被胁迫吗? 论正当化的胁迫紧急状态问题》,1986 年,书中引用:《胁迫紧急状态》(Darf sich der Staat erpessen lassen? Zur Problematik des rechtfertigenden Nötigungsnotstandes, 1986. Zitiert: Nötigungsnotstand)。

屈佩尔(Küpper):《规范性刑法释义学的界限》,1990 年(Grenzen der normativierenden Strafrechtsdogmatik, 1990)。

库伦(Kuhlen):《排除故意和不排除故意的认识错误的区别》,1987 年,书中引用:《认识错误》(Die Unterscheidung von vorsatzausschließendem und nichtvorsatzausschließendem Irrtum, 1987. Zitiert: Irrtum)。

拉克纳(Lackner):《德国刑法典》,第 22 版,1997 年(Strafgesetzbuch, 22. Auflage 1997)。

莱比锡评释集(Leipziger Kommentar):《德国刑法典》,第 10 版,1978~1989 年;第 11 版,1992 年及之后,书中引用:《莱比锡评释集》(Strafgesetzbuch, 10. Auflage 1978 -1989; 11. Auflage 1992 ff. Zitiert: LK-Bearbeiter)。

毛拉赫(Maurach)/齐普夫(Zipf):《德国刑法典总则》,第 1 卷,第 8 版,1992 年(Strafrecht, Allgemeiner Teil. Teilband 1, 8. Auflage 1992)。

M. -K. 迈尔(M. -K. Meyer):《通过认识错误排除自治》,1984 年(Ausschluß der Autonomie durch Irrtum, 1984)。

梅茨格(Mezger):《刑法》,第 3 版,1949 年(Strafrech, 3. Auflage 1949)。

瑙克(Naucke):《刑法》(导论),第 7 版,1995 年(Strafrecht [Einführung], 7. Auflage 1995)。

尼欧文修斯(Nieuwenhuis):《交通法上的危险和危险实现》,

1984年，书中引用：《危险的实现》（Gefahr und Gefahrverwirklichung im Verkehrsrecht，1984. Zitiert：Gefahrverwirklichung）。

诺伊曼（Neumann）/席尔德（Schild）主持：《洛默斯刑法典评释》，第1版，1995年（Nomos-Kommentar zum Strafrecht，Gesamtredaktion *Neumann* und *Schuld*，1. Auflage 1995）。

奥托（Otto）：《刑法基础课·一般刑法学说》，第5版，1996年（Grundkurs Strafrecht，Allgemeine Strafrechtslehre，5. Auflage 1996）。

佩弗根（Paeffgen）：《错误以为具有非法秘密中的背叛和一般的认识错误理论》，1979年，书中引用：《认识错误说》（Der Verrat in irriger Annahme eines illegalen Geheimnisses und die allgemeine Irrtumslehre，1979. Zitiert：Irrtumslehre）。

伦吉尔（Rengier）：《结果加重犯和近似的表现形式》，1986年（Erfolgsqualifizierte Delikte und verwandte Erscheinungsformen，1986）。

罗克辛（Roxin）：《德国刑法总则》，第1卷，第2版，1994年（Strafrecht，Allgemeiner Teil，Band 1，Grundlagen，Aufbau der Verbrechenslehre，2. Auflage 1994）；《正犯和行为支配》，第6版，1994年（Täterschaft und Tatherrschaft，6. Auflage 1994）；《为年轻法学人编辑的判决汇编·德国刑法总则》，第2版，1984年（ESJ Strafrecht，Allgemeiner Teil，2. Auflage 1984）。

鲁道菲（Rudolphi）：《德国刑法总则案例》，第4版，1996年（Fälle zum Strafrecht，Allgemeiner Teil，2. Auflage 1996）。

萨姆松（Samson）：《刑法》（Ⅰ），第7版，1988年（Strafrecht Ⅰ，7. Auflage 1988）。

施勒霍费尔（Schlehofer）：《故意和行为偏移》，1996年，书中引用：《故意》（Vorsatz und Tatabweichung，1996. Zitiert：Vorsatz）。

施吕西特（Schlüchter）：《关于刑法上的规范性构成要件标志

的认识错误》,1983 年,书中引用:《认识错误》(Irrtum über normative Tatbestandsmerkmale im Strafrecht, 1983. Zitiert: Irrtum)。

施米德霍伊泽(Schmidhäuser):《德国刑法总则学习用书》,第 2 版,1994 年,书中引用:《总则》(Strafrecht, Allgemeiner Teil, Studienbuch, 2. Auflage 1984. Zitiert: AT);《教科书》,第 2 版,1975 年,书中引用:《教科书》(Lehrbuch, 2. Auflage 1975. Zitiert: Lb)。

申克(Schönke)/施罗德(Schröder):《德国刑法典》,第 25 版,1997 年,书中引用:《申克—施罗德刑法典》(Strafgesetzbuch, 25. Auflage 1997, forgeführt von *Lenckner*, *Cramer*, *Eser* und *Stree*. Zitiert: Sch-Sch-Bearbeiter)。

舒曼(Schumann):《刑法上的行为不法和其他人自我答责的原则》,1986 年(Strafrechtliches Handlungsunrecht und das Prinzip der Selbstverantwortung der Anderen, 1986)。

施特拉藤韦特(Stratenwerth):《德国刑法总则》,第 3 版,1981 年,(Strafrecht, Allgemeiner Teil, 3. Auflage 1981)。

刑法典系统评释:《刑法典系统评释总则部分》,第 1 卷,第 6 版,1992 年,书中引用:《刑法典系统评论》(Systematischer Kommentar zum Strafgesetzbuch, Band 1, Allgemeiner Teil, 6. Auflage 1992, von *Rudolphi*, *Horn*, *Samson* und *Günther*. Zitiert: SK-*Bearbeiter*)。

特里福特尔(Triffterer):《奥地利刑法总则》,第 2 版,1994 年(Österreichisches Strafrecht, Allgemeiner Teil, 2. Auflage 1994);《刑法典评释,系统和实践》,1995 年(主编)〔StGB-Kommentar, System und Praxis, 1995(Hrsg.)〕。

特伦德尔(Tröndle):《刑法典》,第 48 版,1997 年(Strafgesetzbuch, 48. Auflage 1997)。

韦尔策尔(Welzel):《德国刑法》,第 11 版,1969 年(Das deutsche Strafrecht, 11. Auflage 1969)。

沃尔特(Wolter):《功能性的犯罪系统中的举止、危险和实害的客观的和人的归责》,1981 年,书中引用:《归责》(Objektive und personale Zurechnung von Verhalten, Gefahr und Verletzung in einem funktionalen Straftatsystem, 1981. Zitiert: Zurechnung);“客观归责和现代刑法体系”,载《客观归责和不作为犯的国际释义学》,1995 年,第3 页,书中引用:《刑法系统》(Objektive Zurechnung und modernes Strafrechtssystem, in: Internationale Dogmatik der objektiven Zurechnung und der Unterlassungsdelikte, 1995, S. 3. Zitiert: Strafrechtssystem)。

纪念文集书目

本著中引用的纪念、怀念文集有：

《鲍曼纪念文集》(Festschrift für Jürgen Baumann)，比勒非尔德，1992 年(Bielefeld 1992)。

《布劳纪念文集》(Festschrift für Günter Blau)，柏林、纽约，1985 年(Berlin, New York 1985)。

《博克尔曼纪念文集》(Festschrift für Paul Bockelmann)，慕尼黑，1979 年(München 1979)。

《布伦斯纪念文集》(Festschrift für Hans-J. Bruns)，科隆、柏林、波恩、慕尼黑，1978 年(Köln, Berlin, Bonn, München 1978)。

《德雷埃尔纪念文集》(Festschrift für Eduard Dreher)，柏林、纽约，1977 年(Berlin, New York 1977)。

《丁那比尔纪念文集》(Festschrift für Hans Dünnebier)，柏林、纽约，1982 年(Berlin, New York 1982)。

《恩吉施纪念文集》(Festschrift für Karl Engisch)，美茵河畔法兰克福，1969 年(Frankfurter a. M. 1969)。

《加拉斯纪念文集》(Festschrift für Wilhelm Gallas)，柏林、纽约，1973 年(Berlin, New York 1973)。

《格尔茨纪念文集》(Festschrift für Friedrich Geerds, Kriminalistik und Strafrecht)，吕贝克，1995 年(Lübeck 1995)。

《海尼茨纪念文集》(Festschrift für Ernst Heinitz)，柏林，1972 年(Berlin 1972)。

《霍尼西纪念文集》(Festschrift für Richard M. Honig)，哥廷

根,1970 年(Göttingen 1970)。

《耶赛克纪念文集》(Festschrift für Hans-H. Jescheck),柏林,1985 年(Berlin 1985)。

《阿明·考夫曼怀念文集》(Gedächnisschrift für Armin Kaufmann),科隆、柏林、波恩、慕尼黑,1989 年(Köln, Berlin, Bonn, München 1989)。

《阿图尔·考夫曼怀念文集》(Gedächnisschrift für Arthur Kaufmann, Strafgerechtigkeit),海德堡,1993 年(Heidelberg 1993)。

《希尔德·考夫曼怀念文集》(Gedächnisschrift für Hilde Kaufmann),柏林、纽约,1986 年(Berlin, New York 1986)。

《克莱因克内希特纪念文集》(Festschrift für Thodor Kleinknecht, Strafverfahren im Rechtsstaat),慕尼黑,1985 年(München 1985)。

《克卢格纪念文集》(Festschrift für Ulrich Klug),科隆,1983 年(Köln 1983)。

《克劳泽纪念文集》(Festschrift für Friedrich-W. Krause, Recht und Kriminalität),科隆、柏林、波恩、慕尼黑,1990 年(Köln, Berlin, Bonn, München 1990)。

《拉克纳纪念文集》(Festschrift für Karl Lackner),柏林、纽约,1987 年(Berlin, New York 1987)。

《朗格纪念文集》(Festschrift für Richard Lange),柏林、纽约,1976 年(Berlin, New York 1976)。

《莱费伦茨纪念文集》(Festschrift für Heinz Leferenz, Kriminologie – Psychaterie – Strafrecht),海德堡,1983 年(Heidelberg 1983)。

《迈霍弗纪念文集》(Festschrift für Werner Maihofer, Rechtsstaat und Menschenwürde),美茵河畔法兰克福,1988 年(Frankfurter a. M. 1988)。

《毛拉赫纪念文集》(Festschrift für Reinhart Maurach),卡尔斯

鲁厄,1972 年(Karsruhe 1972)。

《H. 迈耶尔纪念文集》(Festschrift für Hellmuth Mayer, Beiträge zur gesamten Strafrechtswissenschaft),柏林,1966 年(Berlin 1966)。

《K. 迈耶尔怀念文集》(Gedächnisschrift für Karlheinz Meyer),柏林、纽约,1991 年(Berlin, New York 1991)。

《诺尔怀念文集》(Gedächnisschrift für Peter Noll),苏黎士,1984 年(Zürich 1984)。

《厄勒纪念文集》(Festschrift für Dietrich Oehler),科隆、柏林、波恩、慕尼黑,1985 年(Köln, Berlin, Bonn, München 1985)。

《佩特斯纪念文集》(Festschrift für Karl Peters, Einheit und Vielfalt des Strafrechts),图平根,1974 年(Tübingen 1974)。

《沙夫施泰因纪念文集》(Festschrift für Friedrich Schaffstein),哥廷根,1975 年(Göttingen 1975)。

《Eb. 施米特纪念文集》(Festschrift für Eberjard Schmidt),哥廷根,1961 年(Göttingen 1961)。

《施米特纪念文集》(Festschrift für Rudolf Schmitt),图平根,1992 年(Tübingen 1992)。

《施罗德怀念文集》(Gedächnisschrift für Horst Schröder),慕尼黑,1978 年(München 1978)。

《舒尔茨纪念文集》(Festschrift für Hans Schultz, Festgabe, Lebendiges Strafrecht),伯尔尼,1977 年(Bern 1977)。

《施彭德尔纪念文集》(Festschrift für Günter Spendel),柏林、纽约,1992 年(Berlin, New York 1992)。

《施特雷/韦塞尔斯纪念文集》(Festschrift für W. Stree/J. Wessels, Beiträge zur Rechtswissenschaft),海德堡,1993 年(Heidelberg 1993)。

《特里夫特尔纪念文集》(Festschrift für Otto Trifterer),维也

纳,1996 年(Wien 1996)。

《特伦德勒纪念文集》(Festschrift für Herbert Tröndle),柏林、纽约,1989 年(Berlin, New York 1989)。

《韦伯纪念文集》(Festschrift für Hellmuth v. Weber),波恩,1963 年(Bonn 1963)。

《韦尔策尔纪念文集》(Festschrift für Hans Welzel),柏林、纽约,1974 年(Berlin, New York 1974)。

《维滕贝格纪念文集》(Festschrift für Thomas Würtenberger, Kultur, Kriminalität, Strafrecht),柏林,1977 年(Berlin 1977)。

目　　录

第二编　故意的作为犯

第三编　过失的作为犯

第四编　不 作 为 犯

第五编　竞 合 理 论

第六编　附　　件

第一编

刑法与刑律、人作为权利主体

第一章　刑法的任务和基本概念、犯罪的分类

案例 1（一般的基本问题）

一、古玩爱好者 K，来到所有权人 E 家，试图说服后者向他出让一件古希腊时圭。一切努力皆不成，K 气恼地将经 E 同意拿在手上观看的藏品扔掷在地，使之受损。K 的这个举止，会给他带来哪些法律后果？ 1

二、A 故意杀死了 B。如有下列情形的，对 A 行为的不法性和有责性将产生何种意义： 2

（一）实施杀害时，A 的行为阴险，或者是出于某种卑劣的动机；

（二）A 是由于激愤（自己的荣誉受到了由 B 造成的严重伤害）导致了行为；

（三）A 完全是应患上了不治之症的 B 的真诚请求而充当了行为人。

三、因所从事的秘密情报活动，S 实现了《刑法典》第 99 条第 1 款第 1 项犯罪要件。如果构成情节特别严重，满足了《刑法典》第 99 条第 2 款第 2 句意义上的一个规定情形[①]，他 3

---

① 这里的“规定情形”，指法典条文中载明的情况。构成了这些情况的，便属于法律上定义的“情节特别严重”。以下同——译者注

行为的重罪、轻罪性质是否要因此发生变化？

第一节　刑法的任务和基本概念

4 一、在**案例 1 第一种情形**中，K 将时圭扔掷在地，侵犯了 E 的权利范围。日常生活中的一桩事情，演变成一个讨说法打官司上**法庭的事端**（Rechtsvorgang），与民法和刑法都有关系。

民法赋予 E 以权利，可以要求 K 赔偿对他所有权的违法侵害所造成的损失（《民法典》第 823、249 条）。

不过，赔偿义务并非总是能够提供足够的法益保护。国家构架下的社会共同体要求维护它基本价值和保障它团体内部法制安定的利益，往往还只能是通过法律秩序对一些具有社会危害性的举止方式*用刑罚*予以禁止的途径，才能够得到满足（比较《联邦最高法院刑事判决汇编》51，324、343）。

那些或是因为自持有经济上的能力而“对什么都可以不予在乎”，或者是因为他的无可质押性而在他那里是“无所可取”（《民事诉讼法典》第 811、850 条），而对赔偿义务不足够认真对待之人，至少是因慑于自由刑的威吓而不敢侵犯法律。

在**案例 1 第一种情形**中，K 的行为无视了《刑法典》第 303 条的禁止规范。根据由 E 提起的告诉（《刑法典》第 303 条第 3 款、第 77 条及之后条款），K 可能因损坏了财物而受到惩罚。以被科**处刑罚**（Strafurteil）的途径，K 得到的是他的行为**应得的社会伦理上的谴责**（verdienter sozialethischer Tadel）和**法制共同体**（Rechtsgemeinschaft）对他**负有责任地犯下的不法**（schuldhaft begangenes Unrecht）给予的**不能够同意的回答**（mißbilligende Antwort）。法制秩序自身对其共同体所有成员而言的不可侵犯性，由此也同时得到了强调〔比较加拉斯(Galls),《整体刑法学杂志》80,1、3;耶赛克(Jescheck),《刑法典莱比锡注释集》,“导论”,边码23〕。

人类社会的发展经验表明,**刑法存在的正当性**(Rechtfertigung für die Existenz des Strafrechts),在于它对于保障社会团体**和睦昌盛的共同生活**(ein gedeihliches Zusammenleben)有着无可争议的**必要性**(Notwendigkeit)〔详见伯克尔曼(Bockelmann),《郎格纪念文集》,第1页;毛拉赫/齐普夫(Maurach)/(Zipf),《总则》,§ 6;施米特霍伊瑟(Schimdhäuser),《总则》,2/14－24〕。 5

二、以**保护法益**(Schutz von Rechtsgütern)的方式,刑法在为实现公共福祉和维护共同秩序服务。它是一个建立在我们国家宪法所蕴涵的社会伦理价值之上、以我们国家宪法之制定目的为其指导思想和依照准则的起着保护和安定作用的秩序。这个以《基本法》为约束的关系,规定了刑法的**任务**(Aufgabe)是要保卫国家共同体的根本性基本价值,维护社会秩序框架内的安定稳定,在出现冲突的情况中对不法绳之以法(《联邦宪法法院判决汇编》51,324、343)。 6

法益(Rechtsgüter)的概念,指生命财产、社会价值、个人的或者集体的因为对社会有着特别意义而**享受法律保护**(Rechtsschutz genießen)的合法利益。个人之受到法律保护的利益,有生命安全、身体完好性、个人自由、荣誉、所有权、财产等〔=**个体法益**(Individualrechtsgüter)〕。集体之受到法律保护的利益,有国家的组成、国家的自由民主基本秩序、国家机密、司法管理、官员之不受贿赂性、现金流通安全、法律关系证书的可靠性等〔=**整体法益**(Universalrechtsgüter)〕。 7

要与**法益**(Rechtsgut)相区别开来的,是**行为客体**(Handlungsobjekt):**法益**是**理念性**(ideelle)的社会价值(在《刑法典》第221条及之后条款中是“生命”;在第242条中是“所有权”和“占有 8

权”)；**行为客体**(Handlungsobjekt)则相反，是构成行为之客体和犯罪行为在该处实施的**具体的目的物**(konkreter Gegenstand)(在《刑法典》第221条及之后条款中是“某个他人”；在第242条中是“他人之可动的物”)。详见黑廷格(Hettinger)，《法学教育》，“学习手册”，1977年，L 33。

9 **刑法之根**(Wurzeln des Strafrechts)，根植于法制共同体的**社会伦理上的价值观念**(sozialethische Wertvorstellungen)之中；这些观念是法益、法律规范和犯罪构成要件的确立基础〔对此值得阅读的见阿尔图·考夫曼(Arthur Kaufmann)，《法学教育》78，361；关于犯罪要件的起源见君特(Günther)，《法学教育》78，8〕。

属于(不得与个体伦理相混同的)**社会伦理**(Sozialethik)范畴的，是这样一些责任和义务：它们对于保障和睦昌盛的共同生活十分重要，要求履行、不可不为。刑法上规定的禁止与要求，实际上也是一些社会伦理上的责任和义务，但又非**所有**(alle)的为社会伦理所要求的举止规范，都是刑法秩序的组成部分，都受到刑法保护。刑罚规定作为“*最后的手段*”(*ultima ratio*)，只能是在相对不那么具有损伤性的(譬如是民法或者行政法的)制裁手段不能够充分使得法益得到有效保护的情况下才予以适用，才为合理。例如，对性行为范围内的不道德或者有伤风化举止(譬如与牲畜性交)，就不得因为有这个举止的自身缘故就要科处刑罚，更多的是立法者应当对举止就其**社会危害性上的影响**(sozialschädliche Wirkung)而言仔细地审查是否有必要以及在何种程度上必须对该举止免予使用刑法。在这个问题上找到适当的尺度，有意义地对国家的**刑罚权进行限制**(Begrenzung der Strafgewalt)，是一个明确责任、考虑周全的**刑事政策**(Kriminalpolitik)的任务〔详见弗里施(Frisch)，《韦塞尔斯/施特雷纪念文集》，第69页；希克(Schick)，《格尔茨纪念文集》，第175页；福格尔(Vogel)，《刑事辩护人》96，110〕。

三、**刑法**（Strafrecht），是法制秩序对构成行为之可罚性的前提条件、可科处刑罚之举止的各个特征、特定的刑罚上威吓和在已有的法律后果之外对特别的矫正和保安处分予以规定的那个部分。 10

犯罪行为之所有的法律后果，必须与法治国家原则和比例性原则相一致（《刑法典》第 1 条、第 46 条、第 62 条）。“刑”以负有法律意义上的责任为前提条件（《联邦宪法法院判决汇编》20，323、325；25，269、285；45，187、228）。责任原则禁止对不承担责任行为科处刑罚和刑罚超过责任程度（《联邦宪法法院判决汇编》50，125、133）。与这个**责任原则**（Schuldprinzip）具有同等地位的**社会化原则**（Resozialisierungsprinzip），也是刑法处罚体系的一个构建基础。刑罚的目的是使行为人能重新融入法制共同体；通过被科处刑罚，行为人将受到惩肃威慑，产生对社会负有责任的意识，在今后的生活中不再违法（比较《刑法典》第 46 条第 1 款第 2 项、《刑罚执行法》第 2 条）。在**双轨制**（System der Zweispurigkeit）上，矫正和保安“处分”措施是与“刑罚”相对应的刑法组成部分。“处分”不与责任相连接，而是依据行为人的社会危害性；据此，对于无责任的，也允许命令“处分”（见《刑法典》第 20 条、第 63 条及之后条款）。 11

对此以及对**国家刑罚的意义与目的**（Sinn und Zweck staatlichen Strafens），详见哈塞默（Hassemer），《刑法典选择性注释集》，§ 1 前边码 404 及之后；埃塞尔（Eser）/布克哈特（Burkhardt），《刑法》I，第 7 页及之后；耶赛克（Jescheck）/魏根德（Weigend），《总则》，§ 8 和 9；莱施（Lesch），《法学工作报》94，519、590；施特仑（Streng），《刑法制裁》，1991 年，第 14、118 页及之后。

关于**刑事上的不法**（kriminelles Unrecht）与不足以科处刑罚而只受**罚金**（Geldbuße）处罚的**违反秩序行为**（Ordnungswidrigkeit）（《违反秩序法》第 1 条）之间的界限和区别，见《联邦宪法法院判决汇编》22、49、79；博内特（Bohnert），《法学培训》84，11；罗克辛（Roxin），《总则》，§ 2 边码 4 及其后；韦伯（Weber），《整体刑法学杂志》92,313。

12 刑法是**公法**(öffentliches Recht)的一个部分领域,因为它调整国家与公民之间的公权性质关系。

《**刑法典**》(Strafgesetzbuch)作为刑事法律的主要渊源,分为**总则**(Allgemeiner Teil)与**分则**(Besonderer Teil)两个部分。总则中的规定具有一般性特点,特别是对受刑罚威吓的行为就其共同特质、实施形式和法律后果作了规定。分则中的规定是对各构成要件和犯罪类别的规定〔见蒂德曼(Tiedemann),《鲍曼纪念文集》第7页〕。

13 四、在《刑法典》的用语中,对**"犯罪行为"**(Straftat)(比较《刑法典》第44条、第66条)和**"违法行为"**(rechtswidrige Tat)(比较《刑法典》第26条、第27条、第11条第1款第5项)作了区别;**"犯罪行为"**(Straftat)一词,法典指既是实现了刑法上规定的犯罪行为构成要件,此外还是违法的和负有责任的*可以科处刑罚*的举止。**"违法行为"**(rechtswidrige Tat)一词,法典指实现了刑法上规定的犯罪行为构成要件和违法的,尽管在具体的案情中不存在责任的行为举止。法典使用这两个用语,与要在**不法**(Unrecht)和**责任**(Schuld)之间进行划分的意图密切有关:只能是*负有责任地*实现的不法,才能被归纳入"犯罪行为"概念之下,而"违法行为"的概念也包括*无责任地*实施的刑罚不法(对此也见《刑法典》第17条、第20条)。

14 在法学的用语中,除此之外,还有构成要件、法律后果和事实之间的区别:在《刑法典》第242条的情况中,**法律后果**(Rechtsfolge)指在该条中所威吓的自由刑或者罚金。这些法律后果的规范性前提条件("意图盗窃他人动产,非法占为己有"),便是犯罪行为的**构成要件**(Tatbestand)。所要裁判的发生的事实方面的材料,就是**事实**(Sachverhalt)。对该事实中的各个情况是否充足了法律规定的犯罪行为构成要件的调查,术语上称为**归罪**(Subsumtion)。

五、犯罪行为从其本质上而言是**侵害法益和侵害义务**(Rechtsgut - und Pflichtverletzung)的行为(《联邦最高法院刑事判决汇编》2,364、368)。犯罪行为的**不法性**(Unrechtsgehalt)是根据它的**结果无价值**(Erfolgsunwert)——对受到保护客体的侵犯和危害——和**行为无价值**(Handlungsunwert)——在行为实施中使用的方式和形式——来确定,其**有责性**(Schuldgehalt)则产生于行为人所实际表露出来的**思想意识无价值**(Gesinnungsunwert);该无价值反映了行为人对待法制秩序要求的行为规范的错误态度和法制观念上存在的不足。 15

对此,比较联邦最高法院《法学者报》88,367;加拉斯(Gallas),《伯克尔曼纪念文集》第155页和《整体刑法学杂志》67,1;耶赛克(Jescheck)/魏根德(Weigend),《总则》,§ 24 Ⅲ;伦克纳(Lenckner),《申克/施罗德—刑法典注释集》,§ 13 前边码 8~12、43~65、103~123;施特拉藤韦特(Stratenwerth),《沙夫施泰因纪念文集》,第177页;沃尔特(Wolter),《归责》,第46~51页。

在**案例1第二种情形**中,对A所犯行为的不法性和有责性问题,裁判时要从如下方面考虑:"结果无价值"在所有的**故意杀害罪**(Tötungsdelikten)中都依据对他人生命的消灭来确定。对于"有责性"的认定的关键,首先是要确定是故意杀人还是(比如《刑法典》第222条)过失杀人。属于故意范围的,行为人如果使用了危害公共安全的方法,如果是卑劣地或者残忍地实行了行为,他的"行为无价值"就上升(《刑法典》第211条第2款第2组类情况 = 实施方式卑劣)。被指责是故意—有罪责的,行为人是有意识地蔑视了禁止杀害规范,他的有责性和"思想意识无价值"也由 16

此确定。被指责是过失—有责的，其有责性和“思想意识无价值”在于行为人是以一种马马虎虎或者漫不经意的态度对待了法制秩序要求的细心义务。属于《刑法典》第211条第2款中列举的第1组类和第3组类情况（=行为目的或者动机卑劣）的，行为人是具有特别的心态，对他“思想意识无价值”的认定因此要重大**提升**（Steigerung）。反之，如果是属于《刑法典》第213条（=因为受到了挑衅而产生了可以理解的激愤）、第216条（=因为对厌倦生活之人产生了同情心）、第217条（=由于产婴带来的情绪激动而处于心理上的特别状态）情况的，对行为人“思想意识无价值”的评断则要显著**减轻**（Minderung）。《刑法典》所相应规定的刑罚框架，体现了在不法性和有责性范围内的这个层级上的差别。

第二节　犯罪的分类

17 一、所有的违法行为，根据其受刑罚威吓的轻重程度依照《刑法典》第12条分类为**重罪**（Verbrechen）和**轻罪**（Vergehen）。

最低刑为1年或者1年以上自由刑的违法行为（《刑法典》第12条第1款），为**重罪**（Verbrechen）。

最低刑为1年以下自由刑或者是被判处罚金威吓的违法行为（《刑法典》第12条第2款），为**轻罪**（Vergehen）。

18 对于犯罪属于**轻罪、重罪性质**（Deliktnatur）的认定，关键的不是在个案中实现的，而是标准性的判刑框架中所抽象出来的威吓的刑罚。只有在当构成要件在其质变方面或者特殊化方面的特征上出现了重大的变异，从而产生出一个要在判刑框架上予以加重或者减轻的**新的构成要件**（neuer Tatbestand）的时候，犯罪的轻罪、重罪性质才发生**变化**（Änderung）。易言之，如果所出现的变异情况关涉到**行为的无价值性**（Unwertgehalt der Tat），具有完整的特点，是一个一旦具备就必须适用，同时也只能是在这种情况下才允许适用可以变更的判刑框架的强制性规定时，一个新的构成要件才被视为产生。

例如，《刑法典》第 212 条情形是重罪，第 216 条的变异情况依照第 12 条第 2 款的规定只是轻罪。《刑法典》第 223 条情形是轻罪，而第 224～226 条情形则是重罪。

总则（Allgemeiner Teil）中的条款规定的加重或者减轻（比较《刑法典》第 21 条、第 23 条第 1 款、第 27 条第 2 款、第 49 条），或者为属于**情节特别严重**（besonders schwere Fälle）（比较《刑法典》第 263 条第 3 款、第 266 条第 2 款、第 267 条第 3 款）或者为属于**情节较轻**（minder schwere Fälle）（比较《刑法典》第 146 条第 2 款、第 154 条第 2 款、第 249 条第 2 款）的情况规定的加重或者减轻处罚，对犯罪行为属于的重罪或轻罪的分类**不产生影响**（außer Betracht）（《刑法典》第 12 条第 3 款）。同样地，对于情节特别严重，属于法律条文中载明的**规定情形**（Regelbeispielen），凡不具备要件方面的质量，只是属于量刑上的规定的，也不影响对重罪和轻罪的分类。 19

在**案例 1 第三种情形**中，S 的犯罪行为在其基本形式（《刑法典》第 99 条第 1 款）上是**轻罪**（Vergehen）。即便是*情节特别严重*，实现了《刑法典》第 99 条第 2 款第 2 句意义上的规定情形受到加重处罚的威吓，依照《刑法典》第 12 条第 3 款的规定依旧是**轻罪**（Vergehen）。能够导致轻重罪性质改变的，只能是出现的情形所构成的行为升级，对于法官的裁判而言是一个以*构成要件上的*变异形式涉及了一个强制性的和完整的规定（譬如是出现了《刑法典》第 221 条第 3 款情形），而非仅仅只是一个《刑法典》第 12 条第 3 款意义上的量刑情形（详见本著边码 109 及之后）。 20

对行为属于轻、重罪性质的认定,主要是对于确定力图的可罚性(《刑法典》第23条第1款)以及对于确定《刑法典》第30条、第45条的力图和对于停止诉讼程序(《刑事诉讼法典》第155条及之后),具有实际的意义。

21 二、根据行为与结果之间的关系,《刑法典》在**结果犯**(Erfolgsdelikt)和单纯的**行为犯**(Tätigkeitsdelikt)之间作了界分。

22 (一)对于**结果犯**(Erfolgsdelikt),法定构成要件规定的定罪前提条件是在外部世界发生的结果可以与行为人的想法相剥离,以至于必须提问**行为**(Handlung)与**结果**(Erfolg)之间是否存在**因果上的关联**(ursächlicher Zusammenhang)。

《刑法典》第211条及之后条款、第218条、第223条及之后条款、第240条所规定的为结果罪。

23 **结果加重犯**(erfolgsqualifizierte Delikte)是结果犯的一个特别类型。法律对这些犯罪规定要加重刑罚,如果在实现了某个基本犯(如遗弃、故意伤害身体、抢劫)时还附加地或至少是过失地(《刑法典》第18条)造成了**"行为的特别后果"**(besondere Folge der Tat),譬如是导致了受害人的死亡。

例如,《刑法典》第221条第3款、第224条、第226条、第239条第1款第3项、第251条、第307条第1项、第309条之第二种情形。从这些规定得很高的刑罚威吓中可以看出,并非简单地将基本犯与行为后果相加,便可以得出结果加重犯。结果加重犯的特别不法性更多是在于在导致发生了严重结果的同时,也实现了相关犯罪基本构成要件自身所特有的风险性。详见《联邦最高法院刑事判决汇编》31,96;33,322;阿尔腾海因(Altenhain),《戈尔特达默刑法档案》,1996,19;希尔斯(Hirsch),《厄勒纪念文集》,第111页;佩弗根(Paeffgen),《法学者报》89,220;伦吉尔(Rengier),《结果升级罪》,1986;佐瓦达(Sowada),《法学培训》1995,644;沃尔特(Wolter),《法学教育》81,168 和《戈尔特达默刑法档案》1984,443。

(二)单纯的**行为犯**(Tätigkeitsdelikt),不以有这样的一个外部结果发生为前提条件;该罪的不法要件,是因为构成了法律上描述的犯罪行为作为这样的行为而实现。 24

例如,《刑法典》第 153 条、第 154 条的陈述罪,第 173 条的亲属通奸和第 174 条的对被保护人的性行为是行为犯。据此,凡实现了第 153 条、第 154 条的,不论行为人以其伪证是否成功地欺骗了法院,皆构成此罪。

三、根据对行为客体的侵犯强度,对犯罪又有**实害犯**(Verletzungsdelikte)和**危险犯**(Gefärdungsdelikte)的划分。 25

(一)**实害犯**(Verletzungsdelikte)的构成要件是对行为客体造成了伤害,即造成了实际的价值丧失(如《刑法典》第 221 条及之后条款的杀害、第 223 条及之后条款的身体伤害、第 303 条的财物损坏)。 26

(二)与之相反,凡对构成要件以之为前提条件的受保护客体造成了危险情形的,就足以成立**危险犯**(Gefärdungsdelikte)。《刑法典》规定了**具体**(konkrete)和**抽象**(abstrakte)的危险犯。 27

法律对**具体危险犯**(konkrete Gefährdungsdelikte)的规定是建立在这样一个考虑之上,即某个违反规范的举止对受保护的客体**有可能**(können)造成危险和当罚,**一旦**(sonfern)该危险性在案件中**具体**(konkret)出现。危险性的出现,在这里是**构成要件标志**(Tatbestandmerkmal)(譬如《刑法典》第 221 条、第 311 ~ 315 条 c)。如要处罚,需由法官特别认定。 28

29 **抽象危险犯**(abstrakte Gefährdungsdelikte)则是建立在法律的这个认为之上,即一定的举止方式**普遍**(generell)在对受保护的客体形成**危险**(gefährlich)(譬如《刑法典》第227条、第306条、第328条前两款)。行为的危险性在这里**不是**(nicht)构成要件标志,而只是**法律规定的存在理由**(Grund für die Existenz der Vorschrift),法官对此通常不必去审查危险性在个案中是否已经出现或者并未确实出现〔对此见《联邦最高法院刑事判决汇编》26,121;联邦最高法院《新法学杂志》82,420;博纳特(Bohnert),《法学教育》84,182;韦塞尔斯(Wessels),《分则》1,边码927〕。

30 对于整个方面的问题,详细见艾娃·格劳尔(Eva Graul),《抽象危险犯及刑法上的假定》,1991年;希尔施(Hirsch),《阿图尔·考夫曼纪念文集》,第545页"危险与危险性";霍恩(Horn),《具体危险犯》,1973年;金德霍伊塞尔(Kindhäuser),《危险》,第199页及之后;库伦(Kuhlen),《戈尔特达默刑法档案》1994年,第347页"论风险社会的刑法"。

31 四、行为人是依意志地维持了违法状态,还是仅仅是造成了违法状态,是在**持续犯**(Dauerdelikte)与**状态犯**(Zustandsdelikte)之间进行区别的连结点。

32 (一)在**持续犯**(Dauerdelikte)中,违法状态是否一直保持取决于**行为人的意志**(Willen des Täters),以至于不仅是违法状态造成实现了法律规定的犯罪行为构成要件,而且还有让违法状态的**持续保持**(Fortdauernlassen)也实现了法律规定的犯罪构成要件(如《刑法典》第239条的"剥夺他人自由"、第123条的"非法侵入他人房宅")。犯罪行为在这里,可以说是在持续中被不断更新,在出现违法状态时就业已"既遂",却是在状态消除时才为"终了"(对于时效的开始十分重要,见《刑法典》第78条a)。详见联邦最高法院《新刑法杂志》97,79。

（二）在**状态犯**（Zustandsdelikte）（如《刑法典》第 223 条的“身体伤害”、第 303 条的“财物损坏”、第 169 条的“身份伪造”、第 171 条的“重婚”）中，行为之所以构成了犯罪行为构成要件意义上的无价值，只是在于它**造成**（Herbeiführurung）了某种违法状态，以至于在构成要件性结果产生时就已经“既遂”，并同时也通常业已“终了”（比较联邦最高法院《新法学周报》83，1745；见法兰克福中级法院《新刑法杂志》90，592）。 33

五、根据人之举止呈现的基本形式，对犯罪行为法律还规定了**作为犯**（Begehungsdelikte）和**不作为犯**（Unterlassungsdelikte）两个罪类。其区别在于是以行为之为，还是因该为不为实现了法律规定的犯罪构成要件。类似于行为犯和结果犯的分类，对不作为犯此外还有**纯正与不纯正不作为犯**（echte und unechte Unterlassungsdelikte）上的划分。 34

如果，父亲 V 散步时，将他的孩子 K 领到坡岸很陡的山湖边上碰撞下湖，致使孩子淹死，所犯的便是**作为犯**（= 以实施行为故意杀害，参见《刑法典》第 212 条、第 211 条）。 35

如果，孩子是玩耍时不小心掉进了湖里，当父亲的本可救他，却依意志地让他沉入水中溺死，所犯的是**不纯正不作为犯**（unechte Unterlassungsdelikte）（= 以违反“保障人”义务之不作为故意杀害，参见《刑法典》第 212 条、第 211 条、第 13 条）。不纯正不作为犯构成的是作为犯的一个补充现象，法律为作为犯规定的构成要件与量刑范围也要对它适用。在《刑法典》第 13 条前提条件下，**不依照“保障人”义务去阻止构成要件性结果**（Nichtabwehrung des tatbestandlichen Erfolges durch einen “Garanten”）发生的，与以作为之为造成了结果相当（详见本著边码 697）。 36

纯正不作为犯（echte Unterlassungsdelikte）（譬如《刑法典》第 138 条、第 323 条 c）的行为不法性，在于是对**命令规范的违背**（Verstoß gegen eine Gebotsnorm）而构成了对法律要求行为未予作 37

为的犯罪行为(比较《联邦最高法院刑事判决汇编》14,280)。在上面举例的事故中,假如掉进湖里面临溺水危险的是别人家的而非 V 自己的孩子,则因为不存在“保障人义务”而只有适用《刑法典》第 323 条 c 的余地(第 212 条、第 211 条则无适用余地)(见本著边码 696、738)。

38 六、对有这样可能性的行为人范围作了界分之后,就可以对**一般犯**(Allgemeindelikte)、**特别犯**(Sonderdelikte)和**亲手犯**(eigenhändige Delikte)进行分类了。

39 (一)凡刑法对于行为人的规定是无姓无名的“谁”的,任何人都有可能是**一般犯**(Allgemeindelikte)的有行为能力的行为人(比较《刑法典》第 212 条、第 223 条、第 242 条)。

40 (二)**特别犯**(Sonderdelikte)指那些犯罪行为,对于这些犯罪行为法律通过在构成要件上描述**行为主体的特性**(Eigenschaft des Handlungsubjektes),对其行为人范围作了限定(如《刑法典》第 203 条中的“医生”,或者第 331 条及之后条款中的“公务员”)。

这个特别的主体特性如果是对**确定刑罚成立**(strafbegründend)具有意义(如《刑法典》第 331 ~ 332 条、第 336 条、第 344 条、第 348 条规定的“业内”职务犯罪),便构成术语上所说的**“纯正”特别犯**(“echte” Sonderdelikte)。

如果犯罪行为在其基本形式上可以是由任何人实施,但因为行为主体的特别资格却构成了对此要**加重刑罚**(strafschärfend)的(如《刑法典》第 120 条第 2 款、第 133 条第 3 款、第 258 条 a、第 340 条规定的“非业内”职务犯罪),则是术语上所说的**“不纯正”特别犯**(“unechte” Sonderdelikte)。

41 (三)在**亲手犯**(eigenhändige Delikte)中,构成要件要求的前提条件是对犯罪构成要件构成行为的直接和亲自着手,因为这里关涉的犯罪行为的**特别的举止无价值**(besonderer Verhaltensunwert)只有是在这样的方式下才可以实现。凡未亲自着手实行犯罪行为的,在这里不能是行为人、共同行为人或者间接行为人,只能是参与人(= 教唆犯或者帮助犯)。

例如,只有谁亲行了奸宿的,才有可能是《刑法典》第173条或者第179条规定意义上的行为人(比较《联邦最高法院刑事判决汇编》15,132;柏林上诉法院《新法学周报》77,817)。但在《刑法典》第177条规定的犯罪情况中则不同;这里,如果参与了对行为客体实施暴力或者以暴力相威胁,使得行为客体的身体或者生命受到了现时的危险的,这个参与也已足以构成行为人。《刑法典》第153条及之后条款的陈诉罪、第174条第1款、第176条第1款的性行为罪(《联邦最高法院刑事判决汇编》41,242)、第323条a的醉酒、第336条的枉法也属于亲手犯。除此之外还有哪些犯罪构成要件属于亲手犯要件,对此问题尚有争议〔详见哈福特(Haft),《法学工作报》79,651;赫茨贝格(Herzberg),《整体刑法学杂志》82,896;罗克辛(Roxin),《刑法典莱比锡注释集》;§ 25边码40;沙尔(Schall),《法学教育》79,104〕。

七、最后,根据对犯罪行为构成要件的实现程度,对犯罪行为还有**既遂**(Vollendung)[①]与**力图**(Versuch)[②]之间的界分(详见本著边码590及之后)。凡法律对犯罪行为的**"举动"**(Unternehmen)也以科处刑罚相威吓的,既遂和力图等同〔= **举动犯**(Unternehmensdelikte),比较《刑法典》第11条第1款第6项、第81~82条、第311条a、第316条a〕。 42

① 这里的"既遂",原文直译为"完成",大体相当于我国刑法中的"既遂"。为了翻译上方便的缘故,以下皆译为"既遂"。——译者注

② 这里的"力图",相当于我国刑法中的"未遂"。为了翻译上方便的缘故,以下皆译为"力图"。——译者注

在举动犯中,对力图的减轻刑罚可能性(《刑法典》第 23 条第 2 款)无效,对回撤权(《刑法典》第 24 条)的规定也无效。在此范围适用特别的规定(比较《刑法典》第 83 条 a、311 条 e、316 条 a 第 2 款)。对此见贝尔茨(Berz),《法益保护》,第 125 页;韦伯(Weber),《整体刑法学杂志》副刊,1987 年,第 1 页。

第二章　刑法及其运用、类推和解释

案例 2：尚未成家的 J 爱好养鸟，饲养本地的观赏鸟还出售他人。一日他患重感冒卧床，由护理员 K 上门照料。工作期间 K 看见了鸟笼，便将里面的鸟儿全都放飞，因为关爱动物的她认为应该让小鸟飞回自然，而不是把它们关在笼子里。 43

一、对 K 的这个举止是否可以作为《刑法典》第 242 条的盗窃罪，或者是作为《刑法典》第 303 条的损坏财物罪论处？

二、回答如果为否，那么，许可用类推的方式来适用这些刑罚规定吗？

第一节　刑法的保障功能

在我国《基本法》的适用范围内，无**刑法**（Strafgesetz）规定的无处罚。根据《基本法》第 103 条第 2 款和《刑法典》第 1 条的规定，只有对那些在其实施**之前**（bevor）**法律就对其实施规定了可罚性**（Strafbarkeit gesetzlich bestimmt）的行为，才能够科处刑罚。这个**“法定性原则”**（Gesetzlichkeitsprinzip）起着保护和保障公民权利、防止国家刑罚权被肆意运用和扩展的作用。 44

该原则告诉我们，只有依据法律的成文规定，才能够确立某一行为的可罚性，才能够将刑罚作为法律后果来威吓〔＝*法无明文规定不为罪，法无明文规定不处罚*（*nullum crimen, nulla poena sine lege scripta*）〕。除此之外，对于可罚性的各个前提条件和刑罚后果，也必须是在行为实施之前就在法律上有了规定（见《联邦宪法法院判决汇编》45，363；78，374；联邦宪法法院《法学者报》97，124及注释；《欧洲人权保护公约》1950年11月4日，第7条第1款）。

45 行为的实施时间，是行为人或者参与人在**该时间**（zu der Zeit）**为了行为**（gehandelt）或者在不作为案中本来必须行为之时间；行为结果于何时出现，不是关键（《刑法典》第8条；不同的规定见第9条“犯罪地”和第78条a“时效开始”）。

46 凡在《刑法典》第2条第2～4款中无特别规定的，对刑罚及其附随后果的科处依照**行为实施时**（zur Zeit der Tat）有效的法律。对于追缴、没收和使之不可使用也有相同的规定（《刑法典》第2条第5款），但对矫正和保安处分除外（《刑法典》第2条第6款）。关于《刑法典》第2条第3款和第4款意义上的当时有效法律的问题，见《联邦最高法院刑事判决汇编》26，167；34，272、283；40，378；埃舍尔（Escher），《申克/施罗德—刑法典注释集》，§2边码36；蒂德曼（Tiedemann），《刑法中对违反税法的减轻规定》，1985年。

47 **刑法担负的保障功能**（Garantiefunktion des Strafgesetzes），可以分解为以下几个方面：

一、在对犯罪行为构成要件和法律后果的规定上，刑法条文必须具有**一个最起码的明确性**（Mindesmaß an Bestimmtheit）〔＝**明确性原则**（Bestimmtheitsgrundsatz）〕。虽然并非是不准许在刑法规定中使用范围宽泛的条款和需要充填价值的概念，但对刑法规定的适用范围和效力范围必须是说明得足够明了。刑法条文必须是清楚地告诉人们，**什么是禁止的**（was verboten ist），以便让大家能够以此规束自己的举止。对犯罪构成要件各个特征同样地也要描述得如此具体，使得对它们的意思含义和意义含义可以通过解释的方法来获取。

比较《联邦最高法院刑事判决汇编》18，359、362；30，285；42，79；《联邦宪法法院判决汇编》92，1；黑廷格（Hettinger），《法学教育》"学习手册"，1986年（第17卷）第33页和1997年（第17卷）第25页；克拉尔（Krahl），《联邦宪法法院和联邦最高法院对刑法准确性原则的判决》，1986年。

二、对确立刑罚的法律规定以及对加重刑罚的法律规定，既不允许立法者也不允许法官对它们增加回溯力。这之中遵循的**禁止溯及既往原则**（Rückwirkungsverbot），涵盖可罚性的**是否**（Ob）及**如何**（Wie）（比较联邦最高法院《新法学杂志》93，141、147）；此原则在整个刑法实体法范围内有效，但在刑法程序法上无效。 48

据此，回溯性地撤销作为刑事追究前提条件的刑罚告诉权，是准许的〔比较《联邦最高法院刑事判决汇编》6，155；《帝国法院刑事判决汇编》76，328；哈姆州高等法院《新法学周报》61，2030。不同观点见皮罗特（Pieroth），《法学教育》77，393；《法学培训》83，122〕。同样，依据于1979年7月16日的《第16号刑法修改法》（《联邦法律报》Ⅰ，第1046页）和1993年9月27日的《第2号时效法》（《联邦法律报》Ⅰ，第1657页）中对时效的规定，也可以对未过时效的回溯延长时效期，以及对未过时效的谋杀罪废除时效。但在这里要注意的是，**法制国家原则**（Rechtsstaatsprinzip）对业已"完结的事实"排除对当事人不利的新法回溯（比较《联邦宪法法院判决汇编》25，269、289；46，188、192）。 49

根据《刑法典》第2条第6款的规定，对矫正和保安处分不禁 50

止溯及既往;法律无不同的规定(如《刑法典实行法》第315条第1款)时,对矫正和保安处分适用**裁判时**(Zeitpunkt der Entscheidung)有效的法律(比较《联邦最高法院刑事判决汇编》5,168、173;24,103)。

51 由法律观点变迁或者由新的认识带来的对已固定的最高法官判决的改变,不在禁止溯及既往原则之限〔见联邦宪法法院《新刑法杂志》90,537;《联邦最高法院刑事判决汇编》21,157;施赖伯(Schreiber),《法学者报》73,713;特伦德勒(Trödle),《德雷埃尔纪念文集》,第117页;批评的见诺伊曼(Neumann),《整体刑法学杂志》103,331。不同观点见兰夫特(Ranft),《法学教育》92,468〕。

52 三、用**习惯法**(Gewohnheitsrecht)或者**类推**(Analogie)的方法来创立新的犯罪构成要件,或者是对当事人不利地将现有的构成要件严厉化或者扩展化,是不准许的(比较《联邦最高法院刑事判决汇编》33,21、23)。

习惯法(Gewohnheitsrecht)产生于对调解争端产生兴趣的那些部分居民长期的和以共同的公道信念为承载的裁判实践(《联邦宪法法院判决汇编》22,114、121)。

类推(Analogie)指将一法律条文扩展至法律中没有规定的或者是条文文字不再包含的案件(《联邦宪法法院判决汇编》82,6)。

53 **禁止类推原则**(Analogieverbot),覆盖一部刑法中规定的所有那些某个举止的**可罚性**(Strafbarkeit)以及包括矫正和保安处分措施在内的行为的**法律后果**(Rechtsfolge)。这些都取决于它们的特征〔《联邦最高法院刑事判决汇编》18,136、140。详见克赖(Kery),《刑法中的规定保留研究》,1977年,第215页;同一作者,"刑法与忠实法律",载《整体刑法学杂志》101,838〕。

对行为人或者参与人**有利的**(zugunsten)类推,是准许的(如对类似案件比附适用排除刑罚、撤销刑罚或者减轻刑罚根据。比较《联邦最高法院刑事判决汇编》6,85;11,324)。也准许对行为人或者参与人有利地适用限制刑罚的习惯法(如认可“不可避免的禁止性认识错误”作为排除责任的根据,《联邦最高法院刑事判决汇编》2,194)。当然,以类推的途径只能是用来填补**非意图性的法律空白**(unbeabsichtigte Gesetzeslücken);一个法律规定凡是具备有完备性特点的,一律无类推的空间。如《刑法典》第 248 条 a 的规定,就不能对野外狩猎案比附适用〔比较舍费尔(Schäfer),《刑法典莱比锡注释集》,§ 292 边码 3 和 § 294 边码 1〕。 54

在《刑法典》**总则**(Allgemeiner Teil)部分中,立法者对于不少具体的问题(比如是对正当化行为场合的认识错误,或者是对故意与过失之间的界分)有意识地未做明确的规定,而是将对这些问题的阐释留给了司法界和学术界。在这些地方,允许以**法官法**(Richterrecht)和**习惯法**(Gewohnheitsrecht)对行为人或者参与人**不利地**(zu lasten)将法律设留的框架充填。例如,对于间接行为人的法律身份认定〔如今已经被规定进《刑法典》第 25 条第 1 款),又例如在《刑法典》第 20 条的范围内依据习惯法对**原因自由行为**(actio libera in causa)的认可(见本著边码 415;对这整个方面的问题见毛拉赫/齐普夫(Maurach)/(Zipf),《总则》,§ 8 边码 41;R. 施米特(R. Schmitt),《耶赛克纪念文集》,第 223 页。不同的观点见马克森(Marxen),《刑法典选择性注释集》,§ 14 边码 8〕。 55

第二节 类推与解释

一、任何**法律规范**(Rechtsnorm)都需要**解释**(Auslegung)。但要规定出准许的解释与禁止的类推之间的界限,由于两者间的流动的交叉性又常常是困难的。如果说解释所要做的仅仅是阐明法律规范或者法律概念的关键性的意义,并且限制在对法律规范或 56

者法律概念的意思解读之上，那么类推所寻求的则是离开法律条文本来框定的直接适用范围。**解释的目的**（Ziel der Auslegung）是为了将**法律意思明了化**（Klarstellung des Gesetzessinns），使之在面对出现的相应情况时能够适应今天已经变化了的要求与观点。**类推的目的**（Ziel der Analogie）相反则是通过扩展和进一步发展法律条文而**充填法律的空白**（Ausfüllung von Gesetzeslücken）（＝对法律的新开掘）。

由此，对解释和类推只能是在原则上和在其各自的功能上相互区别，因为它们在方法上彼此相似，在确定某个法律规范与某个一定事实之间的关系时使用的都是同样的辅助手段〔比较毛拉赫/齐普夫（Maurach）/（Zipf），《总则》，§ 9 边码 24；鲁道菲（Rudolphi），《刑法典系统评论集》，§ 1 边码 22、35〕。

57 二、每个解释，皆是依照自然的和特别的法学名词术语字义，从法律条文的所用**文字**（Wortlaut）上开始（＝文理解释，比较《联邦最高法院刑事判决汇编》11，116、118）。字义多义时，以**法律的产生史**（Entstehungsgeschichte des Gesetzes）（＝历史解释，比较《联邦最高法院刑事判决汇编》11，47；14，116）和**在整个法律体系中的系统相关性**（Systemzusammenhang im Gesetzesganzen）（＝系统解释，比较《联邦最高法院刑事判决汇编》5，263；15，28）作为进一步的辅助手段。解释的重点是问寻**法律的特别保护功能**（besondere Schutzfuntion des Gesetzes）和**法律的客观意思与目的**（objetiven Sinn und Zweck des Gesetzes）（＝客观—目的解释，比较《联邦最高法院刑事判决汇编》17，21、23；24，40；《联邦宪法法院判决汇编》1，299；11，126、130）。

对于今天变化了的情况，历史上的立法者对需要解释的概念的原来理解（= 主观理论）并不重要，因为这里对法官而言具有约束力的不是“立法者的意志”而是**法律的客观化了的意志**（objektivierter Wille des Gesetzes）（= 客观理论，《联邦最高法院刑事判决汇编》10，157、159；26，156、159；柏林上诉法院《新法学周报》77，817）。如同在《联邦最高法院刑事判决汇编》10，159 中所阐述的那样，把对法律的运用生硬地限制在立法者在历史上所着眼的出发点上，是为法律所不能接受的，“因为，法律不是僵化的字母，而是在不断发展中的有生命的精神；它要求在不突破对它原来设置的形式范围内与当前的生活变化齐头并进，积极适应新的情况而继续有效”。根据法律的意思和目的，是做**扩张**（ausdehnend）（= 扩充）还是做**限制**（einschränkend）（= 严格）解释，取决于具体的情况（例如，对《刑法典》第 266 条需要严格解释：《联邦最高法院刑事判决汇编》22，190；对《刑法典》第 211 条同样要求严格解释：《联邦宪法法院判决汇编》45，187；对扩充解释的范例见《联邦最高法院刑事判决汇编》27，45；28，129 对《刑法典》第 259 条和第 142 条的解释）。即使是做扩充的解释，也不得超出语言意思的最外部界限，即不得超越**“可能的文字意思”**（möglichen Wortsinn）〔比较《联邦宪法法院判决汇编》92，1；《联邦最高法院判决汇编》29，129、133；22，235；屈佩尔（Küper），《法学教育》96，783；舍夫勒（Scheffler），《法学培训》96，505；费尔藤（Velten）/默藤斯（Mertens）在《法律与社会哲学档案》90，516 中强调上下文字义重要于书面字义〕。对整个问题批评的见哈塞默（Hassemer），《刑法典选择性注释集》，§ 1 边码 104 及之后；赫茨贝格（Herzberg），《新法学周报》90，2525；沃尔夫（Wolf），《法学教育》96，189。

关于把**社会相当性**（soziale Adäquanz）作为构成要件限制性和根据犯罪类型来解释法律规范的解释原则，见慕尼黑州高等法院《新刑法杂志》85，549；希伦坎普（Hillenkamp），《故意行为与受害人举止》，1985，第 155 页；希尔施（Hirsch），《整体刑法学杂志》74，78；罗克辛（Roxin），《总则》，§ 10 边码 33 及之后和《克卢格纪念文集》，第 303 页有进一步的证明。

58 刑法上的解释，有时候是建立在其他法律领域之规范体系和标准性的语言使用之上。譬如《刑法典》第 242 条及之后条款意义上的“物”，只为有体物(如同《民法典》第 90 条中的规定)；该物之对于行为人而言的“他人性”，是依据民法中关于所有权的取得和丧失的规定〔《民法典》第 929 条及之后条款；《联邦最高法院刑事判决汇编》6,377；韦塞尔斯[Wessels],《分则》, § 2 边码 68、69〕。不过事情也绝非总一定是这样，而是一个总是要根据情况的不同来确定之事。原则上，刑法中的概念天然就是**自立性的**(eigenständig)，在做刑法解释时因此唯一应当依照刑法担负的保护功能，而不是寻求相关的构成要件特征在刑法之外有何意义〔对此阅读布伦斯(Bruns),《法学环视》84,133 很有教益〕。

例如，刑法对生命保护意义上的“人”，是从被生产的那个时刻起才为开始和同时也业已开始，在正常的婴儿生产过程中也就是说是从生产的阵痛出现起才为开始和同时也已经开始〔《联邦最高法院刑事判决汇编》31,348；联邦最高法院《新法学周报》84,674；吕特格(Lüttger),《新法学杂志》83,481；按照《民法典》第 1 条的规定，则是自出生的完成时刻才为开始)。孩子是否属于《刑法典》第 217 条意义上的“非婚生”，不是依据《民法典》中的规定(《民法典》第 1591 条及之后条款)，而是依照孩子实际上的血缘关系(《联邦最高法院刑事判决汇编》32,140)。对还有不少的其他概念的解释也类似，如《刑法典》第 3 条的国内(《联邦最高法院刑事判决汇编》32,140)，第 308 条意义上的森林(《联邦最高法院刑事判决汇编》31,83)，或者第 253、263、266 条中的财产〔联邦最高法院《法学环视》88,125；韦塞尔斯(Wessels),《分则》2,边码 513 及之后〕。

59 三、在**案例 2** 中，观赏鸟属于 J 的所有权范围，对 K 而言便是《刑法典》第 242 条意义上的“他人的可动之物”。

将动物作为“物”在刑法对所有权的保护框架内对待处理，是不存在问题的，因为它们处于人的物权控制之下，且法制秩序对它们是生命的特性也以动物保护法(《联邦法律公报》1993 I 254)和其他的特别法规予以了注意〔对此比较屈佩尔(Küper)，《法学者报》93，425；韦塞尔斯(Wessels)，《分则》2，边码 15〕。

但在本节的这个案例中缺少一个 K 的拿走行为。《刑法典》第 242 条意义上的拿走，指的是破坏他人的占有和成立新的占有。[①] 占有是由控制意志承载的对物的实际控制关系〔详见韦塞尔斯[Wessels]，《分则》2，边码 71〕。K 的行为虽然破坏了 J 的迄今占有，但并未对放飞的鸟形成新的(自己的或者他人的)占有，由此排除以盗窃罪(《刑法典》第 242 条)论处。

余下的问题是，K 将他人饲养的鸟儿放飞，此行为是否可以认 60
为是构成了“损坏财物”罪(《刑法典》第 303 条)：

主流的观点认为，K 将他人饲养的鸟儿放飞的行为，构成的只是一个不受罚的(纯粹的)**“脱离占有”**(Besitzentziehung)行为〔《帝国法院刑事判决汇编》20，182、185；沃尔夫(Wolf)，《刑法典莱比锡注释集》，§ 303 边码 15；施特雷(Stree)，《申克/施罗德—刑法典注释》，§ 303 边码 8、10〕；少数人的观点则认为，对所有权人确定的用途目的的任何挫败，都足以成立破坏或者损坏的概念〔科尔劳施/朗格(Kohlrausch)/(Lange)，第 43 版，§ 303 Ⅲ；毛拉赫(Maurach)，《分则》，第 5 版，第 191 页〕。

正确的，只是在《刑法典》第 303 条并未规定必须要以对物的质体上损害作为实现构成要件的前提条件这一点上(《帝国法院

---

① 这里的“占有”，德文为“Gewahrsam”，意思有对物的保管、支配、控制、占据等。以下同。——译者注

刑事判决汇编》74,14;《联邦最高法院刑事判决汇编》13,207;29,129)。少数人的上述观点已经超出了法律文字字义对扩张性解释划定的界限,因为在适用损坏的概念时对**行为人的对物自身的作用**(Einwirkung des Tätes auf die Sache selbst)无论是直接的还是间接的他们都未予考虑。

由此,按照主流的观点,K 并未犯下损坏财物罪(《刑法典》第 303 条)。由于**禁止类推原则**(Analogievervot)(《基本法》第 103 条第 2 款、《刑法典》第 1 条)保护 K 不受比附适用前面提到的刑法规定处罚,对 J 的权利保护因此便只限制在民法对他提供的保护之上(《民法典》第 823、249 条)。

61 对整个问题有说明性的见瑙克[Naucke],《刑法》, § 2。有争议的解释问题此外还**例如**,《刑法典》第 248 条中规定的无权地“使用”,指的只是对所涉及车辆按其本来的使用目的作为代步的工具使用,而不包括无权地将他人车辆用于在车内过夜的用途〔《联邦最高法院刑事判决汇编》11,44、47;韦塞尔斯(Wessels),《分则》2,385〕。据《联邦最高法院刑事判决汇编》28,100 号中的判决,肾脏丧失不属于《刑法典》第 224 条规定的范围,因为内脏器官不是人体“肢体”〔不同观点见诺伊施塔特州高等法院《新法学周报》61,2076;埃伯特(Ebert),《法学工作报》79,278;韦塞尔斯(Wessels),《分则》1,边码 271〕。8 个月幼儿的不具备“身体抵抗无能”特征,源于其抵抗能力的缺乏,因为其身体和思维均未发育完毕(《联邦最高法院刑事判决汇编》30,144)。

第三节　德国刑法的效力范围

62 一、《刑法典》第 3 ~ 7 条和第 9 条,对德国实体刑法关于与外国有关系行为的适用范围问题作了规定。与涉及外国的德国私法所依循的冲突规范有所不同，如果说在《民法典实行法》第 3 条及之后条款中冲突规范处理的是对具体的事实裁判应当以哪个国家法律为审理基础这个问题，那么《刑法典》第 3 条及之后条款的出发点则是规定了德国法院在其刑罚权框架内总是要使用**德国的刑法**(deutsches Strafrecht)。一个国家在什么样的范围内可以使用和扩展**本国刑罚权**(eigene Strafgewalt)，对此在国际法上已有这方面的规定。对于涉外案件中的刑事管辖权，国际法上的规定要求有一个使之合法化的连结点(Anknpfungspunkt)，来作为行使自己管辖权的前提条件(《联邦最高法院刑事判决汇编》27，30；34，334)；这些规定通常被称为**国际刑法原则**(Prinzipien des internationalen Strafrechtes)。

作为能够构成这样一个连结点的依据，可以考虑的因素首先有行为**实施地**(Begehungsort)(= 领土原则)、行为人或者受害人**国籍**(Staatsangehörigkeit)(= 积极或者消极属人原则)、要保护一定的**本国法益**(inländische Rechtsgüter)(= 保护原则)，或者要保护具有**共同性质的利益**(Interessen universalen Charakters)(= 世界法原则)，以及**代为行使刑事管辖权**(stellvertretende Strafrechtspflege)原则。大家所说的国际刑法常常是(如《刑法典》第 3 条及之后条款的规定所表明的那样)具体构建在将不同的连结点相组合的基础上〔详见厄勒(Oehler)，《国际刑法》，1983 年第 2 版，第 123 页及之后〕。 63

(一)依照**领土原则**(Territorialitätsprinzip)(= 属土原则)，不问行为人和受害人是谁，一个国家都允许对在**自己的国家领域内**(innerhalb seines Staatsgebietes)实施的一切行为行使自己的刑罚权。这个得到了普遍承认并且是国际刑法之主导思想的原则，依据的是任何人都必须遵守目前所在国家的法律这一考虑。 64

从1975年1月1日起,《刑法典》(与1940年起实行的积极属人原则有一定的偏离)再次采取**属土原则**(Gebietsgrundsatz)。依照《刑法典》第3条的规定,德国刑法适用**在本国实施的**(im Inland begangen)所有行为,行为人或者当事人国籍并不重要。

65 在**实施地**(Begehungsort)上,《刑法典》第9条规定了一个因为宽泛而因此是并非不无问题的**普遍化原则**(Ubiquitätsprinzip):行为人(或者共同行为人,《联邦最高法院刑事判决汇编》39,88)所实**施了行为**(gehandelt)的,或者是在不作为案中本来是必须行为的,或者是因为**发生了**属于犯罪构成要件的结果,或者是依照行为人的想法(《刑法典》第9条第1款)应该发生结果的**任何地点**(jeder Ort),都为行为的实施地。对于**参与**(Teilnahme),既包括主要行为的实施地,也包括参与人实施了行为的任何地点,或者是在不作为案中本来是必须行为的或者是依照参与人的想法主要行为应该在那里被实施的任何地点(《刑法典》第9条第2款第1句),都是参与人参与的实施地。参与人是在国内参与了国外行为的,即便主要行为依照行为地法律并不受刑罚威吓,也要对该参与适用德国刑法〔《刑法典》第9条第2款第2句;批评的见容格(Jung),《法学者报》79,325;厄勒(Oehler),《国际刑法》,1983年第2版,第266页及之后〕。

66 适用关于实施地的规定后,如果表明德国的刑罚权对发生的情事确有管辖权的,还有可能出现(在个案中实际产生的)相关的德国刑法所规定的犯罪构成要件(比如说《刑法典》第170条b)是否也包含**对外国法益的保护**(Schutz ausländischer Rechtsgüter),或者存在*从构成要件内涵的角度看*对法益的保护只是**限制在本国之内**(Inlandsbeschränkung)的问题〔比较吕特格(Lüttger),《耶赛克纪念文集》,第121页;施吕西特(Schlüchter),《厄勒纪念文集》,第307页)。

例如,对生活在德国的外国人违背对生活在外国的外国人承担的抚养义务,不适用《刑法典》第 170 条 b 第 1 款的规定;因为这个行为不涉及德国法益,且《刑法典》第 170 条 b 第 1 款也不以保护外国的社会保障部门不受到不合理的社保要求为目的〔《联邦最高法院刑事判决汇编》29,85 有厄勒(Oehler)的注释;《法学环视报》80,381。不同的观点见孔茨(Kunz),《新法学周报》95,1519〕。相反地,如果生活在外国的德国人是被违背的抚养义务的权利人,则有适用《刑法典》第 170 条 b 第 1 款的空间〔比较柏林上诉法院《法学环视报》85,516;伦克纳(Lenckner),《申克/施罗德—刑法典注释集》, § 170 b 边码 16〕。

(二)与属土原则密切相关的是**国旗原则**(Flaggenprinzip)。 67
该原则要求对悬挂其国旗的船舶上或者使用其国家标志的航空飞行器内发生的所有行为,不问行为地的法律是如何规定,该国皆有权行使刑罚权。

《刑法典》第 4 条对德国刑法采取了这个原则。

(三)依据**积极属人原则**(aktives Personalitätsprinzip),一个国 68
家对拥有自己国籍的公民在外国实施的行为也享有刑罚权。这个(从过去的宗法里根生出来的)连结点,是从个人要受到家乡法制秩序的约束以及国家对其公民拥有属人主权的观念中推导的。

1940 ~ 1974 年间,德国刑法采取的是积极属人原则。今天,只是在《刑法典》第 7 条第 2 款第 1 项以及在第 5 条第 8 ~ 9 项的框架内,这个属人原则才有着它的在受到了限制的形式内的意义。

(四)**保护原则**(Schutzprinzip)准许将本国刑罚权延伸至在外 69
国实施的但危及或者侵犯了**国内法益**(inländische Rechtsgüter)的行为。

《刑法典》第5条第1~5款以及第10~14款的规定,就是建立在**国家保护原则**(Staatsschutzprinzip)的立场上;该条第6~8款和第7条第1款的规定,则是建立在**个体保护原则**(Individualsschutzprinzip)的立场上。

70 (五)**世界法原则**(Weltrechtsgrundsatz)(=普遍管辖原则)准许对外国行为科处惩罚,如果这些行为损害了跨越国界的文化价值和法益。对其进行保护是所有国家的共同利益。

《刑法典》第6条对核能和炸药罪、劫机罪、经营毒品罪、贩卖人口罪、伪造货币罪等的规定,符合对跨国文化价值和法益的保护原则。详见《联邦最高法院刑事判决汇编》34,334。

71 (六)《刑法典》第7条作了一个补充规定,把不同的连结点汇合,可以对**在外国实施**(Im Ausland begangen)的又不包括在《刑法典》第5条或者第6条规定中的行为行使德国刑罚权。

据此,德国刑法对针对**德国人**(Deutschen)的外国行为适用〔《刑法典》第7条(=消极属人原则、保护原则〕。此外,如果在行为的时刻行为人是**德国人**(Deutschen),或者是在实施了行为之后成为德国新公民的(=受限制的积极属人原则,与《基本法》第16条第2款第1项的对德国人禁止引渡规定连接),以及行为人在行为的时刻是**外国人**(Ausländer)而在国内成为了当事人,根据《刑法典》第7条第2款第2项的理由不予引渡的,同样适用德国刑法(=代为行使刑事管辖权)。

代为行使刑事管辖权原则(Grundsatz der stellvertretenden Strafrechtspflege),是对逃犯不会因为在所逃国家因为缺乏所说的连结点不能对其行使刑罚权而由此是不受处罚的保障。例如,一条黎巴嫩籍油轮在公海上航行期间船上发生了一尼日利亚人将一无国籍水手刺死案件。船只到达汉堡港,犯罪的尼日利亚人逃离油轮。被德国警方抓捕后,没有任何一方要求引渡。对于这种情况,《刑法典》第 7 条第 2 款第 2 项提供了对行为人因杀人罪惩罚的可能性(对此见联邦最高法院《新刑法杂志》91,525)。

《刑法典》第 7 条规定的所有情形,都是以行为**在行为地受刑罚威吓**(am Tatort mit Strafe bedroht)或者是以行为地是个所谓的无管辖地带而无一个国家对之拥有刑罚管辖权为前提条件。制定这个规定,是为了防止将本国刑罚权超出义务范围,延伸至**本来具有管辖权的**(an sich zuständig)国外国家认为不必要对其判处**刑罚制裁**(Strafsanktion)的事实。 72

外国的刑法规定与德国法律的相关构成要件规定如果完全吻合,就没有将德国的刑罚权延伸的必要。如果按照行为地法律所犯行为只是一个仅受罚金处罚的**违反秩序行为**(Ordnungswidrigkeit),而按照德国法律则是构成一项轻罪(如《刑法典》第 315 条 c 第 1 款第 2 项 b 和第 3 款的公路交通过失危害罪)的,不在此限(《联邦最高法院刑事判决汇编》27,5;巴伐利亚州高等法院《法学环视报》82,159)。外国法律中规定的使得行为正当化和免除责任根据,可对行为人有利地适用,条件是这些外国法律上的规定不蔑视根本性的法制国家原则,不与得到普遍认可的法律原则相矛盾(比较联邦宪法法院《法学者报》97,142;《联邦最高法院刑事判决汇编》39,1;联邦最高法院《新法学周报》97,951)。对是否在《刑法典》第 7 条第 2 款第 2 项范围内也适用行为地法律规定的刑事追究阻却根据(如时效或者大赦)这个有争议问题,见联邦最高法院《法学环视报》94,161;埃塞尔(Eser),《法学者报》93,875。

二、德国刑法适用范围的**综合性概述**(überblick): 73

(一)**国内行为**(Inlandstaten)。

对国内行为适用**属地原则**(Gebietsgrundsatz)(《刑法典》第 3

条),结合国旗原则(《刑法典》第4条)和因为宽度而常常导致变成了本国实施地的普遍化原则(《刑法典》第9条)。

(二)**外国行为**(Auslandstaten)。

1. 对行为地法律上的**特别**(spezielle)规定**不予**(ohne)顾及,如果:

(1)国外行为侵犯了*国内法益*(《刑法典》第5条,保护原则);

(2)国外行为侵犯了*受国际保护的法益*(《刑法典》第6条,普遍管辖原则)。

2. 要顾及**行为地法律**(Tatortrecht)的**一般种类**(generelle Art)的补充规定,如果是:

(1)**针对德国人**(gegen einen Deutschen)实施的行为(《刑法典》第7条第1款,保护原则和消极属人原则);

(2)由**德国人**(Deutscher)实施的或者由行为后成为德国人的行为人实施的行为(《刑法典》第7条第2款第1项,有限制的积极属人原则,结合《基本法》第16条第2款第1项);

(3)由**外国人**(Ausländer)实施的行为,该外国人在国内成了当事人,并未受到本来是准许的引渡处置(《刑法典》第7条第2款第2项,代为行使刑事管辖原则)。

74 (三)第二次世界大战结束后德国处于一个分裂状态期间,在20世纪80年代就**德意志联邦共和国**(Bundesrepublik Deutschland)与当时的**德意志民主共和国**(DDR)之间的关系上认为《刑法典》第3条及之后条款应当*相同意义*地适用的观点,得到了联邦最高法院认同(比较《联邦最高法院刑事判决汇编》30,1;联邦最高法院《新法学周报》78,113)。当时的主流意见,在这个问题上的做法是脱离国家和国际法角度的观察方式，从一个**功能性的国内概念**（funktioneller Inlandsbegriff）出发，不把民主德国领域视为是“国内”，只是把包括西柏林在内的联邦德国领域置于“国内”的概念之下。这个根据刑法上的需求提出来的功能性的“国内”概念，符合当时的两个德国其主权和国家权力都各自是**限制在自己的国家领域**（auf das eigene Staatsgebiet beschränkt）之内而各自在自己的领域内实际上都是唯一的秩序功能者的这个情况。

在这个功能性的观察方式意义上，事关《刑法典》第3条及之后条款的行为人或者参与人性质时，**德国人**（Deutsche）指的就仅仅是联邦德国和西柏林公民，对民主德国人则对他们有利地被视为是外国人。对此的主要原因是在民主德国生活的民主德国公民受他们自己的国家主权和法律管辖，没有必要还被联邦德国法律作为规范的对象纳入义务之中。

在何种程度上和在什么样的前提条件下作为受侵害人一方的民主德国公民也可以参与由联邦德国刑法对德国人成为**犯罪行为受害人**（Opfer von Straftaten）所提供的**保护作用**（Schutzwirkungen），曾一直是个有争议的问题（对此比如见《联邦最高法院刑事判决汇编》30，1；联邦最高法院《新法学周报》97，951）。

当年的德意志民主共和国依照《基本法》第23条的相关规定集体“加入”联邦德国后，已成为联邦德国的组成部分。从1990年10月3日起，联邦德国刑法也在今天大家所说的“加入区域”里适用，1990年8月31日颁布的《德国统一条约》（《联邦法律报》1990，Ⅱ，885、889）中有不同规定和在条约中商定的至今仍然有效的保留规定除外。 75

除外的，例如有对保安监管的规定，有在今天实际上已经失去了实际意义的对《刑法典》第5条第9项和第218～219条d的规定（比较《德国统一条约》第8条及附件1、C部分第3章和1995年8月21日的《孕妇与家庭救济修改法》第10条，见《联邦法律报》Ⅰ，1050）。另外，“加入区域”的原来刑法中的一些规定在一定时期内曾经是或者在今天依然是过渡性地继续有效〔对此见《德国统一条约》第9条Ⅱ及附件Ⅱ、C部分第3章；特伦德尔（Tröndle），§ 3前边码29及其后〕。

76 以这样的方式，在法律上的统一得到完全实现之前，在德国领域内实际上就产生了两个不同的法律区域。凡《德国统一条约》中无不同规定的，在规定的过渡期内对在具体案件中适用哪个法律的问题，采取**跨地区刑法原则**（Grundsätze des interlokalen Strafrechts）。照此原则，对在两个法律区域中的一个区域实施的行为，由任何一个有管辖权的德国法院依照行为时在行为地有效的刑法判决（= 行为地原则），前提条件是这些规定的适用在实际情况中不与法制国家原则相悖。

民主德国在1990年10月3日前曾经拥有的法律地位，在这里即对自己公民实施的犯罪行为进行处罚的权力，随着它对联邦德国的“加入”（《基本法》第23条）形成了一个新的德国后过渡到了德意志联邦共和国，在这里而言即不论所实施的行为所侵害的是个体法益还是建立在*法制国家基础之上*的社会共同体价值（《联邦最高法院刑事判决汇编》39，317；40，48及之后、59）都在其中。从《刑法典实行法》第315条第1款对《刑法典》第2条的连接中可以得出，对这类的“以前行为”原则上适用行为时有效的民主德国法律，依照联邦德国刑法可以从轻判决的（《刑法典》第2条第3款）除外。不过，《刑法典实行法》第315条第4款对这个一般性规定又进行了一定限制，即在民主德国对联邦德国的“加入”产生法律效力之前就对行为已经适用了联邦德国刑法的，《刑法典实行法》第 315 条第 1 款的规定不发生介入作用。这比如说依照《刑法典》第 7 条第 2 款第 1 项中第二种的或者情形，就对在民主德国"加入"之前已移居到了联邦德国的前民主德国公民行为适用(《联邦德国最高刑事判决汇编》39,317、319)。基于这些规定，对《刑法典实行法》第 315 条第 1 款包括的情形整体上保证了《刑法典》第 2 条第 3 款明确的适用较轻法律的规定；这之中处理最轻的规定是完全撤销行为的可罚性〔关于依据哪个法律能够从轻判决的问题，见《联邦最高法院刑事判决汇编》37,320,38,18；德林(Dölling),注释,《新刑法杂志》97,77；施罗德(Schröder),注释,《法学环视报》91,335〕。

对在 1990 年 10 月 3 日后**在外国**(im Ausland)实施的行为，凡可以适用德国刑法而在德国域内两个法律区域里又存在不同刑法的，依照《刑法典实行法》第 1 条 b 的规定适用行为人在该地有其生活基础的行为地法律(= 居住地原则)。 77

由德国统一带来的刑法上的问题，一些具体的情况还远未得到解释。因此，建议密切关注有关的判决和文献。对此可参见特伦德勒(Tröndle), § 3 前边码 28 中标注的参考目录，以及以下资料： 78

(1)关于对**民主德国情报部门属员**(Angehörige der DDR-Geheimdienste)的刑事追究可能性问题，见《联邦宪法法院判决汇编》92,277；《联邦最高法院刑事判决汇编》39,260；41,292；施吕西特尔/杜特格(Schlüchter)/(Duttge),《新刑法杂志》96,457；福尔克(Volk),《新刑法杂志》95,367。

(2)关于对民主德国边防军士兵及其命令下达者**在德国内部"柏林墙"开枪射击打死**(Todesschüssen an der innerdeutschen Mauer)的刑事上追究可能性问题，见联邦宪法法院《法学者报》97,142；《联邦最高法院刑事判决汇编》39,1、168、353；40,48、113、218、241；41,101、149；42,65；联邦最高法院《新法学周报》97,1245；阿诺尔德(Arnold),《法学教育》97,400；丹纳克尔/施托费斯(Dannecker)/(Stoffers),《法学者报》96,490 有进一步的证明。

(3)对在民主德国时期发生的**选举造假**(Wahlfälschung)处罚

问题，见联邦宪法法院《新刑法杂志》93，432；《联邦最高法院刑事判决汇编》39，54；40，307。

(4)对在民主德国时期发生的**枉法**(Rechtsbeugung)处理问题，见《联邦最高法院刑事判决汇编》40，30、169、272；41，157、247、317；详见韦塞尔斯(Wessels)，《分则》1，边码1090。

(5)对在民主德国时期犯下的《刑法典》第241条a意义上的**受到政治上怀疑**(politische Verdächtigungen)问题，见《联邦最高法院刑事判决汇编》40，125；泽博德(Seebode)，注释，《法学者报》95，417；也见联邦最高法院《新法学周报》97，151。

(6)见1993年3月26日的关于1949年10月11日至1990年10月2日期间德国统一社会党非法的国家行为的**时效停止法**(Ruhen der Verjährung)(《联邦法律报》Ⅰ，392)和1993年9月27日的第二个时效法(《联邦法律报》Ⅰ，1657)；详见莱茨古斯(Letzgus)，《新刑法杂志》94，57。

79 (四)《刑事诉讼法典》第153条c中对外国行为**强制追诉**(Verfolgungszwang)规定所做的很大程度的限制，具有程序法上的意义。一事不二审(*ne bis in idem*)原则(《基本法》第103条第3款)禁止联邦德国法院对同一行为再次审判，作用是保护在国外已被判决的德国人不在国内再次受罚(见联邦德国《刑事诉讼法典》第153条c第1款第3项)。

在此范围内，《刑法典》第51条第3款规定了对在国外受到的和已经执行了的刑罚可以折抵在国内可予判罚的新的刑罚或者剥夺自由的其他处罚(详见《联邦最高法院刑事判决汇编》29，63)。

第三章 人作为法律主体、刑法上的行为理论

案例 3：A 和 B 在集市上闲逛，来到 H 的摊位前，打闹中，B 无意间将 A 推向了 H 的摊桌，将上面摆放的用来出售的瓷瓶打碎了很多。B 撒腿跑了，A 被 H 呼叫来的警察拦住。 80

A 是否触犯了刑法？

第一节 人之举止作为犯罪行为的基础

在**案例 3** 中要问的，（只是）对 A 的可罚性这个问题。作为这方面的连结点，可以考虑摊桌上摆放的瓷瓶毕竟是通过 A 的举止被打碎。 81

任何一个刑法意义上的调查，都是以这个问题为出发点，即所发生的事件是否实现了某个犯罪行为特征，是否可以将事件的发生归咎到某个特定人系他的“**自由的意志所为**”（freies Willenswerk）。位于法律上调查中心的，是**作为法律主体的人**（Mensch als Rechtssubjekt）；法律规范作为刑罚条款的规定基础，又是以人的举止作为基础依据。立法者通过制定犯罪行为构

成要件并以科处刑罚对此发出警戒和威吓,所要告诉我们的可以说是**禁止**(Verbote)或者**命令**(Gebote)意义上的规范。提出禁止和命令规范的目的,在于要让我们的举止符合法律制定的规范(= 规定规范),也在于对我们的举止是否违反了规范而要由法律来评价(= 评价规范)。

例如,对《刑法典》第 212 条和第 242 条上蕴涵的**禁止规范**(Verbotsnorm),分别可说是"你不得杀人"和"你不得偷盗"。

又如,对《刑法典》第 323 条 c 上的规定的背后思想,可以说是"在发生事故和共同危险时你应该在能够承受的范围内提供救助"这个**命令规范**(Gebotsnorm)。

在导致发生了损害的情事中,刑法上的立案首先是依据应当受到指责的对社会有害的**举止**(Verhalten)(= 举止秩序)。这与民法不同。民法意义上的立案依据主要是连接已经出现的违法状态(= 状态秩序)。

82 形成刑法上立案需要的连结点的,是与社会危害性后果有关系的**人之举止**(menschliche Verhalten)。追究举止责任的法律根据是犯了不法行为;每个刑法上的调查在方法上皆是以此开始。无"行为"便无"行为人",无"不法"便无"责任"。只有在对行为作了评价之后,要追究到行为人身上的责任判决才有余地。

在**案例 3** 中,A 有可能实现了《刑法典》第 303 条的构成要件。不过,在对该要件的各个标志进行审查和对事实进行法律上的归罪之前,我们应该知道,如果要系统地进行每个刑法上的调查,就要通过**不同的评价层面**(verschiedene Wertungsstufen):

83 "犯罪行为"是符合构成要件的、违法的和负有责任的行为。从**构成要件符合性**(Tatbestandsmäßigkeit)、**违法性**(Rechts-

widirgkeit）和**责任**（Schuld）这几个评判层面之间的功能性的关系中，可得出犯罪构造的基本模型如下：

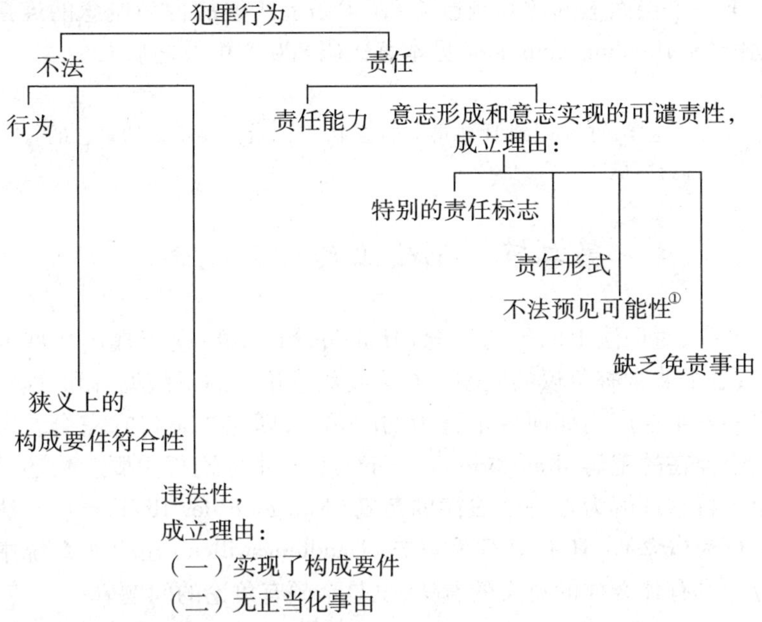

以上概述，依据的思考是：刑罚是以负有责任为前提条件的（《联邦最高法院刑事判决汇编》2，194；《联邦宪法法院判决汇编》9，167；20，323；25，269；50，125）。**承担责任的**（schuldhaft）行为只能是**违法**（rechtswidrig）的行为。一行为是违法还是合法，对此只需要进行构成要件符合性层面上的审查。如果表明尚不构成刑法上的**行为**（Handlung）的，自然也就不可能是某个犯罪类型意义上的**构成要件符合性**（tatbestandsmäßig）行为。在各个评判层面上相互传递（大家不得将它们具体想象为是一堵堵相互分隔的墙）形 84

① 这里即认识到行为系不法的可能性。——译者注

成一个功能性的系统流程中,**行为**(Handlung)是一个在其中起着连接作用的元素。它要通过所有评判层面上的法学视角观察,在为下一个层面上的评判制造关系〔术语上所说的行为概念的**连接功能**(Verbindungsfunktion)见本著边码800、801及之后〕。

这样,对A撞到H摊桌上的这个动作,首先要审查的是它的“行为质量”。

第二节 刑法上的行为概念

85 一、对刑法上的**行为概念**(Handlungsbegriff)应当提出哪些要求,是个非常有争议的问题。众多行为理论中的不同见解和分歧,主要发生在应当如何界定行为的问题上,即应当是将它完全看做一个**存在的范畴**(Kategorie des Seins)(=本体论行为概念),还是应当将它理解为是一个**法律的范畴**(Kategorie des Rechts)(=法学行为概念)。还有对**行为意志**(Handlungswillen)在犯罪系统中应当具有什么样的意义的看法,也是个颇有争论的问题。

86 一些论者,怀疑能够为作为和不作为找到一个共同上位概念的可能性。持这种观点的代表性论者认为,对于行为概念,以功能性的纯粹否定方式提出最基本的前提条件便已足矣,即把所有的与意志无关的身体动作,皆视为是“非行为”而排除在外〔加拉斯(Gallas),《整体刑法学杂志》67,1、14;伦克纳(Lenckner),《申克/施罗德—刑法典注释集》,§13前边码37有进一步的证明〕。对这种观点不能表示认同。可以构成作为和不作为的共同上位概念的,是**人之举止**(das menschliche Verhalten)。纯粹否定性行为说不能够满足要求,因为,如果对什么是“行为自身”和对刑法对这个概念连接的含义并不明确,则将是很难在构成要件和不法的范围内对具体的行为给出足够的说明的〔很有说服力的见阿图尔·考夫曼(Arthur Kaufmann),《汉斯·麦耶尔纪念文集》,79、81〕。

否定性行为说的另外一个形式,即把**不作为**(Unterlassung)而不是把作为宣布为是刑法上归罪的基本范畴,同样也是不能得到认可的。照之观点,人的行为就成了"对规范所要求的朝着相反方向的运作的不作为",或者是成了"在面临符合构成要件的危险情况中不进行避免危险的行为"〔贝伦特(Behrend),《刑法中的不作为》,1979年,第95、130、143页及之后〕,或者是成了"在保障人位置中对可以避免的不予避免"〔赫茨贝克(Herzberg),《法学者报》88,573;有一定变动的观点见《戈尔德达默刑法档案》1996年,第1页及之后,脚注18〕。这种观察方式虽然对人的举止的结构和流程提出了有价值的见解,但却忽略了其现实的表现形式,而由此是未达到法律中规定的属于作为与不作为的犯罪行为之间的区别〔对否定性行为说的批评详见布拉姆森(Brammsen),《法学者报》89,71;耶赛克(Jescheck),《刑法典莱比锡注释集》,§ 13前边码31;施米德霍伊泽(Schimdhäuser),《戈尔德达默刑法档案》1996,303;伦克纳(Lenckner),《申克/施罗德—刑法典注释集》,§ 13前边码36〕。 87

在学术界对于什么是行为的一般概念的争论中,有三种学说见解获得了较大意义: 88

(一)较老的**自然主义—因果行为论**(naturalistisch-kausale Handlungslehre),在人的行为中看到一个因果过程,对该过程的确认完全是根据由任意的行为所造成的身体动作及其在外部世界导致的后果,而不是所发生事件的社会影响性上的意义含义。依此学说,"行为"便是"所任意的身体举止"〔贝林格(Beling)〕,或者是"在外部世界导致了某个改变性的,可以追究到人的愿望的造成"〔冯·李斯特(v. Liszt)〕。 89

行为发生在这里被分解为是外部的因果过程(= 对行为客体

的侵害)和行为人对行为结果的内心上关系(= 意志内容),在一个很长的时间内都是术语上所说的**古典犯罪系统**(klassische Verbrechenssystem)的构成基础;在该系统中,所有客观—因果的都被归于“不法”,所有主观—内心的都被纳为“责任”(详见本著边码801及之后)。

今天,这个含义空洞的行为概念(贝林格自己就曾经把这个行为概念称为是“无血色的幽灵”)的不可保留性,已经被大多数人所承认。

90 (二)依照韦尔策尔(Welzel)、毛拉赫(Maurach)、阿尔明·考夫曼(Armin Kaufmann)、希尔施(Hirsch)、鲁道非(Rudolphi)、施特拉滕韦特(Stratenwerth)等人主张的**目的行为论**(finale Handlungslehre),行为是对**目的动作的实行**(Ausübung der Zwecktätigkeit),易言之是一个目的角度上的而非仅仅是一个因果层面上的发生。行为的目的性,建立在两个方面的点上:一是人对自己的动作在一定范围内有可能将要产生什么样的结果的这个人的可以预见性;二是给自己确定下不同的目标,有计划地安排朝着所寻求目标运作自己的举止的这个人之能力。由此,目的行为便是**有意识地从目标的角度引导的所为**(bewußt vom Ziel her gelenktes Wirken):意志是因果关系发生的引导,是“目的行为的脊梁骨”〔韦尔策尔(Welzel),《教科书》,34〕。

据此,举止之**目的性**(Finalität)所说的意思就与从因果角度的观察方式上提出的**任意性**(Willkürlichkeit)完全不同。如果一个举止可以追溯到*任何*一个意志行为之上,那么它就是任意的了。

与之相应,在行为的问题上,因果说的主张者满足于行为人是依意志而实施了行为这一看法;至于行为人的行为愿望和目的,则是在责任层面上才予以注意之事〔比较梅茨格(Mezger),

《教科书》, § 14 Ⅲ;鲍曼/韦伯(Baumann)/(Weber),《总则》, § 13 边码 68 及之后〕。与之相反,提出目的行为论的论者寻求从**具体的**(konkret)根据**内容来确定的本质种类**(inhaltlich bestimmte Wesensart)去把握人的举止〔譬如将行为划分为杀害、拿走或者损坏行为;比较韦尔策尔(Welzel),《新刑法体系图》,1961 年第 4 版,第 3 页〕。

韦尔策尔(Welzel)书中举例的那位护士,不知情地将一支过量而具有致死作用的吗啡针进行注射,所进行的虽然是有目的的注射,但却不是有目的的"杀害行为"。死亡作为不期而至的后果,只是一个由有目的的注射行为造成的"盲目因果"关系。目的性是"可见的",因果性是"盲目的"〔韦尔策尔(Welzel),《教科书》,33〕。

目的行为论认为,自己在行为的本体论目的结构中发现了对于举止后果进行刑法上归责的决定性的连结点〔有启发性的见韦尔策尔(Welzel),《法学教育》66,421;《新法学周报》68,425;综述的,见屈佩尔(Küper),《刑法教条学》,44〕。

不赞同目的行为论的论者,今天提出的意见较少是针对行为的目的性特点自身,更多的是针对大多数目的行为论者提出的观点,即行为的在法律制定之前就已经具有的目的性结构对于立法者而言存在制约力,故在法律的范围内不许可制定出偏离该结构的规定。不同意见者提出的这样批评的正确性,已经被一些目的行为论的主张者所认同〔如雅科布斯(Jakobs),《总则》6/12 及之后。雅科布斯不再把目的的行为概念置于系统的中心,而是把**归责**(Zurechnung)说置于系统的中心,把行为理解为是各*按情况可以避免*的结果造成;比较《总则》6/8,27、32〕。

(三)由 Eb. 施米特(Eb. Schmidt)、恩吉施(Engisch)、耶赛克(Jescheck)、金阿普费尔(Kienapfel)、迈霍弗(Maihofer)、R. 郎格 91

(R. Lange)、厄勒(Oehler)、E. A. 沃尔夫(E. A. Wolff)等人主张并为多纳迟(Donatsch)和阿图尔·考夫曼(Arthur Kaufmann)等人倾向的**社会行为论**(soziale Handlungslehre)认为,对于所有形式的举止而言,构成行为概念的共同标准是人的作为或者不作为的**社会影响上的重要性**(soziale Relevanz)。这个学说对行为的理解,是行为系一个要素,一个**具有含义的塑造社会真实的要素**(sinnhaft gestaltender Faktor der sozialen Wirklichkeit),具有人格的、目的的、因果的、规范的诸多层面〔详见布洛伊(Bloy),《整体刑法学杂志》90,609〕。

社会行为说视野广阔,为客观行为倾向论〔恩吉施(Engisch)、迈霍弗(Maihofer)、Eb. 施米特(Eb. Schmidt)〕、主观目的论〔耶赛克(Jescheck)〕和行为人格结构论〔阿图尔·考夫曼(Armin Kaufmann)〕提供了或多或少的空间。

行为的概念,在这里被叙述为:

"对客观上可以当做目的的社会影响上重大的后果的任意造成"〔恩吉施(Engisch),《科尔劳施纪念文集》,1944 年,第 141、164 页〕。

"客观上可以由人所控制的,朝着客观上可以预见的社会影响结果方向动作的举止"〔迈霍弗(Maihofer),《Eb. 施米特纪念文集》,156、178〕。

"由意志所承载的,所产生的作用触及邻人生活范围的,从规范的角度看构成了社会影响上意义单元的举止"〔Eb. 施米特(Eb. Schmidt),《法学者报》56,190 以及《恩吉施纪念文集》,339;类似的多纳迟(Donatsch),《过失罪》,10〕。

"社会影响上重大的,意味着是对其作为规范所要求的行为的可能性的回答,是表明其作为邻人角色的人的举止"〔耶赛克

(Jescheck),《Eb. 施米特纪念文集》,139、151〕。

“对社会真实的具有含义的塑造,具有可以由意志控制的因果后果”〔阿图尔·考夫曼(Artur Kaufmann),《H. 麦耶尔纪念文集》,79、116〕。

二、列举上述这些不同观点与见解的行为学说,主要是为了提出这个问题:有哪种学说,在功能上可以使得行为概念具有足够的能力,使得自己既能够构成对于刑法上重要举止的所有表现形式的**共同基础**(gemeinsame Grundlage),同时又适合于将那些不由人的意志所控制因而不能被视为是人之特有举止方式的排除在外(= 行为概念的*基本功能与限制功能*): 92

(一)人与其他生物的区别,在于人在内心上拥有由他的价值观所影响的对世界的认识,有能力通过创造性工作具有含义地塑造周边的世界。

从纯粹因果关系观察角度出发的行为理论,由于没有能力把握人的活动所具有的这些人格的和社会影响上的含义,因此不足为论。

(二)行为**目的论**(finale Lehre)将行为意志理解为有计划地使因果发生的因素,在行为的“目的性”中发现了一个十分重要的连结点。

有意识地为自己设置一个目标,有目的地选择手段去寻求达到和实现这个目标,是一种只有人类才拥有的、人类之外的其他生物都不具备的能力。基于此,目的理论对**思想上预期**(gedanklich antizipiert)的行为结构分析是正确的,这在今天已经得到了大家的一致认同。

不过,要提出问题的是,人的行为是否总是在目的理论所归纳模式的那个狭窄的轨道上展开。经验告诉我们,我们很难宣称人在每次动作时对于举止都是有一个“提前设置”的目标,都是在通过对因果因素的深思熟虑来寻求实现这个目标。人的行为除了有意识—目的性的之外还有由下意识所决定的举止方式,还有不作为行为,虽然导致了因果发生,但常常是缺乏目的性的引导。

例如,一位母亲,因未意识到自己过失地对危险情况错误认识而当为却不为,没有阻止孩子自己去找饮料解渴,结果发生了孩子错喝有毒液体死亡。这位母亲的举止虽然并不缺少目的性,但却不具备造成影响的重大社会性。对这位母亲就不能说她有“目标明确的、操纵着因果流程发生的意志”。

93 (三)值得首推的是**社会行为论**(soziale Handlungslehre),它在纯粹本体论的和规范性的观察方式之间起着协调地解决问题的作用。对刑法上的**行为**(Handlung),该说提出的定义是**由人的意志所控制或者可以控制的社会影响上重大的举止**(das vom menschlichen Willen beherrschte oder beherrschbare sozialerhebliche Verhalten)。这个行为概念,在行为意志及其实现方面与举止上所内涵的人格结构相连接,由此也与本体论的情况相连接。同时,这个行为概念也从注意到行为人的主观目的的角度和从法律共同体对举止的规范期待的角度,对充分客观地把握发生事件的社会影响上的含义提供了可能。

“举止”作为行为概念的上位概念,既可以将**作为**(aktives Tun)也可将以**不作为**(Unterlassen)涵盖其中。与本体论的观察角度不同,在规范的观察方式中作为与不作为并非是一个不可统一的对立,而仅仅是由意志所承载的举止的不同表现形式而已〔详见本著边码 699 及之后;也见普铂(Puppe),《刑法典图表式注释》，§ 13 前边码 57 及之后〕。

任何一个举止，凡涉及个人与周围世界的关系，依据它所寻求的或者并非举止人所意愿的在社会影响方面造成的后果，成为可以从价值的角度对它进行评判的对象的，皆属于这里所说的**社会影响上的重大**（sozialerheblich）。

在**案例 3** 中，A 的举止触及了摊贩 H 的私有财产由此触及了他人利益，因此是“社会影响上的重大”。要问的只是 A 的举止是否属于可以由他的意志所控制（详见本著边码 95）。

从结果的角度而言，社会行为论对因果行为论和目的行为论提出的行为元素并不排斥，而是将它们括纳其中。

如果说，目的行为论的论者想从本体论的行为结构中推论出对于从行为概念中发展出来的犯罪论上的强制性结论，那么，社会行为论则是避免在这个方向上的任何提前设定。社会行为论的优势，恰恰就表现在它能够把握以各样形式表现出来的**人之举止之对于刑法上重要的含义**（den für das Strafrecht relevanten Sinngehalt des menschlichen Verhaltens），同时又并不事前就将与此连接的犯罪论上的结构强制进一个特定的系统〔比较耶赛克（Jescheck），《Eb. 施米特纪念文集》，第 139 页及之后〕。

与因果论的过于单一片面的行为概念不同，社会行为论的行为概念天然就与刑法所追求的特别目的和它自身的片段性的特点相符合，因为这个概念强调社会影响上的重大这个标准，自我限制在刑法上的判决所要问及的那个举止范围之内。

鲍曼/韦伯（Baumann）/（Weber）对在行为范围内的价值观察

提出的疑虑(《总则》,§ 13 边码 87),是经不起辩驳的;这些疑虑此外也与工作方法上的合理化基本原则相矛盾,该原则要求我们尽早地在各价值评判层面上把对于刑法上不重要的举止方式,从调查的范围中排除。

94 三、每个自然人,不论年龄大小和精神状态如何,也就是说也包括精神病患者在内,都具有*刑法*上的**行为能力**(handlungsfähig)。

由此,对完全取决于**自然的意志力**(natürliche Willenskräften)的行为能力,必须严格地与《刑法典》第 20 条意义上的具体一个人的责任能力分隔开来〔比较联邦最高法院《德国法律月刊》94,127,作者霍尔茨(Holtz);关于责任能力,也见本著边码 409 及之后〕。

法人(juristische Person)和社团在自然的意义上不具备行为能力,因此不能被科处刑事处罚。对团体组织和代表人所要承担的责任规定,比较《刑法典》第 14 条和《违法秩序法》第 9、29、30 条;详见布伦斯(Bruns),《戈尔德达默刑法档案》1982,1;马克森(Marxen),《法学者报》88,286;许内曼(Schünemann),《法学培训》80,354、568。

95 四、人的**思维**(Denken)和**意愿**(Wollen),凡还未**向外部**(nach außen)开始其**意志动作**(Willensbetätigung)的,就是并未满足行为特征;由此,在不作为案中审判要依据的是依法可以期待的该为而未为所产生的后果。**条件反射性动作**(Reflexbewegungen)(如痉挛发作时、睡眠之中或者无意识状态下的动作)以及**纯粹本能**(rein instinktiv)的不为意志控制的**惊吓反应**(Schreckenreaktionen)动作,皆不构成刑法上的“行为”(比较石勒苏益格州高等法院《交通法汇编》64,429)。

在条件反射动作中,心理上的一个刺激在没有意识的参与下由一个接收中枢移送到一个动作中枢,也就是说直接转换成一个不依赖意志的动作。可以控制的立即反应(如对野蜂的驱赶、驱车行驶中对障碍物的紧急躲避)则不同,是由要作为的意愿所引发的动作。情绪性行为、刹那间丧失了理智的行为以及建立在经过训练的举止模式基础上的动作(如开车驾驶时的离合与换挡)也不同于条件反射动作;详见哈姆州高等法院《法学者报》74,716;法兰克福州高等法院《交通法汇编》28,364。 96

最后,由**外部的不可抗拒力直接迫使**(durch äußere unwiderstehliche Gewalt unmittelbar erzwungene)的举止〔=*绝对力*(*vis absoluta*)〕,也不具备行为质量。与之相反的是唯一服从于意志的力〔=*冲撞力*(*vis compulsiva*)〕,该力的使用不对意志动作是被迫而为的这个行为特点产生影响。 97

例如,房主 E 为了达到使养子 S 离家的目的,猛地将他推下楼梯后推出门外,S 这时做出的举止便是**绝对力**(vis absoluta)举止。相反地,如果 E 不停地对 S 折磨殴打,直至他放弃了反抗,服从 E 的要求去了别处,S 的举止便是由**冲撞力**(vis compulsiva)迫使。

对处于深度**催眠**(Hypnose)和被催眠者在失去思维控制状态中的身体动作,同样要否定行为质量〔比较耶赛克(Jescheck),《刑法典莱比锡注释集》,§ 13 前边码 37〕。不同的观点,认为这里只成立《刑法典》第 20 条意义上的深度意识障碍〔比如毛拉赫/齐普夫(Maurach)/(Zipf),《总则》,§ 16 边码 19;同样的观点见罗克辛(Roxin),《总则》,§ 8 边码 65,罗克辛在每个“人格的外部表现”中都看到一个行为〕。 98

在**案例 3** 中, A 的身体冲撞到了 H 的摊桌,打碎了上面摆放 99

的瓷瓶，是由 B 发出的撞击动作的一个必然后果：

A 的身体冲撞到摊桌，既非由 A 的意志驱使，也不受其意志控制，作为一个行为可以归属其引发者 B 而不是 A。外来力的作用使得 A 在这个事件过程中变成 B 手中的一个工具，实际上可以说犹如是 B 将一个无生命的物体推向了 H 的摊桌。

由于 A 的举止是因**绝对力**(vis absoluta)所致，同时也无情况表明有一个由 A 的意志承载的先前举止可以作为《刑法典》第 303 条上的刑法责任的连结点(对比本著边码 101 所举的另一案例)，因此，A 没有实施可归责于他的行为，要对他排除因物品损坏的处罚。

因果(kausale)行为论和**目的**(finale)行为论在这里会得出同样的结论。

100 在运用刑法的工作中，凡**对行为质量存在疑问**(Zweifel an der Handlungsqualität)的，建议采用如下调查顺序：

(一)首先提问所发生的情事是否根本上就属于**人之举止**(menschliches Verhalten)。

对于纯粹的自然界事件(如山体滑坡、暴风雨)和动物行为，无必要提出这个问题。

(二)接下来审查举止是否由当事人的**意志**(Willen)所**控制或者能够控制**(beherrscht oder beherrschbar)。

审查结果如果为否(如在**案例 3** 中)，就无必要提出是否“社会影响上的重大”这一问题。

(三)发生的情事如果属于由意志承载的人之举止，则调查举止的**“社会影响上的重大性”**（soziale Relevanz）。

> 鉴于刑法只是对危害社会的举止方式以科处刑罚相威吓，因此，举止方式若无社会影响上的重大性，也就无刑法上的重要性。
>
> 凡对举止的**行为质量**（Handlungsqualität）不存在**疑问**（Zweifel）的（在大多数情况中皆为如此），立即依照犯罪构造就**构成要件实现**（Tatbestandsverwirklichung）进行审查（譬如审查是否发生了《刑法典》第212条意义上的杀人行为，或者是否发生了第242条意义上的盗窃行为），以此作为连结点来提出属于哪种行为的问题；这样做不仅准许，也为适当。

五、**找出正确的连结点**（Auffinden der richtigen Anknüpfungspunkte）可以表明问题的关联性。例如： 101

> 丈夫在外疗养，F夫人晚间上床后拿过一本侦探小说来读。床边的摇篮里躺着他们5个月的孩子。突然停电，F夫人仍想读完已读了一半的章节，便点燃一支蜡烛放在床头柜上。读着读着F夫人睡着了。睡梦中的手臂举动将还在燃烧的蜡烛打翻，引发暗火。等F夫人醒来，摇篮里的孩子已经窒息，她自己也轻度烟雾中毒。
>
> F夫人认为，她并无“行为”，对孩子的死因此无责任。她的观点是否正确？

在这个事件中不存在故意犯罪问题。不过，对F夫人仍可以指控她犯了过失杀人（《刑法典》第222条）。睡梦中（换言之即意识之外）的手臂动作打翻了一旁燃烧的蜡烛，排除提出“行为”的问题作为适当的连结点。要审查的是F夫人的一个先前举止是否构成了刑法上判决的基础：点燃蜡烛（=作为）属于一个本著上面阐释意义的“行为”，但并未满足《刑法典》第222条的构成要件，因为这个举止自身并不构成一个举止错误和注意不足（比较本著边码667）。然而问题在于，当F夫人感觉第一阵倦意袭来之时未将蜡烛熄灭（= 违反义务的不作为），这就构成了在本案可用的下一个连结点。作为一个由人的意志所控制或者可以控制的社会影响上重大的举止，F夫人的这一不作为满足符合行为概念的所有前提条件。由于该不作为是基于一个注意不足的过失（见《联邦最高法院刑事判决汇编》23，156对机动车驾驶时打瞌睡的判决），由于不难同意F夫人身处《刑法典》第13条意义上的保障人位置（= 具有对一定危险之源的责任性，具有对孩子生命的保护义务；比较本著边码715），用这个连结点也就事实适当地处理了此案（= 不纯正不作为犯形式的过失杀人，《刑法典》第222、13条）。

102 六、如同前面（本著边码89）已经谈到的那样，在20世纪初的时候德国的**一般犯罪论**（allgemeime Verbrechenslehre）发展完全是在**行为论**（Handlungslehre）的影响之下。这个影响，特别是在*因果*行为论与更早一些的"古典犯罪系统"之间的关系上表现得更为明显；后者把对不法的理解完全置于一个客观—因果的思维模式，把所有的主观—内心方面特征一概置入"责任"范围。*目的论*的行为概念与其论者从中发展出来的其间已经扩展成为一个人格上的不法论（比较本著边码139）的犯罪系统之间的联系，在坚持与古典和新古典系统的不同观点方面，过去和现在都十分紧密。只有社会行为论和更新一些的*目的*论的犯罪论，才达到了正确的认识，即在犯罪结构上对行为概念**进行功能上的限制**（begrenzte Funktion），可以排除对此后的评判层面（构成要件符合性、违法性和责任）提前就确定了犯罪系统上的先入思维，也不准许从行为概念的角度就已经将不法理论和责任理论强制进一个特定的理论系统。

对行为论与犯罪论之间在德国的历史发展视角下的联系线条，详见本著边码 801 及之后。对此话题见希尔施（Hirsch），《整体刑法学杂志》93,831 和 94,239，也很有教益。

对**民法**（Zivilrecht）中的行为概念和那里的对不准许行为的举证责任问题，见联邦最高法院《法学者报》87,40。

第二编

故意的作为犯

第二部

第四章　法律上的犯罪构成要件和犯罪种类的组成

案例4：A得知未婚妻B的父母遭事故身亡，B继承了一笔钱款，放在安装在她住房内墙体上的保险匣里。知道B很可能不久就要对自己解除婚约，夜里A携带一支手枪，装上子弹来到B的房间，用一把配制钥匙打开保险匣，将钱取为己有。 103

在此案中，构成行为加重的和特殊优遇的情况皆有，这对依法判决由A实施的犯罪行为将产生哪些影响？

要对A的行为提起刑事追究，需要有B提出的刑罚请求吗？

第一节　构成要件的组成和法律的体系性

A的举止，实现了《刑法典》第242条盗窃罪构成要件的基本形式，实现了《刑法典》第243条第1款第1项和第2项中列举的规定情形，构成了“情节特别严重”，还实现了《刑法典》第244条第1款第1项的加重性质特征（关于枪械武器概念，见《联邦 104

最高法院刑事判决汇编》24,136;联邦最高法院《新刑法杂志》89,474)。此外,由于 B 是 A 的未婚妻,依照《刑法典》第 11 条第 1 款第 1 项 a 中的规定属于 A 的"亲属"之列,《刑法典》第 247 条对于特殊优遇的要求也因此具备。这样,要进一步审查的,是在某项犯罪行为构成要件被实现的同时,有像上述这样的**加重性质和特殊优遇情况一同出现**(Zusammentreffen von qualifizierenden und privilegierenden Umständen),这对于依法追究将有可能产生哪些影响,是否可**依职权**(von Amts wegen)对 A 展开追究,或者是(根据《刑法典》第 247 条)只有应 B 的告诉(nur auf Antrag der B)才允许对 A 进行刑罚追究?

105 犯罪行为构成要件的组成和构造,依照了一定的对于要件的分类和适用范围具有意义的规律性。要件组成的**基础**(Grundlage)和出发点,是**所要保护的法益**(zu schützendes Rechtsgut)。对应于各要予以保护的方向,犯罪行为譬如被分类为杀人罪、身体伤害罪、所有权罪、财产罪等。《刑法典》"分则"部分的体系性所依照的,也是这个分类划分原则。不过,构成要件组成的核心部件,却是对**可罚性前提条件**(Strafbarkeitsvoraussetzungen)的完整的和对于特别的犯罪类型予以明示的**描述**(Umschreibung);是否判处所威吓的在刑罚幅度框架内规定的刑罚后果,取决于这些可罚性前提条件的是否实现。

《刑法典》"分则"中的绝大部分条文,皆是对犯罪行为构成要件的规定,但也并非所有条文都在规定构成要件。一些条文实际上并无"要件"特点,只是一些**刑罚量刑上的规定**(Strafzumessungsregeln)(比较《刑法典》第 213 条、214 条),或者是**刑事程序方面的规定**(prozessuale Regelungen)(比较《刑法典》第 232 条、247 条、248 条;详见本著边码 112)。

106 除了**完备性刑法条文**(Vollstrafgesetz)之外,这些条文是对犯罪行为构成要件的完整叙明(如《刑法典》第242条、246条、249条),在《刑法典》和附属刑法中还有一些**空白条文**(Blankettvorschriften)。它们规定的禁止规范之具体的内容,要求参照其他的有关法律、法规或者行政管理公文(譬如《刑法典》第184条a、315条a第1项第2句、第315条c第1项第2句a)。对空白条文指涉的整个构成要件,需要将空白性的法律与充填性的规范相结合才可得出〔详见《联邦最高法院刑事判决汇编》6,30;40、20;177,181;42,79;联邦最高法院《新刑法杂志》92,535;耶赛克/魏根德(Jescheck)/(Weigend),《总则》, § 12 III 2〕。

第二节　构成要件的变异及其意义

一、在以保护一定的法益为目的的刑法条文的内部关系上,存 107
在相互间有着多种层次上关联的组类,它们由相关的犯罪行为**基本构成要件**(Grundtatbestand)和与之连接的要件种类上或者非要件种类上的**加重性质和/或者特殊优遇的变异**(qualifizierende und /oder privilegierende Abwandlungen)所组成。除此之外还有依法可进一步确立的**自立罪**(eigenständige Delikte),即与它们的"原始要件"在关系上独立和在法律上依照其自己的规则,也就是说根据它们自身来判决的犯罪。

(一)**基本构成要件**(Grundtatbestand)是对犯罪类型基本形式 108
的规定。它包含可罚性的最起码前提条件;这些前提条件说明了犯罪(譬如是《刑法典》第242条的盗窃或者第263条的诈骗)的**典型表征**(typisches Gepräge)和确定了它的不法性。

(二)**加重性质和特殊优遇的变异**(qualifizierende und /oder 109
privilegierende Abwandlungen),产生于立法者对基本构成要件就其特别的特征上作了扩展(如对于时间或者空间方面的规定、对于实施方式上的规定、对于使用一定的行为手段的规定、对于行为人与受害者之间关系上的规定)。这些变异只是在这样的情况下才具有**"构成要件"上的质量**(Tatbestand-qualität),即它们在对行为的无价值产生影响,以及它们(譬如《刑法典》第244条或者第250、151条)对于法官而言是一个在具备这些情况时必须适用,同时也只能是只在具备这些情况时才可以适用加重的或者减轻的刑罚框架这个意义上的一个**完整的和强制性的规则**(abschließende und zwingende Regelung)〔详见《联邦最高法院刑事判决汇编》32,332;施罗德(Schröder),《梅茨格尔纪念文集》,1954年,第425、427页及之后〕。

110 (三)犯罪形式的变化,并不消除加重的或者特殊优遇的变异对基本构成要件的依赖,而只是变造出该罪的**亲和的表现形式**(verwandte Erscheinungsformen),有一个**"层级关系"**(Stufenverhältnis)将它们在法律上结合起来(譬如《刑法典》第223条a至226条结合第223条),所构成的便是术语上所说的**非自立性变异**(unselbständige Abwandlung)。

111 (四)与之相反的**自立性变异**(verselbständigte Abwandlung),指对法律的某个特别规范脱离其"原始要件",确立出一个**新罪,有自立的无价值**(ein neues Delikt mit eigenständigem Unwert)〔=自行创立罪(delictum sui generis)〕(譬如《刑法典》第253条结合第242条)。构成这方面前提条件的是否具备,必须在具体案件中根据所变异条文的意义和目的,通过解释来确定。

112 下面的一览图,以《刑法典》第242~252条为例,图示上面所述。

（五）**所有权罪一览图：**

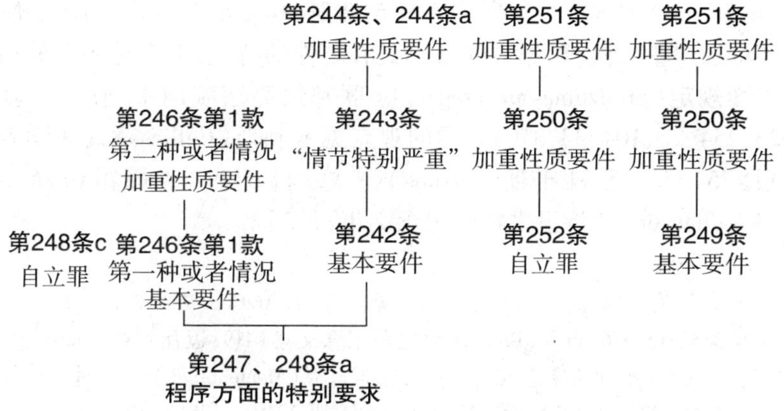

在以上的一览图中以**盗窃罪**（Diebstahl）为例，可得出在基本构成要件（《刑法典》第 242 条）与它的非自立性变异（《刑法典》第 243、244a、247、248 条 a）之间，有着一个术语上所说的**层级关系**（Stufenverhältnis）。

> 由此，如要适用《刑法典》第 243、244a、247 条和第 248 条 a，所总为需要的前提条件，便是盗窃实现了《刑法典》第 242 条的基本要件。

《刑法典》第 244 条（如同第 244 条 a），是一个**犯罪构成要件种类**（tatbestandliche Art）上的加重行为无价值的变异，其规则对于法官而言是**完整**（abschließend）的和**强制性**（zwingend）的；作为加重要件，它总是要但也只能是在这样的情况中才介入，即它的特别特征连同第 242 条的特征被一同实现。《刑法典》第 243 条第 1 款则与之相反，既不包含一个强制性的也不包含一个完整性的规则，因为依据这一条文，即便实现了该条中所列举的**规定情形**

(Regelbeispiele)的，也并非**总是**(nicht immer)和也**并非只有是**(nicht nur)实现了这里所列举**规定情形**(Regelbeispiele)的才是情节特别严重。这样，第243条不具有要件的特点，更多是一个**量刑方面规定**(Strafzumessungsregel)〔《联邦最高法院刑事判决汇编》23，254、26，104、33，370；不同的观点见卡利斯(Calliess)，《法学者报》75，112；雅科布斯(Jakobs)，《总则》6/99；金德霍伊泽尔(Kindhäuser)，《特里夫特尔纪念文集》123〕。

关于"规定情形之方法"，详见阿茨特(Arzt)，《法学教育》72，385、515、576；布莱(Blei)，《海尼茨纪念文集》419；迈瓦尔德(Maiwald)，《新刑法杂志》84，433；蒙滕布鲁克(Montenbruck)，《新刑法杂志》87，311；韦塞尔斯(Wessels)，《分则》2，边码195及之后；韦塞尔斯(Wessels)，《毛拉赫纪念文集》295；《拉克纳纪念文集》423。

《刑法典》第247条和第248条a中制定的特殊化规定，建立在从刑事政策角度的考虑之上。它规定的不是新的刑罚框架，也不联系行为之无价值，只是对进行**刑罚追究的准许性**(Zulässigkeit der Strafverfolgung)作了指示(=刑罚请求作为诉讼前提条件)。由于这个原因，这两条规定缺乏要件的特点(《联邦宪法法院判决汇编》50，205、211)，在发生认识错误问题中具有意义(比较《联邦最高法院刑事判决汇编》18，123"关于亲属关系的认识错误并不重要")。

盗用电能罪(《刑法典》第248条c)和抢劫性盗窃罪(《刑法典》第252条)，是从《刑法典》第242条的原始构成要件中脱离出来的**自立罪**(eigenständige Delikte)。

这里，排除回溯适用《刑法典》第243、244、244a、247条和第248条a〔比较《帝国法院刑事判决汇编》66，354；毛拉赫/齐普夫(Maurach)/(Zipf)，《总则》，§ 20边码46〕。

二、某人实施的犯罪行为，在实现了基本构成要件的同时也具备了加重性质情节和刑事追究上的特殊优遇情况，以至于要问的，是就特殊优遇的规定据其制定的意义和目的而言，是否可以对加重处罚的规定产生**阻碍作用**（Sperrwirkung），或者两者是否可在一个相互的**补充关系**（Ergänzungsverhältnis）意义上并存： 113

（一）《刑法典》第243条第1款、第244条和第247条中的规定并不相互排斥，而是相互补充。在第243条第1款和第244条前提条件下实施的“住宅和家庭盗窃”，由此是一个需要有当事人提起刑罚请求的**告诉乃问罪**（Antragsdelikt）。

这样，在**案例4**中**只有应B的告诉**（nur auf Antrag der B），才可对A展开刑事追究。如果提起了刑罚请求，在判决时要适用《刑法典》第244条第1款第1项〔详见韦塞尔斯（Wessels），《分则》2，边码254及之后〕。《刑法典》第243条第1款第1项和第2项合并到第244条第1款第1项中（联邦最高法院，《法学者报》70，388）。

（二）旧文本的《刑法典》第247条第2款中曾经规定的刑事追究上的特殊优遇（＝依照以前的法律发生在夫妻之间的盗窃行为不受罚），在其适用期间曾对《刑法典》第243～244条产生过**阻碍作用**（Sperrwirkung）；因为一方面是不处罚性、一方面是可罚性的，则相互排除；该特殊优遇规定已由《刑法典实施法》从1975年1月1日起撤销。

刑事追究上的**特殊优遇产生阻碍作用**（Sperrwirkung der Privilegierung）的另一个例外情况，是《刑法典》第217条与第211条之间的关系：为隐瞒一先前的（《刑法典》第173条）犯罪行为，母亲在生产后立即将非婚生的婴儿杀死，对此，依照法律之意（ratio legis)[①]《刑法典》第 217 条排除对第 211 条的适用〔比较毛拉赫/齐普夫(Maurach) /(Zipf),《总则》, § 20 边码 45;韦塞尔斯(Wessels),《分则》1,边码 160〕。

① 这里的依照“法律之意”这个用语,表明是在对法律进行解释。以下同。——译者注

第五章 构成要件理论、不法构成要件的概念与构造

案例 5:一、一小镇上,邮局即将下班,这时E匆匆赶来寄信,急忙中将车停放一旁,既忘了取出油门钥匙又没有将车门锁闭。A抓住这个“机会”将车窃驶,想飙车到邻近城市,途中被警察拦截。在警察的帮助下E重新获得自己的车辆。 114

二、在熟人圈子里,A郑重其事地告诉大家说会计B贪污了公司的钱款即将被开除。听说此事的B对A提起了刑罚请求。审判表明A散布的全非事实。

在上述两案中,仅就发生事件的**客观部分**(objektiver Teil)而言是否已经可以认定A实现了**哪个不法构成要件**(welchen Unrechtstatbestand)?

《刑法典》第186条以之为前提条件的对所散布的有损名誉事实的“不能证明其真实性”,在犯罪系统上处于一个什么样的位置?

第一节 刑罚不法的基本构造

刑罚不法的成立基础,是**实现法定构成要** 115

件(Verwirklichung des gesetzlichen Tatbestandes)。行为之不法性是在那些构成要件特征上得到表达,这些特征是对发生事件的行为无价值和结果无价值的在犯罪类型上的具体描述。一个举止,如果**与法定构成要件中的在犯罪典型上的不法描述相一致**(mit der deliktstypischen Unrechtsbeschreibung im gesetzlichen Tatbestand übereinstimmen),便构成一个**"构成要件符合性"**(tatbestandsmäßig)举止。不过,谁实现了这样一个犯罪构成要件的,却非在任何情况下都必然是犯了违法行为;在具体的事实情况中,如果有正当化事由(= 许可原则)为之庇护,行为人的举止也可以例外地属于正当。正当化事由的前提条件,常常被习惯称为是许可构成要件。

例如:故意杀死他人的,实现了《刑法典》第212条的构成要件。如无正当化事由介入,这个"构成要件符合性"举止便构成"违法";但如果具备紧急防卫(《刑法典》第32条)的前提条件,便为依法许可和正当。

由此,法制秩序对一个具体行为的**最终的无价值判决**(endgültiges Unwerturteil),并非简单地只是依据该行为是否具备了构成要件符合性,而且还要依据行为是否构成了不法性的认定。评判一个发生事件是否为**"不法"**(Unrecht),需要通过两个评判层面上的审查:审查举止的构成要件符合性(= 依照法定构成要件评判),确认**无正当化事由介入**(Nichteingreifen von Rechtfertigungsgründen)(= 依照整个法制秩序评判)。

对此很有教益的见格劳尔(Graul),《法学教育》,"学习问答",1995,L 41。

第二节　构成要件的理论

每个刑罚确定都是对那些与行为和行为人相关的特征的概括,具备了这些特征的便是具备了举止的**可罚性前提条件**(Voraussetzung für die Strafbarkeit)。什么样的总和条件可以在这层意义上被称为是**构成要件**(Tatbestand),取决于在概念确立时赋予它的功能上的意义。 116

《刑法典》第16条第1款第1项对那些行为场合排除故意,这些行为场合属于**“法定的构成要件”**(gesetzlichen Tatbestand),但并未说明这个构成要件概念的具体所指。类似的还有《刑法典》第22条,这里,法律对判处力图罪,要求以直接着手了对“构成要件”的实现为前提条件。

一、行为之**可罚性的所有前提条件的上位概念**(Inbegriff aller Voraussetzungen der Strafbarkeit),通常被称为是广义上的**构成要件**(Tatbestand): 117

这个**广义**(weit)的构成要件概念,涵盖不法构成要件特征、违法性特征、责任特征和“可罚性的客观条件”特征(对《刑法典》第186条也就是说还涵盖对所散布的有损于他人名誉事实的“不能证明其真实性”的这个不能证明性)。它包含法律对可罚性规定的既不能通过习惯法,也不得使用类推的方式,对行为人不利地成立或者扩展的所有前提条件,因此具有**刑法的保障功能**(Garantiefunktion des Strafgesetzes)(比较本著边码44)上的意义〔 = 术语上所说的**保障要件**(Garantietatbestand)〕。

二、与之不同的狭义上的**构成要件**(Tatbestand),只是对各罪 118

的个体表征和**典型的不法性**(typischer Unrechtsgehalt)的描述(=不法构成要件)。

把狭义的构成要件从广义的构成要件中分别出来,要追溯到图平根的刑法教师恩斯特·贝林格(Ernst Beling)提出的学说(《犯罪的理论》,1906;《构成要件理论》,1930)。贝氏学说提出的理论,为"行为的构成要件符合性、违法性和有责性"这个"三分法"的犯罪概念创建了基础。对**狭义上的构成要件**(Tatbestand im engeren Sinn)概念,贝林格的定义是对一个行为之**外部特征的不含价值评判的描述**(wertfreie Beschreibung der äußeren Merkmale)(=某犯罪类型"典范图")。不过,贝林格对犯罪构成要件的理解受到了实证主义和自然主义思想的影响,未被接受多久就不得不让位于**目的论的含价值评判的观察方式**(teleologisch-wertbezogene Betrachtungsweise);后者脱离了*因果说*的思维模式,以社会伦理价值观和刑法寻求的从刑事政策角度而定的目标为其遵照〔很有教益的见耶赛克(Jescheck),《整体刑法学杂志》73,179〕。犯罪论上出现的这个结构转换,是因为对**规范性的构成要件特征**(normative Tatbestandsmerkmale)〔M. E. 麦耶尔(M. E. Maier)〕和**主观的不法要素**(subjektive Unrechtselemente)〔黑格勒(Hegler)、福兰克(Frank)、梅茨格尔(Mezger)、纳格勒(Nagler)〕的发现。自此之后,围绕着构成要件的争论也就没有停止过。

119 **不法构成要件**(Unrechtstatbestand)的**功能**(Funktion),在于对那些特征的概括,这些特征是对**被禁止举止的典型不法性**(typischer Unrechtsgehalt des verbotenen Verhaltens)的描述和对特别的犯罪类型形式和形态的叙明。

立法者的任务,是从违反价值行为的许多可能性中,选择出那些因其社会危害性和受社会伦理谴责性而应当受到以刑罚予以禁止的举止方式。由此产生的法律上的**构成要件组成**(Tatbestandsbildung),具有一个双重目的:一方面它**详细描述不能够接受的举止**(genaue Beschreibung des mißbilligten Verhaltens),以明确什么是不允许的和明确一般禁止规范对人们社会行为自由度有哪些限制,而给大家一个可以依此自我遵照的可能性;另一方面它以固定的轮廓指示**犯罪类型**(Deliktstyp),以此说明该类犯罪(譬如谋杀、盗窃、欺诈)对法益的典型侵害。

不法构成要件(Unrechtstatbestand)包含刑罚确定的所有特 120
征,这些特征对于刑法角度上属于显著的不法起着成立、加重或者减轻的作用。不法构成要件作为犯罪论的一个系统概念,并且作为犯罪构造系统中的一个评判层面,担负着把构成要件符合性的举止方式与在刑法角度上非重要(= 要件缺失)的发生相分离的任务;这个任务被称做狭义要件的**剔选功能**(Auslesefunktion)。

例如,《刑法典》第 248 条 b 就很好地表明了这个功能:违权 121
地擅自使用他人划艇做短时间的划船游玩,从第一眼上看就可以认定不属于该条 b 第 1 款和第 4 款构成要件描述的不能接受举止,因为,立法者在这里只是对违权地擅自使用他人**机动车辆**(Kraftfahrzeuge)和**自行车**(Fahrräder)的行为规定了刑罚威吓。认识到划艇不属于要件保护范围内的客体,以后层面上的审查便可不必,因为所要判决的举止因其构成要件符合性不足而在犯罪构造系统的第一个评判层面上就被剔除(比较本著边码 800“犯罪构造”),用不着还对它做下一层面(违法性、有责性)上的评判。能够进入第二个评判层面(行为的违法性)的,只能是构成要件符合性的举止,即只能是在客观和主观方面实现了法定不法构成要件之所有特征的行为。

实现了不法构成要件的,对举止便可**“推论”**(indiziert)犯了
不法(比较《联邦最高法院刑事判决汇编》35,270、275)。不过, 122

"推论"在这里表明举止的狭义上的构成要件符合性尚只是一般的和暂时的,还不使得就行为的违法性和实体上的不法特点做**最终的判决**(endgültiges Urteil)成为可能;所**推论的**(Indiz),也有可能因为有正当化事由的介入(= 许可原则)而不成立。由此,构成要件符合性虽然是"不法"的一个元素,但也仅仅只是与其他元素并列的"一个"元素而已。对行为违法性的认定必须取决于**两个前提条件**(zwei Voraussetzungen):实现了不法构成要件和缺乏正当化事由(比较本著边码83)。

123 三、(由法学理论界一些少数人提出来的)**整体—不法构成要件**(Gesamt-Unrechtstatbestand)概念,比之狭义上的构成要件要宽,比之广义上的构成要件要狭,采取的方式是排除责任元素和"可罚性的客观条件",试图把所有那些特征都包揽其内,这些特征对构成不法和排除不法起着决定性的作用,对举止不法性质量的认定在肯定和否定的层面上也都取决于它们,也就是说试图把所有的**确定不法成立和排除不法成立的特征**(alle unrechtsbegründenden und unrechtsausschließende Merkmale)皆包揽其内。这个整体—不法构成要件概念的功能,被认为在于对具体案件完整地确立了合法与不法的界限。

据此,譬如对故意杀人罪的整体—不法构成要件,就将是既包含《刑法典》第212条的构成要件特征(= 故意杀死他人),也包含《刑法典》第32条的紧急防卫特征,因为只有在这些特征的具备或者缺乏的情况下,才能对行为人是行为正当或者还是实现了杀人不法,做完整的判决。

124 这个如是理解的**"整体—不法构成要件"**(Gesamt-Unrechtstatbestand)概念,主要是建立在**否定性要件特征说**(Lehre von negativen Tatbestandsmerkmalen)的理论上;从排除故意的行为人的认识错误,到认定发生事件具有正当化情况介入的判决(《帝国法院刑事判决汇编》21,189;54,37;64,102;《联邦最高法院刑事判决汇编》3,105),该理论学说都为之提供了释义学上的依照基础。按照这个理论,对正当化根据的前提条件,就应当将它们视为“否定性的构成要件特征”,因为这些前提条件的如果**不具备**(Nichtvorliegen),对于是否犯了不法的评判而言具有如同存在可以认定不法成立的(= 肯定性的)构成要件特征那样的同样意义。在这个观察方式里,构成要件和正当化根据之间的关系不再是其中一个是**一般禁止**(generelles Verbot)另外一个是**自立的许可规范**(selbständige Erlaubnisnorm),更多地是排除不法的根据显得成了对**禁止规范**(Verbotsnorm)的一个**限制**(Einschränkung)。由此,《刑法典》第 212 条中所蕴涵的“你不得杀人”这个禁止规范,就可以这样说,“你不得故意杀人,**除非**(außer)是在紧急防卫中,是在战场上的士兵等情况之外!”。由此,每个合法的举止从一开始起实际上就成了一个非禁止,根本就不再是整体—不法构成要件意义上的要件符合性。从犯罪系统的角度看,行为的构成要件符合性和违法性在这里被融合为**一个一体的评判层面**(eine einheitliche Wertungsstufe)(= 二分法犯罪构造:整体不法构成要件/责任),可谓必然。

详见恩吉施(Engisch),《法学者日纪念文集》,1960,Ⅰ,401,“刑法中的不法构成要件”;阿尔图·考夫曼(Arthur Kaufmann),《责任与刑罚》,1966,102;《法学者报》54,653 和 56,353、393;奥托(Otto),《基础教程》,“总则”,§ 5Ⅲ;沙夫施泰因(Schaffstein),《德国法律月刊》51,196;萨姆松(Samson),《刑法典系统评论》,§ 32 前边码 7 及之后。

*否定性构成要件特征说*在释义学上的贡献,在于它对位于真性“构成要件认识错误”与纯粹“禁止错误”之间的对**正当化的行为场合认识错误**(Irrtum über rechtfertigende Tatumstände)(= 许可要件错误),提出了所有那些要予以特别处理的根据。 125

对此,在后面的关于认识错误说的章节中还将阐述(比较本著边码 473 及之后)。

126 否定性构成要件特征说作为一个构成要件学说,遭到了不少有分量的提问:

由于该说忽略了许可规范自身的独立性,对这些规范只看到了它们**对禁止规范的限制**(Einschränkungen der Verbotsnormen),因此是自我剥夺了注意到从一*开始起就是构成要件缺失性*的举止,与一侵犯了受保护的法益,但有特别的正当化根据与之庇护的发生事件之间的价值上差别的可能性。譬如,谁损坏了属于自己的东西,并未侵犯禁止规范。相反地,谁损坏了*他人*物品,其行为就违背了(《刑法典》)第 303 条的规范命令,需要有特别的正当化根据(譬如是《民法典》第 228 条或者第 904 条的根据)才能对此免受刑罚追究;该行为人的举止虽然具备《刑法典》第 303 条意义上的*构成要件符合性*,但却因为有*正当化根据*介入而非违法。倘若把符合构成要件的但具有正当化根据的举止,从一开始起就视为是"非禁止",则不能解释举止所涉及的当事人(特别是譬如在紧急防卫和紧急状态的即术语上所说的紧急法情况中),有义务以及为何有义务要对针对他自己法益采取的**侵犯予以容忍**(Duldung des Eingriffs)(在紧急防卫情况中,首先发起侵犯者必须在《刑法典》第 32 条界限内承受对方针对他作出的防卫行为,容忍与这个防卫行为连接的对他自己权利范围的侵犯,而不能诉求自己的防卫权)。当事人的这个容忍义务,只能是从许可规范拥有的独立性特点上推论得出;这个许可规范对非典型的情况提供了**进犯权**(Eingriffsrechte)。此外,法律自身也表明它在正当化根据中并不看到有*否定性构成要件特征*的存在。法律在《刑法典》第 32 条、34 条中规定,因紧急防卫或者因合法的紧急状态而实施的行为,系"不违法",就表明正当化根据并不能撤销行为构成要件作为这样的一个要件，只不过是可以排除构成要件符合性举止的**违法性**（Rechtswidrigkeit）而已。

深入的批评见希尔施（Hirsch），《否定性构成要件学说》，1960年，特别是第275页，以及希尔施在《刑法典莱比锡评论集》中发表的文章，§ 32前边码8；加拉斯（Gallas），《整体刑法学杂志》67，1，27；雅科布斯（Jakobs），《总则》6/54；耶赛克/魏根德（Jescheck）/（Weigend），《总则》，§ 25 Ⅲ；毛拉赫/齐普夫（Maurach）/（Zipf），《总则》，§ 24边码2。

此外，也见沃尔特（Wolter），《归责》，第143页及之后；沃尔特同样是对否定性要件特征说提出了批评，并与之脱离，在人格的不法说基础上提出了一个新的不同结构的"整体不法"和"整体—不法构成要件"概念。依照他的观点，整个不法分化为一个人格的和一个客观—社会的归责轨迹（见其著第177页）。在人格的整体—不法构成要件上，沃尔特提出有"法定的整体—不法构成要件"（由依据是否故意而以此认定不法是否成立的特征和许可原则组成），有"严格的主观上整体—不法构成要件"（不与故意联系的主观方面特征属于这个要件范围，譬如是《刑法典》第242条的意图占有），还有"特别的客观—主观方面不法构成要件"（具有客观化的不依赖故意的特征，譬如是《刑法典》第113条第3款、第136条第3款中的职务行为的合法性）这些概念。例如，结果犯案件中的结果出现以及行为与结果之间的风险关联，依照沃尔特的观点都属于客观方面的整体构成要件。 127

二分法的犯罪构造（zweistufiger Deliktsaufbau）（＝不法/责任），并非一定是与否定性要件特征说有一种依照上的关系；如果把"不法"这个上位概念理解为一个有层次上划分的整体，由构成要件符合性和违法性组成，最后还保留三个各自提出不同问题的评判程序，则在主流的犯罪学基础上也可以主张二分法的犯罪构造〔例如，罗克辛（Roxin），《总则》，§ 10边码16及之后、23；伦克 128

纳(Lenckner),《申克/施罗德—刑法典注释集》, § 13 前边码 17~19;类似的观点见沃尔特(Wolter),《归责》,143 及之后;沃尔特提出了一个依据两个评判标准的"三分法"犯罪构造;对此也见普珀(Puppe),《诺莫斯—刑法典评论集》, § 13 前边码 14;奥托(Otto),《法学培训》95,468]。

对这个构造形式,批评的观点认为**违法性**(Rechtswidrigkeit)和责任(Schuld)才是刑法的两个根本意义上的关键性"价值范畴"。构成要件符合性自身并不自行构成一个法律上的评判层面,因为它只有与正当化根据相结合才能判决是正当还是违法。对这个批评的观点,也可以提出不同的见解:构成要件缺失的举止方式,因为**缺乏对任何法益的侵犯**(Fehlen von jeglicher Rechtsgüterverletzung),"自身"就为刑法上不重要,而与虽然是符合要件的,但依照特别的许可原则则是正当化的行为有它们的区别;这表明了相关评判流程的独自性。另一方面,只要是对于基本性的**实质问题**(Sachfragen)存在一致,对于围绕着是做三分法的还是二分法的犯罪构造的争执就不必过多地给予注意。纯粹从构造的角度,两条路都行得通。

129 在以下的讲解中,本著用的是通常的**三分法构造**(dreistufiger Aufbau)。凡在文字上未做进一步说明的,对于构成要件或者构成要件符合性,本著所指的皆是狭义上的构成要件作为不法要件。本著就犯罪构造这个范围内所说的,指的通常是基本的构成要件作为相关犯罪类型的基本形式(也见本著边码 108、800)。

第三节　不法构成要件的具体标志

130 在不法构成要件范围内,要划分描述性与规范性以及客观方面与主观方面要件标志的区别。

一、**描述性**(deskriptiv)(= 描写)标志,指以简明的描述从事实—对象物的角度,表述什么属于构成要件上的禁止或者要求。 131

譬如《刑法典》第242条中的“物”、“可移动”、“拿走”,都属于这类特征。

二、**规范性**(normativ)(= 需要充填价值)标志,指的是那些行为场合,对这些行为场合只能是在规范的逻辑性前提条件下进行考虑,需要由法官通过补充价值的判断途径才可以予以确定,如《刑法典》第242条、249条中的物之“他人性”或者“意图拿走”。 132

一物件系他人之物还是非他人之物,需要由法官依照民法上的有关规范来确定〔譬如依照《民法典》第929条及之后条款;详见韦塞尔斯(Wessels),《分则》2,边码68、69〕;在这里的这个行为场合便是规范性的标志。不过,要在描述性和规范性的标志之间划分出一个固定的界限,并非总有这个可能。尤其是描述性的标志常常也蕴涵着一定的规范性意味。例如,一动物是否系《刑法典》第242条、303条意义上的物,或者从什么时候起一个待生的孩子便已经是《刑法典》第212条、217条规定意义上的人,就是一个不做价值层面上的观察,就不能够作出回答的问题〔对此见《联邦最高法院刑事判决汇编》31,348;伦克纳(Lenckner),《法学教育》68,249及之后;批评的见多普斯拉夫(Dopslaff),《戈尔德达默刑法档案》1987,1;金德霍伊泽尔(Kindhäuser),《法学培训》84,465〕。

三、**客观**(objektiv)(= 外部)性标志,指的是确定行为外部表现形式的那些情形;可以是描述性或者是规范性的,可以是与行为或者与行为人相关。 133

对应于社会生活中犯罪类型的多样性，法律上制定的各有关条文中对客观方面要件的规定也不完全相同。属于要件性质规定的，既有对**行为主体**（Tatsubjekt）、**行为客体**（Tatobjekt）、**实行行为**（Ausführungshandlung）的描述，也包括对有这样可能性的**特别的实施方式**（besondere Begehungsweisen）、**行为手段**（Tatmittel）或者其他情况现象的**行为形态**（Tatmodalitäten）的描述。通常，对于客观方面要件，法律规定了要以行为的外界作用导致了一定的**结果**（Erfolg）出现为前提条件。在这样的结果犯中，要件行为与结果之间的**原因关联**（ursächlicher Zusammenhang），同样是形成了客观方面要件的一个（不成文）标志。

134 不法构成要件中的"客观"这个概念，并非只是人的感官可以知觉的外部世界物体，而且还渗透着主观方面元素。客观和主观方面要件之间因此并不存在僵化的界限。对于故意犯罪，客观方面要件的根本性意义主要在于**它所有的单项特征**（all seine Einzelmerkmale）都必须是在**要件故意**（Tatbestandsvorsatz）的**包括**（umfassen）之中（见《联邦最高法院刑事判决汇编》36，221、223）；在这个关系上的任何认识错误，无论它本来是可以避免还是不可避免的，都要排除要件故意（《刑法典》第16条第1款第1项）。

135 行为的**违法性**（Rechtswidrigkeit）作为这样一个概念，指的是**一般犯罪标志**（allgemeines Verbrechenmerkmal），而不是构成要件标志。在一条确定刑罚的条文中如果出现了**"违法"**（rechtswidrig）一词，要做如下区别：

（一）该词如果是作为**某个行为场合的定语词**（Attribut eines einzelnen Tatumstandes）出现，则是一个**真性的构成要件标志**（echtes Tatbestandsmerkmal），对具备这个特征的行为必须认定故意（譬如《刑法典》第242条、263条中的占有意图和寻求财产利益的"违法性"）。见《联邦最高法院刑事判决汇编》3，160；20，136；韦塞尔斯（Wessels），《分则》2，边码187、566和676。

（二）相反地，如果这个“违法”一词是对**整个行为的价值评判**（Bewertung der Gesamttat）（譬如《刑法典》第 303 条、240 条、239 条、123 条），则只是对违法性之**一般犯罪标志**（allgemeines Verbrechensmerkmal）的一个多余提示；立法者的意图是以此提醒法官，特别要注意到这之中是否存在有这样可能性的正当化事由介入。这里的“违法性”不需要由构成要件故意包括；但它形成一个连结点，可以与属于责任范畴的不法意识连接（比较《刑法典》第 17 条和《联邦最高法院刑事判决汇编》2，194；详见本著边码 427）。

四、**主观**（subjektiv）（＝ 内在）性标志所指情形，属于行为人的心理范围和想象世界。它们是否或者在何种程度上已经确定了行为的不法性，或者是仅仅涉及行为的有责性，是个颇有争议的问题。比较新一些的学说，把所有那些说明行为之**行为无价值**（Handlungsunwert）（＝ 举止无价值）和表明**侵害性行为或者危害性行为之特别种类和方式**（besondere Art und Weise der Verletzungs- oder Gefährdungshandlung）的主观方面要件元素，都归纳进了**不法构成要件**（Unrechtstatbestand）概念〔见毛拉赫/齐普夫（Maurach）/（Zipf），《总则》，§ 20 边码 4；伦克纳（Lenckner），《申克/施罗德—刑法典注释集》，§ 13 前边码 52 及之后〕。 136

相反地，广义构成要件中的**犯罪典型元素**（deliktstypische Elemente），则可被视为是**责任标志**（Schuldmerkmale），这些元素是对行为人在行为中表现出来的**法律观念缺乏**（Mangel an Rechtsgesinnung）之直接和唯一的描述（譬如《刑法典》第 211 条第 2 款第 1 项的“卑劣的动机”，第 90 条 a 第 1 款第 1 项、第 130 条第 1 款第 2 项和第 2 款、第 223 条 b 的类状或者“恶意”；见本著边码 422）。 137

主观方面的构成要件标志（subjektive Tatbestandsmerkmale）作 138

为不法元素,主要是在术语上所说的那些**意图犯**(Absichtsdelikte)中出现。在这些意图犯中对于构成要件性的实行行为的认定,必须要有行为人对行为的**特别的结果或者目的上的想法**(besondere Erfolgs- oder Zielvorstellung)作为一个"内心上的充溢倾向"。例如,在盗窃或者抢劫罪中要有*占有意图*(《刑法典》第 242、249 条),在勒索、诈骗、窝藏罪中要有*获利意图*(《刑法典》第 253、263、259 条),在庇护罪中要有*利益保全意图*(《刑法典》第 257 条)等。

在**案例 5 第一种情况**中,比较《刑法典》第 242 条与第 248 条 b,可以特别清楚地得出主观方面的构成要件标志对于**不法构成要件**(Unrechtstatbestand)的意义:

盗窃(《刑法典》第 242 条)和对交通工具的无权使用(《刑法典》第 248 条 b),在犯罪类型上为根本不同。盗窃是把所有权人从对物的控制地位中长期排斥,自己作为"伪所有权人"取而代之。《刑法典》第 248 条 b 的行为人,则只是想暂时侵犯所有权人对物的控制关系,在非法使用后将立即恢复这个关系。在**案例 5 第一种情况**中,A 擅自开走和使用了所有权人 E 的车辆。这个**客观事实上的认定**(objektiver Befund),并不对行为应当是归罪于《刑法典》第 242 条还是第 248 条的犯罪类型有任何提示;归罪问题只能是根据 A 在拿走别人车辆的那个时刻是具备还是缺乏(主观上的)**占有意图**(Zueigungsabsicht)。如果情况是 A 将汽车使用后又将它置回一个情形,使得所有权人 E 无须特别的努力,也不因为是由于纯粹之偶然的帮助而又在重新行使他对车辆的本来物权,则基于占有意图缺乏**就要否定《刑法典》第 242 条的主观方面不法构成要件**(den subjektiven Unrechtstatbestand des § 242 zu verneinen),而只有适用《刑法典》第 248 条 b(§ 248 b)的余地。反之,如果情况是 A 将车辆擅自使用后随意停放,让第三者可以随意接近,所有权人 E 只是由于某个偶然的使然才又重新获得自己的车辆,他的行为就实现了《刑法典》第 242 条的客观和主观方面不法构成要件〔比较《联邦最高法院刑事判决汇编》22,45;韦塞尔斯(Wessels),《分则》2,边码142及之后〕。

在无责任能力者(Schuldunfähiger)实施行为的案件中,主观方面的构成要件特征所具有的意义也可谓不小。是否实现了要件特征,在这里是取决于是否存在**"违法的行为"**(rechtswidrige Tat)(很有教益的见《联邦最高法院刑事判决汇编》18,235:酩酊大醉的行为人把他提供的不正确事实当做真实,不属于《刑法典》第323条a、263条意义上的违法行为)。

今天,德国刑法学已经普遍认可了主观方面不法元素的存在。 139
尚还争议的,只是对于**故意**(Vorsatz)作为主观方面构成要件特征,是应当属于**行为不法**(Handlungsunrecht)范围,或者还是依照传统学说只是对**责任形式**(Schuldform)起决定性作用这个问题:

对于**目的论**(finale Lehre)而言,把故意归纳进不法构成要件范畴可谓是当然,因为**控制着事件发生的意识**(das Geschehen lenkende Wille)是行为的支撑,在这个观察层面上是人格的行为不法的核心。

对**人格上的不法论**(Lehre vom personalen Unrecht)的当前发展,见希尔施(Hirsch),《整体刑法学杂志》93,831和94,239;希尔施(Hirsch),《纪念科隆大学诞辰600周年法学系文集》,1988,399;阿尔图·考夫曼(Arthur Kaufmann),《刑法释义》151;兰珀(Lampe),《人格上的不法》1967;奥托(Otto),《整体刑法学杂志》87,539;鲁道菲(Rudolphi),《毛拉赫纪念文集》51。关于**结果**(Erfolg)对于不法和罪责的意义,见德格纳(Degener),《整体刑法学杂志》103,357;多恩赛富尔(Dornseifer),《阿尔图·考夫曼怀念集》427;登克尔(Dencker),《阿尔图·考夫曼怀念集》441;罗克辛(Roxin),《总则》,§ 10边码96。

社会行为论(soziale Handlungslehre)在构成要件符合性行为中看到的,则是一个由人的意志所控制的**法律—社会影响性上的意思统一**(rechtlich-siziale Sinneinheit)。从社会行为论的角度,也有重要理由表明对构成**要件故意**(Tatbestandsvorsatz)作为心理上的事实(= 在实现客观方面的构成要件上的明知和意愿),应当是归纳进**主观方面不法构成要件**(subjektiver Unrechtstatbestand):

> 据此,现行法律中许多从目的的角度对行为的描述,是对构成要件故意的规定。譬如《刑法典》第237条中的“劫持”(《联邦最高法院刑事判决汇编》29,233)、第246条中的“占有”、第257条中的“予以帮助”、第263条中的以虚假事实“制造假象”、第267条中的“伪造”真实文书或者第292条中的对野兽“追捕”等特征,确定的是构成要件故意。这里,如果不追索行为人的构成要件故意,就会造成**行为的本来意义丧失**(eigentlicher Handlungssinn verloren ginge),导致根本不可能对行为的**不法性**(Unrechtsgehalt)进行确定。

最后,连传统学说的主张者也不得不承认,在**犯罪力图**(Deliktsversuch)情况中的**构成要件故意**(Tatbestandsvorsatz),是**主观方面不法元素**(subjektives Unrechtselement)而非其他,比如是“责任元素”,因为,有哪个不法构成要件从根本上讲是可以进入考虑之列的,就取决于这个元素〔比较鲍曼/韦伯/米奇(Baumann)/(Weber)/(Mitsch),《总则》,§ 26 边码24、40〕。对有人提出的观点,说行为如果是从*力图*过渡进了完成阶段,这个系统上的审查就要发生变化,其理由难以让人信服。

> 例如,A向B瞄准开枪,子弹未击中目标。A这里的行为是构成了《刑法典》第212条、211条、223条a的力图,还是第225条

的力图,唯一的依据是 A 的构成要件故意。故意在这里如果是构成了**不法成立**(unrechtsbegrüdend),就并不因为子弹未击中目标就丧失了意义,因为对于故意是在不法的范围内还是在责任的范围内进行系统上的审查,并不取决于 A 是一个枪法好的还是糟糕的枪手。

认识到**“实现意志”**(Verwirklichungswille)作为构成要件故意 140
的核心属于**主观方面不法构成要件**(subjektiver Unrechtstatbestand),最终还是因为对刑法上的规范有了正确理解的结果:法制秩序提出的禁止与命令,是以个人的举止为对象。为避免危害社会的结果出现,法制秩序恰恰是寻求对**行为人的意志决意**(Willensentschließung des Täters)产生特定的影响。在故意罪范围内,法制秩序禁止的是所有的旨在导致不法结果产生的意识动作,或者所有的在意识上认识到由此必然会或者有可能会导致不法结果产生的意志动作。故意去实现要件的,是违背了这个规范命令;**行为意志**(Handlungswille)与**行为不法**(Handlungsunrecht)之间因此是**不可分割地相互连接**(untrennbar miteinander verbunden)〔耶赛克/魏根德(Jescheck)/(Weigend),《总则》,§ 13 前边码 52 ~ 56〕。

在**案例 5 第二种情况**中,在对 B 的关系上 A 散布了有损于对方个人名誉的客观上不真实事实。这个纯粹客观方面的要件确定,在这里也不能说明 A 的举止是符合《刑法典》第 186 条的**恶意诽谤**(üble Nachrede),还是第 187 条的**中伤**(Verleumdung)。因此,A 的构成要件故意便是方向指示性的。由于 A 本非违背“良知”,而是因为他确信自己散布的事实属于真实,对他的散布行为故不适用《刑法典》第 187 条而只适用第 186 条的不法构成要件。

141 谁依照传统的学说在“责任”的层面上才去审查构成要件故意，到了这里才提出是否存在构成要件错误的问题，就会在**意图罪**（Absichtsdelikte）的情况中陷入犯罪系统构成上的困难和自我矛盾，如下所示：

> 某人离开餐馆时将他人雨伞错拿回家，处于构成要件错误之中，而不是犯了《刑法典》第16条第1款第1项的故意行为，因为他并不知道所拿走的是《刑法典》第242条意义上的他人之物（也见本著边码249）。仅以此理由，便可认定并不具备盗窃罪的**主观方面构成要件**（subjektiven Tatbestand），这样，在正确的犯罪系统中根本就用不着提出该人的*占有意图*问题。要避免得出错误的结论，传统的学说在这里就必须把对**故意**（Vorsatz）的事实问题纳入对占有意图的讨论和将其否定。
>
> 作为债权人的某人，并不知道或者完全遗忘了其间已去世的债务人S已将所欠债务如数偿还。寻找借据无果，便以知道是违背真实的情况让该债务人继承人（再次）偿还了债务，并不知道他以债务数额形式所获得的财产利益，客观上已构成了《刑法典》第263条意义上的“违法”。依照《刑法典》第16条第1款第1项可以对他的认识错误在这个范围内排除故意〔主流观点如是认为；《联邦最高法院刑事判决汇编》3，160；联邦最高法院《德国法律月刊》56，10中的达林格（Dallinger）文章；韦塞尔斯（Wessels），《分则》2，边码563〕。这里，也不能不考虑故意问题和《刑法典》第16条第1款第1项的规定，就对《刑法典》第263条的主观要件予以否定。

142 五、将故意归纳为主观方面不法构成要件，并非意味着它必然就是在责任范围内不再具有任何意义。更多地是要从这个角度出发，即故意在犯罪系统中要行使一个**双重功能**（Doppelfunktion），即（如同主流观点对于“过失”的概念很早就得出认识那样）既是作为**举止形式**（Verhaltensform），又是作为**责任形式**（Schuldform）。

这样来理解故意,有以下理由:

> 德国刑法依照的主导思想是**责任原则**(Schuldprinzip),即责任与刑罚必须相互适应(《刑法典》第46条第1款;《联邦宪法法院判决汇编》45,187、259)。法律对过失行为规定的处罚,比对故意行为明显要轻,由此表明的立法者观点,是在故意和过失的犯罪行为之间不仅仅是一个举止不法上的差别,而且还是一个要在刑罚幅度上予以体现出来的**责任差异**(Schulddifferenz)。从中不难得出法律上的"故意"和"过失"两个概念不仅仅是用来表示两种**不同的举止方式**(unterschiedliche Verhaltensformen),而且同时还是对两种**不同的责任形式**(verschiedene Schuldformen)(= 责任类型)的规定;其中,*故意责任*意义上的"故意性"是一个更高的责任层次,而*过失责任*意义上的"过失性"则系一个较低层次的责任。犹如大家认可的过失概念内含不法与责任元素那样(比较本著边码656),故意概念也具有一个**双重的功能**(doppelte Funktion):

(一)**不法构成要件**(Unrechtstatbestand)中的故意作为*举止形式*,是**行为之法律—社会影响性上意义的载体**(Träger des rechtlich-sozialen Handlungssinns),有行为人与他在外部世界发生行为的心理上关系包含其中(= 明知和依意志地实现客观方面构成要件特征这个层面上的构成要件故意)。

(二)**责任范围**(Schuldbereich)内的故意作为*责任形式*,是**思想意识上无价值的载体**(Träger des Gesinnungsunwertes),所表达的是行为人的与故意的构成要件实现相典型方式连接的**法律意识缺乏**(mangelnde Rechtsgesinnung)(= 对法制秩序提出的举止要求之故意—有缺陷的态度)。

在**构成要件层次**(Tatbestandsebene)范围内的审查,如果说重 143

要的只是把故意的实施方式区别于过失的举止，以及查明行为人的行为意志"是否"以实现所有的客观方面要件特征为目的，那么在**责任范围**(Schuldbereich)内的审查所围绕的问题，则是为何会出现这个实现意志，行为人对该意志的决定是否基于与法制秩序的价值评判相矛盾的在法律上应当受到谴责的思想意识。如同举止的构成要件符合性可以间接证明行为的违法性那样(比较本著边码122)，**构成要件故意**(Tatbestandsvorsatz)作为主观方面的不法特征也为与之相对应的**责任类型**(Schuldtypus)提供了一个"旁证"。此证在非典型的情况中可以撤回(例如，行为人错误地认为具备正当化的行为情形，比较《联邦最高法院刑事判决汇编》3，105、107，以及哈姆州高等法院《新法学周报》87，1034；详见本著边码470及之后)。

144 对这方面问题的基本论述见加拉斯(Gallas)，《整体刑法学杂志》67，1、44及之后；耶赛克(Jescheck)/魏根德(Weigend)，《总则》，§ 24 Ⅲ 5和 § 39 Ⅳ 4；此外，见埃伯特(Ebert)，《法学培训》81，225；拉克纳(Lackner)，§ 15边码34；罗克辛(Roxin)，《总则》，§ 10边码61及之后；伦克纳(Lenckner)，《申克/施罗德—刑法典注释集》，§ 13前边码52及之后以及边码120；鲁道菲(Rudolphi)，《刑法典系统评论集》，§ 16边码3；沃尔特(Wolter)，《归责》，第152页；齐格尔特(Ziegert)，《故意、责任、先前责任》1987，137；关于在奥地利出现的讨论，见莫斯(Moos)，《整体刑法学杂志》93，1023、1031；特里福特尔(Triffterer)/施泰宁格(Steininger)，§ 5边码13、14有进一步的证明。

145 同样是在不法元素和责任元素之间划分区别，但在一些看法上——包括相互之间——有差异的，见施米特霍伊塞尔(Schidhäuser)(《总则》4/19、7/36)、拉克纳(Lackner)(《戈尔德达默刑法档案》1976，193、214)和奥托(Otto)(《总则基础教程》，§ 7 Ⅳ和Ⅴ以及 § 15 Ⅱ 2)；这些论者是因为有了《刑法典》第17条的规定而已经过时的"故意论"的当今代表(详见本著边码459及之后)。

146 故意既可以作为举止形式，也可以作为责任形式。这个双重性在**犯罪构造**(Deliktsaufbau)上是如何产生作用的，对此简要说明如下：

> 例如，A 扔石头砸伤了 B，在《刑法典》第 223 条框架内对该举止的**构成要件符合性**(Tatbestandmäßigkeit)问题要在主观方面要件上审查 A 是故意(＝明知和受意志支配)还是过失(＝非意愿，忽略了社会生活来往中应有的小心义务)地将 B 砸伤。认定是故意的身体伤害，同时也不具备(在这里应当是这样认为)正当化根据而应当对他作出价值评价是属于违法的，要在**责任范围**(Schuldbereich)内讨论的就是是否应当对 A 提起故意责任谴责。(已经被认定的)构成要件故意，通常是对此提供了相应的间接证据。对"为何"会发生伤害行为的问题提出的提问如果表明 A 是出于报复或者是出于某个应当受到谴责的动机而蓄意这样对待了 B，这个间接证据就得到强化，因为在故意实施的身体伤害行为中 A 的有意识地置法制秩序和规范于不顾的意志得到了表示。反之，如果 A 扔石头是为了防卫他认为的对自己生命的即将攻击，因为他错误地认为 B 正举枪对他瞄准(＝术语上所说的假想防卫；比较本著边码 352 和 470)，这个间接证据就将被否定和撤回。在这样的一个假想防卫情况中，A 的构成要件故意并非是基于反法律或者是无视法律的思想意识，对他提起故意责任谴责因此不能成立。依照主流的观点(比照的是《刑法典》第 16 条第 1 款的规定)，对 A 因为缺乏故意责任而不以故意伤害罪论处(＝无相应责任不受刑罚)。不过仍需要审查的是，A 在产生认识错误时是否属于过失地对实际情况错误认识，是否可以对他提起过失谴责(《刑法典》第 230 条)。

147 对传统做法的在"责任"层面上审查整个故意问题的**司法判决**(Rechtssprechung)而言，把故意区别为举止形式和责任形式也绝不陌生。

例如,联邦最高法院就从未怀疑过一个无责任能力之人(《刑法典》第 20 条)或者一个酩酊大醉之人,在实施《刑法典》第 323 条 a 意义上的昏醉行为时有可能是在故意地行为,有可能是在“明知和受意志支配”地实现一定的犯罪(譬如是《刑法典》第 212 条、263 条或者 303 条)之客观方面的不法要件。对法律上以此为前提条件的故意作为举止形式(= 要件故意),联邦最高法院通常称之为是“自然的故意”,以区别于作为责任形式(= 故意责任谴责的载体)的故意(比较联邦最高法院《刑法辩护人》94,307;《联邦最高法院刑事判决汇编》18,235 和 23,356)。谁依照联邦最高法院的这个观点和判决在犯罪构造系统中在责任的范围内(即在第三个评判层次上)才对故意进行审查的,也免不了要做如后的细分:首先,他必须调查行为人是否根本就是故意地(= 明知和受意志支配地)实施了行为;这比如是在构成要件错误情况(《刑法典》第 16 条第 1 款第 1 项)中要否定。只有对这个问题是予以肯定和对“自然意义”上的故意是予以肯定之后,才有讨论行为人“为何”决定要去故意实施法益侵犯的行为、是否可以因此对他提起相应的故意责任谴责等问题的余地。依照主流的观点,对于后者应当否定,假如行为人在故意地实现构成要件时想象了如果它们真得具备,则对他的举止可以正当化的情形(比较本著边码 470 及之后)。

司法判决显然首选这个犯罪构造的审理方式,是因为它认为这样做的方法符合目的,即在犯罪构造的一个点上完整地将所有的故意问题都处理完毕。对于这个方式,从释义的角度可以批评它的不足之处在于使得构成要件故意作为举止形式所拥有的构成不法成立的特点,在这里被遮蔽。此外,在意图犯中由此也可能会出现对认识错误的不清楚(见本著边码 141)。

第四节 可罚性和可追究性的特别前提条件

148 一、在不法构成要件之外,刑法的一些条文规定的是**可罚性的**

客观方面条件(objektive Bedingungen der Strafbarkeit),虽然作为“构成要件附件”属于可罚性的实体上前提条件,但构成要件故意却无必要对它们延伸。可罚性的这些要求条件脱离《刑法典》第16条第1款第1项的适用范围内,以至于在具体案情中完全根据它们(如同它们的称谓所示)的**客观**(objektiv)上具备还是不具备。

如果说,立法者制定的不法构成要件是对那些体现各罪、具体描述各罪无价值的特征的概括(见本著边码118),那么,通过增加行为的**客观方面可罚性条件**(objektive Strafbarkeitsbedingung)立法者所表明的态度,是他们认为除了构成要件符合性、违法性和责任之外还实现了这个可罚性前提条件的才成立一个**刑罚需求**(Strafbedürfnis)。要断定法律上提到的一个情节是属于构成要件特征,还是仅仅属于一个可罚性的客观条件,通常并非易事,只有通过**法律解释**(Gesetzesauslegung)的途径来解决。

依照主流的观点,属于这些内部之间也在呈现不同的**可罚性的客观条件**(objektive Bedingungen der Strafbarkeit)的,有诽谤(《刑法典》第186条)罪中的对有损于名誉的事实不能证明其真实性〔比较《联邦最高法院刑事判决汇编》11,273;鲁道菲(Rudolphi),《刑法典系统评论集》,§ 186边码14及注释),有参与斗殴中的《刑法典》第227条描述的严重后果(《联邦最高法院刑事判决汇编》14,132;16,130),有完全昏醉(《刑法典》第323条a)中的违法行为实施(比较《联邦最高法院刑事判决汇编》16,124;20,284),有《刑法典》第283条第6款、第283条d第4款中的停止支付、宣告破产或者由于缺乏财团而驳回开始请求〔比较《联邦最高法院刑事判决汇编》28,231、234;蒂德曼(Tiedemann),《新法学周报》77,777、782〕。关于对《刑法典》第113条第3款中的职务行为的合法性如何做系统上的划分问题的争执,见韦塞尔斯(Wes- 149 sels),《分则》1,边码622,以及博克尔曼(Bockelmann),《分则》3,147。

具体说来,对可罚性客观条件的法律属性和其存在的合理性,是有争论的。有的论者完全拒绝它们的存在合理性〔贝曼(Bemann),《客观的可罚性条件问题》,1957〕,有的论者则提出有"真性"和"假性"的可罚性条件的区别〔详见耶赛克/魏根德(Jescheck)/(Weigend),《总则》,§ 53 Ⅰ 2〕。正确的,是各可罚性条件在不明显的形式上包含着构成刑罚成立的行为场合。对这些场合,立法者出于刑事政策角度的考虑不想让它们属于《刑法典》第16条第1款第1项的适用范围,但它们又常常是具有**"风险特征"**(Risikomelkmale)的特点〔比较克劳泽(Krause),《法学培训》80,449;毛拉赫/齐普夫(Maurach)/(Zipf),《总则》,§ 24边码17;施特雷(Stree),《法学教育》65,465及注释〕。这样,**诽谤**(üble Nachrede)罪(《刑法典》第186条)的不法构成要件,就在于故意宣称或者散布了有损于他人名誉的事实。谁做了这样的有损于他人名誉之事,谁就得为能够证明所涉及事实的真实性负责。本着有效地保护公民之个人名誉的目的,立法者对行为人设置了**真实性证明失败风险**(Risiko des Mißlingens des Wahrheitsbeweises)这个责任。偏离于否则应当遵照的*有疑问的有利于被告*(*in dubio pro reo*)基本原则,如果不能证明真实性的,相信自己所宣称或者所散布事实的正确性这个单纯的相信,在这里就不能够免于刑罚处罚。真实性证明缺乏,在《刑法典》第186条情况中对行为人不利;"不能证明性"在这里是**可罚性的一个客观条件**(eine objektive Bedingung der Strafbarkeit)。类似的对行为人不利也出现在其他情况中,这里,行为人若实现了不法构成要件的,要自行承担对于每个人而言都是能够认识到的可罚性条件的存在风险或者将要产生可罚性条件的风险。

150 **客观的可罚性条件**(objektive Strafbarkeitsbedingung),与个人

方面情况的排除刑罚根据(比较《刑法典》第 218 条第 4 款第 2 项或者第 258 条第 6 款),以及与只是对符合条件的(详见本著边码 494、495)那些行为参与人有利的免除刑罚根据(譬如《刑法典》第 24 条)之间的区别,在于客观的可罚性条件如不具备时,行为**对任何人而言**(für jedermann)都不受刑罚处罚(对此见本著边码 807 的概述)。

刑事程序(Strafverfahren)中,可罚性的客观条件不具备的导致**宣告无罪**(Freispruch)。

二、同样是需要与客观的可罚性条件区别开来的,还有**刑罚追究前提条件**(Strafverfolgungsvoraussetzungen)和**刑罚追究阻却事由**(Strafverfolgungshindernisse)。后面的这两个前提条件,部分是在《刑法典》中有所规定(如第 77 条及之后条款中的刑罚请求和第 78 条及之后条款中的时效),从性质上看却是属于**刑事诉讼程序法**(Strafprozeßrecht)的范畴(= 程序前提)。它们完全位于所有的构成要件概念之外,因为并不涉及举止的"可罚性",而只是涉及刑罚追究的准许性。 151

对缺乏刑事诉讼程序上的前提条件或者具备刑罚追究阻却事由的,要**停止刑事程序**(Strafverfahren einstellen)(比较《刑事诉讼法典》第 206 条 a、260 条第 3 款)。

第六章　客观的不法构成要件、结果造成和客观归责

案例 6:因追求饭馆女店主 W,M 和 T 成为情敌。一天,在女店主饭馆里两人争风吃醋,动起手来,已有些酒醉的 T 逃进 W 的私人房间,怒火冲天的 M 带着杀人的故意紧追过来,对准 T 的心脏部位一刀猛刺。幸运的是 T 并未受到致命伤害,他衣服口袋里的钱包阻挡了捅来的刀刃,使之未能刺进胸膛更深。

在以下四种情况下,对此案中的造成和结果归责问题应当如何评判?

一、T 在叫来的救护车上因失血昏迷而呕吐,因呕吐物堵塞窒息。

二、救护车在驶往医院途中被 L 驾驶的货车违章转弯撞击,T 因撞击受伤死亡。

三、T 在救护车上被成功实施手术,后来却因伤口感染死亡。

四、将要出院前,夜晚病房失火,T 因烟雾中毒死亡。

第一节　行为与结果之间的因果关联

在**案例6**中,对造成和归责问题的评判,取决于对M的行为是认定它是一个既遂(vollendete)的还是只是一个**力图**(versuchte)的故意杀人行为。

一、人的举止是可以造成危害社会的后果的。凡法律在触犯法律行为的实现之外还规定了要以产生一定的结果作为定罪的前提条件的,譬如是《刑法典》第212条中的他人死亡,则只有在行为与结果之间存在一个**因果关联**(ursächlicher Zusammenhang)以及对具体结果**可以归责**(zuzurechnen)于造成人之所为时,客观方面的不法构成要件才被实现。 153

结果在这个意义上(=外部世界结果)不是"行为"的组成部分,而是法定构成要件的一个独立特征〔毛拉赫/齐普夫(Maurach)/(Zipf),《总则》,§18边码1;齐佩利乌斯(Zippelius),《民事实践档案》157,390〕。

在单纯的行为犯中不存在因果关联问题;这里,只要实施了法律描述的行为(如《刑法典》第154条的"伪誓"),即实现了构成要件。

对于结果犯,因果关联的存在虽然最为重要,但也并非是唯一的结果归责前提。行为对构成要件性结果之产生的*因果性*,虽然属于客观上归责的必不可少的**基础**(Grundlage),但也并非是任何一个结果造成都是在法律角度上那么地显著(=重要),以至于能够成立刑法上的责任。**可以客观归责**(objektiv zurechenbar)的,只能是那些在刑法角度上显著,自身是处在一个**"构成要件相当性"的因果经过**(tatbestandsadäquaten Kausalverlauf)之中的行为后果。 154

由此,对实现了构成要件的**结果造成**(Erfolgsverursachung),要从经验的角度对它提出问题,要依照规范来评判结果的**客观归责性**(objektive Zurechenbarkeit),将两者区别开来。认定因果关联,永远只是根据规范的目的来提出结果归责问题的一个*辅助手段*。

155 因果关联理论最初与19世纪末的自然主义思想色彩的行为概念有着密切的关系;自然科学界的观念在当时被不加批评地移植进刑法,导致产生了许许多多没有什么意义的争论。今天,刑法学作为一门规范性科学,要形成自己的概念,要有自己的能够完成法律—社会上功能的概念内容,已是一个被大家普遍接受了的观点。这对于结果造成说尤为如此。**法律意义上的原因性**(Ursächlichkeit im Rechtssinn),不同于**自然科学意义上的因果性**(Kausalität im naturwissenschaftlichen Sinn)。自然科学上的因果性是两个状态之间依照自然的法则一个导致另外一个的关系。对应于刑法担负的特别目的,自然科学界的这个作为结果归纳唯一原则的因果原则是不足够和不适当的。在这里起关键作用的刑法上的**“原因性”**(Ursächlichkeit)概念,是一个**法律—社会影响性上的关系概念**(rechtlich-sozialer Beziehungsbegriff),具有本体论和规范性的含义,也就是说既不同于自然科学界的也不同于哲学上的因果概念〔比较毛拉赫/齐普夫(Maurach)/(Zipf),《总则》,§18边码5〕。这也就是说,如果要求法律要与真实的社会生活一致,就得在所有的行为与结果之间存在自然科学观点上的因果关联情况中,同意也有法律意义上的原因性关联的存在(《联邦最高法院刑事判决汇编》11,1的判决未能注意到这一点,因此在判决理由上存在问题)。但是,法律可以依法把不作为与社会危害性结果产生之间的联系(尽管缺乏本体论——自然科学意义上的“因果性”),理解为是“原因性关联”,而在保障人假如是依照了法律要求,实施了应当实施的救护行为则构成要件性结果本来是可以避免的情况中,将这个结果归属为是由于不作为的保障人所为(比较《联邦最高法院刑事判决汇编》37,106、126;6,1;联邦最高法院《法学者报》73,173;《刑事辩护人》85,229;详见本著边码711)。

二、对造成和结果归责问题,《刑法典》并未自己去着手,而是将问题的解决留给了学术界和司法判决。今天的主流观点,对原因关联确定依照的是**条件理论**(Bedingungstheorie)(=等价性理论)。当年的帝国法院认同这个理论,出发点是认定所有的结果条件在因果关系上都具有**同等的价值性**(Gleichwertigkeit),即对于因果性因素而言既无近与远也无典型与仅仅是偶然之间的区别。在此基础上法院进行判决时使用了一种“略过”法,其公式是:构成刑法意义上的**原因**(Ursache)的,是**结果的任何一个如果略过它,则具体形态的结果便不能够成立的条件**(jede Bedingung eines Erfolgs, die nicht hinweggedacht werden kann, ohne daß der Erfolg in seiner konkreten Gestalt entfiele)〔比较《帝国法院刑事判决汇编》1,373;《联邦最高法院刑事判决汇编》1,332;详见埃伯特(Ebert),《法学培训》79,561;施吕席特(Schlüchter),《法学教育》76,312〕。 156

这个**不可或缺条件公式**(Condicio-sine-qua-non-Formel),所能够提供的认识上价值是微小的。在当我们的经验知识不能够明确回答某个一定的因素“是否”对结果的产生发生了影响的时候,这个公式能够提供给我们的帮助也是非常有限的(比较对于药品“Contergan”是否是造成了胎儿畸形原因的争论中的不确定性)。对这个条件公式的批评,以及对英格博格·普珀(Ingeborg Puppe)的具体形态结果说(该说质疑一定要找出必然的结果条件,认为对进入考虑的行为认定其已构成了足以使得结果产生的最低条件便已足矣),见《整体刑法学杂志》92,863 和 99,595;《戈尔德达默刑法档案》1994,297;综述的见普珀(Puppe),《刑法典图表式注释》,§ 13 前边码 83 及之后;希尔根多夫(Hilgendorf),《戈尔德达默刑法档案》1995,515。

157 有这样的情况,好些条件以它们共同的作用造成了结果,其中之每个条件又都有可能独自足以造成结果(术语上所说的多重因果性),在这样的情况中条件公式的薄弱之处也显示出来:

A 和 B 之间没有相互联系,都在 C 的饮料中投放了致死剂量的同一种毒药,导致 C 中毒死亡。我们可以“略过”A 的举止,但结果却并不能因此消除;对 B 的举止也同样。依照条件公式,这里将出现无原因的结果和无行为人的行为。然而 A 和 B 实际上是对 C 的死亡设置了原因,对这个公式因此须做如下补充:

“在具有多个条件存在的时候,如果对于这些条件可以做选择性的略过,但是不能做累积性的略过而又不因此导致结果消失的,这里的每个条件都是构成结果的原因性条件”〔比较《联邦最高法院刑事判决汇编》39,195;埃伯特(Ebert),《法学培训》79,561;罗加尔(Rogall),注释,载《法学者报》93,1066;批评的观点见特佩尔(Toepel),《法学教育》94,1009;沃尔特(Wolter),注释,载《法学环视》94,468〕。

158 对此话题深入阐述的见登克尔(Dencker),《因果性与整个行为》1996,50 及之后;恩利斯(Englisch),《因果性作为刑法犯罪构造要件特征》,1931;施彭德尔(Spendel),《行为犯之条件理论的因果性公式》,1948。此外见《联邦最高法院刑事判决汇编》37,106、131(= 皮革件喷洒案)及注释;普珀(Puppe),《法学环视》92,30;博伊尔克/巴赫曼(Beulke)/(Bachmann),《法学教育》92,737;布拉姆森(Brammsen),《法学培训》91,533;迈耶尔(Meier),《新法学周报》93,3193。

由恩利斯(Englisch)提出的(见其上述论著第21页及之后)**符合法则条件说**(Lehre von der gesetzmäßigen Bedingung),试图纠正条件公式的薄弱之处,不主张对触犯法律行为采取略过法,而是依据某个**符合法则的关系**(gesetzmäßige Beziehung)审查所涉及的行为是否的确是在具体结果中发生了作用〔比较耶赛克/魏根德(Jescheck)/(Weigend),《总则》,§ 28 Ⅱ 4;罗克辛(Roxin),《总则》§ 11边码14;伦克纳(Lenckner),《申克/施罗德—刑法典注释集》,§ 13前边码74、75;鲁道菲(Rudolphi),《刑法典系统评论集》,§ 13前边码41、42;舒尔茨(Schultz),《伦克纳纪念文集》39;综述的见希尔根多夫(Hilgendorf),《法学培训》95,514〕。 159

与条件公式相比,符合法则条件说的方法虽然为更好,所提问题也更为准确,但是它得出的结果却与经过改进的条件公式并无多少不同。在我们的经验知识不能够对某个情况是否在具体的结果中发生了作用的问题提供明确回答的时候(如同在上面提到的"Contergan"药品案中),符合法则条件说同样不能够对我们有所帮助。

三、按照司法判决操作的**条件理论**(Bedingungstheorie),具体 160
有如下情况:

(一)**真实的发生过程**(wirklicher Geschehensablauf)与**具体的** 161
结果(konkreter Erfolg)之间的原因上联系,是唯一的关键(《联邦最高法院刑事判决汇编》10,369)。对具有这样的情况,即社会危害性结果也有可能在此后基于其他事件和其他方式同样产生,也不排除产生了作用的实际行为对于结果发生的原因性。"追加"一些这样的储备原因,认为它们也有可能对结果的出现起到了产生的作用,以此方式来略过行为人的行为是不准许的,因为,一个**事实上的发生过程**(tatsächlicher Geschehensablauf)并不因为有其他的一个有可能代替它的,只不过是并未代替它的发生过程的存在,而消失自己的存在和作用〔《联邦最高法院刑事判决汇编》2,20;13,13;屈尔(Kühl),《总则》,§ 4 边码 11 及之后〕。

例如:B 想逃往国外,A 追踪至机场将他枪杀。而 B 本来要乘坐的飞机起飞后坠入大海,机上人员无一生还。后来发生的这个飞机坠毁事件,对 A 的举止与 B 的死亡之间的因果关联没有意义。在这里不得提出 B“总有”(= 不论是通过什么方式)一死的这样一个因果问题。在这里决定性的是要根据如果略过 A 的枪杀行为,具体的结果(= 枪击死亡)就是否可以消失。正确提出问题不置疑本案中的因果性,因为若无 A 的杀人行为,B 就不会以此方式和在此时刻死亡。

162 (二)行为如果构成了致使结果产生的其中“一个”(= 共同原因)条件(《帝国法院刑事判决汇编》76,82),或者**加速**(beschleunigt)了结果产生的(联邦最高法院《新刑法杂志》81,218;85,26;《刑事辩护人》86,59;案例:杀害垂死的癌症病人),足以构成存在原因关联。因果链条中有多少环节,不为重要。

163 (三)受害人的非正常身体状况是否对结果的产生起到了促使的作用(《帝国法院刑事判决汇编》54,349 = 血友病者案;联邦最高法院《戈尔德达默刑法档案》1960,111),或者结果是以其他的方式在一个非通常的**非典型的因果经过**(atypischer Kausalverlauf)中出现,这对于案情的**原因性**(Ursächlichkeit)而言也不具有意义。

164 **原因关联**(ursächlicher Zusammenhang),特别是不能因为有受害人的共同产生了作用的责任,或者是因为有第三者的对因果发生的过失或者故意介入而“中断”(《帝国法院刑事判决汇编》61,318;64,317、370;联邦最高法院《德国法律月刊》94,82;对民法方面的规定见联邦最高法院《新法学周报》80,223)。这里要求的唯一前提条件，是先前的条件**一直在发生作用**（fortwirkt）至结果的出现。后来介入者的行为如果是连接着先前的条件（特别是利用了先前条件所导致的情况），也属于符合这个前提条件。

在"解脱"枪杀案中，联邦最高法院《德国法律月刊》56，526〔作者达林格（Dallinger）对《刑法典》第211～212条的文章〕正确地认识到这一点：已经枪杀了两人之后，A又在近距离处对准X胸部开了一枪，将他击倒。当X被拖到其他两具尸体旁时，B走过来看到X还在痛苦挣扎，便对他补了一枪，让他得到从痛苦中"解脱"。联邦最高法院确认了对A和B的故意杀人罪既遂判决。它对A的判决的裁定依据，是由*他的*枪杀引发了B的"解脱的一枪"，由此是A也导致了X的死亡，而B的介入对由A所开启的因果经过，并未造成本*质性的*偏移。

相反地，联邦最高法院在《新法学周报》66，1823中却对因果问题的判决出现了错误。该案的基本案情是：像"公鸡一样"暴躁易怒的M，长期以来暴君似地对待其妻F和养女S。终于在一天，S用平底锅从背后对M头部连续打击，这时F也赶了过来，抓起铁锅打向M头部，打击了"至少一次"。不能断定F的举止是否*加速了*（没过多久就出现的）M的死亡，也不能证明F和S之间有共同行为人而只可能是同时犯的关系（比较本著边码525）。这里，应当对F有利的从她的打击并未*加速*M的死亡为出发点；对她因此只能认定有打人致死力图。对S也必须根据"*有疑问的有利于被告人*"（in dubio pro reo）原则对她有利的猜测认为是F对M的头部打击了数次，由此加速了M的死亡。联邦最高法院的结论是对S也只判处杀害*力图*，而不是已经完成了杀害，因为M的死亡（从上面的猜测角度出发）"原因不在于S而在于F的打击行为"（见联邦最高法院《新法学周报》66，1824）。对联邦最高法院的这个判决可以不予认同，因为F的行为是利用了由S导致的情况和连接了S的伤害行为。没有由S开始的攻击，也不会有F对M的攻击。即便是认定M的死亡是由F的打击所加速，也不能改 165

变 S 的行为与 M 的死亡之间的原因关联〔详见赫特尔(Hertel),注释,载《新法学周报》66,2418;基翁(Kion),《法学教育》67,449〕。

166 有的论者提出的**"禁止追索"**(Regreßverbot)或者**中断因果关联**(Unterbrechung des Kausalzusammenhangs)主张,在这类案件中并未得到主流观点认可〔详见联邦最高法院,《新刑法杂志》85,24—6;斯图加特州高等法院,《法学者报》80,618;罗克辛(Roxin),《特伦德勒纪念文集》177;有所不同的见迪尔(Diel),《追索禁止作为刑法要件的普遍限制》,1996〕。这里,第三者的介入如果是如此地完全出乎于人们的普遍意义上的生活经验之外,以至于不能认为他是理智正常,则因此而中断**归责关联**(Zurechnungszusammenhang)是可以考虑的。同样,对第三者对由受害人**自我答责的自我危害**(eigenverantwortliche Selbstgefährdung)的共同作用(联邦最高法院,《刑事判决汇编》32,262;联邦最高法院,《新刑法杂志》85,25),以及对由受害人自己的完全非正常的举止所导致的结果,也可以考虑中断归罪关联〔例如:因被行为人刺伤送进医院的受害人,因为反对接受输血死亡;见布格施塔勒(Burgstaller),《耶赛克纪念文集》357;联邦最高法院,《新刑法杂志》94,394〕。

167 (四)在先前的第一条件并未一直都在发生着作用至结果的出现,从而是从一开始就为非"原因性"的案件中,对因果问题应当另外判断。譬如有一个后来的事件,完全与先前的条件无关系地开启了一个**新的原因序列**(neue Ursachenreihe),进而完全是由它自行导致了结果的产生,就属于这种类型案件(比较联邦最高法院《新刑法杂志》89,431)。这里,可以(形象地)说有一个"超越性"的第二事件"断裂"了第一因果序列。

例如:得知未婚妻 B 与 C 有男女关系,A 开始对 B 投放据称是不留痕迹但肯定致死的慢性毒药。在毒药产生作用之前,C 却枪杀了 B,因为他也认为 B 还有其他男女关系而觉得自己受了欺骗：这里有两个攻击方向相同的因果序列在相互“竞争”，其中因为第二个因果序列在时间上更快，使得**第一个**（erste）成为**失败**（fehlgeschlagen）者和绝对未曾产生作用者。由于C的行为没有连接由A设置的条件，而是与之无关地开启了一个**新的原因序列**（neue Ursachenreihe），对A因此只能判处杀人力图（《帝国法院刑事判决汇编》69，44、47）。

（五）对因果认定有**证据困难**（Beweisschwierigkeiten）时，条件公式（也包括符合法则条件公式）也不能提供帮助： 168

例如〔案例摘自阿尔图·考夫曼（Arthur Kaufmann），《Eb. 施密特纪念文集》211〕：山里，狩猎者A和B几乎同时地但又彼此不知道有对方在场地向护林人F开枪。其中的一颗子弹击中了F的头部，另一颗打进了他的心脏。每一枪都是立即产生致命作用的一枪。对A和B都不能证明是他所开的那一枪构成了F的死亡原因。因为两人之间不存在共同行为（《刑法典》第25条第2款）关系，根据“*有疑问的有利于被告人*”（in dubio pro reo）原则，应当各对A和B都有利地认为他所开的那一枪是在后一时刻的一枪，也就是说是在F已经被另外的一枪打死后才击中了目标。因此，（由于缺乏证据）对A和B都只能判处故意杀人罪**力图**（versucht）。

对原因关联有疑问时**法官确信的形成**（richterliche Überzeugungsbildung）①这个问题，见《联邦最高法院刑事判决汇编》41，206（＝木材防护剂案）以及由普珀（Puppe）所做的注释，《法学者报》96，318；霍耶（Hoyer），《戈尔德达默刑法档案》1996，161；舒尔茨（Schultz），《法学工作报》96，185；福尔克（Volk），《新刑法杂志》96，105；沃勒斯（Wohlers），《法学教育》95，1019。

---

① 这里的“确信”，即常说的“自由心证”。——译者注

169 四、除了等价性理论外，该理论主张对所有的结果条件都认同具有同等的因果价值，民法上普遍使用的**相当性理论**（Adäquanztheorie）在刑法学界也有人主张〔绍尔（Sauer）、冯·希佩尔（v. Hipel）等〕。根据这个理论，只有属于**构成要件相当性上的条件**（tatbestandsadäquate Bedingung）的，才构成法律上的原因。

> 一个作为或者不作为，凡**以并非不显著的方式普遍**（generell in nicht unerheblicher Weise）（＝根据通常的生活经验）**提升了**（erhöht）结果产生的客观上可能性的，均构成具体结果的"相当性"条件。
>
> 结果如果是基于某个**反常规、非典型的因果经过**（regelwidriger，atypischer Kausalverlauf）而产生，换言之如果是在某个完全不符合人们日常生活经验常情的情况链条中出现，则不存在相当性的因果关联。

170 所有那些情况，即凡是在行为时间和行为地点是为人们知晓或者是可以客观认识，以及为一个**有认识能力的人作为行为人是可以对此预见**（einsichtiger Mensch in der Rolle des Täters voraussehen），皆构成成立**相当性判决**（Adäquanzurteil）的基础；对超出这些情况之外的行为人的"特别知道"，不予顾及（＝术语上所说的客观—事后预测；详细的见《联邦最高法院民事判决汇编》3，261；7，198；毛拉赫/齐普夫（Maurach）/（Zipf），《总则》，§ 18 边码32）。

171 相当性理论在释义学方面的薄弱之处，在于它是在错误的地方对条件理论的无边宽度提起了争论：在实际上应该是对条件理论所主张的**构成责任成立的重要性**（haftungsbegründende Relevanz）予以否定的地方，它否认的却是因果上的关联；相当性理论没有将结果的造成与归责分离开来（联邦最高法院对此也有批评，见《新法学周报》81,983)。

五、**重要性理论**(Relevanztheorie)在最后的结果上与相当性理论接近,但与之不同的是它在结果的造成问题与结果的客观归责之间做了严格的区别。该理论的主流观点在认定**原因关联**(ursächlichen Zusammenhang)问题上依据的是条件理论(= 相当性理论),在对结果的归责问题上注重的是因果关系发生中的**在刑法角度上的重要性**(strafrechtliche Relevanz),只认可因果经过范围内的*构成要件相当性条件*为构成责任成立,注意到**规范的保护目的**(Schutzzweck der Norm)和各犯罪构成要件的特别性。 172

详见布莱(Blei),《总则》,§ 28 Ⅳ;在实际结果上相似的见博克尔曼/福尔克(Bockelmann)/(Volk),《总则》,63 及之后;埃伯特(Ebert),《法学培训》79,561;耶赛克/魏根德(Jescheck)/(Weigend),《总则》,§ 28 Ⅰ、Ⅲ、Ⅳ。

六、从释义学的视角看,**重要性理论**(Relevanztheorie)把结果的造成与对结果的归责精确地分隔,因此要比纯粹的相当性理论优越。重要性理论对责任问题作了符合事实要求的限制,使得在客观方面的不法构成要件范围内对归责问题的解决成为可能,值得(作为客观上归责说的基础理论)首推。这一点,在结果的角度也被《联邦最高法院刑事判决汇编》11,1 的判决所证实。该判决(在讨论被载重卡车超车车祸死亡的骑车人,是否必须保持所要求的距路面上行驶车辆的边距问题上)的错误,只是在于在*术语上*它坚持*因果关联*的思考模式,而在事实层面上又正确地强调说,在*评判*的观察方式中唯一根据的是所涉及的条件(在这里是超车时保持边距的"太小")对于结果的意义性,换言之即是否为构成要件上重要〔对此见罗克辛(Roxin),《为年轻的法学人编辑的判 173

决汇编》,案例 6 第 11 页〕。

174 在**案例 6** 中,M 对所有的发生经过都造成了条件,这个条件对 T 的在具体形态中的死亡构成了**共同原因**(mitursächlich):假如他未伤害 T,T 也就不必在出问题的那个时刻被送往医院和在医院中抢救,也就不可能在运送医院途中因窒息或者因车祸或者在医院里因伤口感染或者因病房着火死亡。

从**条件理论**(Bedingungstheorie)的角度,还可以调查出其他的众多结果原因:所有的人,凡参与了 M 在实施行为时所使用的匕首的制造和提供的,在这里无边无际的因果链中都有一个因果上的贡献。甚至连 M 的父母也对 T 的死亡造成了条件,因为假如没有他们将 M 带到这个世界上,也就不会有 M 对 T 的伤害和由此的进一步发生。

175 所有的这些条件,作为一个*因果因素*而言都可以说是具有相同的分量(= 相等的),因为,如对它们采取略过的方法,则将导致具体的死亡结果消失。但这个*因果关系上的*同等价值性却并**不**(nicht)等于所有这些条件也都具有**法律上的同等价值性**(rechtliche Gleichwertigkeit),对它们必须在**归责提问**(Zurechnungsfrage)的框架内做要件上的重要性特别调查。

第二节　行为结果的客观归责

176 条件理论的无边无际宽度需要得到纠正,以对责任进行限制,这个认识在今天已属刑法信条学的一个固定立场。意见上如果说有所不同的,也只是在应当通过什么样的途径,来实现所要求的限制责任(首先是在犯罪系统构造上)的这个问题上。

177 以前的主流观点,认为行为与结果之间的原因关联,就其自身的存在而言已经是足以构成刑法上的责任，对与条件理论相连的对责任范围的扩展，是在就“责任”问题进行审查时才（特别是通过对结果要有预见性这个要求）做纠正〔《帝国法院刑事判决汇编》29，218、220；56，343、348；鲍曼/韦伯（Baumann）/（Weber），《总则》，§ 14 边码 100；施吕席特（Schlüchter），《法学教育》76，312〕。

在结果是由某个不可估计的、不能控制的**偶然性**（Zufall）所造成的情况中，这里存在的对“责任纠正措施”的依赖就将表现出它的不足。在所有的这类情况中，必须以**客观的观察角度**（objektive Gesichtspunkte）将不幸与不法分别。

一、对于刑法极其严厉的惩罚而言，重要的不仅仅是要问原因与效果之间的关系，更为首要的是要问从人的作为能力的角度考察，是否许可将社会危害性的结果归责为行为人之“所为”。 178

对于**归责**（Zurechnung）问题的处理，在犯罪构造系统上要经过三个评判层面上的评判过程：对故意和过失的行为，有将人之举止归责为**行为**（Handlung）的区别，有将举止之结果归责为是构成要件意义上的不法（Unrecht）的区别，还有将构成要件性—违法性的事件发生归责为责任（Schuld）的区别。在这三个评判层面中，归责性所依据的标准各有变化，有一个逐层细腻的专门化过程： 179

（一）在行为的范围内，要问的是人与其他的生灵相比，人有哪些作为能力。归责的标准在这里是“为人所可能的”。

（二）在客观方面的不法要件范围内，要（缩小提问范围）问的是**某人在作为行为人的社会角色中**（jemand in der sozialen Rolle des Täters）（比如是医生、汽车司机）具有哪些作为能力，法律允许针对于此提出哪些要求。归责的标准在这里是“为某人所可能的”。

（三）在责任的范围内，归责性是根据每个行为人（einzelner Täter）以他的个人方面情况和能力而言的**具体—个人之能够**（konkret-individuelles Können）而定。在这里要提出的是“为行为人之个人可能”这个问题，也就是说只是还围绕着该行为人所能够作为的和对法益侵害所能够避免的这个问题。

对此很有教益的见迈霍弗（Maihofer），《Eb. 施密特纪念文集》，156 及之后；阿尔图·考夫曼（Arthur Kaufmann），《H. 麦耶尔纪念文集》，79 及之后；胡鲁施卡（Huruschka），《刑法》311 及之后。其他的观点见金德霍伊泽尔（Kindhäuser），《危害》41 及之后，金德霍伊泽尔提出的归责模式，建立在对行为人的举止是否可理解为是违背义务的基础之上。

180 二、对反常规的因果经过和非典型的危害结果，**客观归责前提条件说**（Lehre von Voraussetzungen der objektiven Zurechnung）在客观方面的不法构成要件范围内就已经作了刑法上的责任限制。该学说试图根据规范之保护目的，根据对构成要件性的结果在客观上的可以预见性和可以避免性，根据人的行为对因果发生的可以控制性，以及根据由行为人制造的或者加重的对出现危害的风险性的实现情况，来确定归责终止的界限。对客观归责说和（在故意以及过失行为案中）对客观归责说的认同而言，关键的是要看：

（一）行为者以他的作为或者不作为是否**至少是共同造成了**（zumindest mitverursacht）构成要件性的结果（＝确定原因关联）；

（二）对该结果是否可以**客观上预见和避免**（objektiv voraussehbar und vermeidbar）（＝按照在相当性学说那里提到的“客观—事后预测”原则，考虑行为人拥有的特别知识而判断）；

（三）基于危害性结果发生的构成要件相当性因果流程，是否正好**实现了**（verwirklicht）（被法律所反对的）由行为人通过侵害行为或者通过对风险的许可限度的超越而制造的，其之出现依照相关规范之保护目的正是应当被避免的**危险**(Gefahr)。

审查是否构成了危险时,从**义务违背关联**(Pflichtwidrigkeitszusammenhang)和**规范之保护目的**(Schutzzweck der Norm)的角度,具有意义的首先是要提问就具体的结果而言,行为人的举止是否正好实现了义务违背,换言之是否正好实现了因其危险所以法律才对该举止予以禁止的危险。一个不经意的或者纯粹偶然性的举止错误,对结果造成产生了共同作用的,不足以构成这个意义上的义务违背。**例如**:夜里,房主 H 被房内的响动惊醒,没有开灯便走下地下室楼梯,本想把入室盗窃者 E 当场抓获,却不料在黑暗中摔下了楼梯,摔折了腿。尽管 E 的违反规范的举止对 H 的受伤起到了共同原因上的作用,但是不能把这个结果依照《刑法典》第 230 条归咎于他,因为他所犯的义务违背(= 违反《刑法典》第 123 条、242 条、243 条第 1 款第 1 项规定)在这里并不涉及不得将他人身体或者生命置于危险的禁止规范。H 是以自行负责的行为,把自己带进了危险;在黑暗中摔倒和受伤的风险,完全属于 H 自己的负责范围。在他的摔跤折腿与 E 的入屋盗窃之间,由此缺乏归责所要求的义务违背和保护目的关联〔对此比较施特雷(Stree),《法学教育》85,179、183;鲁道菲(Rudolphi),《刑法典系统评论集》,§ 1 前边码 62 ~ 64;对自行负责原则详见本著边码 187 及之后〕。 181

有些情况,实际上并**未实现风险**(mangelnde Risikoverwirklichung),或者所产生的**非典型性危害后果**(atypische Schadenfolgen)属于完全特殊性质,或者其发生流程(Geschehenabläufen)极度地**超越了所有的生活经验**(außerhalb aller Lebenserfahrung),以至于不能从理性的角度对此加以预计,对这样的情况必须**否定**(verneinen)客观上的归责性。同样,有这样的情况,其所导致的危害产生**不在**(außerhalb)人的控制能力范围之内,或者**不在**(außerhalb)**规范的保护范围**(Schutzbereich der Norm)之内,或者即便是举止符合了义务,特别是符合了谨慎义务的却仍然也不可 182

避免地导致了结果，对于这样的情况也必须否定客观上的归责性（比较《联邦最高法院刑事判决汇编》11，1）。

183 对此详见哈姆州高等法院《交通法汇编》61，353；60，38；斯图加特州高等法院《法学者报》80，618；埃伯特（Ebert），《法学培训》79，561；埃尔布（Erb），《法学教育》94，449；屈佩尔（Küpper），《拉克纳纪念文集》247 及之后；迈瓦尔德（Maiwald），《米雅查瓦纪念文集》1995，465；罗克辛（Roxin），《总则》，§ 11 边码 36 及之后；施莫勒（Schmoller），《特里弗特尔纪念文集》223；沃尔特（Wolter），《戈尔德达默刑法档案》1977，257；《刑法体系》，第 10 页及之后。

184 对整个问题批评的见阿明·考夫曼（Armin Kaufmann），《耶赛克纪念文集》251；希尔施（Hirsch），《科隆大学法学系 600 周年纪念文集》1988，399；屈尔（Kühl），《总则》，§ 4 边码 42；屈佩尔（Küpper），《刑法信条学》，83 及之后；兰珀（Lampe），《阿明·考夫曼纪念文集》189。提出的实际上是事关故意问题（= 行为人的设想与因果经过之间的偏差）和*主观方面的*构成要件问题的批评，是经不起推敲的。在事关规范之保护目的、负责范围的层级结构和自行负责的自我危害情况中，这个批评的观点就显示出自身的不足。弗里施（Frisch）在其论著《归责》第 59 页及之后中提出的批评，就指向了另一方向。弗里施把对受保护客体造成的被法律拒绝的危险，在系统上归纳于构成要件符合性的举止说，想把归责说限制在“实现关联”的问题上，但又同时（见其著《归责》第 64 页）承认对某个特定的举止是否因为一定的因果经过缘故就为*禁止*的问题，在针对具体案件的审查中只能是从结果归责的角度进行讨论才有意义。对于这个复杂问题也见弗洛伊德（Freud），《结果犯罪》，第154页及之后；黑挺格（Hettinger），《法学教育》，学习手册，1991，L 10，25、33、49。

185 三、上面谈到的对客观归责原则的讨论，目前还在热烈进行。尤其是对学说认为的**风险增加原则**（Prinzip der Risikoerhöhung）是关键性的归责标准,对结果归责问题基本上完全取决于由行为人在出现危害的流程上所造成的或者所增加的风险的观点,论者们的讨论更为激烈。

讨论中尤其有争论的,是什么是认定风险增加的标准?对有*疑问者有利于被告人*的基本原则应该在什么时候适用?*违反规范的举止与许可的风险*相比**增加**(erhöht)了结果产生**机会**(Chance)的,在这样的情况中是否就允许认为单有这一点就已经**实现了危险**(Realisierung der Gefahr)? **例如**:在海边,B 妨碍了 A 向落水者 E 投掷救生圈。E 不久消失在水面上。由于 A 和 E 之间的距离,还有由于急流和海浪冲击,不排除即便是投掷了救生圈 E 也抓不着,也肯定会被海水淹死。**又如**:货车司机 L 在超越骑车人 R 的时候因为保持的边距太小,致使 R 车祸死亡。由于 R 处于酒醉严重状态(L 并不能发觉这个情况),有理由估计即便是 L 保持了所要求的安全边距,R 也会摔倒在拖车轮下(比较《联邦最高法院刑事判决汇编》11,1;详见本著边码 673 及之后)。对于这类情况,主流观点的做法是依照*有疑问者有利于被告人*的基本原则,对如果有**具体的依据**(konkrete Anhaltspunkte)表明即便是举止符合了义务的也会出现同样的结果的,便对行为人不认定**结果**(Erfolg)是由他造成,而风险增加说的主张者则是严守一个更为严格的立场。在疑问所涉及的是需要查证的事实易言之所涉及的是实际中的行为情形时(= 在上述第一个案例中即 A 和 E 之间的距离),风险增加说的主张者虽然认可*有疑问者有利于被告人*原则,但拒绝在这里可以提出的可以与*可推测的*发生流程相连接的疑问也对行为人有利(比如说是 E 还拥有的体力,是否能够足使他冲破急流海浪,抓到扔掷来的救生圈)。对于风险增加说的主张者来说,在有疑问的情况中假如行为人的举止如果是符合了义务则结果出现的可能性就要小一些的,就**应当**(bejahen)对结果客观归责〔布格施塔勒(Burgstaller),《过失罪》,第 133 页及之后;施特拉滕韦特(Stratenwerth),《总则》,§ I 边码 225,1028 及之后;此外比较奥托(Otto),《新法学周报》80,417;罗克辛(Roxin),《总则》,§ 11 边码 74 及其后;鲁道菲(Rudolphi),《刑法典系统评论集》,§ 1 前边码 65 及之后〕。

186 对与**客观归责说**(Lehrer von der objektiven Zurechnung)只是在部分方面有观点上的吻合的**风险增加说**(Risikoerhöhungslehre),批评者首先提出的批评是它所主张的差异性理由不足,十分限制了*有疑问者有利于被告人原则*,违背法律(contra legem)地把伤害罪转换成了具体的危险犯〔详见鲍曼/韦伯(Baumann)/(Weber),《总则》§ 14 边码 86;登克尔(Dencker),《法学教育》80,210、212;埃伯特(Ebert),《法学培训》79,561、572;雅科布斯(Jakobs),《分则》7/98 及之后;克吕佩尔曼(Krüppelmann),《戈尔德达默刑法档案》1984,491;协调的见屈佩尔(Küper),《拉克纳纪念文集》247、282;普珀(Puppe),《整体刑法学杂志》95,287。这些批评意见很难反驳(对此很有教益的见科布伦茨州高等法院《州高等法院刑事和刑事程序判决汇编》63、67“刑法典第 222 条”;此外比较《联邦最高法院刑事判决汇编》37,106、127;联邦最高法院《新刑法杂志》87,505〕。从依照规范的角度而拒绝的观点,也见弗里施(Frisch),《归责》537 及之后;同样的见弗洛伊德(Freud),《结果犯》130。

187 四、对于如果是第三者参与他人**自由负责的自我损害**或者**自我危害**(freiverantwortliche Selbstschädigung oder Selbstgefährdung)的情况,可以根据被行为所违背的规范之保护目的、自行负责原则和规范上要求的不同层级的负责范围,对结果归责进行限制。例如,在杀人罪和身体伤害罪范围内,对因参与而造成共同原因的第三者通常许可不把构成要件性结果归责于他,条件是该结果是某个有意识的、自行负责所自愿、所实现的自我危害行为的后果,且第三者的参与只是在对该自我危害行为的安排、促成或者促使上起到了共同性作用。**保护**(bewahren)法益所有权者**不受第三者侵犯**(vor Eingriffen Dritter)的规范(譬如《刑法典》第 212 ~223 条或者第 230 条)之保护范围,在当事人自行负责范围的开始处就终止。

在这个问题上,司法判决和法律学说之间目前正出现接近。联邦最高法院在《联邦最高法院刑事判决汇编》32,262号的判决中如是表述立场说:“谁故意地或者过失地安排、促成或者促使了他人自行负责所自愿和所实现的自我伤害或者自我危害的,在该自我危害行为所具有的风险是当事人所明知的情况中而实现的条件下,并不自动就构成了杀人罪或者身体伤害罪。根据这些规范的保护目的,对该行为人的可罚性是从他依据思考上的知道比自我危害人能够更好地理解风险之处才开始”。这就清楚表明:对**自行负责的自我伤害**或者**自我危害**(eigenverantwortliche Selbstverletzung oder Selbstgefährdung)的参与,适用另外的归责规则,而不是在《刑法典》第216条、226条a中规定的基于当事人要求或者同意的**伤害他人**(Fremdverletzung)归责规定。在后者情况中,受伤害者只是让自己遭受第三者危险行为的作用(对此也见巴伐利亚州高等法院《新刑法杂志》90,81关于某人自行负责地与一艾滋病患者进行“不加防护的”性交案)。

对这个话题很有教益的见博伊尔克/麦耶尔(Beulke)/(Mayer),《法学教育》87,125;德林(Döllin),《法学环视》90,474和94,520,注释;奥托(Otto),《法学培训》84,536和《特伦德勒纪念文集》157;罗克辛(Roxin),注释,载《新刑法杂志》84,411;施特雷(Stree),《法学教育》85,179;茨维布吕肯州高等法院,《法学环视》94,518和《新刑法杂志》95,89。批评的见霍恩(Horn),注释,《法学环视》84,513。综述的见弗里施(Frisch),《新刑法杂志》92,1、62;赫茨贝格(Herzberg),《法学工作报》85,131。 188

被司法判决和法学学术界认可的**自我答责原则**(Prizip der Eigenverantwortlichkeit),在受害人有意识地自我危害情况中可以适用到多远程度,是个必须根据个案情况仔细审查的问题;这里要告诫的是,不得把迄今为此发展出来的基本原则作为模式化的规则普遍运用。 189

根据《联邦最高法院刑事判决汇编》37,179中的判决,《麻醉品法》第29条第3款第3项、第30条第1款第3项的保护目的要求对上述原则进行**限制**(Einschränkung),因为该法规定的犯罪行为在逻辑规则上已经包含了自我危害方面,依照立法者的意志不应当阻却对与毒品消费连接的危害后果归责〔赞同的见奥托(Otto),《法学培训》91,443;鲁道菲(Rudolphi),《法学者报》91,572;韦伯(Weber),《施彭德尔纪念文集》371;反对的观点见霍曼(Hohmann),《德国法律月刊》91,1117〕。联邦最高法院(《新刑法杂志》84,452)的立场是,将**海洛因交留**(Heroin überlassen)给他人的行为人,是《刑法典》第13条意义上的**保障人**(Ganrant),在当毒品消费者失去知觉、具有生命危险的时候,承担实施救护措施(比如是呼叫急救医生)的义务〔对此的反对观点见施特雷(Stree),《法学教育》85,179;施特雷指出,这里适用《刑法典》第323条c规定的帮助义务足矣〕。谁通过犯罪的举止,比如是**纵火**(Brandstiftung),对受害人的法益或者是对与受害人亲近人的法益构成了严重危险的,可依照《刑法典》第222条受到惩处,如果受害人知道对自己危险仍然要实施救护行为而因此死亡的〔《联邦最高法院刑事判决汇编》39,322;阿梅隆(Amelung),注释,载《新刑法杂志》94,338;佐瓦达(Sowada),《法学者报》94,663;批评的见阿尔瓦特(Alwart),《新刑法杂志》94,84注释;伯恩斯曼/齐尚(Bernsmann)/(Zieschang),《法学教育》95,775;君特(Günther),《刑事辩护人》95,78〕。

190 五、生活中常有这样的情况,某人如此方式地采取行动,以至于对具体形态结果的出现产生了影响和形成了共同的造成,但却使得一个即将发生的严重结果得以**削减**(abschwächt)严重程度。这里的**风险降低**(Risikoverringerung)准则,是否以及在何种程度上可以阻却对结果的客观归责,同样是个并未完全解决的问题。

有问题的首先是，从具体结果的客观归责性视角上看，由救护意志导致的结果变形和风险降低在什么时候就已经在**构成要件层面**（Tatbestandebene）上获得了意义，以及在什么样的情况中在审查是否具备正当化根据（比如是根据估计受伤害人可能会对此同意原则，或者是根据正当化的紧急状态原则）时对行为的救护目的才在其他层面上比如是在**违法性层面**（Rechtswidrigkeitsebene）上予以顾及。

面对已经存在的因果经过，某人**削减**（abschwächt）了第三者的攻击或者其他种类危害事件的不利作用，同时又未对当事人构成自立的其他种类危险的，可以考虑上面谈到的第一种解决途径。**例如**：A 举起木棍，对准走在前面的 B 头上打去。为了救 B，R 冲上前去，冲撞了 B 的身体，使得打来的木棍只打到了 B 的肩膀受了轻伤。或者：建筑工地脚手架上掉下一块砖头，R 见此情形，立即伸出文件夹护住 B 的头部，使得掉下来的砖头转向，砸在 B 的胳膊上受了轻伤。在这类情况中，绝大多数人认为 R（尽管有他介入的共同原因性）只是一个"风险降低人"，不允许把具体的伤害结果从客观的角度对他归责，因为他的举止对于当事人而言并未构成受法律拒绝的危险。对这样的意见应该赞同，因为，行为的目的是在缺乏避免危险的可能性下至少是去减轻或者降低将要发生的法益伤害或者危害风险，禁止这样的行为不可能是刑法规范的意思。行为的只是在它的作用上受到了削弱的具体的结果，在这里仍然要归责于是进犯者 A 的"所为"，或者属于命运中的偶然〔详见奥托（Otto），《新法学周报》80，417、422；伦克纳（Lenckner），《申克/施罗德—刑法典注释集》，§ 13 前边码 94；鲁道菲（Rudolphi），《刑法典系统评论集》，§ 1 前边码 58〕。 191

救护意志者的介入，使得当事人避开了对他发生的具体危险，却又构成了一个新的自立危险，造成了由他导致的伤害结果，这是情形不同的另外情况。**例如**：A 手持木棍躲在路边等候 B，要让 B 在傍晚通常散步时知道他的"厉害"。为了阻止意外的发生，R 在 B 还未散步到达 A 的隐藏处前就给了 B 下颚一拳，将他打倒，还将他的一只鞋拿走，使得 B 气恼地掉头回家，免受了 A 为他 192

准备好的棍打。或者：一座房屋失火，楼上一小孩被困火中。R 冲上楼去，找到小孩后发现大火已经封住楼梯，只能攀爬屋檐下的下水管逃身。由于不能将孩子带在身上，便将孩子抛给下面准备好用手接的邻居，小孩由此除一处骨折外无其他受伤。在上面这两个情况中，R 以他的介入阻止了严重情况发生，使得当事人免受了更加严重的伤害或者甚至是死亡的风险。同时，当事人受伤害的具体结果也不容置疑地**唯一是由 R 的行为**（allein durch sein Handeln）所致，客观上要归责于是他的“所为”。由于一个面临生命危险者也是不受限制地处于刑法秩序的保护之下，对 R 把他对当事人构成的危险“折抵”他对当事人避免的危险也不适当，因此必须在非结果归责的其他方面对这类情况找到一个符合事实要求的处理办法。在下颚案中，认定 R 的行为具有构成要件符合性（《刑法典》第 223 条）后，要审查他的介入是否具有正当化根据（ = 估计 B 会对此同意，《刑法典》第 34 条的可适用性），这里要提出的问题是，R 是否也可以通过其他方式，使得 B 能够免受 A 对他准备的危险。在火灾案中，《刑法典》第 223 条的构成要件因为不能认定故意而应该不能成立〔这里可以提起考虑的有或许故意的可能性（dolus eventualis），但 R 表现出来的救护意志可以否定这个故意，比较本著边码 216 及之后〕，如果 R 在抛扔孩子时没有违反所担负的谨慎义务（对此比较本著边码 667 及之后），则对《刑法典》第 230 条也无适用的空间。必要时适用《刑法典》第 34 条，也有可能在这里得到一个符合事实要求的解决。由此，在上述案例中对行为人是否具有可罚性举止和对事实裁判应当是在哪个评判层面上作出的问题，具体要取决于各自的实际情况〔对此见奥托（Otto），《新法学周报》80，417；普珀（Puppe），《整体刑法学杂志》92，863、884；观点上有不同的见施米德霍伊泽（Schmidhäuser），《总则》5/64；基于不同的系统理解，施米德霍伊泽在谈论这个复杂问题时称这里是对法益的表面上侵害〕。

193 对**规范之保护目的**（Schutzzweck der Norm）作为归责标准，比较《联邦最高法院刑事判决汇编》33，61（ = 超速案）；21，59（ = 牙医案）；《帝国法院刑事判决汇编》63，392（ = 车轮反光器案）；哈姆州高等法院《交通法汇编》61,353(= 速度限制案)和《交通法汇编》60,38(= 学校班车案)。在这个实际问题这里,围绕的是普遍认可的基本原则,即规范并不防护所有的在个案情况中超越了规范规定范围的危害,而是只应当防护不遭受那些危害后果,对这些后果规范一般适合于对它们的避免同时这些规范也是为避免这些后果而制定。

六、运用上面谈到的归责标准,也可令人满意地解决在那个著 194
名案例中遇到的问题。在该案中,某人在一个雷雨交加的时刻将他人差遣出门,据称是以便让后者在暴雨中被雷电击中死亡。鲍曼(Baumann)和韦伯(Weber)认为,这里假如是出现了所希望的雷电击人结果,也可以“例外地”否定因果性(《总则》§ 14 边码 45);这个观点却是与他们主张的条件理论不符。其他学者认为,这里“缺乏实现意志”,故不存在杀人故意〔韦尔策尔(Welzel),《教科书》§ 13 L 2;类似观点的见黑挺格(Hettinger),《法学教育》,学习手册,1990,L 73 及之后〕。根据论者的观点,对行为与结果之间的原因性应该认可,对结果(= 遭雷击死亡)的**客观归责性**(objektive Zurechenbarkeit)则要**否定**(verneinen);因为,假如确实有该结果出现,也是基于行为人不能控制和计算的大自然的力量所为,由此是基于由法益承载人自行负责的自我危险行为〔比较《联邦最高法院刑事判决汇编》32,262;不同的见奥托(Otto),《毛拉赫纪念文集》,第 99 页及之后〕。

侄子劝说是被继承人的叔叔乘坐飞机旅行,而途中如同侄子 195
所希望的那样遭遇飞机坠毁死亡,是一个类似的案例,因为,对于今天的技术水平而言,劝说乘坐飞机并不构成为法律拒绝的超越了“许可的风险”而由此是超越了有关规则的危险。假如是飞机上藏有定时炸弹,侄子也知道这个情况,则对由此造成的飞机坠毁就必须要考虑侄子想法上的“特别知识”和由此产生的对因果发生的操纵而对他做客观归责(比较《联邦最高法院刑事判决汇编》32,262;联邦最高法院《新刑法杂志》85,25)。

196 迄今为止,**司法判决**(Rechtsprechung)只是在个别案件中引用了刑法上的客观归责标准,而在不法的范围内对责任作了限制〔比较《联邦最高法院刑事判决汇编》32,262;联邦最高法院《新刑法杂志》85,25"对自行负责的自我危险行为的参与";《联邦最高法院刑事判决汇编》11,1 对于《刑法典》第 222 条;联邦最高法院《法学者报》85,293 对于《刑法典》第 230 条;联邦最高法院《新法学周报》71,152 对于《刑法典》第 226 条;详见韦塞尔斯(Wessels),《分则》1,边码 277 及之后及注释〕。在故意犯案件中,司法判决常常是把归责问题放到对故意的评判层面上去解决(= 对因果经过的认识错误:《联邦最高法院刑事判决汇编》7,325;14,193;比较本著边码 258 及之后),同时却也很广泛地采用了相当性判决。

197 **民法**(Zivilrecht)上,客观归责说则是很早就被认同。如,《联邦最高法院民事判决汇编》27,138;57,173 和慕尼黑州高等法院《德国汽车法》85,80 中的概括所述:"依照相当性公式对归责关联进行判决,只能是对完全不太可能的后果免除赔偿义务,因此这种判决就其自身而言就并不适合对可以归责的损害后果进行符合事实要求的限制。依照相当性观点的归责由此是需要一个补充性的评判角度的判决。在构成责任的事件与损害之间必须还要存在违法性关联。这个关联,只能是在所提出的损害依其种类和发生方式属于**所违背的规范之保护目的**(Schutzzweck der verletzten Norm)的范围内的条件下,才为存在。也就是说,所涉及的不利情况必须是来自为了——至少是——对其避免而因此制定颁布了规范的那些危险范围内的不利情况(比较联邦最高法院《新法学周报》76,2129)。"

七、在**案例6第一种和第三种假如情况**（Fallgestaltungen）中，M以发生事件的最后具体结果，**实现**（realisiert）了对T生命构成的**危险**（Gefahr）。 198

T受的刀伤虽并非致命性质，他是因为出现了其他情况而死，但是，谁伤害了他人身体的，谁在原则上也要为由此发生的其他损害负责，甚至要为第三者的错误（在这里是在运送医院途中对T的看护不周）负责；条件是如果这些损害或者错误在其范围内是可以与先前出现的因果发生相连接，**并非是完全位于根据事情的通常走向和根据通常的生活经验可以认为可能会发生的之外**（nicht völlig außerhalb dessen liegen, was nach dem gewöhnlichen Verlauf der Dinge und nach der allgemeinen Lebenserfahrung noch in Rechnung zu stellen ist）（比较《联邦最高法院民事判决汇编》3，261；25，86；《联邦最高法院刑事判决汇编》3，62；斯图加特州高等法院，《法学者报》80，618）。一受伤者因失血昏迷，在这个状态中（在酒精的作用下）呕吐和吸入呕吐物窒息，这并非是根本就没有这个可能而由此是可以预见的（比较《联邦最高法院刑事判决汇编》24，213）。对受伤后出现的伤口感染也相同（比较《帝国法院刑事判决汇编》70，257、259）。对T**在此基础上的死亡**（daruf beruhende Tod des T），因此要对M作为原因人**客观上归责**（objektiv zuzurechnen）。由此，在案例6第一种和第三种假如情况中M要承担故意杀人罪**既遂**（vollendete）责任。

对**案例6第二种和第四种的假如情况**则要不同判决；这里，导致死亡结果出现的是一个**完全非通常的、非典型的发生流程**（ganz ungewöhnlicher, atypischer Geschensablauf）。在具体的结果中成为现实的不是由M的刺伤构成的危险，而是一个**另外种类的风险**（andersartiges Risiko），它的产生与M的刺伤行为没有实质上的关联。 199

在**交通事故**（Verkehrsunfall）中丧生，或者在房间着火中**烟雾中**

毒(Rauchvergiftung),属于生活中的一个普遍危险,既不因为刺伤而成立也不因此以可测量的方式加重。根据事情的通常经过和根据通常的生活经验,一个伤害行为根本不太可能导致这样的损害结果。T 的**"事故死亡"**(Unfallstod)因此不能归责于刺伤者 M,而是要归咎于**货车司机** L(Lastfahrer L)的"所为";对 M 只应对他对 T 实施的**杀人力图**(Tötungsversuch)追究责任。对因烟雾中毒而死也相同,应当对房间着火的原因者归咎造成烟雾中毒的死亡之责。

200 在**案例 6 第二种和第四种的假如情况**中,**司法判决**(Rechtsprechung)将认为在*假如的*和*实际的*因果经过之间有一个本质性的偏差,将依照《刑法典》第 16 条第 1 款第 1 项的规定对 M 有利地顾及这一点,在构成要件故意的评判层面上否定对具体结果的"主观归责",而达到同一个最后的结果(比较本著边码 258、260)。

第七章　主观的不法构成要件、构成要件故意、构成要件错误和主观归责

案例 7：一、村子里新建教堂上梁的那天，整个村的村民因此聚会。这时，所有权人 E 放火点燃了自己的装满麦草的仓库，以期获得保险公司赔款，拯救自己“经济上已是山穷水尽，只能无奈地看着房屋失修破败”的名声。流浪汉 L 有时会在仓库里过夜，对此 E 是知道的。今天，L 在聚会上多喝了几杯，提前离开来到了仓库，不料在火中丧生。

如果 E 知道或者至少是可能想到 L 会在行为的时刻在仓库里，那么，可以认定他是故意杀死了 L 吗？

二、偷猎者 W 发誓要报复守林人 F，要放他的血，为此躲藏在守林人屋前等候他的到来。天色变暗，光线朦胧，与 F 有约者 J 走来，被 W 误认为是 F 开枪打死。

W 的认识错误有哪些法律后果？

三、如果 W 是对 F 开枪，却没有瞄准目标，子弹穿过守林人小屋窗户后击中了坐在桌旁的 J 致死，这会使得在判决上有什么变化吗？

四、如果 W 是在森林湖边对 F 开枪，认为

已经将他打死，把尸体扔进了湖里，而实际上是失去了知觉的F在水中被淹致死，对此情况又该如何判决？

第一节　主观不法构成要件的标志

202　一、在故意犯中，**构成要件故意**（Tatbestandvorsatz）决定行为的方向和目标。作为人格上的行为不法的核心，它构成主观方面不法构成要件的一般特征和对构成要件性结果**主观归责**（subjektive Zurechnung）的依据基础。

除非法律明确地对过失行为以科处刑罚相威吓，否则，只有故意的行为才是可罚的行为（《刑法典》第15条）。

203　与1962年的《刑法典草案》在第16～18条中的做法不同，当时曾在这里对故意、意图、蓄意、过失和轻率作了定义，新文本的《刑法典》对这些概念没有表述，以便不造成司法判决被固定在当前认识的水平上〔详见罗克辛（Roxin），《法学教育》73，197〕。《刑法典》第16条只是规定了故意的反面，即对属于法定构成要件的行为场合的认识错误，以及对构成刑事追究上特殊化条件的要件特征的错误认识。具体哪些前提条件属于故意，《刑法典》第16条并未对此规定。依照主流的见解，**故意**（Vorsatz）作为心理上的事实，是在对属于**构成要件的所有客观方面行为情形都拥有认识的情况下所具有的实现某个构成要件的意志**（Wille zur Verwirklichung eines Tatbestandes in Kenntnis aller seiner objektiven Tatumstände）（《联邦最高法院刑事判决汇编》19，298值得阅读）。司法判决中所用的术语"实现构成要件的意愿和明知"，在语言用词上虽然显得有些不甚明了，但在实质上却是意思相同。不管使用什么样的描述语言，本质性的都是构成要件故意包含一个**意志**

因素(Willenselement)和一个**认知要素**(Wissenselement)(联邦最高法院《新刑法杂志》88,175;《联邦最高法院刑事判决汇编》36,1、10)。

与司法判决和多数人主张的主流意见不同,有些论者提出的学说拒绝从依意志的角度理解故意的概念〔如弗里施(Frisch),《故意和风险》,第255页及之后;赫茨贝格(Herzberg),《法学者报》88,573;金德霍伊泽尔(Kindhäuser),《整体刑法学杂志》96,1;普珀(Puppe),《刑法典图表式注释》,§15边码26及之后、48、61、108;施勒霍费尔(Schlehofer),《新法学周报》89,2017;施米德霍伊泽(Schmidhäuser),《奥勒尔纪念文集》,第135页和《总则》7/38及之后;舒曼(Schumann),《法学者报》89,427〕。在这些不同意见的论者中也有赫鲁施卡(Hruschka),《刑法》,第197、434页及之后;他在提出的反对观点中说,明知和意愿在同一等级上的并行排列是不存在的,因为对于任何人而言都是如果*明知*自己在为某事,对自己的所为也为意愿。 204

上面提到的对通常使用的故意概念的批评,是不能令人信服的。仅仅是出于否则就难以在间接故意与有意识的过失之间作出符合事实要求的区别这个原因,对故意中的**意志因素**(Willenselement)就是不可放弃的。行为人可以设想作为自己行为的有此可能性的后果有可能将导致产生危害,但并不希望有这个后果出现;因为,谁确信一切都将顺利,确信自己能够避免对他人的危害,就是对如果违背期望所出现的结果并不愿意。术语上所说的表象说所主张的*知道有可能*会造成结果的就足以构成间接故意的观点,是不能得到认同的;因为它把构成要件故意延展得**太远**(zu weit),伸进了有意识的过失的范围〔对这个方面整个问题详见布拉姆森(Brammsen),《法学者报》89,71;屈佩尔(Küper),《整体刑法学杂志》100,758;奥托(Otto),《法学培训》96,468;普里特维茨(Prittwitz),《刑事辩护人》89,123;也比较本著边码216及之后〕。 205

206 对构成要件故意的具备而言，**关键的时刻**（maßgebender Zeitpunkt）是"行为的实施"，即**着手进行构成要件性的实行行为**（Vornahme der tatbestandlichen Ausführungshanglung）（比较联邦最高法院，《新刑法杂志》83，452；《刑事辩护人》86，95；巴伐利亚州高等法院，《交通法汇编》64，189）。

事后获得的知道〔术语上所说的事后故意（dolus subsequenz）〕，不对在行为的时刻属于不知道或者想法单纯的行为人产生不利。①另外，行为人在行为结束与结果出现之间才放弃了他的实现意志的，不能免除责任。例如，已经完成了的对他人的故意侮辱，不能因为把侮辱信件发出去后行为人又在力图阻止信件对收信人送达而消除〔很有启发的见《帝国法院刑事判决汇编》57，193；也比较赫茨贝格（Herzberg），《奥勒尔纪念文集》，163"行为完成前的主观要件前提条件消除"〕。

在行为实行期间行为人**变更故意**（Vorsatzwechsel）的对判决有何意义，只能是根据各种情况具体决定（比较《联邦最高法院刑事判决汇编》22，350）。

207 二、依照一些刑法条文上的标准，对故意常常还要求具备**特别的主观方面构成要件特征**（besondere subjektive Tatbestandsmerkmale），譬如是盗窃者的*占为己有意图*或者是诈骗人的*获取财物意图*，所表明的是该行为的典型的举止无价值，而由此是在共同决定行为不法的成立。按照普遍的理解，这类主观上的不法要素是**主观方面不法构成要件的组成部分**（Bestandteile des subjektiven Unrechtstatbestandes）；作为具有自己特点的特征，它们自立于构成要件故意之侧。

---

① 这里的"想法单纯"，指轻信、无恶意，以下同。——译者注

在**案例 7 第一种情况**中，E 的纵火同时还充足了**保险诈骗**（Versicherungsbetrug）的客观方面构成要件（《刑法典》第 265 条）。除了**构成要件故意**（Tatbestandvorsatz）作为自立的主观方面要件特征外，E 的实施行为所包含的被法律规定为是前提条件的**"诈骗意图"**（betrügerische Absicht），也属于同样被实现了的《刑法典》第 265 条的主观方面构成要件〔对此见韦塞尔斯（Wessels），《分则》2，边码 623〕。

三、从上述中可以得出，客观和主观方面的构成要件并非在所 208
有的犯罪中均在这个意义上完全一致，即后者总是前者的一个在行为人想象图上的确切反映图。特别是对《刑法典》第 242 条、249 条中的*占为己有意图*和第 253 条、259 条、263 条中的*获取财物意图*而言，客观方面的构成要件并没有提供相应的对此表明。要求以完全的一致性来作为前提条件的，只是在**客观上的不法构成要件**（objektiver Unrechtstatbestand）与**要件故意**（Tatbestandvorsatz）之间的关系比例上，因为，依照《刑法典》第 16 条第 1 款第 1 项的规定，构成要件故意如果不包含法律对此有具体描述的*所有*情形的，这个构成要件故意便不能成立（比较《联邦最高法院刑事判决汇编》36，221）。不过，即便是这个范围内的一致性要求所提供的，也并非毫无例外地是一个没有相互交叉的图像，因为主流的观点对于一些一定的情况根据*法律之意*（ratio legis）对故意提出了*附加*要求，这些要求超出了上面提到的要与客观上的不法构成要件相一致的最低限度。

这样，在参与的范围内，如果进入考虑的主要行为（比如是盗 209
窃、抢劫或者诈骗）已经是**达到了受刑罚威吓的力图阶段**（Stadium des mit Strafe bedrohten Versuchs erreicht）的，对教唆（《刑法典》第 26 条）或者帮助（《刑法典》第 27 条）的客观方面构成要件就足以认定成立。在主观方面的角度上要认定教唆犯或者帮助犯的故意，却要取决于这样一个条件，即参与人的想法和意志（超越客观上已经达到的）是以通过主要行为的行为人对主要行为的完成为目标（对此见本著边码572、584）。对诱使他人虚假陈述（《刑法典》第160条）也相似，如果在这里依照主流的观点，即该条规定基于其仅仅是补充性质的功能只是处理那些不能依照教唆或者力图教唆他人虚假陈述论处的情况，即《刑法典》第160条的**既遂**（Vollendung）也应当被认定，如果被诱使人的表现**与诱使人的设想背道而驰**（entgegen der Vorstellung des Verteitenden），不是出于想法单纯，而是在故意虚假陈述。从这个立场出发，诱使他人做客观上不正确陈述的这个致使，就足以成立《刑法典》第160条的客观方面构成要件（并列于对他人意识施加作用），而如果是从依照法律之意（ratio legis）的角度，对诱使的故意则必须是由这样的一个设想和意志所承载，即让被诱使人做想法单纯（=非故意）的虚假陈述〔详见《联邦最高法院刑事判决汇编》21，116；伦克纳（Lenckner），《申克/施罗德—刑法典注释集》160，边码1、8；鲁道菲（Rudolphi），《刑法典系统评论集》，§160边码4、7；韦塞尔斯（Wessels），《分则》1，边码762及之后；反对的观点见加拉斯（Galls），《恩吉斯纪念文集》600；赫鲁施卡（Hruschka），《法学者报》67，210〕。当然，这些狭小范围的例外现象并不能普遍说明问题。

第二节　构成要件故意的表现形式

211 对构成要件故意，各根据行为人对实现构成要件的意志上的关系，在**意志层面**（Willensebene）上可以区分三种表现形式：意图、直接故意和间接故意。

一、如果对于行为人来讲，法律对此以意图性的行为作为前提条件的构成要件性结果或者情形的导致或者实现，恰恰是他的行为预期**目的之所在**（darauf ankommt），则（作为直接故意之升级形式的）**意图**（Absicht）便已构成（比较《联邦最高法院刑事判决汇编》16,1;18,246;21,283)。意图是**目的上明确的结果意志**(zielgerichteter Erfolgswille),同时也可以是但不必然是行为的起因(= 动机)。因此,对行为人的目的设想和他行为的起因或者动机,在概念上要划分区别(联邦最高法院,《戈德达默刑法档案》1985,321 的观点肯綮)。

在**案例 7 第一种情况**中,E 的意图是烧毁仓库,获得保险公司赔偿。这是他行为的**目的**(Ziel),但不是他的行为*起因*。他的行为起因(= 动机)是希望能够拯救自己的名声,消除说他“经济上已经山穷水尽”的众说纷纭。

所寻求的结果不必是行为人的最终目的;行为人如果将该结果作为能够帮助自己达到“远期目的”之目标上的“近期目的”的,便已足矣。在**案例 7 第一种情况**中,E 不仅有获得保险公司赔偿(= 最终目的)的意图,也有烧毁仓库(= 中间目的)的意图;因为唯其如此,才能达到他要寻求的最终结果。

如果对行为人而言结果的产生正是他所要的,则他对构成要件的实现是设想为**肯定**(als sicher)还是**设想为仅仅有这个可能**(nur als möglich),皆无区别。如《联邦最高法院刑事判决汇编》21,283 中正确所言,凡行为人以其行为寻求达到一个结果的,不论他对“实现认为是肯定的还是只有这个可能的,也不论他是在希望实现还是在内心上在对实现感到抱歉”,都构成对结果的意图。对结果的产生不能确定时,必要的只是行为人对实际的发生是否构成了产生作用的可能性。

一些刑法条文中规定的**“特别意图”**(besondere Absichten)(譬如《刑法典》第 242 条中的*占为己有意图*或者第 253 条、259 条、263 条中的*获取财物意图*),与作为**故意形式**(Vorsatzform)的意图并不一致。后者是主观方面的构成要件特征,具有**自** 212

立性特点(eigenständigen Charakters),即便是在目的设想上的对于故意形式的所说也对它们适合(比如比较联邦最高法院《新刑法杂志》92,540)。这样,《刑法典》第242条中规定的"意图",只需与将他人物品"占为己有"发生关系;而对于所寻求的占为己有的客观上违法性,有简单的故意(= *直接故意或者间接故意*,*dolus directus oder dolus eventualis*)便已足矣:《帝国刑事判决汇编》49,140;55,257;韦塞尔斯(Wessels),《分则》2,边码190。

法律对"意图"这个表达方式或者对相同意义的"为了"这个词语的使用,并非各处统一,因此对它们的意思所指,要在各具体情况中通过解释得出(比较《联邦最高法院刑事判决汇编》9,142;13,219)。

213 二、行为人如果**明知**(weiß)或者**可以预见**(voraussieht)自己的行为将**肯定**(als sicher)要实现法定构成要件的,构成**直接故意**(= *dolus directus*)。谁尽管有了这个认识或者预见仍然依意志地活动,就是把对自己举止所设想到的所有的**必然和肯定的后果**(notwendige und sichere Folge)都纳入了自己的实现意志,即便是他对自己行为的这个或者那个后果上的作用"本身并不愿意出现这样的情况"的也如此〔比较《联邦最高法院刑事判决汇编》21,283;毛拉赫/齐普夫(Maurach)/(Zipf),《总则》,§22边码15〕。

在**案例7第一种情况**中,如果E在纵火时是**明知**(gewußt)L在仓库的,就构成了直接杀人故意,因为他对L的死亡作为他纵火行为的一个肯定后果有预见。

214 三、行为人如果对自己举止**确信有可能**(ernstlich für möglich hält)将导致法定构成要件的实现,但又对此采取**放任态度**(sich

damit abfindet)的，构成**间接故意**(Eventualvorsatz)(= *dolus eventualis*)。

215 间接故意又称“*有条件的故意*”。这个叫法并不科学，因为每个构成要件故意都是以**无条件的行为意志**(unbedingten Handlungswillen)为前提条件。“有条件的故意”作为心中尚未下定决意的表达，根本还未成其为故意(《帝国法院刑事判决汇编》65,145；68,339；70,201)。相反地，如果行为人**对于行为已经下定了决心**(zur Tat fest entschlossen)，只是对行为的实行还要等待一定的情况发生的(比如是 A 决心要打死情敌 N，假如 N 再来邀请他的女友跳舞)，则是构成了故意；比较《联邦最高法院刑事判决汇编》5,149、152；21,14、17。

216 对**间接故意**(Eventualvorsatz)在什么样的方式下可以与**有意识的过失**(bewußte Fahrlässigkeit)相区别的问题，是个非常有争议的话题。在这两种情况中，行为人都有可能对具备法律上的规定情形和自己的举止有可能将导致构成要件性结果产生的可能性有所认识。两者间的区别唯一在于，在*间接故意*中行为人是**任凭**(hinnimmt)了这个后果和**放任了可能将实现构成要件的风险**(sich mit dem Risiko der Tatbestandverwirklichung abfindet)，而在有意识的过失行为中他是相信所涉及的行为情形并不具备，或者是**相信结果并不会产生**(auf das Ausbleiben des Erfolgs vertraut)。

217 依照**可能性理论**(Möglichkeitstheorie)，行为人如果认识到存在侵害法益的**具体可能性**(konkrete Möglichkeit)，而仍然实施了行为的，即构成*间接故意*〔雅科布斯(Jakobs)，《总则》8/21 及之后；施米德霍伊泽(Schmidhäuser)，《法学教育》80,241；奥托(Otto)，《新法学周报》79,2414 注释；相似的观点见莫克尔(Morkel)，《新刑法杂志》81,176〕。对这样的观点要拒绝，因为它依据的是认为行为人如果决意行为，其中所表明的必然就是对已经认识到的将要造成法益侵害的有此可能性下定了决心的这个虚构的认为，从而是把故意延伸得太远，延伸进了有意识的过失的范围。可能性理论首先没有注意到的是故意不仅包含明知，而且也包含**意愿**（Wollen），这两个要素中的哪个要素决定了行为人坚持行为决意，不可能是并非无区别（= 一个是有意识的任凭结果风险，另一个是相信能够避免有此可能的结果发生）。为能够准时上班，某开车人着急驾车，在高峰时间在一条狭窄道路上大雾中超车，结果将迎面行来的一个骑车人或者摩托车驾驶人撞死。这个开车人毫无疑问是知道存在超车撞车的**具体可能性**（= 危险）；任何一个其他的说法都不能让人接受。但是，如果就此将他的显然轻率解释为是一个伤害故意，对他（不适用《刑法典》第 315 条 c）以故意杀人而不是以过失杀人论处，因为他“还是实施了行为”，进行了危险的超车，则也是违背事实的。为了避开可能性理论的这个结果，施米德霍伊泽（Schmidhäuser）（见其上面提到著作之第 245 页）提出了一个虚构的认为，即估计认为开车人在超车时是排遣了具体的危险意识。这样的一个理由没有说服力。在这里决定性的只能是，开车人是否在超车时虽然具有危险意识，但“相信不会出现问题”，是在不会发生车祸的期待中实施了行为，或者是有另外的其他情况，比如开车人是正在逃跑路上的银行抢劫犯，正在“不顾一切”地驱车试图逃脱追捕（比较联邦最高法院《法学者报》81，35；《交通法汇编》59，183 和 64，112；《新刑法杂志》84，19）。两种情况中，行为人对受法律保护的价值的内心态度有着明显的不同（一个是无注意和轻率，一个是置一切于不顾和极端地只为自己），对它们的评判也要求不同。

218 比可能性理论还更为狭窄的是**盖然性理论**（Wahrscheinlichkeitstheorie）。在这个理论中，行为人对法益的侵害如果认为是**很有此可能**（für wahrscheinlich gehalten）的，就构成了*间接故意*。很有此可能在这里比“可能”要强，比“非常可能”要弱〔H. 麦耶尔（H. Mayer），《刑法·总则》1976，121〕。由于没有明确的区别能力，也由于其很有可能的程度最多就是构成了对行为后果采取了容忍态度的*间接证据*，因此这个盖然性理论也不足取。

也有理论说法认为，关键的是在于**避免意志的表现**（Manifestation des Vermeidewillens），也就是说在于行为人是否真的完成了对反方向要素的调动，以图避免附带结果的产生〔阿明·考夫曼（Armin Kaufmann），《整体刑法学杂志》70，64〕。对这样的观点也同样要置疑。还有**无所谓理论**（Gleichgültigkeitstheorie），也不能够满足要求〔恩吉斯（Engisch），《新法学周报》55，1688；克拉默（Cramer），《申克/施罗德—刑法典注释集》，§ 15 边码 84〕。依照该理论的主张，行为人如果对受法律保护的法益**出于无所谓**（aus Gleichgültigkeit）的态度而任凭了构成要件实现的，即构成了*间接故意*（*dolus eventualis*）。这个理论表明它过于单一和狭窄，因为，从思想意识上的非价值角度，它只能看到问题的**部分方面**（Teilaspekt）。

司法判决中常常运用的**同意**（Einwilligungs-）理论或者是**赞同理论**（Billigungstheorie），对*间接故意*的确定要求行为人对他认为有发生之可能性的结果持一个**“同意”**（gewilligt）的态度或者**“赞同地予以容忍”**（billigend in Kauf genommen）的态度〔《帝国法院刑事判决汇编》76，115；《联邦最高法院刑事判决汇编》36，1 和 21，283；联邦最高法院《新刑法杂志》92，587 和 94，483；鲍曼/韦伯（Baumann）/（Weber），《总则》，§ 20 边码 53；毛拉赫/齐普夫（Maurach）/（Zipf），《总则》，§ 22 边码 36〕。依照联邦最高法院在背包带案中的判决（《联邦最高法院刑事判决汇编》7，363），行为人对结果（在该案中为被抢劫人被背包带紧勒脖子窒息死亡）即便是极不希望它会发生，但是对它采取了一种**放任**（abgefunden）态度的，也构成了“法律意义上的”赞同〔对此很有教益的见罗克辛（Roxin），《总则》，§ 12 边码 36；批评的观点见施勒霍费尔（Schlehofer），《故意》，第 165 页及之后〕。 219

220 一直在坚持迄今立场的联邦最高法院,在最近的判 决中对间接故意的概念方面的前提条件与在刑事程序中依证据来确定它们的具备作了明确区别(详见《联邦最高法院刑事判决汇编》38,345)。对此也见联邦最高法院《法学者报》81,35 和《新刑法杂志》84,19。其中说道:“对构成要件性结果的发生,行为人**认识**(erkennt)到了有这个可能性而且这个可能性还并非是完全遥远,却仍然采取了**赞同**(billigt)态度的,构成了间接故意。行为人如果尽管知道是极其危险,却仍然打算付诸实施而又不能确信不会出事的,以及行为人如果将他认识到的危险交付给由偶然性来决定危险是否将发生或者将不发生的,有理由认为是构成了赞同。同时,如果结果对于行为人来说本身是他并不希望的,但他仍然不顾一切地坚持寻求他的直接目的,也可以考虑构成赞同。当然也并非必须总是要这样认定。由于(在无明确杀人动机的暴力行为中:比较联邦最高法院《法学环视》)对杀人故意的心理阻碍要比对危害或者身体伤害故意的心理阻碍大得多,情况因此也有可能是这样,即行为人预见到了有发生杀人结果的可能性,但又真地相信这个结果不会在他那里发生。这时,行为人对杀人结果行为只是有意识的过失。”

221 联邦最高法院作出的判决《交通法汇编》59,183(= 货车案)、《交通法汇编》64,112(= 警察封锁道路案)、《刑事辩护人》94,640(= 园中小屋案)、《新刑法杂志》83,407(= 加大油门案)和《新刑法杂志》83,365(= 青少年轮盘游戏案),对反对认定构成间接故意的行为场合的意义提示,很有教益。

222 在 1988 年 4 月 11 日的艾滋病案判决(《联邦最高法院刑事判决汇编》36,1)中,联邦最高法院对自己的立场又一次作了如是表述:“对于有条件故意的认为,在每个具体案件中必须是既要对明知要素也要对意志要素,进行特别审查和通过事实上的认定来确定。特别是对依意志的故意要素的评判,必须要了解行为人的个人方面情况和结合对行为发生而言具有重要性的情形。由此是要求要对**所有的客观方面和主观方面的行为场合有一个整体**

观察(Gesamtschau aller objektiven und subjektiven Tatumstände)。在这里可以根据案件的特点采用不同的评判观点。对受到证明限制的故意,特别是可以与由行为人所认识到的危险在客观上的大小和远近相连接。"

在实际得出的结果上,司法判决与法学学说中的绝大多数人的观点在很大程度上形成了一致。该观点认为,如果认识到将要发生结果的**显然可能性**(naheliegende Moglichkeit),仍未使得行为人放弃对行为实行的,他的举止就有理由让人认为他是为了*自己寻求的目的*而**放任了实现构成要件的风险**(mit dem Risiko der Tatbestandverwirklichung abgefunden),也就是说他更愿意任凭有这个后果发生,也不愿意放弃对行为之着手的,就构成了**间接故意**(Eventualvorsatz)。相反地,如果行为人**确信**(vertraut)"一切都将顺利",自己**能够避免**(zu vermeiden)有此可能性的结果发生和对法定构成要件的实现,则(只)构成了**有意识的过失**(bewußte Fahrlässigkeit)。 223

由此,对于他人产生危险的举止方式,属于构成间接故意的,就要具有三个层面上的情形:行为人必须是认识到了有具体的侵害法益的危险可能性,他必须是**认真地考虑**(ernstgenommen)过这个危险,又最终**放任**(abgefunden)了实现构成要件的风险。谁以这样的方式任凭了他所认识到的危险的,就是把该危险的实现可能性作为了他行为决意的决意基础,进而是把实现危险的可能性纳入了他的**实现意志**(Verwirklichungswillen)。 224

有这样的情况,构成要件的实现并不取决于将要产生的伤害性结果,而是取决于当时的实际情形(比如是《刑法典》第246条的物之他人性,或者是《刑法典》第176条范围中的性行为受害人的年龄),对这些情况也相同方式处理:行为人必须是估计到了所涉及的事实情况的存在,认真考虑过由此产生的实现构成要件的 225

可能性,而又至少是放任了这个可能性。

226 对整个话题详见格佩特(Geppert),《法学培训》86,610;耶赛克/魏根德(Jescheck)/(Weigend),《总则》,§ 29 III 3;屈佩尔(Küpper),《整体刑法学杂志》100,758;罗克辛(Roxin),《总则》,§ 12 边码 21 及之后;施罗特(Schroth),《法学教育》92,1;鲁道菲(Rudolphi),《刑法典系统评论集》,§ 16 边码 43;批评的观点,但在得出的结果上相似的见布拉姆森(Brammsen),《法学者报》89,71。对艾滋病问题和刑事程序中的故意认定问题,见弗里施(Frisch),《麦耶尔纪念文集》,533。

227 对上面谈到的在司法判决和法律学说中发展出来的区分标准,赫茨贝格(Herzberg)整体上认为并不科学(《法学教育》86,249和87,777;《法学者报》88,537、635)。他提出的观点认为:对故意与过失的区分,是一个**客观方面**(objektiver)构成要件上的问题。行为人如果是以一个*不许可的*和*未加屏蔽的*危险意义上的“加重性质的冒险性举止”实现了犯罪所特有的非价值的,就应当被认定为是故意犯罪。一个通过人的予以注意的方式就被*屏蔽的*危险,可以导致依《刑法典》第 222 条的惩罚,但不足以构成杀人的故意。把构成要件的不会实现交留给幸运或者偶然来决定,也就是说如果从理性的观察角度看行为人不能指望或者是不能可靠地指望自己或者他人的作为是可以控制危险的,是对实现构成要件的风险“没有屏蔽”。与主流的意见相反,赫茨贝格的观点还认为,故意并不包含依意志的要素,故意更多地是对既不许可的又未加以屏蔽的实现构成要件危险的认识。关键性的不在于行为人是否认真地考虑过由他所认识到的危险;起决定作用的唯一是他认识到了存在一个应当予以认真看待的危险。赫茨贝格的这些观点,把区分的问题转移进了客观方面构成要件,同时又“转换到了纯粹的明知故意”,是不令人信服的。把危险区分成被屏蔽的和未屏蔽的,在结果犯(杀人、身体伤害)的一些案件中有可能是具有意义和能够说明问题。不过,在其他犯罪(如侮辱、强迫、贪污、文书变造)中,对这类标准如果不进行显然是人为化的构造,是不能够将它们带入客观方面构成要件的。如果依照赫茨贝格对故意的理解(比较《法学者报》88,635、641),对间接故意最后就只能是仅仅根据对构成要件实现的认为是可能的来确定;因为,行为人如果是比如说想到了存在他所变卖的物品系《刑法典》第246条意义上的他人之物的可能性,或者是想到了存在他所侵犯的少女年龄在《刑法典》第176条的保护范围之内的可能性,那么不清楚的就是什么是这里可以的"对危险的屏蔽"〔甚至连赫茨贝格在想法上所根据的弗里施(Frisch)也对此提出了不赞同的观点,《归责》40;批评的意见此外见布拉姆森(Brammsen),《法学者报》89,71;屈佩尔(Küpper),《整体刑法学杂志》100,758、781;普里特维茨(Prittwitz),《刑事辩护人》89,123;罗克辛(Roxin),《总则》,§ 12边码56及之后;克拉默(Cramer),《申克/施罗德—刑法典注释集》,§ 15边码78 a;鲁道菲(Rudolphi),《刑法典系统评论集》,§ 16边码46 a;施特林泽(Struensee),《法学者报》87,53、60〕。

228 对了解上述问题争论很有教益的也见英格博格·普珀(Ingeborg Puppe),《故意与归责》,第38页及之后;《刑法典图表式注释》,§ 15边码90及之后;普珀的观点,批评赫茨贝格的区别标准是可操纵的,提出对故意的认定同样也要求要有对"加重性质的危险"的明知;此外主张把依意志的故意要素**客观化**(Objektivierung),不就行为人的真实意志问题提问,而是用理性的标准把行为人的举止作为其意志的表达来诠释。类似的观点也见捷林斯基(Zielinski),《选择性注释系列刑法典注释》,§ 15、16边码18、27、72及之后;依照杰林斯基的观点,作为故意的归责基础,有一个"在认识到构成要件性风险情形下的行为"便已足以。对这整个问题,也见施勒霍费尔(Schlehofer),《故意》,第32页及之后、第55页;施勒霍费尔的观点认为,一个从《刑法典》第22条中推导出来的危险设想,普遍地属于构成要件故意。

229 凡法律对行为不以"违背良知"(《刑法典》第145条d、164条、187条、278条)或者是"明知的行为"(《刑法典》第134条、145

条、248 条）为前提条件的，皆足以构成间接故意〔比较格勒（Gohler），《新法学周报》74，825〕。

230 在**案例 7 第一种情况**中，情况如果是 E 认为 L 是*有可能*在仓库里的，尚还不能成为认定 E 构成了以间接故意的形式有杀人故意的理由：**不得**（nicht）仅仅是从**“认为是有此可能”**（Fürmöglichhalten）的，便从中推论得出行为人是对结果采取了**“放任”**（Inkaufnehmen）的态度（《联邦最高法院刑事判决汇编》88，175；84，19）。如果情况是 E 相信 L 不可能在仓库（因为他从不放过聚会上吃喝的机会，从不在聚会结束前就自己先行离开），则只能考虑犯了*有意识的过失*（《刑法典》第 222 条）。

231 四、行为人故意的不少故意形式，有可能会在有时候出现的**择一故意**（Alternativvorsatz）的形态中汇集。特别是行为人在着手行为时如果不能明确知道自己的行为是实现了两个*相互排斥的*构成要件或者结果中哪一个，而对两个可能性都予以了放任的，就构成择一故意。书籍上常以下面的案例为例：

案例 1：某 A 将数天来一直停放在一幢楼房前的自行车据为己有。由此，他是破坏了楼房中某个居民对自行车的控制权（=《刑法典》第 242 条），还是自行车是由其他人从其他地方偷来，丢扔在这里因此是无控制的（=《刑法典》第 246 条），对他来讲都无所谓。

案例 2：夜色降临不久，护林人 F 牵着他的狗发现了偷猎者 W。W 把他的最后一颗子弹射向了追赶者，想的是要么是打死 F（=《刑法典》第 212 条或者第 211 条），要么是至少打死他的狗（=《刑法典》第 303 条）。

尽管只有一个可以实现，行为故意在这里则是包含了两个实现的可能性〔案例1 中总是包含着两个，**案例2** 中仅仅是根据行为人的想法，条件是他在这里设想的不是一个，而是有*累积故意*（dolus cumulativus），即对有可能*并列*实现多个构成要件或者是导致多个结果的发生至少是采取了对此放任的态度〕。对在事实层面上属于上面描述种类的**择一故意**（Alternativvorsatz）在刑法上该如何判决，各家的观点分歧很大。

一些论者提出，这里要根据已经客观实现的构成要件，如果并未产生结果的则要根据较重或者较轻的可以选择的故意判决〔对此比较毛拉赫/齐普夫（Maurach）/（Zipf），《总则》，§ 22 边码 27〕，其他论者则认为，总是要以对更重罪行的故意来作为关键〔屈尔（Kühl），《法学教育》80，273、275；施罗德（Schroeder），《刑法典莱比锡评论集》，§ 16 边码 106；奥托（Otto），《总则基础教程》，§ 7 边码 24；施奈德（Schneider），《戈德达默刑法档案》1956，257〕，考虑在故意和过失的实施之间进行组合〔约尔登（Joerden），《整体刑法学杂志》95，565〕，或者做有差别的判决〔比较哈夫特（Haft），《总则》，153；福格勒（Vogler），《刑法典莱比锡评论集》，§ 22 边码 6〕。主流的意见，却是主张认同想象竞合，对行为人因**所有的**（alle）可以在构造上把握的犯罪来判决〔＝ 既遂的和力图的两个罪行的故意或者力图之间的一罪行为；比较雅科布斯（Jakobs），《总则》8/33；耶赛克/魏根德（Jescheck）/（Weigend），《总则》，§ 29 III 4；拉克纳（Lackner），§ 15 边码 29；普珀（Puppe），《刑法典图表式注释》，§ 15 边码 155；罗克辛（Roxin），《总则》，§ 12 边码 79、80；克拉默（Cramer），《申克/施罗德—刑法典注释集》，§ 15 边码 90 及之后〕。 232

每个如是提出的解决问题的观点，都遭有反对的意见。建议只考虑更重罪行故意的观点，在如果恰恰是较轻罪行被整个实现了的情况中是不能令人信服的；因为即便是在择一故意中，首先也是对于**客观方面和主观方面构成要件**（objektiver und subjektiver 233

Tatbestand)之间的**一致性**(Kongruenz)规则的运用。主流的观点提出,把所有的相关犯罪构成一个"一罪行为"处罚,就消除了择一故意与累积故意之间的区别。这样的观点也不能够满足要求。既为择一故意,毋庸置疑存在两个或者两个以上的故意,在构成要件的层面上可以把这些故意归属到这个或者是那个犯罪之上,因为每个结果(就其自身来看)都是为行为人至少是以有条件的形式所意愿的。但这并不排除在**竞合范围**(Konkurrenzbereich)内在依事实可以接受的框架中通过对更重犯罪行为的处罚,而对与累积故意相比较要轻一些分量的择一故意视为是已经得到了**共同清偿**(mitabgegolten)。〔=从吸收角度对伴随行为的连同处罚;对此的批评观点见约尔登(Joerden),《法学者报》90,298〕。这样处理,在如下意义上显示了区别:

234 (一)产生了两个结果中的一个的,鉴于行为与行为故意之间的一致性,对行为人因**客观上实现的犯罪**(objektiv verwirklichten Delikts)处罚(=已既遂的故意)。所涉及的构成要件如果在保护方向和行为分量上大致相同,对力图的可罚性由此也得到了清偿〔本段**案例 1** 中在《刑法典》第 242 条和第 246 条之间;对《刑法典》第 242 条对《刑法典》第 291 条第 1 款的第二个选择关系,见韦塞尔斯(Wessels),《法学工作报》84,221、223;对《刑法典》第 263 条和第 263 条 a 见伦克纳/温克尔鲍尔(Lenckner)/(Winkelbauer),《计算机与法律》86,654、661〕。

235 (二)已既遂的故意行为与对其他犯罪力图之间的**一罪行为**(Tateinheit)成立,如果其他犯罪在不法性上要比已既遂的故意行为明显要重(本段**案例 2** 中,如果是打死了猎狗,对 W 的处罚依照《刑法典》第 303 条与杀死 F 的力图组成一罪行为)。如果和在此范围内凡是涉及不同法益载体中的个人专属法益的,总是要这样处理。

236 (三)犯罪未遂的,对行为人只就**最重犯罪**(schwersten Delikt)

的力图处罚,以由此能足够惩罚行为的不法性为限;否则组成一罪行为。

(四)可以设想的所有结果都并列发生了,这在生活中应该是 237
几乎不可能的;有此可能性的,顶多是在第2案例的组类范围。如是,那么就显然必须要有这样的一个行为过程,以至于要立即提问行为人是否从一开始起就希望产生这样的结果,也就是说对行为有着累积故意或者具有一般伤害意志,或者要提问是否具有并不构成择一故意成立的情况,使得这个方面的问题根本就不会产生。因为,是否为某人所**设想**(vorgestellt)和**希望**(gewollt)的,要取决于**现实的情况**(reale Gegebenheiten)和他的行为动力,也就是说不能从纯理论的角度"强迫"于他。唯有不带预先观点的事实分析,才能在具体案件中找到符合事实要求的解决途径;只能是在这个基础上可以(必要时在适用"有疑问者有利于被告人"基本原则的方式下)决定主观归责的关键标准将得出一个什么样的结果。对这个方面的问题,也见施泰尼格尔(Steininger),《刑法典评论、体系和实践》,特里夫特拉(Triffterer)主编,1995, § 5 边码51及之后。

第三节　构成要件故意的认识要素

一、在**认识范围**(Wissensbereich)内,故意行为的前提条件是 238
行为人在实施行为时认识到了所有的构成刑罚成立和加重处罚的客观上实现构成要件的情形。他对行为的设想,必须包含行为的基本特点、对行为实行的在构成要件角度上的重要方式、由他考虑过的将要发生的构成要件性结果、将要产生的因果过程的具体轮廓以及客观方面不法构成要件的所有其他特征〔《帝国法院刑事判决汇编》70,257;布拉姆森(Brammsen),《法学者报》89,71;耶赛克/魏根德(Jescheck)/(Weigend),《总则》, § 29 II 3;施特林泽(Struensee),《整体刑法学杂志》102,21;不同的观点见弗里施

(Frisch),《故意和风险》,57;施罗德(Schroeder),《刑法典莱比锡评论集》, § 16 边码 29〕。其中,行为人如果对行为客体只是作了种属层面上的决定,比如他在向人群无选择地开枪时可能将要打死哪一个人,有可能将要击中哪一个他人之物,或者是谁是物权所有权人对他而言都为无所谓的,不**足以**(genügt)构成明知〔详见希伦坎普(Hillenkamp),《行为过程偏差中对故意做具体化认定的意义》,1971,88;也比较《联邦最高法院刑事判决汇编》21,318 和 22,350〕。

239 凡法律对故意犯规定了*非构成要件性*种类的加重理由(譬如是《刑法典》第 243 条第 1 款中的*情节特别严重*)和在主观方面并未明确制定与之不同的规定的,对行为人有利地**类推**(analog)适用《刑法典》第 16 条第 1 款第 1 项的规定〔详见克拉默(Cramer),《申克/施罗德—刑法典注释集》, § 15 边码 31,韦塞尔斯(Wessels),《毛拉赫纪念文集》,295、300〕。

240 在故意范围内,行为人不具备的认识,不能以他本来是*能够*获得相应的想法来代替。甚至通过努力的回想而有可能再生的已过去的明知,也不足以构成认识。另一方面,对认识的成立不需要一个充满意识思维意义上的在整个行为过程中都一直"在想着此事"。**故意的认识**(Vorsatzwissen)作为对行为场合的**现实认识**(aktuelle Kenntnis),也可以是以**事实想法上的共同意识**(sachgedankliches Mitbewußtsein)和时刻可以支配的**伴随明知**(Begleitwissen)的形态而具备。详见普拉茨古默(Platzgummer),《故意的意识形式》,1964;也见克拉默(Cramer),《申克/施罗德—刑法典注释集》, § 15 边码 51;鲁道菲(Rudolphi),《刑法典系统评论集》, § 16 边码 24;巴伐利亚州高等法院,《新法学周报》77,1974;批评的见席尔德(Schild),《施特雷/韦塞尔斯纪念文集》,241;同样的见弗里施(Frisch),《阿明·考夫曼纪念文集》,311;弗里施试图用*依规范的*故意说来取代共同意识说。

故意不需要必须是与可罚性的客观方面条件发生关系的（比较本著边码148）。对行为的违法性也相同，因为法律上对某个行为予以禁止的这个禁止本身，并不是一个《刑法典》第16条第1款第1项意义上的“行为情形”；“它不属于法定构成要件的内容，而是以它为内容”（《联邦最高法院刑事判决汇编》19，295、298）。依照被联邦最高法院采纳和通过《刑法典》第17条被认可的“责任说”，违法性意识（=不法意识）不构成故意的组成部分，而是**责任**（Schuld）的一个要素；缺乏违法性意识的，受置疑的只是故意的**受谴责性**（Vorwerfbarkeit）而不是它的组成（《联邦最高法院刑事判决汇编》19，295；2，194及之后；详见本著边码427及之后）。 241

二、**故意认识**（Vorsatzkenntnis），是指**认识行为的场合**和**认识行为的意义**（Tatumstands-und Bedeutungskenntnis）。对构成要件故意，不要求行为人对他所知道的事实情况能够从法学的角度精确地归纳为法律上的规定；否则就只能是只有学法律学的人才有故意的行为。在对**描述性的特征**（deskriptive Merkmale）（譬如《刑法典》第303条中的对“某物”的“损坏”或者“破坏”）的认识方面，行为人的认识必须是涵盖这些特征的自然意义上的含义。 242

某A将某B的货车车胎放气。如果他是错误认为他的这个行为因为不会造成实质性的侵害，因此不会构成《刑法典》第303条意义上的损坏行为，也不能否定他的行为是故意的问题。假如他有这样的一个**归入错误**（Subsumtionsirrtum），也不成立《刑法典》第16条第1款第1项意义上的构成要件错误，因为，某A正确地认识到他的行为是对**货车据其用途的使用性的妨碍**（die bestimmungsgemäße Brauchbarkeit des Kraftwagens beeinträchtigt）（比较《联邦最高法院刑事判决汇编》13，207）。

认为自己“不是犯法”的想法，对于《刑法典》第16条第1款第1项而言也不重要，因为，是否认识到了法律中有无这样的一条可罚性规定，并不关键。

位于故意范围外的一个**归入错误**(Subsumtionsirrtum),如果使得行为人并没有"认识到自己是在做不法之事"的(=《刑法典》第17条意义上的"禁止性认识错误"),可以获得法律上的意义〔比较联邦最高法院《经济、税收和刑法杂志》95,306;尼尔韦特贝格(Nierwetberg),《法学培训》85,238〕。

243 在**规范性的特征**(normative Merkmale)(譬如《刑法典》第246条意义上的"他人的"、"占为己有")方面,仅仅是认识到了充填这个概念的事实并不足以,更多地是行为人必须对**构成要件的法律—社会影响性上的意义**(rechtlich-sozialer Bedeutungsgehalt des Tatbestandes)有一个按照外行方式的正确的理解(=*外行的平行评判*:《联邦最高法院刑事判决汇编》3,248;4,347;8,321;巴伐利亚州高等法院《新法学周报》65,1492;《经济、税收和刑法杂志》92,273)。

对此详见阿图尔·考夫曼(Arthur Kaufmann),《外行范围的平行评判》,1982;有不同看法的见金德霍伊泽尔(Kindhäuser),《戈德达默刑法档案》1990,407、417;批评的也见普珀(Puppe),《刑法典图表式注释》,§ 16边码44及之后;依照普珀的观点,故意的内容应当是"构成要件性行为描绘的意义";此外见施吕席特(Schlüchter),《错误》,226;施吕席特主张要看行为人是否对有牵涉的构成要件特征与法益有关系的意义和对自己举止的侵害或者危险意义具有理解。

物"属于"他人的意识,足以构成物之"他人性"(《刑法典》第242、246条)认识;行为人不需要对他人所有权的细节事实有所认识。

出售人V如果拒绝履行本已说好的买卖合同,而购买人K却错误认为只要是缔结了必要的购买合同,就使得自己已经成为了所有权人,而将所要购买之物自行据为己有,不构成盗窃的故意(《刑法典》第242条)。K在这里虽然认识所有的从中可以得出

V 的所有权还在继续存在的事实(比较《民法典》第 433、929 条及之后),但他仍不构成必不可少的对行为情形的认识,因为他是“依照外行的方式”对事实情况有不正确的评判,将行为客体认为是“自己的”而不是“他人的”物。

对经济法和**补充刑法**(Nebenstrafrecht)上的故意明知,见蒂德曼(Tiedemann),《格尔德斯纪念文集》,第 95 页及注释。

第四节 构成要件认识错误及其限制

实施行为时,行为人对某个情形如果没有认识到属于法定构成要件上的情形的,其行为在构成要件层面上不是故意(《刑法典》第 16 条第 1 款第 1 项)。**构成要件认识错误**(Tatbestandirrtum),排除将客观上形成的行为情形归咎故意,且不考虑该认识错误是否可以避免还是不可避免,也不考虑该认识错误是由单纯的“无知”,还是由对事实的或者对法律规定上的具体的错误想法所导致〔对此很有教益的见联邦最高法院《法学者报》85,549;黑挺格(Hettinger),《法学教育》,学习手册 1988,L 71;1989,L 17,41;施吕席特(Schlüchter),《法学教育》,学习手册 85,373、527、617 及进一步的证明〕。 244

决定性的唯一是,处于构成要件认识错误之中的行为人,没有感觉到构成要件的**“呼吁和警告功能”**(Apell- und Warnungsfunktion)。由于他对构成要件认识错误,对发生未理解其在法律—社会影响性上的真实意义,所以他是*不知道自己在干什么*。这样,依据《刑法典》第 16 条第 1 款第 1 项,如果某人将一颗致命的子弹射向一个认为是空置的雨水桶,可实际上就在此前刚好有一小孩藏身进桶里玩要,并不构成《刑法典》第 212 条意义上的故意杀害。

依照《刑法典》第 16 条第 1 款第 2 项,对认识错误的人因**过**

失实施(fahrlässiger Begehung)的可罚性不受影响;也只有在这个层面上,认识错误的可以避免性和应受指责性才具有重要性。但这里也有它的前提条件,即过失实现的相关犯罪也是*受到刑罚威吓的*犯罪。

245 《刑法典》第16条第1款第1项上的*减轻责任*规定,在这里**对认识错误的人有利**(zugunsten des Irrenden)。不过,在《刑法典》第22~23条范围内,行为人如果是**对自己不利**地产生了认识错误的,把一个实际上并不成立的构成要件特征当做是已经存在(例如,某A带着杀人的故意向躺在床上的某B开枪,却不知道某B已在此前死于心肌梗塞),则《刑法典》第16条第1款第1项上的*减轻责任*规定就将改变成*加重责任*规定。在相关的犯罪力图受到刑罚威吓的范围内,这样的一个**反方向上的构成要件认识错误**(umgekehrter Tatbestandsirrtum)将导致成立可罚的**力图不能**①(untauglichen Versuch)(联邦最高法院《新法学周报》97,750;详见本著边码619)。

246 认识错误如果是建立在犯罪构成要件的**可以比较的选择性**(vergleichbare Alternativen)上(譬如是建立在《刑法典》第123条、第274条第1款第1项上或者是在第304条之内),行为人的行为想法与实际情况偏离的是否对客观上的发生排除归咎故意,还是对归咎故意不产生影响,在很大程度上取决于立法者对相关构成要件的规定(比如取决于等值的不法性上的选择,或者取决于一般性单独规定上的选择,或者取决于对一定的侵犯形态的整体描述上的选择)。对这个问题做一个普遍适用的回答,因此是不可能的〔详见《帝国法院刑事判决汇编》35,285;鲁道菲(Rudolphi),《刑法典系统评论集》,§ 16 边码 28 d;瓦尔达(Warda),《施特雷/韦塞尔斯纪念文集》,267〕。

247 一、对行为客体或者所涉及人员的身份或者特征设想错误,是

① 这里的"力图不能",即"不能犯未遂",以下同。——译者注

行为客体认识错误(Irrtum über das Handlungsobjekt, = *error in objecto vel persona*)。这里关键的问题是,如果行为人设想正确,那么对他行为在刑法上的评价是否也会发生变化〔瓦尔达(Warda),《布劳纪念文集》,159、162〕。根据《刑法典》第16条第1款第1项,只有在从行为者的视角看所设想的和所实际侵犯的客体之间**缺乏**(fehlt)**构成要件上的等值性**(tatbestandliche Gleichwertigkeit)情况中,一个这样的认识错误才对故意产生作用。

例如,某A想打死邻居某N的狗,却打死了爬进狗舍里玩耍的某N的孩子,因为在朦胧光线中他把孩子当成了狗。根据这个事实情况,依照《刑法典》第16条第1款第1项排除因故意杀害的处罚,因为客体"物"(《刑法典》第303条)和"人"(《刑法典》第212条)**在构成要件上并不等值**(tatbestandlich nicht gleichwertig),某A也不知道实际上是在向人开枪。就此,可以考虑的只能是把过失杀害(《刑法典》第222条)与财物损坏力图(《刑法典》第303、22条)组成一罪行为来惩罚。作为提起过失谴责的联结点,可以考虑光线不好不能正确分辨对象,也不允许向客体开枪(无意识的过失案,详见本著边码660)。对财物损坏力图,在这里是力图不能,因为一个人不是《刑法典》第303条意义上的合适的行为客体(对此见本著边码619)。 248

相反地,行为者事实上所设想的客体,如果**在犯罪构成要件上相互等值**(tatbestandlich gleichwertig),则发生的客体混淆对于认识错误者的可罚性不产生意义,因为这个混淆(比如是动机上的一个错误)不置疑构成要件故意的存在。这是因为,故意的关系点只是《刑法典》第16条第1款第1项中提到的外部的行为情形,而不是与行为连接的动机或者远期目标〔比较《联邦最高法院刑事判决汇编》11,286;37,214;黑挺格(Hettinger),《法学教育》,学习手册,1992,L 65〕。这样,如果**客观上发生的**(was objektiv ge- 249 schehen ist)在本质上与行为人在实行行为时所设想的在构成要件上**应当发生**的(geschehen sollte)或者是由他所放任的**相一致**(übereinstimmt),许可(也只有在这种情况下才许可)认定是**故意的行为**(vorsätzliches Handeln)。

在**案例 7 第二种情况**中,W 是故意打死了有约者 J,因为行为时刻的外部情况完全与 W 的设想吻合:所想要的死亡结果是在 W 以其为目标的“那个”人那里出现。W 是将**“那个”**(den)人打死,对这个人(= J)他**启动了杀害意识和射击开了枪**(auf den er mit Tötungswillen angelegt und geschossen hat);侵犯和伤害客体在这里都一致。W 把 J 与某 F 混淆的这个情况,只是故意的杀害行为在“错误的”客体那里实行的*理由*。在这些实际情况中,对 J 的射击也不附含对 F 的杀害力图,因为,当 W 的行为达到了力图阶段时,他的故意、侵犯和行为实行**皆只是针对 J**(allein gegen J),因为他把后者当成了 F。

客体混淆对于间接行为人和唆使的法律后果,比较本著边码 550 和 575 及之后。

250 二、不得与客体混淆混同的是**行为偏差**(Fehlgehen der Tat, = *aberratio ictus*)。行为偏差,指行为人将他的侵犯针对某个由他个人设定的行为客体,侵犯行为却发生了偏差,击中另外一他并未以其为目标,也根本不想对之有所伤害的客体。侵犯客体和伤害客体在这里不为一致而是不同:在**行为偏差**(aberratio ictus)中,伤害结果是在**另一客体**(anderes Objekt)处出现,而不是在关键的故意时刻实行行为的目标所对准的那个客体那里。所想要的伤害(= 对目标客体的伤害)在这里没有发生,所发生的伤害结果(= 错误击中的第二客体伤害)是并不想要的。根据主流的观点,在这样案件中相关的两个客体不论是等值也好,不等值也罢,在有意图的对目标客体的行为问题上只能是认定**力图**

(Versuch),在不想要的、错误的第二客体伤害的问题上只能是认定**过失行为**(Fahrlässigkeitstat),其可罚性当然取决于相应的过失构成要件是否具备。

251 但是,如果行为人认为他的侵犯是有可能发生错误的,并且也放任了有这个可能的对第二客体的伤害,即成立他是以*间接故意*(dolus eventualis)实施了行为的(= 对目标客体的力图和对第二客体完成了故意行为,比较《联邦最高法院刑事判决汇编》34,53,55),情况就完全不同。**例如:**恐怖主义分子 T 想打死政治家 P,击中的却只是站在旁边的贴身警卫 S。T 在开枪的时候是放任了这一结果。

252 在**案例 7 第三种情况**中,没有情况可以表明 W 对 J 有*间接故意*(dolus eventualis)。对 W 因此是因对 F 的杀害力图(《刑法典》第 212、211、22 条)与对 J 的过失杀害(《刑法典》第 222 条)组成一罪行为处罚,条件是该伤害是可以预见和可以对 W 提起过失谴责(这在个案中要仔细审查)。

253 不同的看法,依据两个客体在构成要件层面上的等值性,提出认为说 W 在这里所构成的是**对 J 的故意杀害既遂**(vollendete vorsätzliche Tötung des J),因为 W 想的是杀害“他人”(= F),并且也导致了“他人”(= J)死亡〔库伦(Kuhlen),《认识错误》,第 480 页及之后;吕温海姆(Loewenheim),《法学教育》,学习手册,66,310;普佩(Puppe),《戈德达默刑法档案》1981,1;《法学者报》,89,728〕。这种意见不令人信服。它把与具体的客体设想相必然连接的种属设想,当成了决定性的关键基础,由此是忽略了行为人的个体化的杀害故意。①如是地变更评判因素,不仅违背了所要判决

① 这里的“个体化”,原文为“individualisiert”,指的是对杀害对象是某个具体的人的特定化,以下同。——译者注

事实的实际情况，而且首先还忽略了行为人对错误击中的第二客体（＝在**案例7第三种情况中的J**）没有想过要伤害他，因为他选定的是另外的一个一定的客体（＝F）作为唯一的侵犯目标。

254 这些规则，即故意不需要是个体化了的和在《刑法典》第212、211条情况中具有一般意思上的杀害故意即足以（比较本著边码238），都不重要，如果行为人——如同在这里——已对客体作了个体化上的设想。详见本曼（Bemmann），《德国法律月刊》58，817；盖佩特（Geppert），《法学培训》92，163；黑挺格（Hettinger），《戈德达默刑法档案》1990，513和《法学教育》，学习手册，1992，L 73；库卢施卡（Kruschka），《法学者报》91，488；耶赛克/魏根德（Jescheck）/（Weigend），《总则》，§ 29 V 6c；米迟（Mitsch），《法学培训》91，373；特佩尔（Toepel），《法学工作报》96，886；综述的见普里特维茨（Prittwitz），《戈德达默刑法档案》，1983，110；普里特维茨在其中建议，对行为发生和行为人设想之间的不一致，如果产生的法益伤害不是在由行为人可以感官上知觉的侵犯客体那里出现，则在所有的同类情况中都对这个不一致视为系重大；不同意这个建议的又有雅里斯泽夫斯基（Janiszewski），《德国法律月刊》85，533。深入的见施特拉滕韦特（Stratenwerth），《鲍曼纪念文集》，57；根据施特拉滕韦特的观点，这里关键的在于侵犯是如何在“程序上设定”的，实际受到了伤害的客体是否与行为人程序上所设定的“目标”相符合（这样来处理，也将使得在感官上未能知觉的侵犯客体案中做符合事实要求的限制成为可能）。

255 对于仅仅是或者首要是**财产权上的法益**（vermogensrechtliche Rechtsgüter）的犯罪构成要件，希伦坎普（Hillenkamp）（《故意具体化在结果错误案中的意义》，1971年，第108、116页及之后）就行为人的“客体个体化”设想提出的观点，认为它**只有动机上的意义**（nur Motivbedeutung），而由此提出（值得疑问的）见解，说预想结果错误（*aberratio ictus*）在财产权范围内没有意义〔术语上所说的实体等值理论；对此批评的见黑挺格（Hettinger），《法学教育》,学习手册,1992,L73;拉特(Rath),《论对行为人预想结果错误和客体错误的刑罚处理》,1993 年,第 166 页及之后;施赖伯(Schreiber),《法学教育》85,873、875 〕。

在主流意见中也有个别的考虑,提出在特别的例外情况中对行为预想结果错误要因**故意犯罪既遂**(vollendeten Vorsatzdelikts)论处,以行为人并不在意具体的客体个体化,所选择的侵犯客体只是出于碰巧即*无动机性*为限〔赫茨贝格(Herzberg),《法学工作报》81,470、473;罗克辛(Roxin),《总则》,§ 12 边码 150;鲁道非(Rudolphi),《整体刑法学杂志》86,89,96〕。 256

对是故意还是过失实施的问题,决定性的标准却不能是依照选择性动机的存在还是不存在。关键性的更应该是,是否的确有过客体个体化意义上的选择,已在客观上所实现了的是否至少在本质性上与行为人着手行为时所设想的应当发生或者由他所放任的相一致。**例如:**夜色降临,重罪犯 S 被警察紧追不舍,认识到已无路可逃,于是停下来掏出手枪,想把追赶在最前面的警察打死后投降。子弹击中的不是追赶在最前面的 B,而是他身后的 C。受理此案的法官,首先要审查的是 S 是否向 B 瞄准,他的行为设想细节如何。如果,S 是对准警察作为追赶者群体或者是对准他们的方向开枪,想打死的是他们中的*任何*一人,他的行为设想就与在 C 身上的实现结果吻合(= 对 C 的故意杀害)。如果,S 是想打死 B,是*瞄准 B* 开的枪,他的行为就构成对 B 的杀害力图和对 C 的杀害既遂,条件是 S 对 C 或者其他警察的被伤害想到过是有这个可能和予以了放任的。后者如果不能查清,*有疑问的有利于被告*(*in dubio pro reo*)原则就要生效;据此原则必须是对 S 有利地认为他对 C 的行为只是一个过失杀害。因对 B 实施的杀害力图提起刑罚时,在这里具有的情况下应当注意依照《刑法典》第 23 条第 2 款对力图虽然可以,但并非必须要比该罪的既遂处罚要轻。

257 用主流观点主张的标准,也可以处理在行为客体上发生的**人员混淆**(Personenverwechselung)与**行为偏差**(Fehlgehen der Tat)相汇合的案件。

> **例如**,A 躲在路旁准备打死 C。B 接近了 A 的躲藏处,由于天色昏暗,A 将 B 认为是 C 开了枪。子弹偏离了 B,撞在墙上弹回来,打死了正好走到转弯处的 C。事情的这样发生是 A 没有想到的;他实际上根本就没有感官知觉到 C。对这个案件的处理(= 对 B 的谋杀力图与对 C 的过失杀害组成一罪行为),可能在第一眼上看让人觉得有些不妥当,但却确实是符合事实情况的;开枪时,A 的杀害故意完全是对准了 B,也就是说对准的是*那个*接近他躲藏处的人,对于这个人 A 错误认为是 C,而予以了侵犯(比较本著边码 249)。子弹将会偏离 B 和击中转弯处的另外一人,这是为 A 既没有设想过也没有决定过要对此放任的;毫无疑问他没有这方面的故意。被打死者(= C)碰巧是*按照 A 的谋杀计划*应当被打死的那个人的这个事实,也不能改变这个情况。因为,如同《刑法典》第 16 条第 1 款第 1 项所示,对行为故意不取决于行为人在计划阶段的设想,而是唯一取决于行为人在"实施行为时"的设想。由此,**关键性的故意时刻**(maßgebender Vorsatzzeitpunkt)是**对构成要件层面上的实行行为的着手**(Vornahme der tatbestandlichen Ausführungshandlung)时刻。在这个时刻,在本案中即开枪的那一时刻,A 的由杀害意志控制的客体设想完全和唯一是对准了 B,他把 B 当做了 C,由此把他作为了自己的侵犯目标。这样,恰恰是 C 而不是一个其他别人(X 或者 Y)成了射偏的子弹的牺牲品,对依法判决来讲不具有意义。

258 三、行为与结果之间的原因上关联,也属于作为认定故意之连接点的客观方面不法构成要件。相应于此,构成要件故意也必须包含**因果经过的基本轮廓**(Kausalverlauf in seinen wesentlichen Umrissen)〔不同的见施罗德(Schroeder),《刑法典莱比锡评论集》，§ 16 边码 29；沃尔特(Wolter)，《整体刑法学杂志》89，649〕。不过，由于对发生过程的所有细节不可能都是可以准确预见的，因此，与所设想的过程相比较而言的不一致，并不必然就排除故意。在这里更应当提出的问题是，**错误认识因果经过**(Irrtum über den Kausalverlauf)，在什么时候可以说是属于如此本质性的，以至于要对行为排除故意(《刑法典》第 16 条第 1 款第 1 项)。主流的观点认为，如果是**保持在根据普遍的生活经验可以预见的范围之内，也不构成对行为进行另外的价值评判提供理由的**(sich in den Grenzen des nach allgemeiner Lebenserfahrung Voraussehbaren halten und keine andere Bewertung der Tat rechtfertigen)，所设想的和所实际上发生的因果经过之间的不一致便属于"**非本质性**"(unwesentlich)，对构成要件故意不为重要〔《联邦最高法院刑事判决汇编》7，325；14，193；23，133；联邦最高法院，《戈德达默刑法档案》1955，123；鲍曼/韦伯(Baumann)/(Weber)，《总则》§20 边码 24；克拉默(Cramer)，《申克/施罗德—刑法典注释集》，§ 15 边码 55〕。

在这个**错误问题**(Irrtumsproblem)出现之前，应当在客观方面的不法构成要件框架内审查确认是否在这里就应当对结果的**客观归责**(objektive Zurechnung)予以否定，因为该结果的出现是建立在一个**完全非通常的、非典型的因果经过**(ganz ungewohnlichen, atypischen Kausalverlauf)之上(比较本著边码 180 及之后)。结果不构成客观上的归责性的，也排除犯罪的客观方面构成要件，这样也就不必适用《刑法典》第 16 条第 1 款第 1 项规定。只有在确认了结果的客观上归责性后，比如是因为行为人对于客观可以预见的经过偏差没有有效地考虑到，对故意的问题才有空间〔比较耶赛克/魏根德(Jescheck)/(Weigend)，《总则》，§ 29 V 6 b；毛拉赫/齐普夫(Maurach)/(Zipf)，《总则》，§ 23 边码 28、29〕；也见联邦最高法院《刑法判决新汇编》91，537；捷林斯基(Zielinski)，《选 259

择性注释系列刑法典注释》,边码 58 及之后;此外,还见罗克辛(Roxin),《总则》§ 12 边码 135 及之后,罗克辛把客观归责与危险实现的标准和把主观归责与计划实现的标准联结〕。

260 **司法判决**(Rechtsprechung)大都是在故意的范围内审查反常规的因果经过,在这里在**主观归责**(subjektive Zurechnung)问题上采用**相当性判决标准**(Maßstäbe der Adäquanzbeurteilung),由此是在采用客观归责标准(=普遍的生活经验,普遍的可预见性,发生流程非典型时不构成风险实现,比较《联邦最高法院刑事判决汇编》23,133、135)。坚决反对把这个问题转移的见沃尔特(Wolter),《整体刑法学杂志》89,649,“刑法系统”,15。对整个问题持批评的也见黑挺格(Hettinger),《法学教育》,学习手册,1990,L 73 以及 1991,L 9、25、33、49 及之后。

261 因果经过上的不一致也属于“**非本质性**”(Unwesentlich)的情况,比如还有计划用斧头杀害,所意图的打碎对方天灵盖的意图没有实现,受害人后来却因为发生伤口感染死亡(《帝国法院刑事判决汇编》75,257)。此外,一个被行为人从桥上扔下河里的小孩,不是依照行为人的设想落入水中淹死,而是在坠河途中撞在了桥墩上或者撞在了正在桥下行驶的帆船的桅杆上身体撕裂死亡,也属此列。

与主流的观点不同,赫茨贝格(Herzberg)(《整体刑法学杂志》85,867)在这里提出,对行为故意要用一个更严格的“**共同意识**”(Mitbewußtsein)框架来限制,这样,在“桥梁案”中,所发生结果的实际形态是无预见的,因此要否定主观归责,对行为人只是因**杀害力图**(Tötungsversuchs),而不是因故意杀害既遂处罚:“因为,行为人当时确信的是在他和孩子的下面只有河水,没有其他”(见其上述著作第 888 页,其间有一定调整的观点发表在《法学工作报》81,374,注释 31)。对赫茨贝格的这个观点不能够同意:此案中的客观上归责性是不必怀疑的,因为具体的结果恰恰实现了从构成要件行为中生长出来的危险。在有桥墩存在和在有帆船驶过的地方，谁出于杀害的目的把孩子扔下桥去，不仅造就了孩子被淹死，而且还造就了孩子被“撕裂”的危险。死亡结果的主观归责性也可以成立。对此的关键依据是，行为人杀害孩子的故意，是以“**从河流上方的桥上往下扔**”（Hinabwerfen von der Flußbrücke）为其实施方式（也就是说比如不像“在水中往下拽”那样唯一是以“溺死”为方式），这个目标，由**犯行行为的实行自身**（Ausführung der Tathandlung selbst）就已**直接**（unmittelbar）达到。实行行为和寻求结果之间的联结，在这里是如此紧密，把行为设想与实际上的发生流程之间出现的不一致视为是“本质性”的而否定对死亡结果的主观上归责性，是不符合事实要求的〔比如见罗克辛（Roxin），《傅藤贝尔格纪念文集》，109、116〕。

因果经过错误的一种特别情况，是案情发生分两个部分完成，行为人在行为过程中判断错误，**认为在第一部分时行为就已经达到了所要的结果**（Erfolg durch den ersten Akt erreicht zu haben glaubt）（＝案例7第四种情况中的W对F的射击），而实际上结果是在为了掩藏犯罪行为的第二部分行为中才出现（＝W认为F已经死亡，将他扔进湖中）： 262

“**普遍故意**”（dolus generalis）说，在两个部分的行为中看到的是一个一体的案情发生，其中的第二个部分仍旧是由杀害的故意所承载〔比较韦尔策尔（Welzel）《教科书》，74〕。据此，这里构成的是一个既遂的故意行为。 263

不同的观点，在案情发生的两个部分中看到的是两个不同故意的独立行为，认为在对**第二行为**（Zweithanglung）着手时行为人的杀害故意业已消失，由此在案情中构成的是由杀害力图和过失杀害组成的一罪行为〔比较黑挺格（Hettinger），《施本德尔纪念文集》，273；《法学教育》，学习手册，1992，L 81；鲁施卡（Hruschka），《法学教育》82，317；屈尔（Kühl），《总则》§ 13 边码48；迈瓦尔德 264

(Maiwald),《整体刑法学杂志》78,33 及之后;施勒霍费尔(Schlehofer),《故意》,177〕。

265 由于既不能认定杀害的故意仍然还在“继续作用”,也不能孤立地连接“第二行为”,因此上述两种观点都难满足要求。构成这里的关键性的联结点的,是行为人带着杀害受害人的故意所实施的“**第一行为**”(Ersthandlung)。由第一行为引发的第二行为产生了进一步的结果,在整个一体事件中第二行为导致的因此只是实际上的发生与先前的设想过程之间的不一致,这个不一致属于非本质性质,许可对行为人因故意行为既遂处罚,因为最终结果的出现是在可以预见的范围之内,就从行为人的实现意志角度而言也非一个“*非相当性*”的结果〔详见耶赛克/魏根德(Jescheck)/(Weigend),《总则》, § 29 V 6 d;拉克纳(Lackner), § 15 边码 11;普珀(Puppe),《刑法典图表式注释》, § 16 边码 102 及之后;克拉默(Crammer),《申克/施罗德—刑法典注释集》, § 15 边码 58〕。

266 对这里的相互偏差问题也有其他的解决建议。譬如罗克辛(Roxin)(《总则》§ 12 边码 159 及之后)就从“计划实现”的角度,在意图行为案(在这些案件中行为人行为构成了故意行为既遂)和单纯的故意行为案(在这些案件中只有力图)之间进行区别。雅科布斯(Jakobs)(《总则》8/77—79)的意见认为,提问与行为人设想相符合的“风险”实现,是关键性的。塞勒尔(Seiler)(《奥地利法学者报》94,85)的观点,是坚持要看是否形成过或者是还未形成过一个“一体的行为发生”。沃尔特(Wolter)的看法(《整体刑法学杂志》89,649)则指出,有客观上归责性这个手段就已经足以〔同样的还有施默勒(Schmoller),《奥地利法学者报》82,449、487〕。

267 在**案例 7 第四种情况**中,对 W 来讲要的是杀害 F。即便是没有出于掩藏杀害行为目的的“第二行为”（＝将错误认为的尸体抛入湖中），F也有可能因流血过多和受伤很重死亡。W在行为过程的第二部分中无意识地使自己成为了自己的故意犯的完成工具，这个情况不阻碍对死亡结果的客观上和主观上归责，拒绝对行为人有利的“其他的法律上评判”（比较《联邦最高法院刑事判决汇编》14，193；23，133）。无论如何，不管是一个第三者还是行为人本人将错误认为的尸体抛入水中，在这一点上都无区别。由于在结果出现的时刻构成要件故意也无继续存在的必要，W在**案例7第四种情况**中构成了对F故意杀害**既遂**（vollendet）。

第八章　违法性，不法构成要件和许可构成要件，正当化的紧急状态、紧急防卫和拘捕权

268　**案例8：**K在女兽医T家当厨娘，今天与医院病人P有约会。T这几天正好人在外地，K便把她的手包和雨伞拿在手上，想更引人注目。去约会的路上要经过一片树林。一只怀疑带有狂犬病的狐狸冲了过来，K急忙用雨伞对付。狐狸被打死，雨伞也被折成两段。

此时，在P那里也有事情发生。医院里送来一位危重病人，急需输血，库房里的血浆却不巧告罄。为了急救，助理医生A和助理药剂师M不顾P的强烈反对，强行从他身上抽取了抢救需要数量的血液。尽管被告这样做是不得已，是因为一时找不到这样稀少血型的献血者，否则病人就会失去生命，身体健壮的P仍在反对中在M脸上打了一拳，打得他嘴唇红肿。

对这些参与人的举止，应当如何判决其合法性或者违法性？

第一节　构成要件与违法性的关系

K 无权把 T 的手包和雨伞带在身上,所构成的拿用不具备构成要件性质(由此是不受处罚),因为她只是想暂时用一用这两个物件,在拿取的时刻想的是要将它们立即归还原位。 269

把雨伞作为防卫武器使用使之受损,在客观和主观上构成了《刑法典》第 303 条的要件;最少有一个*间接故意*(*dolus eventualis*)作为故意形式。

打死狐狸不在《刑法典》第 303 条的适用范围,因为狐狸不是"他人"而是"无主"之物。在野外(在动物园里的除外)生活的动物是无主的,不属于任何人所有(《民法典》第 960 条第 1 款)。但是,依照《联邦狩猎法》第 2 条第 1 款第 1 项,狐狸又是处在当地有权狩猎者所唯一拥有的"结果权"和捕获权之下(《联邦狩猎法》第 1 条及之后)。K 故意地"结果"了狐狸,由此是实施了《联邦狩猎法》第 292 条第 1 款第 1 项意义上的偷猎行为;"结果"的概念,在这里也包含并无占有意图地发生的对可狩猎动物的非牧放人的打死。

要问的是,在当时的情形中 K 是否*违法地*实施了行为。

一、一个行为是**违法**(rechtswidrig)的行为,如果它**实现了不法构成要件,却无正当化事由为之庇护**(Unrechtstatbestand verwirklicht und nicht durch einen Rechtfertigungsgrund gedeckt)的。 270

唯一以其自身而言,狭义上的构成要件是没有能力完整地确定实体上的"不法"之特征的。因此,对于构成要件符合性的举止必须要在一个特别的评判层面上**以整个法制秩序作为标准**(an der Gesamtrechtsordnung gemessen)来进行评判,以这个方式对它做附加的审查。只有到了"违法性"的评判层面上,才能对行为是合法还是违法做最终的决定。

271 一构成要件性的行为之正当化,产生于不法构成要件正是建立其上的规范或者禁止与许可条款之间的在单独情况中的冲撞。对立于**不法构成要件**(Unrechtstatbestände)的,是法律例外地准许侵害法益之举止的规定,即术语上所说的**许可要件**(Erlaubnistatbestände)。装扮成正当化事由的许可要件,在有它们的介入情况中阻止一般的禁止(不得杀害他人、不得伤害他人身体等)具体化为**法律义务**(Rechtspflicht)。被正当化的举止虽然依然还是"构成要件符合性"的,但是不包含对法律义务的侵害。

272 侵害法益的行为如果受到了许可条款庇护,所实现的不法构成要件就失去它对于规定情形所具有的话语价值。被正当化的举止之所以被法制秩序准许,是因为为了达到另外的完全价值的目的的缘故(这之中并不一定有道德意义上的"同意")。

273 在制定**犯罪行为构成要件**(Straftatbeständen)时,立法者首要考虑的是对一法益应当保护它不受什么样的侵犯,一刑罚威吓是否是为保护法益的目的所要求、适合和适当的手段。反之,在确立**正当化事由**(Rechtfertigungsgründe)的时候,立法者思考的问题是是否对某个一般性的禁止应当准许单独情况的例外,一本来为禁止的举止在一定的前提条件下是否可以被许可。

274 **正当化事由**(Rechtfertigungsgründe)的产生,可以是出自**法律法**(Gesetzesrecht)或者是出自于**习惯法**(Gewohnheitsrecht);也就是说它们不必须一定要有法律上的一条明确规则。

按照民法或者公法的规则被例外地许可而由此是合法的侵犯(比较《民法典》第228、904条;《刑事诉讼法典》第81条及之后和第127条),在同样的视角下在刑法的范围内也不允许被评价为违法和不法。这是这里要适用的**法制秩序统一和无矛盾**（Einheit und Widerspruchsfreiheit der Rechtsordnung）原则〔比较《帝国法院刑事判决汇编》61，242、247；《联邦最高法院刑事判决汇编》11，241；希尔斯（Hirsch），《刑法典莱比锡评论集》，§32 前边码10；君特（Günther），《施本德尔纪念文集》，189；罗克辛（Roxin），《总则》，§14 边码 30 及之后〕。

二、禁止条款和许可条款，在它们的结构上呈现出某些一致性。如同狭义上的犯罪构成要件是由客观方面的和主观方面的**不法元素**（Unrechtselementen）所组成的那样，许可要件也是由客观方面和主观方面的**正当化元素**（Rechtfertigungselementen）组成。按照主流的观点，一构成要件性的行为并不能因为具备正当化事由的客观方面前提条件，就已经被正当化。更多地是行为人应当是**认识到了构成正当化的情况**（in Kenntnis der rechtfertigenden Sachlage），基于由此赋予他的权利基础上实施了行为。依照**主观正当化元素说**（Lehre von den subjektiven Rechtfertigungselementen）的观点，谁是基于一个许可条款*想的是依法行为的*，谁才是合法地行为。“*保卫意志*”在主观方面属于紧急防卫（《联邦最高法院刑事判决汇编》5，245；联邦最高法院，《新刑法杂志》96，26），“救援意志”*在主观方面*属于正当化的紧急状态（《联邦最高法院刑事判决汇编》2，111、114；卡尔斯鲁厄州高等法院，《法学者报》84，240），“认识到是在放弃法益”的行为*在主观方面*属于正当化的同意〔耶赛克/魏根德（Jescheck）/（Weigend），《总则》，§34V〕，“教育意志”*在主观方面*属于责打权（《帝国法院刑事判决汇编》67，324），等等。 275

对主观方面正当化元素的理由、内容和边界问题，在主流的观点内也有一系列的争论〔对此见格佩特（Geppert），《法学培训》95，103；希尔斯（Hirsch），《刑法典莱比锡评论集》，§32 前边码 50 276

及之后；屈尔（Kühl），《法学培训》93，233 及进一步的证明〕。一些观点认为，行为者只要认识到正当化的情况就已经足以〔比如弗里施（Frisch），《拉克纳纪念文集》113、135；伦克纳（Lenckner），《申克/施罗德—刑法典注释集》，§32 前边码 14、16；有所不同的见洛颚斯（Loos），《厄勒纪念文集》，277；普里特维茨（Prittwitz），《戈德达默刑法档案》，1980，381〕。

277 个别的也有普遍否定主观上正当化元素的存在〔施本德尔（Spendel），《博柯尔曼纪念文集》155、174〕；其他论者对它们的合理性也并非是在所有的情况中都表示认可〔特别是在**同意**（Einwilligung）的情况中；如比较加拉斯（Gallas），《博柯尔曼纪念文集》155、174〕。不过，如果从这个角度出发，即并不存在纯粹客观上的不法构成，一个行为的不法性更多地是由它的结果无价值和它的行为无价值所决定（见本著边码 15），那么在排除不法根据那里也不可能存在着纯粹客观上成立的正当化。产生法益侵害的行为发生，其**结果无价值和行为无价值**（Erfolgs - und Handlungsunwert）是在这样的关系中才得到了对此抵消和平衡，即有相关的许可条款的**客观方面和主观方面元素**（objektiven und subjektiven Elemente）在与它们对应。如同正当化根据的介入不能消除法益侵害是这样的侵害那样（比较本著边码 126），客观方面和主观方面的正当化元素在结果无价值和行为无价值的问题上同样也不产生消灭作用，而只是产生抵消的作用〔进一步深入的见格佩特（Geppert），《施特雷/韦塞尔斯纪念文集》183〕。

278 实现法定构成要件时，行为人未认识到客观上存在着正当化的情况的，他的举止是**"违法"**（rechtwidrig），因为只有客观方面和主观方面正当化前提条件的完全一致，才能产生排除不法的作用。主流观点在这里看到的是一个违法行为**既遂**（vollendete），不同的观点在这里则认为只是构成了**力图**（Versuch）。

对主流的观点详见《帝国法院刑事汇编》62，138；《联邦最高法院刑事判决汇编》2,111;3,194;希尔斯(Hirsch),《刑法典莱比锡评论集》,§32 前边码 59～61。对不同的观点见弗里施(Frisch),《拉克纳纪念文集》113、138;格劳尔(Graul),《法学教育》,学习手册,1994,L73;赫茨贝格(Herzberg),《法学工作报》86,190;罗克辛(Roxin),《总则》,§14 边码 94、102。

对此情况**相应地**(entprechend)适用**力图规则**(Versuchsregeln),应该是可能更为符合实际情况:客观上具备的正当化情况,抵消与结果的无价值相联结的构成要件的实现;行为的无价值性如同在力图不能的情况中那样是限制在主观方面的行为无价值上,这个无价值是在侵害法律的意志中得到了表达。这就使得这样来处理显得是可以接受,即在这里对行为人有利地依意义适用力图规则,对他不因行为既遂予以处罚〔详见雅科布斯(Jakobs),《总则》11/23;耶赛克/魏根德(Jescheck)/(Weigend),《总则》,§31 Ⅳ 2;毛拉赫/齐普夫(Maurach)/(Zipf),《总则》,§25 边码 34 及进一步的证明;对《刑法典》第 218a 第 2 款的范围也见《联邦最高法院刑事判决汇编》38,144、155〕。凡力图未受到刑罚威吓的地方,也导致无可罚性(柏林最高法院,《戈德达默刑法档案》1975,213、215)。 279

相反的情况,即具备相关的主观方面正当化元素(譬如是《刑法典》第 32 条意义上的"保卫意志"),但正当化的前提条件却在客观方面为否定,导致产生了**许可要件认识错误**(Erlaubnistatbestandirrtum)(=错误认为存在正当化事由),或者产生了**许可性认识错误**(Erlaubnisirrtum)(=比如是错误设想了紧急防卫法定界限,行为人未遵照这个界限)。对这样的认识错误法律后果见本著边码 469 及之后。 280

三、一构成要件符合性行为如果表明是违法的,就可以确定行 281

为者**实施了不法**(Unrecht begangen)。**违法性**(Rechtswidrigkeit)和**不法**(Unrecht)的概念于是在书上常常被作为同义词使用,尽管它们并非总是意义相同,而且还有可能是用来表达不同:确定一行为是违法,指涉的只是相关举止方式的一定性质,即它与法定的应当规范不相吻合。这个无价值判决不具有加重能力,因为一个行为不可能比"违法的"还更违法。与之相反,不法则有不同的等级和程度;杀害的不法譬如就比身体伤害或者财物损坏的不法要严重得多。在"不法"的概念中也就是说蕴涵着一定的质的东西,一定的与违法行为连接的社会伦理上的无价值作为这样的无价值。在就事实的方面看,这两个概念之间却有构成上的共同性:各自都在表明具体行为的**价值违反性**(Wertwidrigkeit),尽管它们的视角各自不同。

第二节　正当化事由的体系性

282 一、有多少禁止规范,相应就有多少许可条款。许可条款未被集中完整地规定,而是零散在所有的法律领域里,其中主要的有:

(一)**紧急防卫**(Notwehr)(《刑法典》第 32 条、《民法典》第 227 条);

(二)依法许可的**自我救助**(Selbsthilfe)(《民法典》第 229 条、第 561 条、第 859 条、第 1029 条);

(三)**民法上的紧急状态**(zivilrechtlicher Notstand)(《民法典》第 228 条、第 904 条);

(四)**一般正当化紧急状态**(allgemeiner rechtfetigender Notstand)(《刑法典》第 34 条、《违反秩序法》第 16 条);

(五)**正当化的义务冲突**(rechtfertigende Pflichtenkollision);

(六)正当化的**承诺**(Einwilligung)和**推定的承诺**(mutmaßliche Einwilligung);

(七)**荣誉受损**(Ehrverletzung)时**维护正当利益**(Wahrnehmung berechtigter Interesse)(《刑法典》第 193 条);

(八)父母和教育者的**责打权**(Züchtigungsrecht);

(九)根据《刑事诉讼法典》第 127 条和《刑罚执行法》第 87 条的**拘捕权**(Festnahmerecht);

(十)公务人员的其他**依职务权力**(Amtsbufugnisse)、公务权力和特别的法律义务(比如是依照《刑事诉讼法典》第 81 条及之后,《民事诉讼法典》第 758 条、第 808 条、第 909 条);

(十一)依《基本法》第 20 条第 4 款的**政治抵抗权**(politisches Widerstandrecht)。

有争议的是,是否可以把**许可的风险**(erlaubtes Risiko)视为是正当化事由(至少是在个别情况中)。 283

对*许可的风险*,不能认可它是一个自立的法律手段,它更多地是对于那些结构上有着不同情况的一个汇总性质的概念,在这些情况中(比如是在过失范围内对社会生活中的交往所要求的谨慎义务的忽视),常常是并不具备对于刑法而言重要的举止无价值〔正确的见赫茨贝格(Herzberg),《法学环视》86,6;耶赛克/魏根德(Jescheck)/(Weigend),《总则》,§36 I 1;金德霍伊塞尔(Kindhäuser),《耶赛克纪念文集》,第 405 页及进一步的证明〕。

二、许可条款的本质上特点,是它对行为人所产生的减责作用表现为对行为当事人生发的相应要*负担责任*。凡相关的正当化事由(如同在属于规定情形的情况中)连同**行为许可性**(Handlungserlaubnis)一起同时准予一个**侵犯权**(Eingriffsbefugnis)(=侵犯他人法益之权利)的,从中就要产生出他人的**容忍义务**(Duldungspflicht),即他人必须要接受正当化行为及其侵犯后果。 284

这样,比如是在紧急防卫或者紧急救助的情况中,发起侵犯者必须容忍依照《刑法典》第 32 条的防卫行为和与此连接的对他权利范围的侵犯;他不得针对于此从他的角度进行他的"紧急防卫"。对无参与行为的第三者法益的侵害,当然不会根据《刑法典》第 32 条得到正当化(《帝国法院刑事汇编》58,27;《联邦最高法院刑事判决汇编》5,245、248),却有可能从其他规定(比如是《民法典》第 904 条、第 228 条)中产生侵犯举止的正当化而由此产生相应的发起侵犯者的容忍义务。在一定的情况下,承担容忍义务的一方具有这个可能性,即对他有可能进行了的防卫行为依据免除责任的紧急状态(《刑法典》第 35 条)(对此见联邦最高法院《刑法判决新汇编》89,431)。对整个持批评的见格劳尔(Graul),《法学教育》95,1049 及进一步的证明。

285 三、可罚的**参与**(Teinahme)(《刑法典》第 26 ~ 27 条),只能是对违法行为的参与。行为人举止在客观方面和主观方面系正当的,排除教唆和帮助。

在直接开始行为的人的行为合法的情况中,也有可能存在背后人之属于间接行为人的关系(比较《联邦最高法院刑事判决汇编》3,4;10,306);详见本著边码 535 及之后。

286 四、在相关书籍上,正当化事由也被有的论者称为**"排除不法事由"**(Unrechtsausschließungsgründe);依照绝大多数人的看法,这两个术语意思相同。

对后一种说法有不同的见君特(Günther),《刑罚违法性》,第 255 页,他提出有一般正当化事由(比如是《刑法典》第 32 条、第 34 条),与特别的"刑罚不法排除事由"(如《刑法典》第 193 条、第 218 条 a 第 2 款,紧急状态相似情况)之间的区别。按照君特提出的观点,这样的刑罚不法排除事由并不会导致行为的合法性,而只是成立对于不法排除其当罚性和对于构成要件符合性的举止成立放弃刑法上的谴责。对此批评的见罗克辛(Roxin)，《厄勒纪念文集》，181；《法学教育》88，425、430；鲁道菲(Rudolphi)，《阿明·考夫曼纪念文集》，371；伦克纳(Lenckner)，《申克/施罗德—刑法典注释集》，§ 32 前边码 8；韦伯(Weber)，《法学者报》84，276。

五、**多个正当化事由**(mehrere Rechtfertigungsgründe)适合同一个事实的，大都可以相互独立地和如果具备这样的条件时也可以相互并列地适用(比如是《民法典》第 859 条、第 229 条并列于《刑法典》第 32 条，比较施勒施威州高等法院《新刑法杂志》87，75)；只有在属于例外的情况中一个正当化事由才排斥另一个正当化事由。 287

这个规则首先是在正当化的紧急状态中具有其意义：与《民法典》第 228 条、第 904 条中的特别规定发生对立时，《刑法典》第 34 条作为对非常规种类冲突情况的最后手段通常是退撤于后〔比较伦克纳(Lenckner)，《申克/施罗德—刑法典注释集》，§ 34 边码 14；塞尔曼(Seelmann)，《"刑法典"第 34 条与其他正当化根据的关系》，1978，75；瓦尔达(Warda)，《毛拉赫纪念文集》，143；不同的见赫尔曼(Hellmann)，《民法的正当化根据在刑法中的运用性》，1987，第 106 页及之后〕。在具体问题上，这方面的见解却分歧很大〔详见罗克辛(Roxin)，《总则》，§ 14 边码 47 及进一步的证明〕。

六、在《刑法典》第 32 条、第 34 条中规定的正当化事由，不仅在作为**私人个人**(Privatpersonen)的相互间关系上适用，也在作为**国家行为**(hoheitliches Handeln)的范围内对**公务人员**(Amtsträger)适用，以在那里的更为专门的规定中没有制定有限制性的和完整性的特别规定为限(比较《联邦最高法院刑事判决汇编》27，260； 288

巴伐利亚州高等法院,《法学者报》91,936)。这样,譬如《刑法典》第193条就毫无疑问也对在国家行为的范围内涉及了名誉的语言表达适用,《刑事诉讼法典》第127条也毫无疑问既对私人个人也对公务人员适用。

289 对这整个复杂问题特别有争论的是在紧急救助(《刑法典》第32条)框架内的**警察使用枪械武器**(polizeilicher Schußwaffengebrauch)和针对恐怖主义暴力活动的防范措施。**例如**:窃听他人谈话而不侵犯电信通讯秘密,或者为了保护有悔过表现的恐怖主义分子不受原来同伙的报复而提供假身份证件〔对《刑法典》第32条在这类情况中的适用性阐述得很好的见伦克纳(Lenckner),《申克/施罗德—刑法典注释集》,§34边码7〕。值得认同的观点是,《刑法典》第32条也给当警察的公务官员提供了出于自我保护和紧急救助目的使用枪械武器的权利。很有教益的对此见巴伐利亚州高等法院,《德国法律月刊》91,367;屈尔(Kühl),《法学培训》93,233、236;R. 郎格(R. Lange),《法学者报》76,546;施瓦伯(Schwabe),《法学者报》74,634;《新法学周报》77,1902。对反对意见比如见阿梅隆(Amelung),《新法学周报》77,833和78,623;《法学教育》86,329;希尔斯(Hirsch),《刑法典莱比锡评论集》,§34边码6及之后;有一定不同的见基尔西霍夫(Kirchhof),《新法学周报》78,969;罗加尔(Rogall),《法学教育》92,551;泽博德(Seebode),《柯鲁格纪念文集》,359;瑟多夫(Sydow),《法学教育》78,222。

第三节　民法上的紧急状态

290 在**案例8**中,面对向自己进犯的狐狸,K不是处于"紧急防卫情况"之中,因为只能对由人发出的侵犯行为才能评价是"违法的";在受动物或者无生命物体的威胁情况中,适用《民法典》第228条替代对《刑法典》第32条的适用〔《帝国法院刑事判决汇编》34，295；不同的见施本德尔（Spendel），《刑法典莱比锡评论集》，§34 边码 44；但情况如果是有人唆使狗对人进犯的，则有适用《刑法典》第 32 条的空间：《联邦最高法院刑事判决汇编》14，152〕。据此可以在这里适用紧急状态规则。

紧急状态（Notstand），是指受到法律保护利益遭受的现时的危险状态，要阻止这个状态，只能是在牺牲他人利益的基础上才有可能。 291

当前有效的法律，依照**差异性理论**在这里划分“正当化”和“免责”的紧急状态之间的区别： 292

属于**正当化紧急状态**（rechtfertigender Notstand）的情况（《民法典》第 228 条、第 904 条，《刑法典》第 34 条，《违反秩序法》第 16 条），建立在**重大利益原则**（Prinzip des überwiegenden Interesses）基础上。这里，基于价值衡量和利益衡量的救助行为，显然是为了达到合理目的的适当手段。

与之相反，在**免责的紧急状态**（entschuldigender Notstand）（《刑法典》第 35 条）情况中，有同等价值利益冲突的矛盾，有尽管应当命令继续生效，但对行为人却不能**要求他举止符合规范**（normgemäßes Verhalten zugemutet wird）的矛盾。对于这些矛盾，法制秩序以这样的方式表示了理解，即（尽管在法律上非难行为）放弃对行为提起责任谴责〔对此很有教益的见屈佩尔（Küper），《法学者报》83，88；《法学教育》87，81；罗克辛（Roxin），《法学教育》88，425；对“木板”案见赫鲁施卡（Hruschka），《戈德达默刑法档案》，1991，1〕。

一、**对物防卫**（Sachwehr）在**防御性紧急状态**（defensiven Notstand）中的正当化（《民法典》第 228 条），依据的是这样的价值评价基本思想，即对受到威胁者进行保护的保护利益，要比所有权人维持其物的利益要高，该物的状态威胁到了他人，迫使对之采取 293

防卫措施。

这样,如果是为了避免**由它们**(durch sie)对任何种类的值得保护的利益所形成的**急迫危险**(drohende Gefahr)的,损坏或者摧毁这些他人之物就不构成违法,以**损失不超过危险程度**(Schaden nicht auäer Verhßltnis zu der Gefahr)为限。《民法典》第228条不要求受威胁的法益具有价值上的更大分量,因为防卫行为所针对的,是造成危险的物作为这样的物。物损坏的赔偿义务对于紧急状态的行为人来讲,只有在危险是由他自己造成的情况中才承担这个义务(《民法典》第228条第2句);他的防卫合法性依照主流的观点不由此受到影响。

294 在**案例8**中,狐狸不是一"他人"之物,而是一"无主"之物。凡不仅仅是为了防止野兽对田地造成损害的(比较《联邦狩猎法》第36条),对《民法典》第228条也在狩猎权的范围内相应适用(柏林最高法院,《法学周报》35,2982-64)。由此,K打死狐狸的行为比照《民法典》第228条具有正当化的根据(适用《刑法典》第34条于是也无必要;比较本著边码287)。这样,不成立可罚的猎杀行为。

295 二、K使用了T的雨伞作为防卫武器,损坏雨伞(《刑法典》第303条)可以依照《民法典》第904条具备正当化理由。

不同于《民法典》第228条的规定,**攻击性紧急状态**(aggressiven Notstand)中的权利(《民法典》第904条),许可干涉到与危险源没有任何关系的物。

根据这条规定,对物的干涉如果是为**避免某个现时危险所必要**(Abwendung einer gegenwärtigen Gefahr notwendig),且所面临的**紧迫损害**(drohenden Schaden)也远**大于**(unverhältnismäßig groß)对物的干涉将要造成的损坏的,物的所有权人不得禁止他人对物的干涉。

这个规定依据的基本思想,是法制共同体要求每个人在一定的紧急情况中要有作出一定程度牺牲的团结精神。

当然,对不存在参与行为的所有权人来讲,只有在同意提起赔偿请求(《民法典》第904条第2句)和**法益权衡表明很明确是因为对受到危险威胁者有利**(Güterabwägung eindeutig zugunsten des von der Gefahr Bedrohten)的前提条件下,才能要求他接受为了他人利益牺牲自己的物(比较联邦最高法院《法学环视》85,283)。

在**案例8**中,K遭到怀疑带有狂犬病的狐狸的进犯,有理由担心被咬伤,染上狂犬病,身体或者生命面临重大的危险。由于狐狸不能被吓跑,K此时也无别的其他防卫手段,因此《民法典》第904条对她有利地适用:对雨伞的损坏不构成违法的财物损坏(《刑法典》第303条第1款);K只是负有民法上的损失赔偿义务。 296

第四节 一般的正当化紧急状态

A和M用力强迫了P,抽取了抢救S用的血。在用力量的恐吓过程中他们还剥夺了P的个人活动自由可能性。他们的行为在客观和主观上都实现了恐吓(《刑法典》第240条第1款)、剥夺自由(《刑法典》第239条第1款)和身体伤害(《刑法典》第223条、第223条a,=由“多人共同”实施)的构成要件。 297

评判**违法性**(Rechtswidrigkeit)的规则在这里与其他不同。实现了法定构成要件的即成立违法性推定,此违法性只是在构成要件符合性行为有正当化理由庇护时才消除的这个一般原则,在违反《刑法典》第239条第1款、第223条和第223条a的情况中虽 298

然适用,但却不在第 240 条的范围内适用。恐吓的构成要件在它的结构上呈现的特别性,使得对《刑法典》第 240 条第 1 款意义上的强迫为之的实行行为不构成违法性推定(比较《联邦宪法法院判决汇编》73,206;《联邦最高法院刑事判决汇编》35,270、275)。这个与一般犯罪构造的不相一致性在这是必要的,因为,构成要件描述上的特别宽幅性(《刑法典》第 240 条第 1 款)要求制定一个**修正**(Korrektiv)(《刑法典》第 240 条第 2 款),在这个修正的帮助下可以把对举止的可罚性限制在一个可以忍受的尺度。在《刑法典》第 240 条第 2 款中所规定的违法性规则,作用是应当保障恐吓的手段与由行为人所企求目的的联结只能是在"受谴责性"的受到限制的前提条件下才为可罚。

299 所说的**受谴责性**(Verwerflichkeit)这个概念,指的是**对于整个行为形成评价的特征**(gesamttatbewertendes Merkmal),一方面以不法上重要的情况为前提条件,同时自己又是一个具有价值上的选择的价值判决。这样种类的特征在《刑法典》中只是零散地出现,可以分解成是它们形成评价的**评价基础**(Bewertungsgrundlagen)和**价值判决自身**(Werturteil selbst)。前者在事实方面是对不法构成要件的补充,后者唯一只关涉违法性作为一般的犯罪元素〔具体上有争议;比较《联邦最高法院刑事判决汇编》31,195、200;巴伐利亚州高等法院,《新法学周报》92,521;舍费尔(Schäfer),《刑法典莱比锡评论集》,§ 240 边码 66;罗克辛(Roxin),《总则》,§ 10 边码 48〕。这样分解,首要是在认识错误的范围内具有意义:错误认为具备对所实施的恐吓要排除其受谴责性的情况,如同对错误认为具备正当化根据一样,相应适用《刑法典》第 16 条第 1 款第 1 项按照对许可要件认识错误的规则来处理〔比较联邦最高法院《林登麦耶尔、梅凌等选编〈联邦最高法院判决〉》,第 3 集关于《刑法典》第 240 条;拉克纳/屈尔(Lackner)/(Kühl),§ 240 边码 25;施米特(Schmidt),《法学工作报》,练习手册 83,61;详见本著边码

470 及之后〕。相反地,谁对事实情况有充分的认识而仍然错误认为他的举止不构成受谴责性的,适用《刑法典》第 17 条的禁止或者许可错误规则处理〔《联邦最高法院刑事判决汇编》2,194;霍恩(Horn),《刑法典系统评论集》, § 240 边码 54〕。

依照《刑法典》第 240 条第 2 款,如果并非业已有正当化根据介入(对此总是要首先进行审查)的,对恐吓也只是在这样的情形中才视为违法,即对武力的使用或者要吃苦头的威胁根据所企求的目的是**受谴责**(verwerflich)的〔详见韦塞尔斯(Wessels),《分则》1,边码 406 及之后〕。 300

在**案例 8** 中,或许可以对 A 和 M 的行为考虑具备正当化的紧急状态(《刑法典》第 34 条)作为许可规范。

一般的**正当化紧急状态**(rechtfertigender Notstand),在司法判决中作为“逾越法律的紧急状态”,是从法益—义务权衡的原则中发展出来的。它主要是在从医学的角度推论的堕胎案中得到了认可(《帝国法院刑事判决汇编》61,242 和 62,137;《联邦最高法院刑事判决汇编》2,111 和 14,1),但也对所有种类的利益冲突适用〔《联邦最高法院刑事判决汇编》12,299;联邦最高法院《新法学周报》76,680;详细情况参见贝尔克曼(Bergmann),《法学教育》89,109;屈佩尔(Küper),《法学者报》76,515 和《紧急状态》101〕。它的前提条件现已在《刑法典》第 34 条中制定了规定。 301

一、首先要求要有一定的**紧急状态情况**(Notstandslage)作为前提条件。对生命、身体、自由、荣誉、所有权财产或者其他法益构成了现时的危险,又不能以别的其他方式而只能通过对同样受到了法律认可的利益的影响来排除的情况,是紧急状态情况。 302

照此,个人的和共同体的法益凡在实际中出现了**保护需求** 303

(schutzbedürftig)和属于**应当保护**(schutzwürdig)时,均有紧急状态性。

在受到危险的情况中,那些为所有权人以法律许可的方式放弃了的法益比如说就不具备**保护需求性**(Schutzbedürftigkeit)。**应当保护性**(Schutzwürdigkeit)也消失,如果将要产生的价值丧失是依法必须承受的(例如是刑罚执行中的活动自由丧失)。

304 **现时的危险**(gegenwärtige Gefahr)是这样的危险情况,即如果不立即采取防卫措施其继续发展就**令人严重担心**(ernstlich befürchten läßt)将要出现或者加重某个损害〔比较联邦最高法院《新刑法杂志》88,554;《帝国法院刑事判决汇编》66,222;特伦德尔(Tröndle), § 34 边码 3、4〕。

305 各根据很有此可能性判断,来**确定这样的危险**(Bejahung einer solchen Gefahr),该判断连接在行为时所存在的情况和预料上可以期待的发生之发展。做这样的事实判断和预料,不仅要依据(有可能是处于认识错误中的)紧急状态行为人的知道和视角,而且更要从一个**客观的观察者**(objektiver Beobachter)的角度。对具体情况的估计和对由此构成的危险估计所关键性的,是一个熟悉相关情况的观察者从当时视角(*ex ante*)的判断,该判断除了依据相关的普遍性经验上的知识之外,还依据紧急状态行为人可能拥有的特别知道〔详见耶赛克/魏根德(Jescheck)/(Weigend),《总则》, § 34 IV 3 a;希尔斯(Hirsch),《刑法典莱比锡评论集》, § 34 边码 27;巴伐利亚州高等法院,《刑事辩护人》96,484;对此也见拉克纳(Lackner),《申克/施罗德—刑法典注释集》, § 34 边码 13,拉克纳提出对当时视角判断要限制在预料之上和只能是根据所实际存在的情况;综述的见迪米特拉拖斯(Dimitratos),《刑法紧急状态决定中的危险概念特征》,1989 年,第 117 页及之后〕。

306 仅仅在紧急状态行为人的想象中存在的情况,不构成《刑法典》第 34 条意义上的危险情况，但可构成**假想紧急状态**（Putativnotstand），其法律后果依照对此适用的**认识错误规则**（Irrtumsregeln）（对此见本著边码 470 及之后）。

《刑法典》第 34 条意义上的危险，也可能是**持续危险** 307
（Dauergefahr）。这是指构成危险的状态具有较长的持续时间（譬如是某座建筑物的坍塌可能性，或者是某个酗酒者每次酗酒后如同癖好似的对妻子的虐待），有可能**随时**（jederzeit）变成法益侵害，也有可能在很长时间里侵害都不出现。这样的一个持续危险如果是如此地紧急，以至于只能是以*不可拖延的*行为才可以有效地避免的，构成**现时的**（gegenwärtig）危险〔详见联邦最高法院《法学环视》80，113；希伦坎普（Hillenkamp），《宫泽纪念文集》，1995，141、154〕。

由此，**危险**（Gefahr）的现时性要比《刑法典》第 32 条意义上侵犯的现时性范围要大。这是由*危险*和*侵犯*之间的区别所致；紧急防卫的“侵犯阶段”是以危险的当前性上的加剧为前提条件，也就是说至少是以侵害法益的举止*直接就在面前*为前提条件（比较本著边码 325）。

二、**紧急状态行为**（Notstandshanglung）作为避免危险发生的手 308
段，必须是在客观上**必要**（erforderlich）和在主观上是由救助意志所承载。行为者想的是避免对自己的还是对他人的危险并不重要；法律明确强调了**紧急状态救助**（Notstandshilfe）的许可性。

这里说的“必要”，只能是为避免危险所**适当**（geeignet）和从一个熟悉相关情况的客观观察者的角度对所有的从*当时视角*（*ex ante*）可以认识的情况进行观察，认为是**对受到威胁法益予以维护的最有保证的途径**（sicherster Weg zur Erhaltung des gefährdeten Gutes）的（《联邦最高法院刑事判决汇编》2，242）。存在数个适当手段时，要选择相对最温和的手段。有回避的可能性或者有及时获得有关部门救助的可能性的，要利用这些可能性〔在这里可以看到的与《刑法典》第32条的不同，在于在紧急防卫情况中合法不需要退让于不法；对此比较联邦最高法院《新刑法杂志》93，333和罗克辛（Roxin）的注释；批评的见培尔茨（Pelz），《新刑法杂志》95，305〕。

309 迄今为止，对于客观方面的紧急状态前提条件，司法判决要求要有行为人的“**符合义务的审查**”（pflichtmäßige Prüfung）作为附加的正当化元素〔《帝国法院刑事判决汇编》62，138；《联邦最高法院刑事判决汇编》2，111和3，7；赞同的见戈塞尔（Gössel），《特里弗特勒尔纪念文集》，99〕。对这样的术语上所说的“紧急法”限制是有问题的；详见希尔斯（Hirsch），《刑法典莱比锡评论集》，§34边码77；屈佩尔（Küper），《紧急状态》，115；毛拉赫/齐普夫（Maurach）/（Zipf），《总则》，§27边码46。

310 三、紧急状态行为的是否正当化，取决于对两个方面的价值评价：一是**发生冲突利益之间的排序关系**（Rangverhältnis der kollidierenden Interessen）；二是**行为的从社会伦理角度上看的适当性**（sozialethische Angemessenheit der Tat）。客观上必要和主观上是由救助意志控制的紧急状态行为不是违法，如果：

（一）权衡有冲突的利益，特别是权衡相关的法益与所受到危险的程度，表明被行为人保护的利益**明显大于**（wentlich überwiegt）受到损害的利益〔=利益权衡，对此见屈佩尔（Küper），《戈德达默刑法档案》，1983，289；希尔根多夫（Hilgendorf），《法学教育》93，97、100〕；

（二）行为是避免危险的**适当手段**（angemessenes Mittel）〔=适当性规则；详见格勒秉（Grebing），《戈德达默刑法档案》，1979，289；约尔登（Joerden），《戈德达默刑法档案》，1991，411〕。

价值和利益权衡，要考虑所有的被冲突直接或者间接涉及的应当保护利益，不论它们在具体案情中是维护性法益还是攻击性法益〔对此见伦克纳（Lenckner），《戈德达默刑法档案》，1985，295；《诺尔怀念文集》，243、251〕。这里尤其要应当予以注意的有：危险的种类、源头、强度和远近，将要出现的价值丧失的种类和范围，相互冲突的利益的轻重和价值比，特别的承受危险义务（譬如是警察、士兵、消防队员），专门的保护义务（譬如基于保障人位置；比较本著边码 715 及之后），行为人企求的最终目的，将要出现的损失的可能的不可替代性和救助机会的大小。在要对他人利益造成攻击的情况中，救助行为取得成功的把握性越小，就越是应当要求克制。 311

如同与《刑法典》第 35 条第 1 款的比较所展示的那样，《刑法典》第 34 条的适用性并不因为假如有这样的情况而撤销，即这样的情况：对于发生紧急情况构成了**责任**（verschuldet）的是紧急状态行为人或者是受威胁法益的所有权人。这样的情况却是对**利益权衡**（Interessenabwägung）具有意义（《刑法典》第 34 条第 1 句）。详见巴伐利亚州高等法院，《新法学周报》78，2046；登克尔（Dencker），《法学培训》79，779；屈佩尔（Küper），《紧急状态》136。 312

防御性紧急状态（Defensivnotstand）中的防卫行为，只是对**造成危险者**（von dem die Gefahr ausgeht）的法益范围形成侵犯的，侵犯性（必要时甚至是可以对造成危险者造成身体上的伤害）在质量和数量上许可比在攻击性紧急状态中的要大；后者是要牵连**无参与行为的第三者**（unbeteiligter Dritte）法益的紧急状态。这样处理，所依据的是《民法典》第 228 条的基本思想。该条所一般性规范的是法制基本原则，对它要超越其所制定的对物防卫上的实体规定，*依意义地*适用到《刑法典》第 34 条的利益权衡中。 313

对此问题见解正确的见希尔斯(Hirsch),对联邦最高法院《法学环视》80,113 的注释,所谈案件是夜里向一逃跑的入室者开枪,该入室者几个月来不断地神秘出现在一对夫妇卧室里;也见屈佩尔(Küper),《紧急状态》,15;罗克辛(Roxin),《耶赛克纪念文集》,457;藤柯霍夫(Tenckhoff),《法学环视》81,255、257 注释;此外比较联邦最高法院,《新刑法杂志》89,431。

314 对《刑法典》第 35 条或者第 35 条第 1 款中规定的在胁迫释放在押犯和解救人质情况中的适用性问题,见克莱(Krey),《法律政治杂志》75,97 和《法学培训》79,316;屈佩尔(Küper)《胁迫紧急状态》,第 14 页及之后。

很有教益的也见《联邦最高法院刑事判决汇编》13,197〔有罗克辛(Roxin)的很有见解的注释,载《青年法学者判决汇编》,案例 29,第 73 页〕,事关在家庭照料的框架内不经过法院将患有精神病的家庭成员短时地关押起来,作为对他的保护措施。

关于一逆向行车者在高速公路上调头,因为这是危险性最小的避免现时危险的可能性,见卡尔斯鲁厄州高等法院《法学者报》84,240 及赫鲁施卡(Hruschka)的注释。

关于**胁迫紧急状态**(Nötigungsnotstand)问题和依照《刑法典》第 34 条的(在法律学说中已经得到了部分认可的)正当化问题,比较本著边码 443。

315 从结果的角度看,可以用布莱(Blei)(《总则》,第 44 条 IV 4)的话来说,在紧急状态视角下的正当化,最有可能的是在只是构成形式上的秩序利益侵害或者是在类似的很微小程度的法规违反情况中可以成立(比如是为了救助一重伤者而驱车超速,比较巴伐利亚州高等法院《新法学周报》91,1626 和汉堡州高等法院《新法学周报》77,1892;但如果是为了救助一只生病的观赏鸟,则不同:杜塞尔多夫州高等法院《新法学周报》90,396)。这样,所涉及法益的个人专属性越强,紧急状态行为对个人的自我决定的自由越是侵犯持久,对举止的正当化就越是要提出更高的要求。

因此,以实施的行为打死了他人的,在紧急状态情况中也不能 316
够正当化,顶多是依据《刑法典》第35条可以被减免责任(比较《联邦最高法院刑事判决汇编》35,374关于"猫王"案)。在所谓的"危险共同体"情况中也如此,即这样的情况:当事人肯定要丧失生命,只不过是为了营救他人而把当事人的命运来临时间缩短了而已。**例如:**冬天高山上,某A和某B在前者的提议下选择了一条危险的近路,结果两人都掉下山崖,手中抓住拴着他们的绳子悬挂在深渊上空。这个情形持续下去,两个人肯定都不能生还。如果把身后还系着某B的绳子割断(某B这时已受伤昏迷),某A还有可能以自己的力气爬上山崖,获得生命。终于,在自己力气将要耗尽之前,某A割断了绳子,以对某B的牺牲获得了自救,某B则掉进山谷摔死。这里提出的问题是,只有蔑视禁止杀害的规范,才能获得至少是拯救一人的生命,才能获得将他从否则不可避免的死亡边缘拉回来的可能性,在这样的紧急情况中坚持禁止杀害规范是否还有意义。然而,**绝对保护生命原则**(Grundsatz des absoluten Lebenschutzes)〔详见韦塞尔斯(Wessels),《分则》1,边码2〕在这个问题上既不许可例外,也不许可适用《刑法典》第34条,因为法制秩序对每个人的生命都是依据他的现实存在,并不考虑他的将来长短,以完全*相同的*方式予以保护。

在刚才的**登山者案**(Bergsteigerfall)中,某A没有"权利"以牺牲某B来延长命运给他安排的生命时间,以所实施的行为来缩短某B的生命长短〔对此很有教益的见屈佩尔(Küper),《伤害禁止与生命紧急状态》,载《法学教育》81,785;同一作者,《义务冲撞》,

39、47、61。此外比较联邦最高法院《新法学周报》53,513;伦克纳(Lenckner),《正当化的紧急状态》,1965,27;罗克辛(Roxin),《总则》, § 16 边码 33。不同的见希尔斯(Hirsch),《刑法典莱比锡评论集》, § 34 边码 74〕。

317 缺钱治病的某重病患者,假如从某百万富翁那里拿走了以合法方式不可能得到的钱,用来支付为挽救生命所必需的手术或者疗养费,他的行为在这里也缺乏作为避免危险手段(《刑法典》第 34 条第 2 句)的**适当性**(Angemessenheit)。消除重病患者无钱医治的这样的紧急情况,唯一是社会共同体的任务。社会共同体未尽到责任的,也不能是由个别人(在这里是百万富翁)作出特别牺牲,要求他承担超出范围的容忍义务〔见解正确的见伦克纳(Lenckner),《诺尔怀念文集》,243、255〕。

318 四、在**案例 8**〔此案例摘引自加拉斯(Gallas),《麦茨格纪念文集》,1954,311、325〕中,纯粹以个人角度上的判断观察,很有可能认为 S 的生命利益要比 P 的自由利益和身体的不受伤害性利益价值更高。不过问题在于强迫献血是否与法制共同体的基本价值原则相符合,并从这个角度把它认为是为达到救助目的的"适当手段"。

319 在相关书籍中,有的论者以这样的理由拒绝对这样的一个攻击行为正当化:对一个人不顾由他自己负责的道义上的考虑,决定强迫使用他的身体去达到一个本是值得希望的目的,违背了人的尊严〔加拉斯(Gallas),《对〈刑法典〉第 39 条 E 的理由》,1962;类似的见布莱(Blei),《总则》,第 44 条 IV 1〕。法制秩序不能同意这样的行为,因为同意就意味着是"对自由原则这个作为法制秩序自身基本前提条件的放弃"〔加拉斯(Gallas),上述著作,第 326 页〕。

320 然而,这样的理由并非是在任何角度上都站得住脚,因为,在

一定的条件下法制秩序也许可强制抽血:

依照《刑事诉讼法典》第 81 条 a 第 1 款第 2 项,具有酒后驾驶怀疑的足以构成对受怀疑人不顾他意志地进行**血液检测**(Blutprobe)(=10 cc 血)的理由。按照《刑事诉讼法典》第 81 条 c 的规定,如果为查明事实所不能不为,且对他们的身体健康也无不利后果的,甚至对可能作为证人的不受怀疑人也可以强迫他们容忍这样的对他们的身体进行攻击。由于宪法认可这些规定(《联邦宪法法院判决汇编》5,13;16,194;17,108 和联邦最高法院《新刑法杂志》90,550),因此说不顾当事人意志地对身体进行攻击与人的尊严和自主原则完全不符的观点,在这个层面上并不正确。

对于应该怎样做决定的准绳,必须是这样的考虑,即社会共同 321
体不能够放弃要求个人为社会共同体作出一定牺牲的最低要求,同时又要保证**人的基本权利的内核核心**(essentieller Kern der Grundrechte des Menschen)不受到影响。在正当化的紧急状态框架内,"适当性条款"的调节功能,为在**人的自由的自主决定权**(Recht des Menschen auf freie Selbstbestimmung)与在社会生活所要求意义上的**团结原则**(Solidaritätsprinzip)之间作出正确的孰轻孰重的权衡,和在什么是可以要求对方接受的思考下找出为当事人所要承受的负担的范围,提供了可能性。这样,在*血液检测*和*献血*之间就存在有分量的区别:

血液检测(Blutprobe)可以通过一个相对无足轻重的攻击行为获取,该攻击行为的意义,不超过为了求证某些需要澄清的事实而动用医疗技术上的辅助手段这个范围。

献血(Blutspende)则是一个人与人之间的有价值的相互帮助行为,献血者通过献血将一定的自己的生命储存贡献给了他人。

是否要作出“献血”的个人牺牲，在一个自由的法制国家里原则上是依据每个个人的道义上的决定来决定，也就是说不能够作为(譬如是《刑法典》第323条c框架内的)“一般帮助义务”的内容。

另一方面，从较紧凑的保护义务和援助义务的角度，也可以不从一开始起就把献血排除在属于“法律义务”之外。譬如是在夫妻、父母、子女和在一定条件下也包括在同一个前线任务中的士兵之间，凡献血是救助生命的唯一办法，对献血者也不造成严峻的健康后果，可以在足够的保护措施下实施抽血的，就可以构成这个义务〔同样观点见赫鲁施卡(Hruschka)，《刑法》，147；更深入的见罗克辛(Roxin)，《总则》，§ 14边码43、44〕。

322 在**案例8**中，P和S之间不存在任何比较紧密的具有某种保障人义务意义上的关系。P因此有权从法律的角度拒绝要求他献血。在这样的实际情况中，为救S而强行抽血，不是为消除紧急情况所“适当”的手段。

因为不存在阻止发生结果的义务，P的拒绝献血不成立对S生命的《刑法典》第32条意义上的“侵犯”，于是A和M也就不能对S有利地依据紧急救助(对此也比较本著边码334)。

这样也就是A和M是**违法**(rechtswidrig)地实现了行为，并且是实现了《刑法典》第240条第2款意义上的行为，因为，使用身体武力强行对他人抽血是为社会伦理上所不能接受的，而由此是受谴责的〔比较《联邦最高法院刑事判决汇编》23，46、54；韦塞尔斯(Wessels)，《分则》1，边码411〕。

是否可以对他们提起责任谴责，则也有问题(对此比较认识错误问题，本著边码468及之后)。

五、值得提及的是，在事关要以较低一些价值的法益为代价，救助同一个法益载体的更高一些价值的利益，或者事关对受威胁的法益就其面临的不同风险进行相互权衡的时候，《刑法典》第 34 条的基本思想就获得意义。 323

这样，譬如是在住宅着火中对于否则肯定会在大火中丧生的孩子只能是从楼上抛下让下面准备好的人用手接住才有可能获救，就不仅是许可，而且在一定的情况下甚至还是所要求的，尽管这里存在孩子可能在这当中受伤的危险〔比较联邦最高法院《法学者报》73，173；乌尔森海默（Ulsenheimer），《法学教育》72，252、255〕。

第五节　紧急防卫

P 在 M 脸上打了一拳，以这个行为对 M 构成了身体虐待（《刑法典》第 223 条）。他的打人举止在这里可以是由紧急防卫（《刑法典》第 32 条）所正当化了的。这个正当化，依据的是合法不需要避让不法的这个思考，把个体法益在遭受违法侵犯时所拥有的自我保护权〔＝允许以暴力反抗暴力（vim vi repellere licet）〕与对法制秩序进行维护的共同利益连接起来，成立的是那个动用紧急防卫或者紧急救助之人，其行为是为了维护这个秩序〔详见屈尔（Kühl），《法学培训》93，177〕。《刑法典》第 223 条中对防卫准许的前提条件，是存在紧急防卫情况的。 324

一、**紧急防卫情况**（Notwehrlage），是因为具有某个现时的违法侵犯而成立。任何一个来自人之举止的对受法律保护的法益或者利益的侵害，都是**侵犯**（Angriff）。侵犯不需要必须是“有目标的”侵害行为〔盖伦（Geilen），《法学培训》81，200、202；施泰恩贝克/里本（Sternberg）/（Lieben），《法学工作报》96，299〕。但是 325

造成现时危险的侵犯者的举止，必须要具备“行为质量”，也就是说必须是由意志所能够控制〔屈尔（Kühl），《法学培训》93，57〕。

某个正在清扫烟囱的工人，假如不小心从房顶上失脚摔跤掉了下来，（由于重力的作用）砸在下面玩耍的一群孩子身上，因不具备“行为质量”不是侵犯（《刑法典》第 32 条），而是构成《刑法典》第 43、35 条意义上的紧急情况〔比较施本德尔（Spendel），《刑法典莱比锡评论集》，§ 32 边码 28；罗克辛（Roxin），《总则》，§ 15 边码 8〕。

326 一个**不作为**（Unterlassen）形式的行为也可以构成侵犯，如果基于依照《刑法典》第 13 条规定的特别的**应该履行的法律义务**（Rechtspflicht zum Tätigwerden）该不作为是等同于实施行为之为的〔例如，一婴儿母亲停止了婴儿喂养，比较巴伐利亚州高等法院，《新法学周报》63，824 – 17；汉堡州高等法院，《戈德达默刑法档案》，1961，181；部分上有争议的详见拉戈德尼（Lagodny），《戈德达默刑法档案》，1991，300〕。

327 与主流的观点相反，一些论者提出，在《刑法典》第 52 条的范围内应当是以负有责任的侵犯举止为前提条件〔如弗里斯特（Frister），《戈德达默刑法档案》，1988，291；霍耶（Hoyer），《法学教育》88，89；赫鲁施卡（Hruschka），《刑法》141；雅科布斯（Jakobs），《总则》12/16；奥拖（Otto），《“总则”基础教程》，§ 8 边码 21；施米德霍伊泽（Schmidhäuser），《总则》5/65〕。对于这些观点不能够表示认同。假如一精神病患者撞入一所学校（如同 1964 年 6 月 11 日在科隆市郊曾经发生的那样），用自制的燃烧瓶威胁要把落在他手中的孩子烧死，这时就许可依照《刑法典》第 32 条（在这里是以紧急救助的途径）将他击毙，如果对他的侵犯别无其他方式的防卫可能性〔见解正确的见耶赛克/魏根德(Jescheck)/(Weigend)，《总则》，§ 32 Ⅱ 1 a；赫尔佐格(Herzog)，《刑法典图表示注释》，§ 32 边码 5；罗克辛(Roxin)，《法学教育》88，425、428〕。

直接就在面前、已经开始或者还在持续的侵犯，是**现时**(gegenwärtig)的侵犯(比较联邦最高法院《新刑法杂志》73，255；巴伐利亚州高等法院《法学环视》86，291)。 328

由此，对带着盗窃财物逃跑的盗窃者进行紧急防卫，为准许〔《帝国法院刑事判决汇编》55，82；联邦最高法院，《德国法律月刊》79，985，作者霍尔茨(Holz)〕。侵犯未成功、被彻底放弃或者已经完全进行，以至于使用紧急防卫不再能够避免法益伤害的，为侵犯**停止**(beendet)。

在**勒索威胁**(erpresserische Drohung)中，对他人的意志决定自由和意志活动自由的侵犯，通常并非是随着对威胁的表述就已经全部结束或者停止。侵犯而是在持续，是在随着勒索者不断在重复或者强化他的威胁来持续施加对他人的心理强迫而一直是现时的侵犯，一直现时到被威胁者有能力对已经开始的法益侵害能够避免它的进一步加剧为止〔见解正确的见阿梅隆(Amelung)，《戈德达默刑法档案》1982，381、385；郝克(Haug)，《德国法律月刊》64，548 和《新法学周报》65，2391；施本德尔(Spendel)，《刑法典莱比锡评论集》，§ 32 边码 122、123；赫尔佐格(Herzog)，《刑法典图表示注释》，§ 32 边码 32。有不同的见柏林法院《法学环视》81，254；阿茨特(Arzt)，《德国法律月刊》65，344；鲍曼(Baumann)，《德国法律月刊》65，346；米勒(Müller)，《新刑法杂志》93，366〕。要问的唯一是采取相应的反措施时，《刑法典》第 32 条的其他前提条件(防卫手段的必要性和适合性，对抗防卫的命令性)是否具备(比较本著边码 333 及之后)。

329 《刑法典》第32条意义上的现时侵犯是否成立,是根据行为时存在的**客观情况**(objektive Sachlage)而定,也就是说并不是根据自己受到了威胁的感觉,或者认为他人是受到了威胁的想象〔斯图加特州高等法院《新法学周报》92,850;伦克纳(Lenckner),《申克/施罗德—刑法典注释集》, § 32边码27;萨姆松(Samson),《刑法典系统评论》, § 32边码15〕。

客观上并不存在侵犯时,如果错误地认为具有紧急防卫情况,那么对所错误认为的侵犯者采取的防卫措施就不是合法而是违法行为(=术语上所说的假想防卫)。他的行为是否构成了可罚性,要根据相关的**认识错误规则**(Irrtumsregeln)而定。

330 对将在未来发生的、尚不是现时的侵犯采取的**预防性措施**(Präventivmaßnahmen),不在《刑法典》第32条的规定之内。在这样的被有些论者称为"紧急防卫相似情况"的情况中也不类推适用这条规定,即便是对侵犯的消极等待有可能会极大地削弱防卫的机会也为如此。

不过,预防性的防卫如果不突破轻重关系界限,对当事人也不造成严重的损害,在这里也可以考虑依照《刑法典》第34条正当化。谁把某个就要出门杀人之人锁在了室内,或者谁对意图夜里打劫自己的人的酒里施放了麻醉药,可以依据《刑法典》第34条,条件是别无其他避免危险的可能性。这之中,进攻性措施对所针对之人形成的危险对防范人有利〔很有教益的见罗克辛(Roxin),《厄勒纪念文集》,181、189和《耶赛克纪念文集》,457、478;伦克纳(Lenckner),《申克/施罗德—刑法典注释集》, § 32边码16、17;《联邦最高法院刑事判决汇编》39,133和罗克辛(Roxin)的注释,载《新刑法杂志》93,335〕。

违法的（rechtwidrig）侵犯，是任何一个在客观方面违背法律的评判标准，同时又无许可条款为之庇护的侵犯。这之中关键的也就是什么是**为行为者所允许他为之的**（was der Handelnde tun darf），他依法**有权**（befugt）对其他人的权力范围有哪些进犯。 331

这个观点当然有许多争议。主流意见认为，将以**结果无价值**（Erfolgsunwert）的形式出现的法益侵害，足以构成侵犯的违法性，以至于可以考虑紧急防卫而不只是紧急状态。例如，某个汽车司机尽管遵照了公共交通中的必要的谨慎义务，但还是对他人形成了损害危险〔比较耶赛克/魏根德（Jescheck）/（Weigend），《总则》，§ 32 Ⅱ 1 c；施本德尔（Spendel），《刑法典莱比锡评论集》，§ 32 边码 57、60〕。与之相反，一些论者认为在这里唯一和关键的是**行为无价值**（Handlungsunwert），对它的认定按照这些论者的观点要求要有一个至少是客观上违反了谨慎义务的举止〔这就对前面提到的案例限制了适用刑法条款的空间，只是适用《刑法典》第 34 条和在一定的情况下只是适用第 35 条；比较希尔斯（Hirsch），《德累赫尔纪念文集》，211；赫尔佐格（Herzog），《刑法典图表示注释》，§ 32 边码 34；罗克辛（Roxin），《总则》，§ 15 边码 14 及之后；伦克纳（Lenckner），《申克/施罗德—刑法典注释集》，§ 32边码 21；舒曼（Schumann），《法学教育》79，559；萨姆松（Samson），《刑法典系统评论》，§ 32 边码 34、35。对整个问题也见格劳尔（Graul），《法学教育》95，1049 以及屈尔（Kühl），《法学培训》93，57、63〕。

具有**紧急防卫能力**（notwehrfähig）的，是属于被侵犯者的或者第三者的任何一个法益以及任何一个依法认可的利益。 332

联邦最高法院《新法学周报》把住宅安宁和共同居住者之间的共同生活秩序也纳入了上述范围。对公共秩序或者法制秩序自身侵犯的防卫，系国家和国家机构事宜，也就是说公民作为个人对此无权(《联邦最高法院刑事判决汇编》5,245;联邦最高法院,《新法学周报》75,116)。

333 二、**紧急防卫行为**(Notwehrhandlung),必须是在客观上所**必要**(erfoderlich),在规范上所**要求**(geboten)和在主观上是由**保卫意志所承载**(Verteitigungswillen getragen)的(比较联邦最高法院《戈德达默刑法档案》,1980,67)。此防卫行为只允许针对侵犯者,不允许针对第三者的法益(《联邦最高法院刑事判决汇编》5,245、248)。防卫方式和尺度之是否得当,要根据侵犯的强度、侵犯者的危险性和所能够使用的防卫手段来判断(联邦最高法院《新法学周报》81,138;96,29)。对于从社会伦理角度上的对防卫措施的适当性和"应当性"方面的限制,只有在特别的例外情况中才予以考虑(比较本著边码342)。保卫意志以对紧急情况的认识为前提条件。对于怒火冲天不排除是保卫意志,以它仅仅是一个伴随现象,并不将防卫侵犯的意志完全排挤为限(联邦最高法院《新法学周报》83,117、500)。如果在对于双方而言均是侵犯和防卫行为交织一起的相互打斗中因为处于下风而拔刀刺向对手的,不是紧急防卫行为(联邦最高法院《新法学周报》90,435)。

334 防卫者想的是避免对*自己的*还是对*他人的*侵犯,不为重要。法律在《刑法典》第32条中对两者皆为许可;也不在个人的和警察的紧急救助之间划分区别〔见解正确的见伦克纳(Lenckner),《申克/施罗德—刑法典注释集》,§ 32 边码 42 及之后;舒尔茨(Schultz)/里希特(Richter),《刑法教育》85,798、800〕。某个被侵犯者,对于他的处置权利下的法益不是去防卫受到伤害而是对侵犯予以了忍受的,不许可不顾他的明显的和受法律尊重的意志对他要求紧急救助〔详见《联邦最高法院刑事判决汇编》5,245;联邦最高法院,《刑事辩护人》87,59;塞厄尔(Seier),《新法学周报》87,2476〕。

335 任何一个从紧急防卫的基本思想角度看是具有意义的和对侵犯至少是形成了一个障碍的防卫措施,是防卫的**适合**(geeignet)措施〔详见瓦尔达(Warda),《法学培训》90,344、393 和《戈德达默刑法档案》,1996,405;批评的见阿尔瓦特(Alwart),《法学教育》96,953〕。凡属于一个有效的,可以让人期待最有可能将立即结束侵犯和最能够保证将**彻底消除危险**(endgültige Beseitigung der Gefahr)的,都是所**要求**(erforderlich)的防卫。存在数个同等效力的防卫可能性时,以其中伤害性最小的作为选择(《联邦最高法院刑事判决汇编》3,217)。特别是使用枪械武器时更为如此。这里,只有在使用伤害性低一些的武器不足以消除危险的情况下(譬如鸣枪警告或者是对侵犯者腿部开枪),才许可以把瞄准击毙作为防卫的最后手段(比较联邦最高法院《新刑法杂志》94,539;87,172、332)。当然,被侵犯者不必去冒防卫行为力度不够,造成对自己法益的比无关紧要更大的损害风险(《联邦最高法院刑事判决汇编》24,356 和 27,336;联邦最高法院,《新刑法杂志》94,581 和 96,29)。有疑时,对被侵犯者有利地适用*有疑问的有利于被告*(*in dubio pro reo*)原则(比较联邦最高法院,《新刑法杂志》91,32;《刑法辩护人》86,6〕。

336 防卫保持在这些限制之内的,由(在许可的方式下使用的)**防卫手段**(Abwehrmittel)之自身的**典型性危险**(typische Gefährlichkeit)所导致的**非意愿的后果**(ungewollte Auswirkungen)和对侵犯者造成的超越了所想范围的伤害,不对防卫行为的紧急防卫性或者紧急救助的合法性产生影响。**例如:**某 A 违法地持刀向某 B 侵犯。为避免伤害,某 B 使用装有子弹的手枪挡击。第二个回合中,某 B 的枪砸在了仍在继续侵犯的某 A 的肩上,致使本是关了保险的枪械走火,某 A 被击中头部死亡。这里,某 B 的具体防卫行为依照《刑法典》第 32 条系许可和正当。(非意愿导致的)死亡结果对此也不产生任何改变。由侵犯者某 A 自己引发的防卫行为和由防卫手段的典型性危险造成的风险，属于某 A 的责任，不由被侵犯者或者他的紧急救助者承担〔对此有教益的见巴伐利亚州高等法院《法学者报》88，725；屈尔（Kühl），《法学培训》93，118；阐释上不清楚结果上类似的见《联邦最高法院刑事判决汇编》27，313〕。

337 对使用**自行生发作用的保卫和防卫设施**（selbtätig wirkenden Schutz - und Abwehrvorrichtungen）（如使用脚扣、自动射击装置、带电铁丝网等对狩猎棚、度假屋的保护，同时还有相应的警告牌提示）的“自动防范”问题，见不伦瑞克州高等法院《德国法律月刊》47，205 以及孔茨（Kunz），《戈德达默刑法档案》，1984，539 及进一步的证明。

338 对防卫的必要性，是以当时视角的观察角度**客观**（objektiv）认定。关键的，是以一个冷静的第三者设身处于被侵犯者的境地，对侵犯时刻存在的和可以客观认识的情况有可能是作出了如何的判断（比较联邦最高法院《新法学周报》89，3027）。

339 例如，抢劫银行或者强行勒索时使用了**仿真武器**（Scheinwaffen）（仿真手枪等），其并不危险性在当时不能客观认识，对这时从一个冷静的观察者角度以当时视角认为是为了有效避免看来是危险的侵犯而必要的任何一个防卫措施，一定情况下甚至是对侵犯者个人或者群体瞄准射击，都为《刑法典》第 32 条所庇护。因为，谁在真正地侵犯也就是说并非只是在样子上是在侵犯，同时使用了某种为被威胁者应当认真看待的威胁的，如果他的举止被认真对待，导致引来相应的防卫措施，必须咎由自取。这是与（出于开玩笑的）纯粹的假象侵犯的不同之处，后者不以任何法益侵害为目的，对它的防卫只适用假想紧急防卫规则〔对此比较奥托（Otto），《法学培训》88，330；伦克纳（Lenckner），《申克/施罗德—刑法典注释集》，§ 32 边码 28〕。

由于**合法不需要避让不法**（das Recht dem Unrecht nicht zu weichen braucht），由于紧急防卫行为者其行为**同时是在维护法制秩序的稳固**（zugleich für den Bestand der Rechtsordnung eintritt），《刑法典》第 32 条不以法益权重为前提条件（这与《民法典》第 228 条、第 904 条不同）。这样，与其侵犯强度相应地打死侵犯者，不仅是为了保护生命或者身体，而且在其他的可以考虑的防卫可能性作为最后的手段都不产生作用时也为了保护物的价值，是可以许可的〔比较联邦最高法院《刑事辩护人》82，219 关于面对一个寻衅滋事团伙保卫所有权财产和住宅权案件；有不同看法的见伯恩斯曼（Bernsmann），《整体刑法学杂志》104，290〕。 340

在这个范围内不得从**欧洲人权公约**（Europ. Menschenrechtskonvention）第 2 条第 2 款 a 中推导出比后面将要阐述的从社会—伦理上对紧急防卫界限的限制要更加严格的限制；因为，**欧洲人权公约**的规范只是旨在阻止国家对个人的侵犯，按照主流的观点是与公民之间的关系无关〔比较耶赛克/魏根德（Jescheck）/（Weigend），《总则》，§ 32 V；克莱（Krey），《欧洲人权公约对联邦德国刑法和刑事程序法的影响》，见《整体刑法学杂志》100，406、601〕。 341

三、一般的**滥用权利禁止**（Verbot des Rechtsmißbrauchs）和防卫行为**“命令性”**（Gebotensein）的规范性特征，是对紧急防卫权的规定界限。一个防卫，如果它的后果与有可能造成的伤害形成的严重轻重失调的，是**滥用**（mißbräuchlich）和因此为不许可〔联邦最高法院《交通法汇编》30，281；巴伐利亚州高等法院《新法学周报》54，1377；不伦瑞克州高等法院《德国法律月刊》47，205；屈尔（Kühl），《法学培训》90，244；不同的观点见贝特尔（Bertel），《整体刑法学杂志》84，1；马特（Matt），《新刑法杂志》93，271〕。 342

例如，樱桃树上的果实熟了，身体瘫痪的园主 G 用气枪驱赶飞来啄吃的鸟，却不许可瞄准身体射击，把爬在树上偷摘的少年学生 S 从树上赶下来，尽管后者对园主的鸣枪警告置之不理，且园主也无其他防卫可能性可用。这里，S 的违法的现时侵犯是毋庸置疑的〔不同的意见见施米德霍伊泽(Schmidhäuser)，《总则》6/75〕；瞄准射击作为立即终止侵犯的唯一可能性的“必要性”也难以否认，但是少年儿童的侵犯毕竟只属于淘气行为性质，对园主 G 的物质上侵害威胁毕竟属于小事一桩，因此假如要为此采取一个如此激烈方式的防卫措施，那就将是既不符合**保护原则**(Schutzprinzip)，也不符合**法确证思想**(Rechtsbewährungsgedanken)这两个紧急防卫权的基本规则〔见解正确的见罗克辛(Roxin)，《整体刑法学杂志》93，68、94 和《总则》，§ 15 边码 54、71 及其后〕。

343 此外，从社会伦理角度成立的对紧急防卫就其目的规定而言的限制，也进入考虑，如果出于特别的理由可以**要求**(zumuten)被侵犯者虽然**不放弃合法利益**(ohne Preisgabe berechtigter Interesse)，但不执意对抗防卫，而是采取另一种举止(=避让、呼叫警察、限制在纯粹防御性保护防卫之上等)，且**法制秩序**(Rechtsordnung)也不需要通过对侵犯的果断回击来**确证**(Bewährung)自己〔比较《联邦最高法院刑事判决汇编》42，97；联邦最高法院，《法学者报》76，335；贝尔茨(Berz)，《法学教育》84，340〕。这之中并不存在违背《基本法》第 103 条第 2 款的问题，因为所说的限制只涉及紧急权的内在界限，与紧急权之基本思想由此是完全吻合〔详见耶赛克/魏根德(Jescheck)/(Weigend)，《总则》，§ 32 Ⅲ 1；不同的见泽博德(Seebode)，《柯劳瑟纪念文集》，375〕。

344 对被侵犯者，不得要求他接受自己只得“狼狈逃窜”的防卫方式(联邦最高法院，《戈德达默刑法档案》，1965，147；《法学环视》80，210；对把用于防卫目的武器细心地携带身上，见联邦最高法院

《新刑法杂志》83，117、452）。呼叫国家部门，放弃行使防卫权，也只有是在国家部门的救助可以立即达到和可以立即投入使用的情况下，才许可要求被侵犯者对此接受〔联邦最高法院《交通法汇编》30，281；批评的见佩尔茨（Pelz），《新刑法杂志》95，305〕。对无目标的侵犯和对由**孩童**（Kindern）、明显是**神志糊涂者**（Irrenden）或者其他**无责任的行为者**（schuldlos Handelnden）发出的侵犯，当事人可以多次避让，自己的荣誉不受到任何影响；无避让可能性的，采取防御性的保护防卫总为**许可**（zulässig），对于回击性的对抗防卫，则只是在**对侵犯者尽可能地予以保护**（möglichste Schonung des Angreifers）的情况下才为许可〔《联邦最高法院刑事判决汇编》3，217；对由孩童完全是从语言上发出的荣誉侵犯的防卫，见巴伐利亚州高等法院，《新刑法杂志》91，433 和沃姆鲍姆（Vormbaum），《法学环视》92，163；米奇（Mitsch），《法学教育》92，289〕。

紧急防卫的"命令性"和保卫的"要求性"可以相互交叉，但不相同一致。 345

一紧急防卫行为是否系"命令性"的，取决于从规范的角度和从社会伦理的角度的思考〔《联邦最高法院刑事判决汇编》42，97；克拉克（Krack），《法学环视》96，468〕。防卫的"要求性"则唯一依据事实情形，特别是侵犯的种类和强度〔详见埃塞尔/布克哈特（Eser）/（Burkhardt），《刑法》I，122；罗克辛（Roxin），《整体刑法学杂志》93，68、79；批评的见施本德尔（Spendel），《刑法典莱比锡评论集》，§ 32 边码 256；鲁道菲（Rudolphi），《法学环视》91，210；施米德霍伊泽（Schmidhäuser），《戈德达默刑法档案》，1991，97、133〕。

谁**故意挑衅**（absichtlich provoziert）起了对方的侵犯，以便在紧急防卫的幌子下伤害对方的，是行为滥用法律手段，不能依据 346

紧急防卫;因为实际上他自己才是“侵犯者”〔联邦最高法院《新刑法杂志》83,452;不同的见哈塞迈尔(Hassemer),《伯克尔曼纪念文集》,225、243〕。谁并非故意,却是**应受谴责**(vorwerfbar)地引发了紧急情形,要**全力避让**(tunlichst ausweichen)他对此也负有共同责任的侵犯。无避让的可能性的,在可以要求他接受的范围边缘内他必须将自己的行为限制在**防御性的保卫行为**(defensive Verteidigungshandlungen)上;凡这个保护防卫(一定情况下与呼唤救助连接)足够防卫侵犯的,他不允许改变其为对抗防卫。另一方面,不能要求他接受对自己的严重伤害;如果无其他的可能性存在或者其他的可能性不能足够保证保卫的,各根据侵犯的强度使用武器以及在特别紧急的情况中甚至是打死侵犯者也为许可(《联邦最高法院刑事判决汇编》24,456;26,143、256;39,374;联邦最高法院,《新刑法杂志》88,450;89,113)。在一个**社会相当性**(sozialadäquat)的先前举止中,当然不能够看到具有*挑衅*(《联邦最高法院刑事判决汇编》27,336;联邦最高法院,《新刑法杂志》93,332)。

对整个很有教益的见屈尔(Kühl),《紧急防卫挑衅》,载《法学培训》91,57、175。批评的见阿茨特(Arzt),注释,载《法学者报》94,314;克拉齐(Kratzsch),《法学教育》75,435;马克森(Marxen),《紧急防卫的社会伦理上限制》,1979;米奇(Mitsch),《针对被挑衅的侵犯的紧急帮助》,载《戈德达默刑法档案》,1986,533;蒙滕布鲁克(Montenbruck),《紧急防卫论点》,1983。

347 少数论者提出的**不许可的原因行为**(actio illicita in causa)这个法学概念,试图以此来对以应受指责的方式引发了紧急防卫或者紧急状态的行为者认定刑法上的责任性〔比如施米德霍伊泽(Schmidhäuser),《总则》6/82;伦克纳(Lenckner),《申克/施罗德—刑法典注释集》,§ 32 边码61〕,在前面所讨论的关联内被主流意见正确地否定〔详见联邦最高法院,《新刑法杂志》83,452;88,450;罗克辛(Roxin),《总则》,§ 15 边码62;萨姆松(Samson),《刑法典系统评论》,§ 32 边码52〕。

从社会伦理角度上的对防卫权的限制，在**有着密切的家庭关系的人员**（Personen mit engen familiären Beziehungen）之间（特别是在夫妻之间）的情况中也进入考虑。强度不大的行为动作，凡不对身体或者生命构成严峻危险的，在这里就不得立即对动用刀子或者动用肯定有可能导致侵犯者死亡结果的防卫手段予以正当化。**自我保卫的权利**（Recht zur Selbstverteidigung）和同时又处于对侵犯者的**保障人位置**（Garantenstellung）的这个紧张关系之间，产生更多的是凡情况许可的就要避让侵犯的这个义务。不存在避让的可能性时，在具有生命危险的和有可能产生致死作用的防卫手段作为*最后的手段*（*ultima ratio*）动用之前，在保卫是命令性的框架内必要时也要容忍相对为轻的虐待风险〔比较联邦最高法院《新法学周报》75，62；盖伦（Geilen），《法学环视》76，314；罗克辛（Roxin），《总则》，§ 15 边码 81 及之后；施罗特（Schroth），《新法学周报》84，2562；不同的见恩格尔斯（Engels），《戈德达默刑法档案》，1982，109；施本德尔（Spendel），《刑法典莱比锡评论集》，§ 32边码 310〕。 348

一个受到丈夫折磨的妻子，是否要接受这类限制，应当分别情况而定。很快就做出普遍的判断在这里是错误的。例如，怀孕的妻子被丈夫殴打，后者不顾妻子发出的如果还继续侵犯就要拿刀保卫的警告，再次打向她的头部，这时就不能期待被殴打的妻子放弃动刀的这个唯一可能是有效的保卫，理由又唯一是因为这样做有可能会导致丈夫死亡〔观点正确的见联邦最高法院《新法学周报》84，986；《新刑法杂志》94，581；对此详见洛颚斯（Loos），《法学教育》85，859；施本德尔（Spendel），《法学者报》84，507；批评的见蒙滕布鲁克（Montenbruck），《法学环视》85，115〕。 349

谁受到要*揭发他的不得告人的秘密的***勒索**（erpreßt）和试图不让警察介入的，同样也只有受到限制的自我保卫权利。这里，把电话通话或者碰头地点的谈话暗地录音（《刑法典》第 201 条第 350

1 款第 1 项),或者以反过来威胁的形式进行回击(《刑法典》第 240 条第 1 款),或者在一定情况下骗取(《刑法典》第 263 条),或者秘密地将证据材料窃取获得(《刑法典》第 242 条),虽然与《刑法典》第 32 条(或者与辅助性的第 34 条)的要求说得上一致,但不能杀害或者严重虐待勒索者〔比较阿梅隆(Amelung),《戈德达默刑法档案》,1982,381〕。

351 四、在**案例 8** 中,P 在 A 和 M 面前处于紧急防卫境地。他打向 M 脸上的一拳,未超出许可的和在具体情况中是要求性的保卫之范围。由此,P 对 M 没有构成违法伤害。

P 拒绝献血,并不构成《刑法典》第 323 条 c 的要件,因为法制秩序没有要求他在那样的情况下必须要接受作出这样的牺牲〔比较《联邦最高法院刑事判决汇编》11,135、353〕。

352 五、被侵犯者有意识或者无意识地逾越了许可的紧急防卫界限的,其行为违法,但可依照《刑法典》第 33 条免除责任〔=**紧急防卫超越**(Notwehrüberschreittung);详见本著边码 445 及之后〕。对错误以为的侵犯进行防卫〔=**假想防卫**(Putativnotwehr)〕也构成违法,其法律后果适用**认识错误规则**(Irrtumsregeln)(对此见本著边码 470 及之后〕。

第六节　逮捕权

353 一、谁在实施犯罪或者违法行为(《刑法典》第 11 条第 1 款第 5 项)时被当场发现或者跟踪,有逃跑嫌疑或者其身份不能立即确定的,**任何人**(jedermann)都有权将他**暂时逮捕**(vorläufig festnehmen)(《刑事诉讼法典》第 127 条第 1 款第 1 项)。此外,如果存在签发逮捕令或者要按照指令的前提条件,在延误就有危险时检察院和警察机构官员也有权进行暂时逮捕（《刑事诉讼法典》第127条第2款）。对告诉才处理的犯罪行为和类似，暂时逮捕的准许性不取决于先前提起的告诉（《刑事诉讼法典》第127条第3款）。

《刑事诉讼法典》第127条第1款第1项是否以一个**真正实施了**（wirklich begangene）的犯罪行为或者违法行为为前提条件，或者在《刑事诉讼法典》第127条第2款的范围内有一个**紧急的行为嫌疑**（dringender Tatverdacht）便已足以，是个有争议的问题。在对一民事案的判决中，联邦最高法院采取了后一立场〔联邦最高法院，《新法学周报》81，745；同样的，茨魏布吕肯州高等法院，《新法学周报》81，2016；阿茨（Arzt），《克莱因克内希特纪念文集》，1；博尔歇特（Borchert），《法学工作报》82，338；罗克辛（Roxin），《总则》，§ 17边码23；意见相似但根据行为时能够认识到的所有的外部情况的，见巴伐利亚州高等法院《法学环视》87，344；很有教益的见马克森（Marxen），《施特雷/韦塞尔斯纪念文集》，705〕。不同的观点，提出普通公民身份的逮捕人与司法部门的官员相比不受到行政纪律的责任约束，因此不赞成普通公民身份的逮捕人有如此范围的暂时逮捕权。对如果发生了认识错误，该观点认为对普通公民身份的逮捕人适用许可要件认识错误规则，免除因故意的行为受罚〔详见哈姆州高等法院，《新法学周报》87，309；伦克纳（Lenckner），《申克/施罗德—刑法典注释集》，§ 32前边码82及注释〕。 354

《刑事诉讼法典》第127条第1款第1项为攻击当事人的个人自由或者对当事人采取一些影响程度不严重的措施，如扣留身份证或者机动车启动钥匙，提供了依据（萨尔布吕肯州高等法院，《新法学周报》59，1190、1191）。为了实施逮捕，允许使用暴力。谁抗拒合法逮捕，或者以暴力试图逃避逮捕的，必须容忍为了消除他的抵抗而采取的攻击，包括对他身体的不受伤害性的攻击（斯图加特高等法院，《新法学周报》84，1694）。为了暂时逮捕，普 355

通人身份的公民向逃跑人**开枪射击**(Abgabe von Schüssen),只能是在例外的情况中,譬如是在特别严重的法益侵害情况中才为许可(联邦最高法院,《德国法律月刊》79,985,作者霍尔茨(Holtz),文迪施(Wendisch),《勒韦-罗森贝格—刑事诉讼法典》1989年第27版,§ 127边码29;不同的见雅科布斯(Jakobs),《总则》16/19;克赖(Krey),《刑事程序法》Ⅱ,1990,边码378;罗克辛(Roxin),《总则》,§ 17边码27〕。《刑事诉讼法典》第128条规定了实施逮捕后要做的程序。

关于有责任地造成认识错误而依照《刑事诉讼法典》第127条第1款第1项的暂时逮捕而造成**紧急防卫滥用**(Notwehrmißbrauch)的问题,见哈姆州高等法院《新法学周报》77,590;也见舒曼(Schumann),《法学教育》79,559;维登布吕克(Wiedenbrüg),《法学教育》73,418。

356 二、逃脱在外的或者以其他方式未经许可地离开了羁押所的**刑事在押人**(Strafgefangener),可以由执行部门或者应其要求依照《刑事执行法》第87条对其**逮捕**(festgenommen)和送回羁押所。

在这个范围内普通公民无逮捕权。

357 三、对**扰乱**(Störung)刑事程序上的**公务行为**(Amthanglungen),《刑事诉讼法典》第164条规定了又一个逮捕权。在现场指挥的官员(=法官、检察官、警察等),有权逮捕故意扰乱他的公务活动者或者抗拒执行他在职权范围内发出的命令者,直至他的公务活动结束,但拘留时间不得超过次日。

《刑事诉讼法典》第164条上说的公务活动,主要指搜查、扣押、察看和讯问时的工作行为。这些行为是在公务办公室内还是在公务办公室外进行,依照正确的观点为无关紧要〔里斯(Rieß),

《勒韦－罗森贝格—刑事诉讼法典》,§ 164 边码 4;不同的见格尔茨(Geerds),《毛拉赫纪念文集》,517、529〕。由于这个措施并不具备刑罚性质,只是为了保证公务行为的正常进行,其准许性因此取决于对扰乱的是否可以用其他方式排除。

四、《民法典》第 229 条准许的扣押权,不具备什么实际上的意义。在那里许可的**自助**(Selbsthilfe)的狭窄限制的范围内,如果债务人有逃跑的嫌疑,并且存在可以命令人身保全拘留的前提条件的,权利人允许扣押债务人〔详见巴伐利亚州高等法院《新法学周报》91,934;杜特格(Duttge),《法学培训》93,416;约尔登(Joerden),《法学教育》92,23;舍夫勒(Scheffler),《法学培训》92,352;施罗德(Schroeder),注释,载《法学者报》91,681〕。 358

保全拘留权来自《民法典》第 239 条第 3 款。根据《民事诉讼法典》第 916 条、第 918 条的规定,只有为保证**对债务人的财产强迫执行**(Zwangsvollstreckung in das Vermögen des Schuldners)不受挫败而所要求的时候,才能采取人身保全拘留。

第九章　同意、承诺和责打权

359 **案例 9:**博物馆馆长 M 在意大利考察。根据他的吩咐,妻子 F 将邮递员送来的邮件一一放在他的书桌上,没有拆看。税务局寄来的一封信件却引起了 F 的注意,她担心丈夫可能会因此耽误一个重要的期限,犹豫了一阵之后还是将它打开,吃惊地发现是一个返税通知。对这项返税款 M 已经等待了很久,他的妻子 F 却不应该知道此事。

M 回家后对妻子打开了信件非常恼怒,F 也在一旁吵闹。此时,又听说他们 13 岁的儿子 S 自愿让马厩伙计 R 将烟头在他大腿上熄灭,以证明自己"勇敢",结果除了烧伤之外还引起了很疼痛的炎症,M 的情绪更犹如火上浇油,伸手打了 S 一耳光。

F、R 和 M 的举止受正当化理由的庇护吗?

第一节 同意和承诺

360 F将一封收件人确定是M,不是确定给她知道的密封信件故意地打开了,有可能实现了《刑法典》第202条第1款第1项的要件,要担负**侵犯通信秘密**(Verletzung des Briefgeheimnisses)的责任(=告诉乃论罪,《刑法典》第205条)。

361 “无权”(Unbefugt)是《刑法典》第202条意义上的构成要件行为,如果它未得到权利拥有者的许可,也无依照法律(比较《刑事诉讼法典》第99~100条和《民法典》第1631条)的许可,或者也不是为了权利拥有者的可能的利益而为。这里有争议的是,权利拥有者的承诺是否能够排除举止的构成要件符合性〔例如伦克纳(Lenckner),《申克/施罗德—刑法典注释集》,§ 202边码12;韦塞尔斯(Wessels),《分则》1,边码546〕,或者是只能够免除行为的违法性〔例如萨姆松(Samson),《刑法典系统评论集》,§ 202边码10、14〕。

362 各按法定构成要件的独自特点,在刑法上对于承诺有划分**构成要件排除性**(tatbestandausschließend)和**正当化**(rechtfertigend)的承诺之间的区别。当事人的承诺性的意志,依照相关的法律规定已经阻止了构成要件实现的,成立的是*构成要件排除性的承诺*。对此承诺的值得注重性或者有效性应当提出哪些要求,不能够普遍地一概而论和对所有的情况都按照同样的标准。更多地是要取决于各犯罪行为构成要件的特别情况和受保护法益的特别情况,以此为根据来确定在行为实施时具备同意的纯粹*事实上*存在是否已经足以,或者对承诺的有效性应该是援用规范性的标准来审查,即依照那些价值评价尺度来判断,对这些评价尺度主要是看当事人的判断能力和不受意志缺乏影响的意志形成能力。为从术语上将这些对于事实所必要的实际上的和规范上的要求之间的差异表达出来,建议对于所说的第一种情况(但也最好只是在这里)称为是构成要件排除性的**同意**(Einverständnis)。这在所有的犯罪行为中都可以进入考虑,即所有的其犯罪特点恰好建立在它们的实行必须是**违背当事人意志**(gegen den Willen des Betroffenen),或者是**未经当事人承诺**(ohne Zustimmung des Betroffenen)基础之上的犯罪行为(比如说是使用《刑法典》第177条中的“暴力”)。

363 由此,构成要件排除性的**同意**(Einverständnis)和其应当注重性的前提条件,便与正当化的承诺的前提条件在规则上不同;后者的有效性取决于承诺人的理智成熟程度,在承诺人属于意志缺乏的情况中通常导致承诺的有效性失效(比较《联邦最高法院刑事判决汇编》16,309、310)。另一方面,在构成要件排除性的承诺范围内也有这样的情况,即对承诺的有效性要依据规范性的标准来确定,也就是说要以如同对待正当化的承诺那样的相似方式。例如,在背信(《刑法典》第266条)的构成要件行为中,财产所有权人对有风险的业务经营的许可,在一定情况下可以消除“违背义务”的特征,在这个范围内也就是说可以产生构成要件排除性效应,但如果情况是财产所有权人对于经营上的事务毫无经验,是通过隐瞒了重要的风险因素而骗取了他的许可,在这里就不能说具备有效的承诺〔比较韦塞尔斯(Wessels),《分则》2,边码708〕。

364 对构成要件排除性和正当化的承诺之间的界限,详见格尔茨(Geerds),《戈德达默刑法档案》,1954,262;格佩特(Geppert),《整体刑法学杂志》83,947;奥托(Otto),《格尔茨纪念文集》,603;此外也比较《联邦最高法院刑事判决汇编》23,1、3;希尔施(Hirsch),《刑法典莱比锡评论集》,§ 32前边码96及进一步的说明。

365 对上述差别持批评或者反对的见阿茨特(Arzt),《承诺的意志缺乏》,1970;金茨莱(Kientzy),《因法益承载人承诺而构成要件缺失》,1970;屈内(Kühne),《法学者报》79,124;罗克辛(Roxin),《总则》,§ 13边码12及之后;施勒霍费尔(Schlehoffer),《承诺和同意》,1985;施米德霍伊泽(Schidhäuser),《格尔茨纪念文集》,593;萨姆松(Samson),《刑法典系统评论集》,边码 32 前 § 56 及之后;魏根德(Weigend),《整体刑法学杂志》98,45、61 及进一步的说明。个别学者提出的观点,认为有效宣布的承诺总应当是产生构成要件排除性的效应,是与《刑法典》第 226 条 a 规定上的明确文字(="如果……行为才为违法")不相符合的。与价值损失连接的被一般禁止的对他人法益的进犯(如对身体完好性的进犯或者对私有财产的进犯),根据对法律的正确理解需要具有特别的**正当化根据**(Rechtfertigungsgrund)才能使得当事的行为具有正当性,这一点也与个别学者主张的观点对立〔见解正确的见耶赛克/魏根德(Jescheck)/(Weigend),《总则》, § 34 I 3〕。

一、当事人的**同意**(Einverständnis)业已排除犯罪行为的构成要件符合性,如果该犯罪行为的无价值恰恰是由此而推论,即根据法律上的举止描述它是**违背**(gegen)或者**缺乏受害人意志**(ohne Willen des Verletzten)而产生〔详见《联邦最高法院刑事判决汇编》23,1;克卢格(Klug),《扎尔施泰特纪念文集》,1981,101、108〕。 366

这比如说就适合《刑法典》第 248 条 b 和第 235 条的情况,或者适合那些包含对**意志之决定自由或者意志之运用自由的侵犯**(Angriffe auf die Freiheit der Willensentschließung oder Willensbetätigung)的犯罪行为,譬如是《刑法典》第 177 条、第 239 条、第 240 条、第 249 条、第 22 条、第 253 条和第 255 条的行为。对于相关的构成要件行为的实行,如果当事人是对此表示了同意的,自然没有认定以"暴力"(《刑法典》第 177 条)或者以"囚禁"(《刑法典》第 239 条)的途径打消对方的反对意志的空间。在破坏居住和平以及盗窃的情况中也相似,在这里房产权人或者支配权人的同意,也排除行为的"侵入"(《刑法典》第 123 条)或者"拿走"(《刑法典》第 242 条)特征(比较联邦最高法院,《交通法汇编》48,175)。

367 以解释的途径，从各犯罪行为构成要件中得出的“同意”的前提条件，在诸多方面与正当化的承诺的前提条件有所不同。后者的应当注重性取决于承诺人的理智成熟程度，而**同意**(Einverständnis)的因其**纯粹事实上的特点**(rein tatsächlichen Charakters)，只能是依据当事人的**自然的意志能力**(natürliche Willensfähligkeit)(《联邦最高法院刑事判决汇编》23，1)。

这样，譬如说一未成年人如果自愿放弃了对他人之物占有的，《刑法典》第242条意义上的“拿走”就被排除。因为对占有的成立只是以一个事实上的控制意志为前提条件〔详见韦塞尔斯(Wessels)，《分则》2，边码77〕，因此具有放弃占有的“自然意志”就足以。

368 不同于对于正当化的承诺，对于同意既不需要有同意人着重的申明，也不需要有一个可以从中得出他是同意的结论的表述；起决定性作用的唯一是在行为实施开始的时候**同意的存在这个事实**(Tatsache seines Vorliegens)。当然，同意必须是属于同意人意思上的有**意识的许可**(bewußte Zustimmung)；出于因为对行为人的恐惧而被动忍受他人行为或者只好任凭他人行为发生的，并不是同意〔《帝国法院刑事判决汇编》68，306；格尔茨(Geerds)，注释，载《法学环视》83，254、256〕。行为人错误认为具备对此要求的同意的，不成立构成要件故意(《刑法典》第16条第1款第1项)；行为人对实际上存在的同意并不知道的，对他因力图不能而处罚，以该犯罪行为的力图也受到刑罚威吓为限。

369 顾及它的**纯粹事实上的性质**(rein tatsächliche Natur)，对同意在同意人意志缺乏的情况中，特别是在这样的情况中也视为**应当注重**(beachtlich)，即它是建立在违反风俗的考虑之上(对于《刑法典》第177条重要)，或者是通过欺骗的方式骗得〔联邦最高法院

《交通法汇编》48,175;赫茨贝格(Herzberg),《法学环视》80,385、391〕;同意只是必须是在**自愿基础上产生的**(freiwillig zustande gekommen)才行。当然,在属于"骗取"的情况中,法律如果对"诡计性"的举止也规定了要处以刑罚的(譬如《刑法典》第235条),同意在这里就为不应当注重。

二、相反地,对于违背或者缺乏被保护人意志的行为,如果不 370
属于狭义上的犯罪行为构成要件的,在所涉及的是**可以放弃的个体法益**(verzichtbaren Individualrechtsgüter)的情况中当事人对行为的承诺大都只有作为**正当化理由**(Rechtfertigungsgrund)的意义。与构成要件排除性的同意不同,正当化的承诺从本质看是对**法律保护的放弃**(Verzicht auf Rechtsschutz)。它的有效性范围因此是被限制在了那些情况之内,对于这些情况法制秩序对被保护人给予了依照**自主决定权**(Selbstbestimmungsrecht)放弃自己法益的可能性。

对此比较格尔茨(Geerds),《整体刑法学杂志》72,42;格佩特(Geppert),《整体刑法学杂志》83,947;希尔斯(Hirsch),《刑法典莱比锡评论集》,§ 32 前边码 104;奥托(Otto),《格尔茨纪念文集》,603;伦克纳(Lenckner),《申克/施罗德—刑法典注释集》,§ 32前边码 33。

正当化的承诺(rechtfertigende Einwilligung)的**有效性**(Wirk- 371
samkeit),取决于如下的前提条件:

(一)对受到保护的利益的放弃,必须是根本就是为**法律所准** 372
许(rechtlich zulässig)的。

对于公共法益,个人是并不能够有效地支配处置的(比较《联邦最高法院刑事判决汇编》23,261)。此外,生命的个人专属法益也是不可放弃的，因为这里同时也牵连到了最基本的公共利益〔比较《刑法典》第216条；希尔斯(Hirsch)，《韦尔茨尔纪念文集》775〕。对身体伤害的承诺有严格的限制(《刑法典》第226条a；1969年8月5日的《阉割法》第2～3条——"联邦法律公报"I 1143)。可以放弃的是所有权物和财产(但这里根据《刑法典》第304条、306条和308条也有例外)。

373 (二)承诺人必须**具有处置权**(verfügungsberechtigt)，也就是说必须是受保护利益的唯一承载人，或者是该承载人的具有法益处置权的代理人。

374 (三)许可者必须**具备承诺能力**(einwilligungsfähig)，也就是说必须是思想上和道德上已经成熟，能够认识到放弃法益的结果和影响，能够就此做出符合事实的判断。对此不要求一定的年龄上的限制；特别是承诺人是否为民法意义上的完全行为能力人，并不重要(《联邦最高法院刑事判决汇编》12，379；联邦最高法院，《新法学周报》64，1177)。起决定性作用的唯一是承诺人根据他的理智上的成熟程度和判断能力已经完全清楚触及他利益的攻击的性质、影响和作用。缺乏审视能力的，须得有其法定代理人的许可。

对承诺能力方面的基本理论见阿梅隆(Amelung)，《整体刑法学杂志》104，525、821。此外也见《联邦最高法院刑事判决汇编》4，88；联邦最高法院《新法学周报》78，1206(=牙齿拔掉案)；对后一判决持批评的见赫鲁施卡(Hruschka)，《法学环视》78，519；罗加尔(Rogall)，《新法学周报》78，2344；吕平(Rüpping)，《法学培训》79，90；持赞同的见比希尔迈尔(Bichlmeier)，《法学者报》80，53。

375 少数论者的观点，建议类推适用《民法典》第107条及之后，对侵害财产权行为的承诺要求承诺人要有完全行为能力，或者有其法定代理人的承诺〔萨姆松(Samson)，《刑法典系统评论集》，

§ 32前边码 75；伦克纳（Lenckner），《申克/施罗德—刑法典注释集》，§ 32 前边码 39〕，理由是在刑法上的判决不能是不同于在民法上的判决。这种意见没有说服力，因为民法和刑法在一定的问题上所寻求的目标完全可以不同。在刑法上对于承诺而言唯一关键的是它是否是个人的决定自由的表达。

（四）承诺不得有**本质性的意志缺乏**（wesentliche Willensmängeln）的缺陷。通过威逼强迫的，通过欺骗骗取的或者是建立在违反医生的告知义务基础上取得的承诺，通常无效（《联邦最高法院刑事判决汇编》11，111；16，309 关于医生治疗进犯；斯图加特州高等法院，《新法学周报》82，2266 关于事故的其他参与人通过提供虚假的个人资料骗取）。对这个基本原则，只能是在严格限制的范围内允许认可例外。例如，错误人不是对攻击的结果和影响，而是对那些边缘问题或者伴随情况产生了错误想法，这些问题或者情况并不与法益相关，而因此是对于承诺的要求性不为显著〔很有教益的见罗克辛（Roxin），《戈尔怀念文集》，275；希尔斯（Hirsch），《刑法典莱比锡评论集》，§ 226 a 边码 18；M. – K. 迈尔（M. – K. Meyer），《自主性》，第 166 页及之后〕。 376

对医生的告知义务应当提出哪些要求，取决于各种情况。这里要避免一概而论和要求过高。对此范围问题很有教益的见联邦最高法院《新法学周报》80，633；法兰克福州高等法院，《德国法律月刊》91，781；滕佩尔（Tempel），《新法学周报》80，609。

（五）在攻击身体的完好性情况中，**“行为”**（Tat）不得违背良好风俗（《刑法典》第 226 条 a）。 377

这里，关键的首先是参与人的动机和目的以及伤害的种类和使用的手段。决定性的是行为作为这样的行为的违背风俗性，而不是承诺的违背风俗性。

378 （六）承诺必须是在**行为之前**（vor der Tat）就要么是着重地申明，要么是可从中得出是承诺的这个结论所表达出来的。事后的准许在刑法上不具备意义（《联邦最高法院刑事判决汇编》17，358）。直至行为实施之前，承诺都可以自由收回。

379 （七）在主观方面，行为人必须是**知道**（in Kenntnis）和依据了**承诺**（Einwilligung）才实施了行为的。

行为人如果不知道有承诺而实施了行为的，对行为人不因行为既遂，而是只因行为力图受到处罚。（比较本著边码278、279）。错误认为存在实际上缺失的承诺的，依意义适用《刑法典》第16条第1款第1项（详见本著边码470及之后）。

正当化的承诺在属于过失犯的情况中也可以进入考虑〔格佩特（Geppert），《整体刑法学杂志》83，947；巴伐利亚州高等法院，《交通法汇编》53，349〕。

民法在这一点上完全与“承诺”的观点相脱离，而是以《民法典》第254条、242条和824条的规定开发了新的解决问题途径（=自行承担危险的行为；比较《联邦最高法院民事判决汇编》34，355）。《联邦最高法院刑事判决汇编》32，262就自我危险案中的**自我答责性**（Eigenverantwortlichkeit）问题所总结的参照标准，包含着同样种类的思考。

380 三、在承诺为准许，但出于实际的原因不能够取得的情况中，存在“**推定同意**”（mutmaßliche Einwilligung）的空间。在这个独立的、从习惯法的角度认可的正当化根据这里，可以获得意义的是两个不同种类的考虑：**行为是本着当事人的切实利益**（Handeln im

materiellen Interesse des Betroffenen）和**利益缺乏原则**（Prinzip des mangelnden Interesses）。

381 （一）第一种考虑，首先是在医生的权利上具有意义，如果延迟就有危险，而当事人的同意又不能够或者不能够及时获得的（**例如**，失去知觉的事故受伤者手术；根据开腹后才发现的不容推延的新的情况扩大与病人原来约定的手术范围）。解决这类问题的准绳是，所推定的当事人会对此承诺来作为正当化的根据，依据的不是客观尺度的法益和利益权衡，而是对在行为时刻法益所有权人的真实意志的可能性判断。当事人的个体利益、需求、愿望和价值观念在这里是决定性的。客观的标准，譬如是一个理性的行为者的尺度，在这里只有*间接证据上*的意义；它们只能用来求知个体的有这个可能性的意志。如果没有具体的参照表明如果能够询问当事人，当事人将是作出不同的决定的，则允许认为以假设求知的当事人的意志与在实际情况下只能是被视为是符合事实的、正常的和理性的相吻合（《联邦最高法院刑事判决汇编》35，246）。除此之外，对推定的承诺要求它原则上必须是具备如同真实的承诺所要求具有的对其有效性所要求的同样的前提条件。

382 行为者从当时视角（*ex ante*）做出的有此可能性判断，如果符合上述的要求，则假如事后表明尽管*按义务作了审查*和是认真地从事，却不是符合当事人的真实意志的，其建立在有此可能性的判断基础上的行为仍然合法。对这整个问题详见耶赛克/魏根德（Jescheck）/（Weigend），《总则》，§ 34 Ⅶ 及进一步的说明；对推定的承诺与无委托的经营之间的关系，见施罗特（Schroth），《法学教育》92，476；批评的见克纳普（Knapp），《法学教育》92，984。

383 对行为人的**错误想法**（Fehlvorstellungen），适用一般认识错误规则。这里要求首先要细心区别许可构成要件错误（即错误认为存在这样的事实，该事实如果真的存在则将支持有此可能性判断，此外也使得具体行为正当化）和法律上的认识错误（即根据

《刑法典》第 17 条来判决的情况，行为人从正确认识的事实情况中得出了在法律上错误的结论）。对此很有教益的见格佩特（Geppert），《法学者报》88，1024，对《联邦最高法院刑事判决汇编》35，246 的理由不清晰和不充分的判决的不同意见注释；批评的也见霍耶（Hoyer），注释，载《刑事辩护人杂志》89，245；米勒/迪茨（Müller）/（Dietz），《法学教育》89，280。

384 （二）凡不存在当事人的值得保护的维护利益且按照上述的基本原则尊重他的个人立场可以认为他可能会对此承诺的，行为的**利益缺乏原则**（Prinzip des mangelnden Interesses）进入考虑。

例如，跑腿人 B 到了邮局，没有使用委托人 A 交给他的新币，而是从自己口袋里掏出一张肮脏的纸币汇寄，因为他想保留那张新币。对此详见蒂德曼（Tiedemann），《法学教育》70，108；巴伐利亚州高等法院《法学者报》83，268 关于事故肇事者和不在场的，停放在路边被倒车损坏的机动车车主之间的密切的个人关系而对《刑法典》第 142 条的适用问题。

385 四、对**案例 9** 中 F 和 R 的举止，可做如下判决：

（一）M 既未明确也未默许地表示承诺可以开启邮寄给他的信件。

婚姻关系正常和离开时间较长，是否因此成立默许，是一个要分别情况而判断的问题。

F 不具有依法可以开启信件的权利；婚姻作为这样的一个事实不给予夫妻中的任何一方以权利，可以自行做主开启邮寄给另一方的信件。但是 F 可以依据**推定同意**（mutmaäliche Einwilligung），作为正当化的根据：

税务局寄来的公文信件，里面是什么内容，对于 F 以及对于任何一个站在她角度的客观判断者而言，都是一个未知。如果较长时间地等待 M 回来，有可能将耽误税务局给他规定的一个重要期限，产生不利的后果，这种担心由于没有相反情况的否定因此是十分正常。考虑到开启一封**政府部门**（behördlich）来信在**夫妻之间**（unter Ehegatten）通常不会对收件人造成重大分量的价值损失，同时也无任何事实提示 M 的意志是对此反对，对 F 的举止从客观实际的当时视角来看是符合 M 的利益。由于 F **认真地审查了利益所在**（Interessenlage gewissenhaft geprüft），**确信**（die überzeugung gewonnen）自己的行为符合 M 的有这个可能性的意志，她对信件的开启便依据"推定同意"属于正当。F 的行为结果并不符合 M 的实际意志，因为他想对她隐瞒税务局的退税，由于 F 对此没有认识，因此不予考虑。

（二）R 虐待了 S 的身体，以特别的实施方式实现了*危险的*身体伤害的犯罪构成要件（《刑法典》第 223 条和 223 条 a）。

"虐待"的概念，涵盖任何一个恶劣的、不适当的，对身体的完好性或者舒服感觉性造成了并非并不重大影响的对待行为〔《联邦最高法院刑事判决汇编》14，268；韦塞尔斯（Wessels），《分则》1，边码 247〕。

行为使用的烟头，是一"危险的工具"；属于这类工具的是任何一个据其客观特性和具体使用方式适合造成重大伤害的物件〔《联邦最高法院刑事判决汇编》3，105、109；14，152；韦塞尔斯（Wessels），《分则》1，边码 255〕。

S 自愿和认真表示的承诺，不能使行为正当化。年纪 13 岁的 S 是否从根本上完全理解了他的承诺的结果范围，就他的年龄而言已是十分值得置疑。即便是基于承诺，该**"行为"**（Tat）也无论如何都是**违背风俗**(sittenwidrig)(《刑法典》第226条a)的;因为它带有无意义的折磨,其方式和程度与所有的理性和正派思考的人的品行观念相悖(比较《帝国法院刑事判决汇编》74,91;《联邦最高法院刑事判决汇编》4,88)。R由此是违法地实施了行为。

第二节　责打权

386 作为对儿子S"勇敢考验"的惩罚,M打了他一耳光,由此实现了《刑法典》第223条的构成要件(=身体虐待)。

M寻求的教育目的,并不排除《刑法典》第233条意义上的构成要件符合性(比较《联邦最高法院刑事判决汇编》11,241;12,62)。行为人作为教育性质的惩罚来考虑的责打,在当事人的感觉中很有可能恰恰是"恶劣",会对他的今后举止产生影响。

387 M作为家长所具有的**责打权**(Züchtigungsrecht),可以作为**正当化根据**(Rechtfertigungsgrund)进入考虑。有权适度责打身体的责打权,来自《民法典》第1626条和第1631条中规定的照顾权和教育权(对于非婚姻母亲和监护人分别来自《民法典》第1705条和第1800条)。

388 过去,对中小学以及对高中**教师**(Lehrer)也依据习惯法认可具有责打权(有相应的学生年龄上的限制),这是从他们担负的教育任务中推论出来的(《联邦最高法院刑事判决汇编》11,241;14,52)。对这个权利其间已经发生了看法上的变化〔比较联邦最高法院,《新法学周报》76,1949以及沙尔(Schall)的注释,载《新法学周报》77,113;耶赛克/魏根德(Jescheck)/(Weigend),《总则》,§ 35 Ⅲ;福姆鲍姆(Vormbaum),《法学者报》77,654;吕平/许施(Rüpping)/(Hüsch),《戈德达默刑法档案》,1979,1〕。相关法律条款的习惯法上的效力至少是在那些联邦州已经被废除，在这些州间已经以正式的法律形式宣布教师对学生的身体责打为**不准许**（unzulässig）（比较联邦最高法院《新刑法杂志》93，951）。

身体责打在教育权的范围内作为教育的一个方式，永远只能是作为*最后的手段*（*ultima ratio*）来考虑。只是在同时满足下面的情形下责打才为准许： 389

（一）有**足够的责打缘由**（hinreichendem Züchtigungsanlaß）情况下，责打在客观上是为达到教育目的**所要求**（geboten）和在主观上是**由教育思想所主导**（vom Erziehungsdedanken beherrscht）；

（二）责打的方式和适度性此外也与孩子的错误和年龄处于一个**适当的关系**（in einem angemessenen Verhältnis），孩子的身体状况和心灵发育得到了顾及。

任何折磨性的、对健康有害的、没有必要而是侮辱性的或者粗暴地伤害品行观念的责打，都是不准许和违法的〔比较《民法典》第1631条第2款；《联邦最高法院刑事判决汇编》11，241、260；施彭德尔（Spendel），《法学环视》85，485、488〕。根据联邦最高法院《新刑法杂志》87，173，使用无危险性的打人物件就*其自身而言*并不构成对责打权的超越〔批评的见洛林斯基（Rolinski），注释，载《刑事辩护人》88，63；赖歇特/哈默（Reichert）/（Hammer），注释，载《法学者报》88，617〕。

责打权作为这样的权利，如同教育权那样不得转交于别人；但是在特别的照料或者教育关系的范围内，对于该权的**行使**（Ausübung）可以交移给他人（《联邦最高法院刑事判决汇编》12，62、67）。原则上，第三者对他人孩子没有责打权（但在一定情形下有紧急防卫权）；详见米奇（Mitsch），《法学教育》92，289。 390

在**案例9**中，对M而言具备足够的责打S的缘由： 391

从教育的角度,要反对由S进行这样的“勇敢证明”。由M选择的身体责打的形式与S的错误和年龄适当。尽管对身体责打在教育上的价值大家都很有疑问,但必须承认M对S的惩罚行为是在依法准许的范围之内。由于恼怒和激动的行为并不排除行为是出于教育上的目的(哈姆州高等法院《新法学周报》56,1690;联邦最高法院《戈德达默刑法档案》1693,82),M对S的适度责打是准许和正当的。

392 对整个问题从法学、刑事学和心理学角度概述的见乌尔茹娜·施奈德(Ursula Schneider),《家庭中的身体暴力》,1987,203;乌尔茹娜·施奈德完全拒绝身体责打权,主张明确禁止责打,因为她坚决否定身体惩罚的教育方式具有价值〔以刑法的手段,强迫不来教育方式上正确的父母举止;有道理的见特伦德勒(Tröndle),§ 223边码11〕。

第十章　责任和个人的可谴责性、规范的责任概念、责任的前提和标志、免责事由

案例 10：某 A 声名狼藉，是一个社会团伙头目，离开某饭店时从背后冲撞毫无准备的饭店客人 G，致使 G 从楼梯上摔下，摔成严重的脑震荡，对事情的经过丧失了记忆。在对他提起的刑事诉讼程序中，某 A 否认侵犯过 G。饭店服务员 K 看到了整个过程，在庭审时作为证人却陈述说某 A 并未撞击 G，是 G 自己脚滑摔下了楼梯。K 对这个明知不符合事实的证词作了宣誓，因为法官开庭审理之前他受到了团伙的恐吓，恐吓他“如果对某 A 有一丁点儿不利”，就要将他“打成残废”。基于 K 的证词，某 A 被无罪释放。 393

对 K 的举止从刑法上应该如何判决？

第一节　刑法上的责任和答责性

394 作为证人,K在法庭上故意作了虚假作证。他对自己的伪证作了宣誓,由此构成了伪誓〔《刑法典》第154条;详见《联邦最高法院刑事判决汇编》8,301;韦塞尔斯(Wessels),《分则》1,边码732〕。

此外,K还构成了挫败刑罚罪(《刑法典》第258条I),因为他对犯了轻罪(《刑法典》第223条和第223条a)的某A提供了帮助,由此至少是在一个相当长的时间内起主要作用地挫败了对某A的依法惩罚〔详见塞尔斯(Wessels),《分则》1,边码699及之后〕。

K的举止不受到正当化根据的庇护。正当化的紧急状态(《刑法典》第34条)在这里不具备其成立的前提条件,这是因为K的要维护他的身体完好性的利益,并不是**"明显"**(wesentlich)要**大于**(überwiegt)在刑法范围内要求个人的证明要具有可靠性的这个公共利益,且**伪誓**(Meineid)也并非是避免危险的**"适当"方式**(angemessenes Mittel)〔对此比较罗克辛(Roxin),《厄勒纪念文集》,181、189〕。要问的是,对于K是否可以对他提起责任谴责(Schuldvorwurf)。

395 一、《刑法典》在**不法**(Unrecht)和**责任**(Schuld)之间划分有严格的区别(譬如见《刑法典》第17条、第20条)。对受到刑罚威吓的行为,在*不法范围*内要作的是就该行为与法制秩序要求的应然规范之间的是否一致性进行审查,也就是说要审查行为的是否违法性,在**责任范围**(Schuldbereich)内,要进行审查的是围绕着是否应该对行为人**个人**(persönlich)提起违法行为**谴责**(vorzuwerfen)这个问题。

396 二、与《基本法》意义上的"人的图像"一致,德国刑法建立在**责任原则和答责性原则**(Schuld und Verantwortungsprinzip)的基础之上：刑罚是以具有责任为前提（《联邦宪法法院判决汇编》20，323、331；25，269、285；《联邦最高法院刑事大法庭刑事判决汇编》2，194、200）。

与“刑罚”相反，**矫正及保安“处分”**（“Maßregeln” der Besserung und Sicherung）（《刑法典》第61条）不与责任挂钩，而是与行为人的**社会危险性**（Sozialgefährlichkeit）联结。对无责任的行为因此也准许命令处分，只是以构成了一个《刑法典》第11条第1款第5项意义上的“违法行为”为前提条件。

责任和承担责任原则的构建**基础**（Grundlage），是人的能力，即人的可以自由地和正确地在合法和不法之间作出决定的能力。只有当这个**决定自由**（Entscheidungsfreiheit）存在时，对行为人提起责任谴责才有意义。 397

由于不论是强调“绝对的意志自由”的古典学派的**非决定论**（Indeterminismus），还是与之相反的主张以“因果性”来作为对人的举止的解释原则的**决定论**（Determinismus）（＝犯罪是天资和环境的必然产物），都不能得到精确的科学上的证明，刑法因此就不得不满足于这样的一个认识，即道德上成熟和心理上健康的人的**答责性原则**（Prinzip der Verantwortlichkeit），是**我们的社会存在的一个不可推翻的现实**（unumstößliche Realität unserer sozialen Existenz）。

从回望的角度观察，虽然对几乎每一个行为都可以解释为是天生的或者是由环境条件的决定性的力量所产生的结果，但同样可以肯定的是人并非是无可抗拒地在受到这些力量的主宰。人的举止过程与动物的举止过程比较，尽管有一定的相同性，但仍然在结构上有着截然不同。动物的举止，受本能机制引导，受到激发性的重要刺激时是一个僵硬的必然性过程。人的行为冲动，发自心理深层，在成为现实之前要经过一个所谓的**自我中心**（Ichzentrum），作为思想上一心理上的控制机制。在这些决定性的力量和行为者的行为决意之间，有一个**人格层面上的作决定的动作**（personaler Entscheidungsakt），该动作意味着人对要通过他自己（有价值或者无价值地）来发生的行为说的是"是"。如同对人格研究的新的结果所证实的那样，人具有控制举止的可能性，就建立在人的这个能力之上，即**人有能力控制他的天然和环境造成的冲动，有能力根据社会伦理要求的规范和价值观来指导他的决定**（Fähigkeit des Menschen, seine anlage - und umweltbedingten Antriebe zu kontrollieren und seine Entscheidung nach sozialehtisch verpflichtenden Normen und Wertvorstellungen auszurichten）。

对此详见德雷埃尔（Dreher），《意志自由》，1987年，第383页及之后；耶赛克/魏根德（Jescheck）/（Weigend），《总则》，§ 37；阿图尔·考夫曼（Artur Kaufmann），《法学培训》86，225；R. 朗格（R. Lange），《整体刑法学杂志》97，121；策勒索·米尔（Cereso Mir），《整体刑法学杂志》108，9；奥托（Otto），《戈德达默刑法档案》，1981，481；伦克纳（Lenckner），《申克/施罗德—刑法典注释集》，§ 13前边码107～110。

398 对于**责任原则**（Schuldprizip）在刑法上的意义，可以按照论点种类描述如下：

（一）责任并列于构成要件符合性和违法性，是成立刑罚并同时也是限制刑罚的犯罪特征。基本原则是无责任无刑罚！

（二）行为人的责任必须是要包含所实现的不法的全部要素（=不法与责任相关，它们必须相互对应）。

（三）个案中科处的每个刑罚必须是与责任相当（=刑罚不得大于责任程度）。

《刑法典》第46条第1款,可谓以一个简短明了的公式概括了责任原则的重要内容:“行为人之责任是刑罚量刑之基础”。如同在其他的条文中(《刑法典》第20条、第29条、第35条第1款),《刑法典》上的规定在这里的出发点是行为人之责任是**可罚性的前提条件**(Voraussetzung der Strafbarkeit),刑罚量刑取决于可罚性的大小和范围。一些新的学说,离开了法律的这一基本立场,对责任只证明它拥有刑罚限制功能,称它为“一般预防的派生词”,对责任的概念只是或者主要是**从刑罚之预防目的**(Präventionszwecken der Strafe)的角度来定义〔=所谓的社会性或者功能性的责任概念;如阿申巴赫(Aschenbach),载《现代刑法体系的基本问题》,许内曼(Schünemann)主编,1984,135,阿申巴赫在其中建议以“个体归责”来取代责任的概念;相似极端的观点见雅科布斯(Jakobs),《总则》17/18及之后,雅科布斯虽然坚持责任的概念,却“根据目的”把责任概念理解为是一般预防的纯粹工具〕。对这样的理论观点,可以批评指出它没有包括责任的实质内涵,最终是否认了责任原则的自主意义〔见解正确的见希尔施(Hirsch),《整体刑法学杂志》106,746;迈瓦尔德(Maiwald),《伦克纳纪念文集》,149;延克(Jähnke),《刑法典莱比锡评论集》,§ 20边码9及以之后数页和进一步的证明〕。

观点见解上的纷争中持协调性意见的罗克辛(Roxin)〔《总则》,§ 19边码3;《阿图尔·考夫曼纪念文集》,519;《整体刑法学杂志》96,641;《瑞士刑法杂志》104,356〕主张一个在责任和预防之间相互限制意义上的综合。照其观点,对(建立在对人的“对于遵照规范的可要求性”基础上的)责任的范畴,应当做“预防角度上的制裁必要性”这个元素补充,称之为答责性;行为人对他实施的不法,只有当他一是负有责任地实施了行为,二是存在着惩罚负有责任的举止的这个预防角度上的必要性的时候,才被要求承担责任。对此的批评见希尔施(Hisch),《刑法典莱比锡评论集》,§ 32前边码182 a。 399

关于责任、答责性、预防的话题讨论,此外见席尔德(Schild), 400
《选择性注释系列刑法典注释》,边码68及之后对 § 20、21的引言；德雷埃尔（Dreher），《意志自由》，第 29 页及之后；阿图尔·考夫曼（Artur Kaufmann），《瓦塞尔曼纪念文集》，1985，889；屈佩尔（Küpper），《刑法信条学》，第 148 页及之后；伦克纳（Lenckner），《克莱因克内希特纪念文集》245；耶赛克（Jescheck），《刑法典莱比锡评论集》，§ 13 前边码 72；施特伦（Streng），《刑法上的制裁》，1991 年，第 255 页及之后及《整体刑法学杂志》101，274。

401 三、责任谴责的**对象**（Gegenstand），是在违法行为中表现出来的行为人对于法制秩序对于举止的要求的**有缺陷的态度**（fehlerhafte Einstellung）。

责任谴责的内在根据，在于人有自我决定的追求，思想上一道德上成熟之后如果不是《刑法典》第 20 条意义上的严重精神障碍而不能认识行为的不法或者不能按照这个认识去行为的，调动自己的**“法良知”**（Rechtsgewissen），就有能力**避免法律规定的禁止**（das rechtlich Verbotene zu vermeiden）。

据此，“责任”意味着**行为**（Tat）的就其所体现出来的**在法律角度上值得谴责思想**（rechtlich tadelnswerte Gesinnung）而言的**可谴责性**（Vorwerfbarkeit）〔加拉斯（Gallas），《整体刑法学杂志》67，1、45；耶赛克/魏根德（Jescheck）/（Weigend），《总则》，§ 39 Ⅱ 1；也比较埃伯特（Ebert），《总则》，84〕。

这样，如同行为的不法性取决于行为的行为无价值和结果无价值那样，对行为**有责性**（Schuldgehalt）的确定是根据与具体实现了的犯罪构成要件相关联的**思想上无价值**（Gesinnungsunwert）。《刑法典》在第 46 条第 2 款中强调要把“行为所表露出来的思想”作为刑罚量刑的重要的分别情况，其出发点也为如此。但是，行为人被指责的不是他的思想作为这样的意识本身，而是由这种思想所造就的**犯罪行为**（Straftat）。在行为中表露出来的（较严重或者很严重的）法制思想缺乏，是对行为人就其实施行为根据他的责任程度提起谴责的唯一理由。

如果是因为有精神上—心理上的缺陷，或者是由于某个非常不一般的动机压力而消失了遵照法律命令的能力，则即便是故意实现了犯罪构成要件的，也不产生思想上的无价值。“承担责任”的行为，只能是在具体的个体能力的范围内才可成立，也就是说以主观方面的对违反法律义务的可以避免性为前提条件〔＝行为人**“能够对此”有所作为**（Dafür－Können）〕。

构成对于责任判断的**连结点**（Anknüpfungspunkt）的，是**不法行为**（Unrechtshandlung）。刑法上的责任，是单独行为责任，不是性格责任和只间接的是生活方式责任。不过，依据《刑法典》第46条第2款，后者（＝行为人的先前生活）是可以在刑罚量刑的时候被考虑的〔详见施特雷（Stree），《申克/施罗德—刑法典注释集》，§ 46边码30～33〕。 402

可谴责的，只能是行为人在意志上所**能够**（kann）的，而不是他在自然状况的层面上所**是**（ist）的〔韦尔策尔（Welzel），《教科书》，139〕。

四、刑法意义上的责任是**法律责任**（Rechtsschuld），非仅仅是道德上或者伦理上的责任。对于责任谴责，标准性的是法制秩序的社会伦理价值观念。 403

法律的规范和道德的规范之间，虽然很大程度上为相互相同和一致，但前者仍然是在法律上具有约束力，即便是作为一个个人的某人不认可它是从道德的层面上所产生义务的。刑事法官是从人民那里获得了司法权（《基本法》第20条第2款），他作为多元社会的代表要依据**法律的尺度**（rechtlichen Maäställen）来衡量行为人的责任,不得考虑此外是否还具有道德上—伦理上构成责任谴责的地方(联邦最高法院《新刑法杂志》87,405对司法中的一些道德化倾向提出了批评)。在刑事上的刑罚判决中因此不能让人看到有其他别的,只能是看到在以**“依法”谴责**(“rechtlichen” Tadels)的形式对负有责任的举止以法制共同体的名义宣布的不能够认同。

404 这样,对以其个人的信念来代替具有普遍约束力的法律,在行为上有意识地违背法律,因为他基于自己的道德上、宗教上或者政治上的观念认为他的行为正确或者甚至是有义务这样做的所谓的**“确信犯人”**(überzeugungstäter),也不排除提起刑法上的责任谴责〔见解正确的见海尼茨(Heinitz),《整体刑法学杂志》78,615、631;希尔施(Hisch),《刑法和确信犯人》,1996,27;此外,耶赛克/魏根德(Jescheck)/(Weigend),《总则》,§ 37 Ⅱ 3;毛拉赫/齐普夫(Maurach)/(Zipf),《总则》,§ 35 边码7;有不同意见的见埃伯特(Ebert),《法制新发展中的确信犯人》,1975,52、66、84;藤克霍夫(Tenckhoff),《劳舍尔纪念文集》,1993,437〕。对整个问题很有教益的也见罗克辛(Roxin),《迈霍弗纪念文集》389,对于在严格限制的情况中如果是认真作出的**良知决定**(Gewissensentscheidung)的,罗克辛援引《基本法》第4条和《联邦宪法法院判决汇编》32,98,主张**放弃刑罚**(Verzicht auf Strafe),以尽管应当提起责任谴责,但从预防的角度可以对行为宽容为限。

民法上的“负有责任”概念,与刑法上的责任概念并不相同;这是因为两个法律领域的各自目标不同。

第二节　责任理论和规范的责任概念

405 《刑法典》没有对“责任”的概念进行定义。其第29条只是规定，有数个行为参与者的，每个参与者是各依其责任可罚。

一、“心理责任论”（psychologische Schuldauffassung），认为责任的实质在于行为人对行为的主观—心理上关系，把责任概念与心理事实（＝认识/非认识、意愿/非意愿）等同，因此将故意和过失视为是“责任种类”〔比较梅茨格（Mezger），《教科书》，§ 33〕。 406

这种理论忽视责任的本质因素，因此它不能解释为何一故意行为者的责任，在具备免除责任的紧急状态前提条件下要消除。

二、由弗兰克（《责任概念的构成》，1907；《刑法典》§ 51 前注释Ⅱ）提出的**“规范性责任论”**（normative Schuldlehre），指出责任的本质在于**意志形成和意志动作的可谴责性**（Vorwerfbarkeit der Willensbildung und Willensbetätigung），也就是说在于对心理事实的从规范角度的价值判断。 407

规范性责任概念在今天已得到了广泛的认同，不过，这个概念应该是由哪些因素组成，对此的看法很有差异：

按照大多数论者的观点，刑法上的责任是个综合概念，包含**责任能力**（Schuldfähigkeit）、对于一定情况的**特别的责任特征**（spezielle Schuldmerkmale）、**责任形式**（Schuldform）（＝故意或者过失责任）、**不法意识**（Unrechtbewußtsein）（＝知道是不法的可能性）和（负面的）**免责根据缺乏**（Fehlen von Entschuldigungsgründen）。 408

详见阿申巴赫（Aschenbach），《刑法体系责任论史和信条学基础》，1974；克林佩尔曼（Krümpelmann），《戈德达默刑法档案》，1983，337；耶赛克（Jescheck），《刑法典莱比锡评论集》，§ 13 前边码 79；泽尔曼（Seelmann），《法学教育》80，505。

第三节 责任能力

409 某个个人从根本上讲能够负有责任，其前提条件是他在实施行为的时刻具有责任能力。

410 一、**不具有责任能力**（Schuldunfähig）者，是未年满14周岁的儿童（《刑法典》第19条），和出于《刑法典》第20条中列举的理由不具有能力可以认识到行为的不法或者按照这个认识去行为〔=缺乏**认识能力或者控制能力**（Einsichts－oder Steuerungsfähigkeit）〕的人。

在对于不具有责任能力的描述上，《刑法典》第20条结合统一了心理—生理上的要素和心理—规范上的关系：无能力认识到行为的不法或者无能力按照这个认识去行为的，必须是因为有**病理性精神障碍**（krankhafte seelische Strörung）（如脑器官疾病、内因性精神变态、精神分裂症、循环性精神病），有**深度意识错乱**（tiefgreifende Bewußtseinsstörung）（如烂醉、精疲力竭、疲惫不堪、情绪极其冲动），是因为**智力低下**（Schwachsinn），或者有**其他严重的精神上反常**（andere schwere seelische Absrtigkeit）（如心理变态、神经官能症、本能错乱）。对此详见《联邦最高法院刑事判决汇编》37，397；联邦最高法院，《法学新周报》82，2009；《新刑法杂志》89，430；布劳（Blau），《法学培训》82，393；布雷塞尔（Bresser），《新刑法杂志》78，1188；弗里斯特（Frister），《犯罪学和刑罚改革月报》，1994，316；施赖伯（Schreiber），《新刑法杂志》81，46；沃尔夫斯拉斯特（Wolfslast），《法学工作报》81，464。

411 对于**激情行为**（Affekthandlung）这个很特别的问题，见《联邦最高法院刑事判决汇编》11，20；联邦最高法院《法学新杂志》88，2747；《刑法判决新汇编》95，539和96，77；贝伦特（Behrendt），《情绪与先前责任》，1983；弗里施（Frisch），《整体刑法学杂志》101，538；盖伦（Geilen），《毛拉赫纪念文集》173；克林佩尔曼

（Krümpelmann），《韦尔策尔纪念文集》327；普利特韦茨（Prittwitz），《戈德达默刑法档案》，1994，454；扎尔格（Salger），《特伦德勒纪念文集》201。

对于成年的行为人，凡无迹象表明可以对此否定的，皆推定他具备责任能力（《帝国法院刑事判决汇编》21，131）。行为时刻血液里的高度酒精含量，也可以构成这样的迹象。一般的经验说法是一个人血液里的酒精含量超过了3‰的便属无责任能力，这样的经验并不成立。但要更加注重对行为发生的所有外在的和内在的情况以及行为人的个人状态进行审查（联邦最高法院《刑法判决新汇编》82，243；96，592）。 412

凡行为时刻的**酒精含量大小**（Höhe des Blutalkoholgehalts）成为关键性的判断依据时，要考虑到该值在抽取血样（如果已经抽取）的时候已经发生了变化，因为它要么是由于继续的吸收而又有上升，或者是由于其间在发生着的酒精消退而有所降低。对这些情况，法院必须将抽取值计算回行为时刻的时刻值。如果需要**回算**（Rückrechnung）的是酒精的**消退阶段**（Abbauphase），而个人的消退值又难以确定，则在有疑问时应当对被告人有利地采用判断他的刑法上的责任性时对他最有利的值，即行为时刻的酒精含量可能最高的值。司法判决中对酒精含量的消退值最低的采纳每小时消退0.1‰，最高的采纳每小时消退0.29‰。如果回算的时间空间较大，则对计算出来的最高值连同其他的可能对责任能力的判断提供情况的间接证据进行**整体评价**（Gesamtwürdigung）〔详见《联邦最高法院刑事判决汇编》34，29；35，308；36，286；37，231；联邦最高法院，《新刑法杂志》95，539；福特（Foth），《新刑法杂志》96，423；延克（Jähnke），《刑法典莱比锡评论集》，§ 20边码47〕。对酒精造成的失去控制与**病理的狂迷**（pathologischem Rausch）之间的区别见《联邦最高法院刑事判决汇编》40，198。

不具备责任能力的不受罚；关于收容于精神病院或者戒除所

见《刑法典》第 63 ~ 64 条和《青少年法庭法》第 7 条。

413 二、**责任能力降低**(vermindert schuldfähig)的行为人，是实施行为时如果出于以上列举的原因他的认识能力或者控制能力**显著降低**(erheblich vermindert)的行为人(《刑法典》第 21 条，比较《联邦最高法院刑事判决汇编》7,28;20,264;21,27;联邦最高法院，《新刑法杂志》96,380)。*降低的责任能力，成立有选择余地*[①]**的刑罚减轻根据**(Strafmilderungsgrund)。

适用《刑法典》第 21 条时要注意，行为人的举止如果是有计划、按目的和结果正确的或者是他对行为过程能够清楚回忆的，并不一定就构成对控制能力系显著降低的确定的反对(详见联邦最高法院，《新刑法杂志》82,243;83,19;90,121)。对《刑法典》第 21 条的适用不能同时依据的是这条规定中所明确的两个条件(联邦最高法院，《新刑法杂志》91,726)。如果行为人尽管认识能力显著降低，但还是认识到他的行为属于依法不许可的，无依据《刑法典》第 21 条第一条件的空间(联邦最高法院，《新刑法杂志》89,403)。

414 三、行为时已年满 14 周岁但尚未年满 18 周岁的青少年，承担**有条件的责任能力**(bedingt schuldfähig)(《青少年法庭法》第 3 条)。对这些青少年的责任能力必须根据他们的发育成熟程度分别审查，并在判决中特别明确(《帝国法院刑事判决汇编》58,128;《帝国法院最高法官判决汇编》,1936,158)。

415 四、对这样的情况，即尽管行为人在实现犯罪行为构成要件的时刻不具备责任能力，但他触犯的是某个**自我责任造成的缺陷**

① 这里的“有选择余地”，原文为“fakultativ”，指的是“本应……若不能够时则改为……”以下同——译者注。

(selbstverschuldeten Defekt)(=酩酊大醉、毒品迷狂等),且是在刑法上应当承担责任的状态中启动了某个**一定犯罪行为**(bestimmten Straftat)的**原因序列**(Ursachenreihe),对该犯罪行为则是在使得自己丧失了责任能力后才开始实行,对这样的情况依据从习惯法中发展出来的**原因自由行为**(actio libera in causa)基本原则也准许处罚。**责任谴责**(Schuldvorwurf)在这里与行为人的那一个行为连接,通过这一行为行为人将自己置于一个呈现缺陷的状态,由此是将自己置于一个境地,可以在时间性的无责任能力阶段中实施事前就充分确定的犯罪行为〔详见《联邦最高法院刑事判决汇编》21,381;耶赛克/魏根德(Jescheck)/(Weigend),《总则》, § 40 Ⅵ 1;屈佩尔(Küper),《莱费伦茨纪念文集》573;延克(Jähnke),《刑法典莱比锡评论集》, § 20 边码 76 及之后;奥托(Otto),《法学教育》86,426;《总则导论》, § 13 边码 15 及之后;席尔德(Schild),《特里夫特雷纪念文集》203;伦克纳(Lenckner),《申克/施罗德—刑法典注释集》, § 20 边码 33 及之后和进一步的证明〕。

例如,某人带着消除自己的控制能力后去杀死某个他人的意志把自己喝醉,其后确如计划发生了行为。对于这样的情况对行为人刑罚适用《刑法典》第 212 条、第 211 条,也就是说不适用辅助性的第 323 条 a(见《联邦最高法院刑事判决汇编》21,318)。

这个结果虽然就其本身来看与《刑法典》第 20 条的条文有相矛盾之处,该文所言"在实施行为"时某人出于法律中示明的原因不具备认识或者控制能力的,其行为**不承担责任**(ohne Schuld)(=行为实施与责任之间的时间重合问题)。不过,在这里科处惩罚是与**责任原则**(Schuldprinzip)相一致的,理由是行为人正是为了侵害法益,而自己把自己的控制能力负有责任地剥夺,因此可以对他谴责法益侵害。此外,立法者也并无意图通过《刑法典》第 20 条的规定,而将为他们知道并且继续认可的原因自由行为(actio libera in causa)这个法学手段有所改变。由此,允许这样理解《刑法典》第 20 条:凡不能根据*原因自由行为*(actio libera in causa)可以对他谴责行为的,行为人在这里明确的先决条件下"无责任"。也有一些论者,援引《基本法》第 103 条,提出法律本身对这个问题有一个相应的明确规定是必要的〔例如,赫鲁施卡(Hruschka),《法学者报》96,64;扎尔格/穆茨鲍尔(Salger)/(Mutzbauer),《新刑法杂志》93,561、565;对整个问题的基本阐述,黑挺格(Hettinger),《"原因自由行为"——尽管无责任能力仍因行为实施的可罚性》,1988 年,第 436 页及之后;同一作者,《格尔茨纪念文集》623;佩夫根(Paeffgen),《对刑法典的图表式注释》,§ 323 a 前边码 5 及之后〕。

另外的一种观点,认为*原因自由行为*(actio libera in causa)这个法学手段不是对《刑法典》第 20 条中确定的重合原则的例外,而更应当是在他造成作为"因果链条的第一个环节"的缺陷状态的时候,行为人就已经**开始了对犯罪构成要件的实现**(Beginn der Tatbestandverwirklichung)(=术语上所说的构成要件模式);还认为,通过对间接的行为性之结构上的追索,这里也应当确定是故意行为,因为行为人是把自己作为了将自己置于无责任能力状态的工具〔详见希尔斯(Hirsch),注释,载《新刑法杂志》97,230;鲁道菲(Rudolphi),《刑法典系统评论集》,§ 20 边码 28 及之后和进一步的证明〕。这种观点的理由如果要站得住脚,只能是把自行置于缺陷状态视为就是对所相关的故意犯罪的**力图**(Versuch),但对此又有不同的观点(见本著边码 149)。

416 在 1996 年 8 月 22 日的判决中(联邦最高法院,《法学者报》),联邦最高法院第四刑事法庭所表明的立场,是对《刑法典》第 315 条 c、第 316 条意义上的危害公路交通和对无照驾驶(《公路交通法》第 21 条)不能适用*原因自由行为*(actio libera in causa)基本原则。法庭认为,对这些构成要件,不能理解为是导致可以与犯行行为相分离的结果的造成原因。"驾驭"一机动车,并不就是意义上等同于造成一运行;运行更应该是随着车辆的**起动自身**(Anfahren selbst)的行驶运行才为开始。联邦最高法院的这个裁定对它自己的司法判决和对法律的进一步发展将会产生哪些影响，尚需观察等待。对此见哈尔特通（Hardtung），《交通法新杂志》97，97；希尔斯（Hirsch），注释，载《新刑法杂志》97，230；霍恩（Horn），《刑事辩护人》97，264；赫鲁施卡（Hruschka），《法学者报》97，22；耶鲁施克（Jerouschek），《法学教育》97，385；穆茨鲍尔（Mutzbauer），《法学工作报》97，97；施彭德尔（Spendel），《法学环视》97，133。

主流的观点，认为只能是在行为人故意（=至少是间接故意）造成了自己的缺陷状态，且在这个时刻他的故意是以实施一个（至少是就其种类而言）**一定的犯罪行为**（bestimmte Straftat）为目标，并在其后出现的无责任能力状态中实施了该行为的，才能根据*原因自由行为*（actio libera in causa）对他因**故意的行为实施**（vorsätzlicher Tatbegehung）惩罚。这里可以从中推论的**双重责任关系**（doppelte Schuldbeziehung），构成*原因行为*（actio praecedens）与后来的对犯行行为的现实之间的内在连接；这个连接对于一个责任刑法而言是不可放弃的，缺少它，只有适用《刑法典》第323条a的空间。 417

详见《联邦最高法院刑事判决汇编》21，381；23，356；雅科布斯（Jakobs），《总则》17/66；耶赛克/魏根德（Jescheck）/（Weigend），《总则》，§ 40 Ⅵ 2；兰夫特（Lanft），《法学培训》88，133及之后；伦克纳（Lenckner），《申克/施罗德—刑法典注释集》，§ 20边码33及进一步的证明；意见不同的见格拉默（Cramer），《法学者报》71，766；克劳泽（Krause），《法学培训》80，169。

谁事前决意要在大醉的状态下实施*随便一个暴力行为*而为此酗酒的，并不成立足够确定的故意（比较联邦最高法院《刑事辩护人》93，356）。如果他在酗酒后实施了抢劫或者性犯罪的，只有适用《刑法典》第323条a的空间。即便是对于*原因自由行为*（ac- 418 tio libera in causa),构成要件故意与行为过程也必须是在本质性的基本特点上相互吻合;是否构成了这种情况,在这里是通过对行为人的计划设想与后来的行为发生之间的比较得出。消除自己控制能力者的意志,是指向强奸任何一个女性,在迷狂状态中也强奸了任何一个女性的,对他依据《刑法典》第 177 条以*原因自由行为*(actio libera in causa)形式惩罚(《联邦最高法院刑事判决汇编》21,381、383)。形成缺陷状态后如果出现了**变更故意**(Vorsatzwechsel)的,对新出现的故意和该故意的实现又适用《刑法典》第 323 条 a;对原来的行为故意与具体的行为形成之间出现的本质种类的其他偏差,也相同。**例如,**客人 G 故意将自己喝得大醉之前,想的是对女服务员 K 非礼。在后来施暴时 K 的不要伤害她的请求,改变了 G 的主意。他放弃了自己的性侵犯意图,只是抢夺了 K 的手包,欲将她的当日收入据为己有。这里,G 免除刑罚地从强奸意图中回撤(《刑法典》第 24 条第 1 款第一种如果情形;比较本著边码 625 及之后)。他对 K 实施的抢劫则依《刑法典》第 323 条 a 惩罚,因为 G 的抢劫故意是在无责任能力的状态下才形成的。与《联邦最高法院刑事判决汇编》的观点不同,在*原因自由行为*(actio libera in causa)中,在实施行为的时候产生的个人错误(error in persona),形成对无缺陷状态中所决意的故意的一个本质性的偏差,因为行为人是在**丧失了责任能力之后才**(erst nach dem Verlust der Schuldfähigkeit)发生了对客体的个别化上的错误(比较本著边码 247 及之后);由此,提起责任谴责所依据于此的行为计划与行为形成之间的联系,被消除〔论述正确的见伦克纳(Lenckner),《申克/施罗德—刑法典注释集》,§ 20 边码 37;鲁道菲(Rudolphi),《刑法典系统评论集》,§ 20 边码 31;意见不同的见艾塞尔/布克哈特(Eser)/(Burkhardt),《刑法》I,205〕。

419 对缺陷的造成(=自我醉酒等),尚非是对所计划犯罪行为的**力图**(Versuch)。根据一般规定,力图是随着对构成要件性实行行为的直接启动(譬如是启动《刑法典》第 177 条或者第 249 条意义上的使用暴力)才为开始,因为该实行行为并不能通过对*原因自由行为*(actio libera in causa)的结构分析而被“提前”〔详见耶赛克/魏根德(Jescheck)/(Weigend),《总则》,§ 40 Ⅵ 2;福格勒(Vogler),《刑法典莱比锡评论集》,§ 22 边码 107;奥托(Otto),《法学培训》86,462;艾塞尔(Eser),《申克/施罗德—刑法典注释集》,§ 22 边码 56;观点不同的见雅科布斯(Jakobs),《总则》17/68;普珀(Puppe),《法学教育》80,349;罗克辛(Roxin),《伦克纳纪念文集》307、314;沃尔特(Wolter),《莱费伦茨纪念文集》545、556〕。

在过失犯(Fahrlässigkeitsdelikte)范围内,只有当行为人是故 420
意或者过失地造成了关键性的缺陷,同时**以过失的方式**(fahrlässiger Weise)没有考虑到或者没有料想到他将会在无责任
能力的状态中实现某个一定的犯罪行为(bestimmte Straftat)的, 421
对他依*原因自由行为*(actio libera in causa)基本原则进行惩罚的处罚才进入考虑〔比较赫鲁施卡(Hruschka),《法学者报》97,22;施本德尔(Spendel),《刑法典莱比锡评论集》,§ 323 a 边码 40;拒绝的观点见黑挺格(Hettinger),《戈德达默刑法档案》,1983,1〕。也有论者认为对*原因自由行为*(actio libera in causa)做结构上分析为完全没有必要〔详见奥托(Otto),《法学培训》86,426、433〕。

第四节 特别的责任标志

刑法条文的规定中,除了行为的不法特征之外零星地也包含 422
有一些**"特别的"责任标志**("spezielle"Schuldmerkmale),具备这些标志的,表明行为人对待法制的态度或多或少应当受到谴责。这些标志的特点,在于它们不仅仅是作为不法的反射来确定行为的有责性,而且还"直接和唯独地"**详细描述**(näher charakterisieren)在行为中表现出来的**思想意识上无价值**(Gesinnungsunwert)〔耶赛克/魏根德(Jescheck)/(Weigend),《总则》,§ 40 I;伦克纳(Lenckner),《申克/施罗德—刑法典注释集》,§ 13 前边码 122〕。因此,从系统的角度看它们应当属于"责任"的范围。

谋杀罪中的**“卑劣动机”**(niedrigen Beweggründe)(《刑法典》第211条第2款第一组类),就是纯正的**责任标志**(echte Schuldmerkmale),因为它唯独性质地和不仅仅是作为不法的反射地在说明行为人之最低劣层次的可谴责的**思想**(Gesinnung)〔对此的进一步问题见韦塞尔斯(Wessels),《分则》1,边码119及之后〕。此外,**“恶意”**(Böswilligkeit)(《刑法典》第90条a第1款第1项、第130条第1款第2项b、第223条b)和**“无所顾及”**(Rücklosigkeit)(《刑法典》第315条c),说明的也是责任思想上的特征;对此见科隆州高等法院,《交通法汇编》59,123。

与之相反,谋杀罪特征中的“残忍”和“残暴”(《刑法典》第211条第2款第二组类)属于**行为不法**(Handlungsunrecht),因为它们所规定的主要是**实施方式**(Begehungsweise)的可谴责性,只是间接地准许推论行为人的思想。《刑法典》第223条b虐待罪中的“粗暴”也相似,这里,行为人冷漠无情的思想,必须是在对**身体侵犯的方式和严重程度**(Art und Schwere des körperlichen Eingriffs)上表现出来(比较《联邦最高法院刑事判决汇编》25,277)。

杀婴罪(《刑法典》第217条)中的婴儿“非婚生”(Nichtehelichkeit),是一个需要从**客观方面角度来确定的责任特征**(objektiv gefaßtes Schuldmerkmal),具有减轻责任的意义。这个特征只是看上去属于客观方面的犯罪要件,因为对行为人予以特殊对待的**理由**(Grund),唯一是在于非婚生生产者的心理上非常态状况〔比较屈佩尔(Küper),《戈德达默刑法档案》,1968,321、324〕。而陈述的紧急状态(《刑法典》第157条)则是一个需要从**主观方面角度确定的责任减轻理由**(subjektiv gefaßten Schuldminderungsgrund)。

423 在**参与范围**(Teilnahmebereich)内,不论其他人的责任如何,对每个行为参与人**唯一按照他的责任**(allein nach seiner Schuld)处罚(《刑法典》第29条),是“特别的”责任标志基本原则。此外在**认识错误范围**(Irrtumsbereich)内也有特别的地方:从客观上确定的责任标志,如果只是作为责任减轻理由出现的,行为人只需要**意识到了**(bewußt gewesen)它们的具备即可;它们对意志形成的动因性作用,被不可反驳地推定。这样,错误认为实际上并不具备的特殊化理由时,唯一要根据行为人的想象。

例如,婴儿的母亲在生产后立即将认为是"非婚生"的婴儿杀死,可客观上孩子却是婚生,对她只依照《刑法典》第217条而不是依照第212、211条来惩罚。这一点现在已通过《刑法典》第16条第2款被明确地强调规定。

在相反情况中(=错误认为实际上是"非婚生"的孩子为"婚生"),依据婴儿母亲的想象按照一般杀害罪构成要件(《刑法典》第212条或者第211条)来惩罚,因为对她关键性的责任谴责是在这里。

对于从**主观方面角度来确定的责任标志**(subjektiv gefaßten Schuldmerkmalen),行为人想象了相关情况的相反的尚不足以,而是必须有这个情况对意志的形成**的确起到了动因的作用**(tatsächlich motivierend)。 424

第五节 责任形式

除去"特别的"责任标志,一个犯罪行为的**有责性**(Schuldgehalt)总是由它的**不法性**(Unrechtsgehalt)所共同决定;因为,不法的每一个加重或者减轻,都在间接地对责任谴责产生影响。 425

根据责任原则,行为人的责任必须是基于具体的不法行为(比较联邦最高法院《新刑法杂志》87,405)。

如同"不法"和"责任"之间有相互的相应关系那样,可罚的发生之**举止形式**(Verhaltensform)与**责任形式**(Schuldform)之间也存在相互上的关系。是*故意地*还是*过失地*实现不法构成要件,这个实现作为*举止形式*,构成对于由可责性考虑所影响的责任形式而言的相关(=责任层次);是**故意责任还是过失责任的责任类型**(Schuldtypus der Vorsatz - oder fahrlässigkeitsschuld),与是故意的还是过失的实施方式相应〔伦克纳(Lenckner),《申克/施罗德—刑法典注释集》,§ 13 前 § 20 边码 120,现在也是这种观点〕。

基于其双重功能(比较本著边码 142),"故意"在责任范围内是在行为中表现出来的**思想上无价值**(Gesinnungsunwert)的载体。作为**责任类型**(Schuldtypus),它的特点是表明了对待法律要求的举止规范的敌视或者冷漠的**行为人态度**(Einstellung des Täters)。

与之相反,确定属于**过失责任**(Fahrlässigkeitsschuld)的,表明的是对待法制秩序的谨慎要求草率或者不经意的行为人态度(详见本著边码 692)。

426 既作为*举止形式*又作为*主观方面的不法元素*,构成要件故意对于与它相应的对法制秩序之故意—有缺陷的态度的责任类型(=故意责任)所提供的,只是一个可以反驳的"间接证据":

如同构成要件的实现对于对行为作为"不法"的最后评价构成的是一个将要随着如果有正当化根据的介入而消除的间接证据那样(比较本著边码 122),构成要件故意只是对于"故意责任"的"间接证明"。这个间接证据失效,如果行为人在着手行为时**错误认为具有法律认可的正当化根据前提条件**(Voraussetzungen eines anerkannten Rechtfertigungsgrundes irrig annimmt),也就是说认为存在如果事实上的确存在,就将使得他的举止正当化的情况。在这样的一个情况中,对构成要件的故意实现所表明的,不是在通常情况中该行为所表达出来的责任类型上的思想即对立法者价值观念的背弃,因此只有类推适用《刑法典》第 16 条第 1 款提起过失责任谴责的空间(详见本著边码 467 及之后)。

第六节 不法意识

谁明知和依意志地实现不法构成要件,同时并不认为具备有使得行为正当化的情势,作为责任能力者他通常是知道自己在实施不法。这个**不法意识**(Unrechtbewußtsein)构成一个独立的责任要素,并列于举止的责任形式〔《联邦最高法院刑事大法庭判决汇编》2,194 和主流观点;意见不同的见施本德尔(Spendel),《特伦德勒纪念文集》89,施本德尔将不法意识归属于主观方面构成要件〕。凡无特别的依据表明他是发生了缺陷的,应当推定不法意识存在。 427

不法意识的内容(Inhalt des Unrechtbewußtseins),并非是对刑法规定或者行为"可罚性"的了解,而是行为人对他的举止是**为法律禁止**(rechtlich verboten)的认识〔很有教益的见屈佩尔(Küper),《法学者报》89,617、621;莱施(Lesch),《法学工作者报》96,504;诺依曼(Neumann),《法学教育》93,793〕。不法意识必须是与构成要件相关,即必须包含可以进入考虑的犯罪种类的特别的不法性(《联邦最高法院刑事判决汇编》42,123;联邦最高法院,《交通法汇编》65,127);在一个行为实现数个犯罪行为构成要件的情况中由此是可分(《联邦最高法院刑事判决汇编》10,35;联邦最高法院,《刑事辩护人》82,218;《经济法、税收和刑法杂志》95,306)。 428

故意行为的不法性质,通常是清晰地展现在行为人眼前(= 当前的不法意识;《联邦最高法院刑事判决汇编》15,377)。按照主流的观点,行为人如果调动他的可以要求于他的认识能力和价值观念,是**有能力能够认识到行为的不法性质**(Einsicht in das Unrecht der Tat gewinnen konnte)的,也足以(《联邦最高法院刑事判决汇编》21,18、20, = 潜在的不法意识)。 429

430 由于某个**不可避免的禁止性认识错误**(unvermeidbaren Verbotsirrtums),行为人在实施行为时不能认识到是在实施不法的,他的行为无责任;此原则对故意行为或者过失行为皆适用(详见本著边码464)。

431 在**案例10**中可以从K具有责任能力的角度出发。他所故意实现的不法构成要件,(在伪证及刑罚挫败上)包含着**有意识的对法制秩序的反对**(bewußte Auflehnung gegen die Rechtsordnung),因此是对于**故意责任**(Vorsatzschuld)而言所典型性的思想上无价值的表达。由于此外也并无具体的情况可以表明他的行为是基于**不法意识缺失**(Fehlen des Unrechtsbewußtseins)(比较《联邦最高法院刑事判决汇编》5,112),对他的举止在"可责性"的范围内就还只有是否具备免责事由(Entschuldigungsgründen)的审查。

第七节　免责事由

432 对可以撤销责任谴责的情况,要划分"责任排除事由"和"免除责任事由"。**责任排除事由**(Schuldausschließungsgründe)指**无责任能力**(Schuldunfähigkeit)和**不可避免的禁止性认识错误**(unvermeidbarer Verbotsirrtum);具备时,对行为人提起责任谴责就缺乏责任的前提条件或者是缺乏责任的构成特征。与之相反,**免除责任事由**(Entschuldigungsgründe)只是对行为的不法性和有责性产生极大的降低作用,使得刑罚必要性的底部边界未被达到,而鉴于行为人的特殊动因方面的情况,立法者规定要放弃提起责任谴责即给予宽容。

433 免除责任事由(譬如,免除责任的紧急状态、紧急防卫超越限度、基于必须执行的但是是违法的命令的行为、免除责任的义务冲突)，可以溯源到**规范性举止的不可期待性**(Unzumutbarkeit normgemäßen Verhaltens)这个基本考虑上。在新的法学理论中这个观点很有人支持，即免除责任事由起到**减轻不法和责任程度**(unrechts - und schuldmindernd)的作用。譬如，在紧急行为中，行为的结果无价值将**依照由行为人所保护法益的价值**(um den Wert des vom Täter geschützten Gutes)和其举止无价值也将因为**行为的救护目的**(den Rettungszweck des Handelns)被降低。包括行为的有责性在这里也比在通常情况下显著要小，因为行为人在这里是面临特殊的动因压力，使得他要遵照法制秩序的应然规范不能成为可能或者是变得非常困难。要"免除责任"的理由在这里是这个考虑，即行为并非是在没有冲突的情况中所表达出来的那个程度意义上的敌视法制的应当受到谴责的思想〔详见耶赛克/魏根德(Jescheck)/(Weigend)，《总则》，§ 432 Ⅲ〕。

基于这个观察方式，可以理解为何尽管具备紧急状态，却仍要对那些个人提起责任谴责，即那些在**法律上有义务要承担生命和身体危险**(zum Ertragen von Lebens - und Leibesgefahren rechtlich verpflichtet)的个人，如警察、士兵、海员、消防队员或者救护队员(比较《刑法典》第 35 条 Ⅰ 第 2 款；《帝国法院刑事判决汇编》72，246；联邦最高法院《新法学周报》64，730)。在出现典型性的危险情况时法制共同体正是信赖它将得到验证的**社会伦理上的义务约束**(soziaethische Pflichtbindung)，在这些情况中也不支持对不法性和有责性的减轻。

对整个话题也见罗克辛(Roxin)，《总则》，§ 22 边码 4，《整体刑法学杂志》96，641、655 和《法学工作报》90，97，137，罗克辛在免除责任事由中看到了预防上的惩罚必要性的缺乏。

一、**免除责任的紧急状态**(entschuldigender Notstand)(《刑法典》第 35 条第 1 款)以一定的**紧急情况**(Notlage)，即以现时的，以其他方式不能够排除的对行为人自己、对他的《刑法典》第 11 条第 1 款第 1 句意义上的亲属或者与他"关系很近"的其他人(= 朋 434

友、家政服务人员、生活伴侣等）的**生命、身体或者自由的危险**（Gefahr für Leben, Leib oder Freiheit）为前提条件。

435 *正当化*的紧急状态（《刑法典》第34条）和*免除责任*的紧急状态（《刑法典》第35条）之间的差别是显著的。差别不仅仅在于法定的前提条件上（比较《刑法典》第34条中的“明显大于”这个要求，以及《刑法典》第35条第1款中对一定的有紧急状态能力的法益的限制和在有利于第三者介入的情况中对与行为人“关系很近的人”的限制），也表现在对参与、紧急防卫和认识错误的处理上：在《刑法典》第34条的情况中紧急行为人的行为不违法而是依法；针对他的举止进行紧急防卫的权利因此被排除，其他人的可罚的参与的可能性也同样被排除。相比之下，《刑法典》第35条作为纯粹的**免除责任事由**（Entschuldigungsgrund），是从紧急状态者方面实施的**违法行为**（rechtswidrige Tat）角度出发，这个违法行为依据《刑法典》第26～27条是能够被参与和在单独情况中显得有此必要时（比较本著边码342）给予当事人以进行紧急防卫权利的行为。行为人错误认为存在着依据《刑法典》第34条可以使得他行为正当化的情形的，对他有利地按照精神适用《刑法典》第16条第1款（术语上所说的许可要件认识错误；对此见本著边码470及之后）；相反地，如果行为人认为存在《刑法典》第35条第1款中规定的情况，而实际上这些情况并不具备，则只是《刑法典》第35条第2款的介入。

436 《刑法典》第35条第1款中说的“自由”这个法益，只是指《刑法典》第239条意义上的行动自由，不是《刑法典》第240条意义上的一般行为自由〔比较希尔施（Hirsch），注释，载《法学环视》80，115；穆勒/克里斯特曼（Müller）/（Christmann），《法学教育》，学习手册，1995，L 65；伦克纳（Lenckner），《申克/施罗德—刑法典注释集》，§ 35 边码 8〕。

对于**危险概念**（Gefahrbegriff），从意思上见上面（本著边码304及之后）就《刑法典》第34条的所述（详见《帝国法院刑事判决汇编》60，318；66，222；《联邦最高法院刑事判决汇编》5，371）。危险有何源头，无关紧要；有危险之可能性的譬如有自然界现象事件、物的危险状态以及由人生发的危险。 437

此外还要求具备的前提条件是：对构成紧急状态的危险**别无其他方法可以避免**（nicht anders abwendbar）。**紧急状态行为**（Notstandhandlung）作为*最后的手段*（ultima ratio），必须是摆脱紧急状况的唯一和最后的出路；它必须是在客观上为避开危险所要求的和适合的。在主观方面，《刑法典》第35条第1款规定的前提条件是行为人出于对危险的认识和为了*避开危险的目的*，即是带着救助的意志而行动。 438

对于危险别无他法，只能是通过对刑法规范的违背才可以予以避免的，行为人要选择**“相对而言最为轻微的手段”**（relativ mildeste Mittel）。此外要时刻遵照**适当性基本原则**（Grundsatz der Verhältnismäßigkeit）；所造成的损失不得与危险的严重程度明显地不成比例。谁为避免一个本是微不足道的身体危险或者对自由的限制，而将一个非参与者严重伤害或者甚至打死的，不能免除责任（《帝国法院刑事判决汇编》66，397）。与救助行为连接的法益损害越是重大，行为人就越是必须更加仔细审查有无其他方法的可能性（《联邦最高法院刑事判决汇编》18，311；联邦最高法院，《新刑法杂志》92，487）。 439

依据《刑法典》第35条第1款第2句（=例外情况规定），如果根据情况可以对行为人要求他**容忍危险**（Gefahr hinzunehmen）的，对他的相关行为就不取消责任谴责。此原则也要求适用，但不全然是强制性地适用，如果**危险**（Gefahr）（=《刑法典》第35条第 440

1 款第 1 句意义上的紧急状态情况)是由行为人**自己造成**(selbst verursacht),或者行为人因身负**特别的法律关系**(besonderen Rechtsverhältnis)而负有更高的承受危险义务之人,譬如是士兵、警察、消防队员(对此比较《军事刑法》第 6 条)。

441 对危险的造成在这里不需要是“负有责任”性的〔不同的见旧版本《刑法典》第 54 条以及艾伯特(Ebert),《总则》,97;伦克纳(Lenckner),《申克/施罗德—刑法典注释集》,§ 35 边码 20〕,不过依据法律之意(ratio legis)还是必须要求至少要有**客观上违背义务**(objektiv pflichtwidriges)的先前举止〔详见希尔施(Hirsch),《刑法典莱比锡评论集》,§ 35 边码 49 及之后;鲁道菲(Rudolphi),《刑法典系统评论集》,§ 35 边码 15〕。对为救助**亲属**(Angehörigen)或者**亲近的人**(Nahestehenden)的紧急避险行为,法律在《刑法典》第 35 条第 1 款第 2 句中不是对该行为的先前举止,而是对由**行为人**(Täter)造成了危险作了规定〔同样的见毛拉赫/齐普夫(Maurach)/(Zipf),《总则》,§ 34 边码 6;伦克纳(Lenckner),《申克/施罗德—刑法典注释集》,§ 35 边码 20 a;不同的见耶赛克/魏根德(Jescheck)/(Weigend),《总则》,§ 44 Ⅲ a;鲁道菲(Rudolphi),《刑法典系统评论集》,§ 35 边码 17〕。最后决定性的在这里不是(起码不只是)这个出发点,而是一个*更高层面上的*提问:对行为人是否**恰恰因为《刑法典》第 35 条第 1 款第 2 句中提到的特别情况**(gerade wegen in § 35 Ⅰ 2 erwähnten Besonderheiten),可以要求他**容忍危险**(Gefahr hinzunehmen)而渡过紧急状态。这在是由行为人自己造成了危险时是他自己在面临危险,比在是因亲属受到了危险而采取救助行为的情况中更能得到赞成。因为,行为人如果是自己对出现的紧急情况负有责任,会觉得特别有义务要救助亲属。带案例的详见罗克辛(Roxin),《法学工作报》90,137、140;廷佩(Timpe),《法学教育》84,859 和 85,35。

鉴于《刑法典》第 35 条第 1 款的规定仅仅是对行为**免除了责任**(entschuldigt),紧急状态行为因此仍然是**违法的**(rechtswidrig);对该行为因此准许紧急防卫(《刑法典》第 32 条)。 442

二、旧文本的《刑法典》第 52 条中曾经特别规定的**胁迫紧急状态**(Nötigungsnotstand),现在是包含在了第 35 条之中。 443

因为面临暴力胁迫或者面临对自己、对亲属或者是对与他亲近的人的生命、身体或者自由的以其他方式不可避免的现时危险的胁迫,行为人被迫做一违法行为的,是胁迫紧急状态。在这类情况中,如果胁迫者所恐吓的法益侵害相对而言只是轻微,那么是否还有依照《刑法典》第 34 条对被迫举止的**正当化**(Rechtfertigung)空间,是个有争议的问题〔赞同的比如有雅科布斯(Jakops),《总则》13/14;屈佩尔(Küper),《胁迫紧急状态》,第 47 页及之后、第 75 页;希尔施(Hirsch),《刑法典莱比锡评论集》, § 34 边码 69a;罗克辛(Roxin),《总则》, § 16 边码 31〕。**例如,**某 A 用拔出的手枪,威胁某 B 要他砸碎某 C 的玻璃,否则就要打死他。由于生命属于法益中的最高,且对于《刑法典》第 34 条而言危险之源是源于自然界的力量还是出于人的行为并不重要,因此一切都显得支持某 B 的扔石头行为有正当化的根据,某 C 则不允许针对某 B 进行他的紧急防卫,某 B 只是行为违法的某 A 的一个行为合法工具,某 A 作为间接行为人应该对给某 C 造成的财物损失负责(对此比较本著边码 537)。这样来处理,一是消除了某 B 的遭到对方紧急防卫的风险,二是把如果针对某 B 进行自卫的某 C 置于了不法,是有问题的;因为,在当某 B 屈服了压力把自己变为某 A 的"延长了的胳膊"的时候,**他是站在了不法的一边**(B tritt auf die Seite des Unrechts)。某 A 没有亲手将石头扔向某 C 的玻璃,而是使用了一个被他顺从了的人作为工具,这个情况不允许用来架空某 C 的权利位置。被侵犯的某 C 假如被**完全否定**(völlig versagt)了他对被胁迫者某 B 的**防卫权利**(Abwehrrechte),对他提出他只拥有针对胁迫者(某 A)的(在多数情况中是效果很小的)自卫权,则人们对于法制秩序效力力量的信赖将会严重动摇。此外,《刑法典》第34条规定的也并不仅仅是对有冲突法益的地位排序,而是主要从整体上权衡的角度来考虑谁的利益更为值得保护,和采取的行为是否为解决冲突的**适当手段**(angemessenes Mittel)。这样,尽管他在遭受压力,但某B的所为显得并不是合法目的的合法手段,以至于不完全排除某C对他的紧急防卫权利;而是只对防卫权进行限制,使之符合从社会伦理的界限上对显然是无责任的行为者的紧急防卫规定(比较本著边码343、344),应该是适当的。与法律上的过去规定(旧文本《刑法典》第52条)和与该规定所基于的立法者的评价相一致的由此可以确定,**胁迫紧急状态**(Nötigungsnotstand)并不使得被胁迫者的举止正当化,而**只是对他免除责任**(nur entschuldigt)〔同样的观点见鲍曼/韦伯(Baumann)/(Weber),《总则》, § 29边码137;耶赛克/魏根德(Jescheck)/(Weigend),《总则》, § 44 Ⅱ 3;施本德尔(Spendel),《刑法典莱比锡评论集》, § 32边码212;伦克纳(Lenckner),《申克/施罗德—刑法典注释集》, § 34边码41 b,伦克纳对基于勒索恐吓,有关警察部门命令释放在押犯,认为可以例外;也见罗克辛(Roxin),《厄勒尔纪念文集》181、189;《联邦宪法法院判决汇编》46,160、214〕。意见有不同的见诺伊曼(Neumann),《法学工作报》88,392,诺伊曼主张一种中和的处理方法,提出对“正当化的胁迫紧急状态”的适用范围限制在被胁迫的一方是其个人专属法益受到了威胁之上。

444 **案例10**中,团伙对K的恐吓形成了“现时”的,并非是不严重种类的生命危险威胁:

虽然不必担心在法院询问过程中威胁就会成为现实,但所形成的并非仅仅是一个未来的而是一个现时的**“持续危险”**(Dauergefahr),时刻都有可能导致恐吓的伤害,把K推向了要么是立即采取防卫措施要么是屈服于压力的选择〔比较《联邦最高法院刑事判决汇编》5,371、373;联邦最高法院,《戈德达默刑法档案》,1967,113;《新法学周报》97,265;也见本著边码 307〕。

团伙是否真的要实现恐吓,无关紧要;团伙给人以真的要干的印象和被 K 是认真看待了的即可。不过,可以提出问一问的是对恐吓是如何理解的:是用它来迫使做"有利"于 A 的证词,还是用来胁迫 K 他的作证不得对 A"不利"。

如果是后一种情况,K 在可能性上是可以通过**拒绝作证**(Verweigerung der Aussage)的方式来摆脱所威胁的危险;但这又可能因无理拒绝作证,而受到法庭依《刑事诉讼法典》第 70 条的强制措施〔=科处秩序罚款,不能缴纳时易处秩序羁押;对此详见联邦最高法院《新刑法杂志》93,350;希尔施(Hirsch),《刑法典莱比锡评论集》,§ 35 边码 45;韦塞尔斯(Wessels),《H. 迈耶尔纪念文集》,587〕。这样,K 不能简单地采取对他最为方便的方式离开危险,而是必须"两害相权取其轻"(很有启发的见《帝国法院刑事判决汇编》66,222 和 397)。但这之中的问题又是,对于一个证人,可以在何种程度上要求他接受依据《刑事诉讼法典》第 70 条的被剥夺自由可达 6 个月之久的危险(比较《工具书上的联邦最高法院判决汇编》之《刑法典》第 52 条第 8 项)。

还要考虑的是,如果法庭认为自己有权从中得出对被告人不利的推论,则即便是拒绝作证的也可能使被告人负有责任。

过去,在遇到有证人拒绝作证的时候,司法判决往往是作出对被告人不利的推论〔比较《帝国法院刑事判决汇编》55,20;《联邦最高法院刑事判决汇编》2,351;对此批评的见韦塞尔斯(Wessels),《法学教育》66,169〕。沉默就其自身而言并不表明是任何证据,这个正确的对证明的规定是在不久之前才得以贯彻〔《联邦最高法院刑事判决汇编》20,281;22,113;32,140;联邦最高法院,

《戈德达默刑法档案》,1979,468;《新刑法杂志》86,87;97,147;联邦宪法法院,《新刑法杂志》95,555;对此也见克温特迈耶尔(Quentmeier),《法学工作报》96,215]。

案例 10 中,众多情形表明,可以认为假如 K *拒绝作证*的,也将被团伙视为是对 A“不利”。

得出这个推论,是因为 K 将不能对法庭说出令人信服的拒绝作证理由,这就将间接地强化对 A 的行为嫌疑。于是情况就是 K 只能是通过他作为证人*作证*,就他所看到的行为过程作*不正确*的陈述,才能摆脱团伙对他的恐吓危险。

这样,《刑法典》第 35 条第 1 款第 1 句上规定的**免除责任事由**(Entschuldigungsgrund),以术语上所说的胁迫紧急状态的形式便对 K 有利。

《刑法典》第 35 条第 1 款第 2 句意义上的不适用免除责任事由的理由,并不存在。尤其是不能要求 K 接受受到严重的身体虐待的危险,虽然他作为证人是处在一个“特别的法律关系”之中(比较《帝国法院刑事判决汇编》66,397)。

假如这样来改变此案,改变成如果是拒绝作证也能使团伙满意,但 K 却没有认识到这一点,则将形成的是 K 错误认为具备免除责任情况(= 对危险可以以其他方式排除的认识错误)。这样的一个**认识错误**(Irrtum)如果是**不可避免的**(unvermeidbar),根据《刑法典》第 35 条第 2 款规定可以产生免除责任作用(也比较哈姆州高等法院《新法学周报》58,271 以及本著边码 491)。

445 三、《刑法典》第 33 条意义上的**紧急防卫过当**(Notwehrüberschreitung),被主流的观点也认可为是免除责任事由

(比较《联邦最高法院刑事判决汇编》3,194、198;联邦最高法院,《新法学周报》95,973)。但在具体上却有很多争论的地方:

(一)在紧急防卫框架内,被侵犯者的自卫强度如果大于"所要求的"(术语上所说的集约的紧急防卫过当),则他的行为在他的一边是违法(《帝国法院刑事判决汇编》66,288)。如果是**出于慌乱、恐惧或者是惊吓**(aus Verwirrung, Furcht oder Schrecken)而无意识地或者有意识地超越了紧急防卫的界限,他的举止依照《刑法典》第 33 条被免除责任〔对此也见《联邦最高法院刑事判决汇编》39,133;联邦最高法院,《新刑法杂志》89,474 和 95,76;很有教益的也见盖伦(Geilen),《法学培训》81,387 及之后;米勒/克里斯特曼(Müller)/(Christmann),《法学教育》94,649;罗克辛(Roxin),《沙夫施泰因纪念文集》,第 105 页和注释,载《新刑法杂志》93,335〕。 446

这样来规定,其根据在于**违法侵犯的受害者**(Opfer eines widerrechtlichen Angriffs)应当获特别程度的宽容;因为他的行为的不法性因行为的防卫目的是显著地减少,其有责性在《刑法典》第 33 条的前提条件下并未达到当罚性的最低线。

(二)侵犯缺少"现时性",但为自己进行自卫的决定者却**有意识地**(bewußt)忽视了这一点的(术语上所说的扩展的紧急防卫过当),排除对《刑法典》第 33 条的任何依据〔《帝国法院刑事判决汇编》54,36 和 61,216;耶赛克/魏根德(Jescheck)/(Weigend),《总则》,§ 45 Ⅱ 4;不同的见罗克辛(Roxin),《总则》,§ 22 边码 88;廷佩(Timpe),《法学教育》85,117、121〕。 447

例如,侵犯者已经被打得失去了格斗能力和失去了知觉躺在地上,还对他再踢上几脚。谁意识到侵犯已经"终了",但对(先前的）侵犯者仍然继续伤害的，根据相应的故意构成要件（譬如《刑法典》第223条、第223条a）来处罚。

448 （三）自卫者错误地认为侵犯（已经或者是尚还）是现时的，构成**假想紧急防卫**（Putationsnotwehr）行为（=错误认为具备正当化的情况），对此唯一是依据**认识错误规则**（Irrtumsregeln）来裁决。这里无适用《刑法典》第33条的空间，因为该条是建立在第32条之上，是以一个真实的（并非错误认为的）侵犯为前提条件〔联邦最高法院《新刑法杂志》87，20和83，453；对已经终了的侵犯防卫过当，意见不同的见施本德尔（Spendel），《刑法典莱比锡评论集》，§33边码4；奥托（Otto），《法学培训》87，604；伦克纳（Lenckner），《申克/施罗德—刑法典注释集》，§33边码7〕。

对错误认为具备依法认可的正当化根据的构成要件性前提条件〔=**许可要件错误**（Erlaubnistatbestandsirrtum）〕，可类推适用《刑法典》第16条第1款第1句规定免除**故意责任谴责**（Vorsatzschuldvorwurf）和由此免除产生于故意构成要件的处罚（详见本著边码470及之后）。错误可以避免时，在《刑法典》第16条第1款第2句的框架内要审查行为人的有这个可能性的情绪状态（=慌乱、恐惧或者惊吓）对于提起过失责任谴责有何意义。

449 （四）行为人错误认为被侵犯，在不应当的紧急防卫中超越了自卫界限，构成术语上所说的**“假想防卫过当”**（Putationsexzeß）行为。其处理同样依据一般**认识错误规则**（Irrtumsregeln），无适用《刑法典》第33条的空间。

对此比较联邦最高法院《新法学周报》62，308和68，1885；《新刑法杂志》83，453；耶赛克/魏根德（Jescheck）/（Weigend），《总则》，§45 Ⅱ 4；不同的见鲍曼/韦伯（Baumann）/（Weber），《总

则》，§ 32 边码 47、48；哈尔特通（Hardtung），《整体刑法学杂志》108，26、60。

四、作为下级的公务员和士兵，他们遵照上级的要求作违反刑法举止的本是**无约束力的指示**（unverbindliche Weisung）（=布置、命令），其行为违法，但可以被免除责任（比较《联邦公务员法》第56条第2款第3项，《公务员权利框架法》第38条第2款第2项，《军事刑法》第5条第1款）。 450

在必须服从的义务框架内，有**约束力的指示**（verbindliche Weisung）对下级行为构成**正当化事由**（Rechtfertigungsgrund）。这在一定的例外情况中，假如指示是违法的（譬如是在军事范围内实施一违反秩序行为或者一不依法许可的行为），也同样适用：比较《军人法律地位法》第11条第2款。对命令的**违法性**（Rechtswidrigkeit）和**约束性**（Verbindlichkeit）由此要分清〔详见耶赛克/魏根德（Jescheck）/（Weigend），《总则》，§ 35 Ⅱ；伦克纳（Lenckner），《施特雷和韦塞尔斯纪念文集》，223；不同的见阿梅隆（Amelung），《法学教育》86，392、337；屈佩尔（Küper），《法学教育》87，81 及进一步的证明〕。

一个指示尤其是在这样的情况下是**无约束力的**（unverbindlich）指示，即对这个指示的执行将是对犯罪行为的实施、对人的尊严的伤害或者是对得到普遍认可的国际法规定的违反（比较《军人法律地位法》第11条第2款，更广泛的和结合违反秩序行为的见《联邦公务员法》第56条第2款第3句，《公务员权利框架法》第38条第2款第2句。

一个无约束力的指示，只有在这样的情况下可以作为**免除责任事由**（Entschuldigungsgrund）进入考虑，即接受指示的下级将它视为是具有约束力的，因为对该下级而言指示的无约束力性不能被充分认识。

谁正确认识到了他所遵照的指示本是无约束力的，不免除他的责任。所布置的举止的可罚性被认识了的，也同样；不过，对于士兵只有“明显的”可认识性才成立不免除责任(《军人法律地位法》第 11 条第 2 款第 2 句，《军事刑法》第 5 条第 1 款，《联邦最高法院刑事判决汇编》19，231)。

451 五、依照主流的观点，**规范性举止的不可期待性**(Unzumutbarkeit normgemäßen Verhaltens)不能被普遍视为是“超法律的免除责任事由”〔比较《帝国法院刑事判决汇编》66，397；阿亨巴赫(Achenbach)，《法学环视》75，492；希尔施(Hirsch)，《刑法典莱比锡评论集》，§ 32 前边码 196〕。

假如认可了这样的如此模棱两可的，在前提条件和界限上都不确定的免除责任事由，将对法律的不安全性开启大门。

但在一定的具体情况中，把不可期待性作为**规定性原则**(regulatives Prinzip)的观点，却获得了很大的意义；特别是对于过失或者不作为犯，在这里有必要对**谨慎义务和作为义务的范围做符合实际的限制**(Umfang von Sorgfalts – und Handlungspflichten sachgerecht zu begrenzen)(比较《刑法典》第 323 条 c 中的法律规定；此外见《联邦最高法院刑事判决汇编》6，47 和 11，135、353；联邦最高法院，《新刑法杂志》84，164)。

452 依照绝大多数论者的观点，在特别不同寻常的冲突情况中对**超法律的免除责任事由**(übergesetzlichen Entschuldigungsgrundes)也有予以认可的空间：

例如，纳粹德国期间，当时在精神病院里工作的医务人员面临不可回避的选择：要么是挑选出少数几个精神病人(将他们列使用危险器具〔对此比较塞尔斯(Wessels),《分则》1,边码 247、252 及之后〕。

在这两个情况中责打都系违法,因为缺少足够的责打事由(比较本著边码 389)。

但 T 当时确信是 A 和 B 弄死了鱼。要问的是,对责打事由的认识错误(= 责打 A)和对责打权法定界限的认识错误(= 责打 B)在这里有何意义?

在行为人对行为的不法性质错误想象的情况中,对发生的错误要依照《刑法典》第 16 条、第 17 条区分是构成要件认识错误,还是禁止性认识错误。

构成要件认识错误(Tatbestandsirrtum)(《刑法典》第 16 条第 455
1 款)成立,如果某人在实施行为时未认识到属于法定构成要件的情况。构成要件认识错误是构成要件故意的对称:行为者“不知道在构成要件的层面上他是在做什么”;他缺乏对于构成要件故意需要的想象图。

朦胧光线中,某猎人把一皮毛收购商人误当成野猪,不知道自己猎枪瞄准是在向人射击,依照《刑法典》第 16 条第 1 款第 1 句实施的不是《刑法典》第 212 条意义上的故意杀人。离开饭馆时,因为混淆,谁穿上了不是他自己而是其他一位饭店客人的雨衣的,其行为没有偷盗故意,因为他不知道是在将《刑法典》第 242 条意义上的一他人之物拿走(对此比较本著边码 812)。

相反地,**禁止性认识错误**(Verbotsirrtum)(《刑法典》第 17 条) 456
是对构成要件性特有形态上的行为**违法性**(Rechtswidrigkeit)认识错误;行为人“在这里知道,在构成要件的角度上他是在做什么,但错误认为自己所做的是许可的”(《联邦最高法院刑事大法庭判决汇编》2,194、197)。

谁认识某女性精神患者的状态和她的反对，但不知道法律上的禁止（《刑法典》第179条），利用她心理上的无反抗能力诱惑她上床的，是知道自己在做什么和认识《刑法典》第179条上描述的所有的行为情形，换言之即对构成要件没有发生认识错误。他的认识不足只涉及他举止的违法性，由此只构成《刑法典》第17条意义上的禁止性认识错误（对此比较本著边码814）。

457 法律上没有制定规定的**正当化事由认识错误**（Irrtum über Rechtfertigungsgründe），所处的位置特别：对正当化行为情形的错误认识，被主流观点**在其法律后果**（in ihren Rechtsfolgen）上等同于构成要件认识错误，在处理方式上依据《刑法典》第16条第1款作为术语上所说的许可要件错误处理（按照这里的主张，类推适用《刑法典》第16条第1款，所撤销的不是法律在该条中提到的构成要件故意作为这样的故意，而是对该故意的**可谴责性**（Vorwerfbarkeit），产生的结果是由于故意责任不足，而对行为人排除因故意行为的"惩罚"）。相反地，对正当化事由的具备或者对法定界限的认识错误（=许可错误），作为间接的禁止性认识错误属于《刑法典》第17条的适用范围（详见本著边码486及之后和817）。

对有其自己的特别性的**辅助刑法**（Nebenstrafrecht）上的认识错误说，见蒂德曼（Tiedemann），《盖尔茨纪念文集》，95。

458 一、划分于**构成要件认识错误**（Tatbestandsirrtum）和**禁止性认识错误**（Verbotsirrtum）之间，是在20世纪50年代才成为了共识。

帝国法院曾在**行为认识错误**（Tatirrtum）（=对事实的认识错误）和**法规认识错误**（Rechtsirrtum）（=对法律概念的认识错误）之间划分区别，对此所依据的是对于责任谴责，不取决于行为人是否认识到了行为的违法性这个基本原则。旧文本的《刑法典》第59条（=新文本《刑法典》第16条第1款）的适用性，就限制在行为认识错误之上；对法规的认识错误，原则上不应当是重大的认识错误。出于需要，帝国法院对**“刑法之外的”法规认识错误**（“außerstrafrechtlichen” Rechtsirrtum）给予了例外，对其类推适用旧文本的《刑法典》第59条，将该错误等同于排除故意的行为认识错误（比较《帝国法院刑事判决汇编》1，368；10，234；72，305、309）。这样，完全未被考虑的就只有**“刑法上的”法规认识错误**（“strafrechtlichen” Rechtsirrtum），即便是该认识错误与在不法构成要件中包含的法律概念相关，也为如此（比较《帝国法院刑事判决汇编》34，418；57，235 =遗嘱案）。

学术界对这样的区别几乎是众口一致地拒绝，批评这是随心所欲和不可操作〔不同的最新见库伦（Kuhlen），《认识错误》，35〕。1945年后，不少法院开始脱离帝国法院的司法判决（譬如，奥尔登州高等法院《德国法律月刊》50，690；《英国占领区最高法院刑事判决汇编》2，117、129）。联邦最高法院刑事大法庭作出的一个（依照“责任说”的）原则性裁决，认可不法意识是自立的责任要素，在认识错误的范围内区别构成要件认识错误和禁止性认识错误，给这样的发展画上了句号（《联邦最高法院刑事判决汇编》2，194）。

二、与之相反，（如今因为《刑法典》第17条而失去意义的）**故意说**（Vorsatztheorie）在“故意”中看到一个责任标志，所包容的除了对构成要件实现的认识和意愿（=构成要件故意）之外还有不法意识。 459

按照这个理论，只有行为人带着“不良故意”（dolus malus）实施了行为，即他具有是“违法”地实现了构成要件的这个意识的，对他才能确定是故意的行为。在行为认识错误与法规认识错误之间或者在构成要件认识错误与禁止性认识错误之间的任何区别，在这里都可以不必，因为对故意的否定必然是出于不法意识的缺失。

从故意说的立场出发，整个就只有“一个”值得注重的认识错误，即认为自己的行为不是违法。行为人为何会产生这个认识错误，是什么样的原因导致了他违法性意识缺失，都无关紧要〔对此详见科里亚特（Koriath），《法学培训》96，113〕。

“严格性”故意说（“strenge”Vorsatztheorie）对这样的主张无限制〔譬如，以前的鲍曼（Baumann），朗格/辛里克森（Lang）/（Hinrichsen）和施罗德（Schröder）〕，而**“限制性”故意说**（“eingeschränkte”Vorsatztheorie）则主张是在行为人是出于法盲或者法敌视的原因而缺乏不法意识的条件下才确认故意〔譬如，梅茨格尔（Mezger），《新法学周报》51，500 和 53，2；申克（Schä nke），《第四版刑法典注释》，§ 59 Ⅵ 1 b〕。

460 从刑事政策的角度考虑，人们对“严格性”故意说提出了很有道理的看法：这个理论助长对法律的无所谓态度，因为它对最粗糙的评价缺陷也援助以排除故意的作用。在不具备过失要件的地方，它将导致不可接受的可罚性空缺。对于“限制性”故意说，则可以说它只能是在放弃自己的信条学上出发点的条件下可认同。

461 今天，经过一定的形式上的修改，严格性故意说还有人主张；但主张者们对故意的位置和内容不能取得一致：施密德霍伊泽（Schmidhäuser）只是将故意的意志性要素归于不法要件，在“故意性”这个概念下把现时的行为意识和不法意识作为综合的责任标志，朗格尔（Langer）则把“故意性”的责任标志与单纯的不法意识同一化，同时把行为意志和构成要件行为意识归纳成不法要素（《特别犯罪》，1972 年，第 293 页及之后、第 356 页及之后和《戈德达默刑法档案》1976，193、208）。不同的又有奥托（Otto）（《“总则"基础教程》,§ 7 边码 59、68 及之后,§ 15 边码 5 及之后和《K. 迈耶尔怀念文集》,583、601),把举止意志、行为情形认识(=要件行为意识)和实体上的不法意识综合成"社会有害性意识",归属给主观上的不法要件,区别于属于责任范围,存在于行为是在*触犯刑罚规定的*认识之中的形式上的违法意识〔同样的见 D. 盖尔茨(D. Geerds),《法学培训》90,421〕。

三、出于考虑周到和其间已被证实是与宪法思想一致的理由,当前有效的法律在《刑法典》第 16 ~ 17 条的规定上依照了**责任说**(Schuldtheorie)〔《联邦宪法法院判决汇编》41,121;克拉默/特里特尔(Kramer)/(Trittel),《法学者报》80,393〕。 462

施密德霍伊泽(Schmidhäuser)(《法学者报》79,361;80,396)和朗格尔(Langer)(《戈德达默刑法档案》,1976,193)表示对此不能同意,理由是只有故意理论才能充分满足**责任原则**(Schuldgrundsatz);因此对《刑法典》第 16 条第 1 款和第 17 条必须从故意说的意义上进行理解。两位论者提出,《刑法典》第 16 条第 1 款包含的仅仅是一个局部规定,也可以适用于对**不法的不认识**(Nichtkennen des Unrechts);由此每个(直接的和间接的)禁止性认识错误都业已被排除**故意**(Vorsatz)。还提出,《刑法典》第 17 条只是与过失行为相关,即只是与那些情况相关,在这些情况中依据《刑法典》第 16 条第 1 款第 2 句规定因过失行为的惩罚不受影响;这就产生《刑法典》第 17 条第 2 句并非意在减轻对故意的刑罚,而是意在减轻有这个可能性的过失的刑罚。 463

这些理解,与当前有效的法律是不相符的。它们不仅是与进行法律改革时立法者所明确表示的意志相矛盾〔施密德霍伊泽(Schmidhäuser)在上述文章中也承认这一点〕,而且也与法律自身矛盾,法律在《刑法典》第 16 条、第 17 条、第 26 条和第 27 条中的基本方案,不可误解的是从主流的**责任说**(Schuldtheorie)和支持该理论的司法判决出发〔对此也见诺伊曼(Neumann),《选择性注释系列刑法典注释》，§ 17 边码 1、2；克赖（Krey），《整体刑法学杂志》101，838、868；勒施（Lesch），《法学工作报》96，346；罗斯（Loos），《瓦塞尔曼纪念文集》，1985，123；罗克辛（Roxin），《总则》，§ 21 边码 11〕。

464 **责任说**（Schuldtheorie）在当前的或者潜在的不法意识中看到有（与构成要件故意相分离的）**自立的责任要素**（selbständiges Schuldelement），自己也因此得名。按照这个理论，不法认识缺失作为禁止性认识错误，不影响“故意”，只影响“责任”。认识错误的法律后果取决于认识错误的是否可以避免性：**不可避免的禁止性认识错误**（unvermeidbarer Verbotsirrtum）使得实现构成要件的可谴责性消除，即系一个责任排除事由。**可以避免的禁止性认识错误**（vermeidbarer Verbotsirrtum）可以（但非一定）对责任产生减轻作用，结果是对故意犯允许以《刑法典》第 17 条第 2 句、第 49 条第 1 款减轻因故意的刑罚。

465 对于“可以避免性”的确定标准，目前还只有少许的说明。对认识错误的“不可避免性”的确定，司法判决提出了十分严格的要求：决定性的是基于他的社会地位、个人能力和可以要求于他的调动他的认识能力和法制—道德上的价值观念，行为人是否**本来能够认识到行为的不法性质**（Unrecht der Tat hätte einsehen kännen）（《联邦最高法院刑事判决汇编》4，1、237；3，357）。不能肯定行为在法律上的是否准许性时，存在**了解义务**（Erkundigungspflicht）。攻击受到保护的法益之前，不熟悉法律者必须在可能的范围内了解法律上的规定；他不得简单依据他不能肯定的自己的判断〔《联邦最高法院刑事判决汇编》5，112、284 和 21，18；意见有不同的见勒施（Lesch），《法学工作报》96，607〕。如果进行了了解，是否就本来是可以认识法律上的规定和消除认识错误的，需要在各案中仔细审查〔策勒州高等法院，《新法学周报》77，1644；

诺伊曼(Neumann),《法学教育》93,793〕。咨询了解时所得到的不正确的法律解答,不当然而然的就是对行为人有利;关键的更多是在于行为人是否信赖了该解答的正确性,是否准许将得到的解答视为是*值得信赖*。依照司法判决,**可靠的**(Verläßlich),只能是有关的、熟悉这方面情况的和不先入为主的能够保证所给予的解答是客观的、负责的个人或者部门〔详见《联邦最高法院刑事判决汇编》40,257、264;巴伐利亚州高等法院,《法学环视》89,386;对此也比较沃尔特(Wolter),《法学教育》79,482;察克奇克(Zaczyk),《法学教育》90,889〕。

在责任说之内,其间已经形成了好几个方向,有的立场还相互对立: 466

(一)主要是由一些目的说论者〔韦尔策尔(Welzel)、毛拉赫(Maurach)、阿明·考夫曼(Armin Kaufmann)、格塞尔(Gössel)、希尔施(Hirsch)、F. C. 施罗德(F. C. Schroeder)等〕主张的**"严格性"责任说**("strenge" Schuldtheorie),对每个**行为违法性**(Rechtswidrigkeit der Tat)的认识错误都视为是禁止性认识错误,产生《刑法典》第17条规定的法律后果。也就是说,该学说不提问行为人是否对他的行为从根本上就认为是非禁止的,或者是他由于对正当化事由的形成、种类或者范围的认识错误*而间接地*产生了他的举止是依法许可的认识。

在这个或者那个情况中,关键的应当只是要根据认识错误的是否*可以避免*,还是*不可避免*〔详见施罗德(Schroeder),《刑法典莱比锡评论集》,§ 16 边码 47～52;格塞尔(Gössel),《案件与处理》,第217页及之后〕。譬如,谁过失地错误认识情势,把某个过路人误认为强盗,以本不成立的紧急防卫将其伤害,就将因故意的身体伤害(《刑法典》第223条及之后),而不仅仅是因构成了过失行为要件(《刑法典》第230条)受罚。又如,把某个无关的人误认为是被通缉的杀人犯而逮捕的刑侦官员，如果其认识错误是可以避免的，就将成立故意剥夺他人自由（《刑法典》第 239 条）责任；但对此务必要认真考虑，特别是鉴于这个情况，即该官员可能想到的是如果不采取行动，则有可能被指责职务上的挫败刑罚（《刑法典》第 258 条 a）。这些假设的情况，表明严格性责任说不能符合事实要求；它的处理结果与法制感很难协调。

467 （二）在司法判决以及在法学学说上都在运用的**"限制性"责任说**（"eingeschränkte"Schuldtheorie），其间发展成为了只不过是还有局部共性的一系列单独观点的总体概念，对**正当化事由的认识错误**（Irrtum über Rechtsfertigungsgründe）采取有差别的处理：

1. 以部分上是完全不同的处理说明和内容，错误**认为具备依法正当化事由的事实方面前提条件**（Annahme der sachlichen Voraussetzungen eines anerkannten Rechtfertigungsgrundes）的认识错误，被等同于纯正的构成要件认识错误及其法律后果（详见本著边码 471 及之后）；这之中又主要有这个认为，即类推《刑法典》第 16 条第 1 款第 1 句，**故意谴责**（Vorsatzvorwurf）消除和由此排除因故意的行为处罚。认识错误如果是基于过失，行为人受因过失的行为实施惩罚，以在具体情况中该行为实施受到刑罚威吓（《刑法典》第 16 条第 1 款第 2 句）为限。

不过，司法判决在这里对那些正当化事由作了限制，对这些正当化事由它提出需要有"依义务审查"这个特征（《联邦最高法院刑事判决汇编》3，7 和 14，48；对此批评的见本著边码 309）。

2. 对依法正当化事由的**法定界限**（rechtlichen Grenzen）认识错误，或者对某个**并未得到法制秩序认可**（Rechtordnung nicht anerkennt）的许可规则介入认识错误，依照禁止性认识错误处理。

详见这方面的主流意见《联邦最高法院刑事判决汇编》3，105、194；联邦最高法院，《新刑法杂志》83，500；哈姆州高等法院，《新法学周报》87，1034；卡尔斯鲁厄州高等法院，《新法学周报》82，123；耶赛克/魏根德（Jescheck）/（Weigend），《总则》，§ 41 Ⅲ；伦克纳（Lenckner），§ 17 边码 10 及之后；特伦德尔（Tröndle），§ 16 边码 26、27。

进行刑法改革时，对错误认识正当化的行为情形原本是要依照"限制性"责任说制定规定。1962 年的《刑法典》第 20 条 E 就曾为此写道："谁实施行为时错误认为存在使得行为正当化的情形的，不受因故意实施惩罚。但如果可以对他提起认识错误谴责，且法律对过失行为也以刑罚相威吓的，他受因过失实施的惩罚。"但联邦议会未将这条规定采纳进法律，把问题继续留给了司法判决和学术界。

第二节　关于禁止规范的认识错误

对法律上的禁止的认识错误作为这样的错误成立，如果行为 468
人对直接关涉到他行为的**禁止规范不认识**（Verbotsnorm nicht kennt）、认为是**无效**（für ungültig hält）或者是由于不正确的解释**对其适用范围错误想象**（Fehlvorstellungen über ihren Geltungsbereich），并且出于这个原因视自己的举止因此为准许的〔=**直接的禁止性认识错误**（direkter Verbotsirrtum）〕。

例如，认识某女性精神患者的状态，但不认识法律上的禁止（《刑法典》第 179 条），引诱她上床。对一盗窃来的物品，知道其来历仍作为礼物接受，因为只认为如果去"花钱买"是禁止的〔对此见《刑法典》第 259 条第 1 款和韦塞尔斯（Wessels），《分则》2，边码 786 及之后〕。《刑法典》第 17 条意义上的禁止性认识错误，不仅仅出于是*正面*的想法，即认为行为是许可的，而且也是基于想法缺陷上的不法认识**缺失**(Fehlen)。

对整个问题深入的见霍恩(Horn),《禁止性认识错误和有责性》,柏林,1969;勒施(Lesch),《法学工作报》96,504;诺伊曼(Neumann),“禁止性认识错误”,载《法学教育》93,793;鲁道菲(Rudolphi),《不法意识、禁止性认识错误和禁止性认识错误的可避免性》,柏林,1970;H. W. 许内曼(H. W. Schünemann),“禁止性认识错误和事实上的禁止无知”,载《新法学周报》80,735。

第三节　关于正当化事由的认识错误

469 行为人如果完全认识行为构成要件,但相信有正当化事由介入的,要划分**“许可构成要件认识错误”**(Erlaubnistatbestandsirrtum)和单纯的**“许可性认识错误”**(Erlaubnisirrtum)

470 一、**许可构成要件认识错误**(Erlaubnistatbestandsirrtum),指对**依法认可的正当化事由的事实方面的前提条件**(sachlichen Voraussetzungen eines anerkannten Rechtfertigungsgrundes)认识错误。行为人错误认为具备有*如果它们真的具备则将使得行为正当化*的情形的,构成许可构成要件认识错误。

有的时候在“许可构成要件认识错误”和“许可性认识错误”之间进行区别可能是很难的;有交错的,有疑问时采纳许可构成要件认识错误。在**假想防卫**(Putativnotwehr)情况中,对许可构成要件认识错误的认定譬如就不限制在行为人错误感觉被侵犯的这个情况上。行为人对实际上存在的或者本就不存在的侵犯在种类上或者强度上错误判断,使得自卫程度大于“所要求的”(联邦最高法院《新刑法杂志》87,20;96,29),或者是基于具体的情况(即不是纯粹抽象的)行为人对某个依法的侵犯认为是“违法”的,也同样是对正当化行为情形的认识错误。这些表明,许可构成要件认识错误绝不同于“事实错误”,而是在具备规范性的正当化要素情况中也可以包括评价错误〔详见赫尔佐克(Herzog),《法学者报》93,1017、1020;施吕克特(Schlüchter),《认识错误》175、179〕。

按照主流意见所持的立场,用信条学的思考方式可以找到好些可以很好地考虑处理许可构成要件认识错误的自立性特点的可能性。**司法判决**(Rechtssprechung)就从评价的角度比较《刑法典》第16条第1款第1句,得出这样的解决问题方法:对正当化的事实情况认识错误的,撤销因故意的行为惩罚,但在一定的情形中具有提起过失谴责的空间。对此,**法学学说**(Rechtslehre)在结果上绝大多数意见都是表示赞同,这里或许许可把所有的那些理论学说的观点都算做处于当前的主流观点范围内,这些观点(与故意说不同)在不法意识中看到的是要与故意相分离的责任要素,对许可要件认识错误(不同于严格性责任说)不适用《刑法典》第17条,而是依照《刑法典》第16条第1款的规定。 471

不过,在主流学说内部对有些问题也并无一致的看法,譬如《刑法典》第16条第1款是否已经直接包括了所说种类的情况〔从**构成要件概念**(Tatbestandsbegriff)入手的消极的构成要件标志说观点〕,是否不是这样而是依照《刑法典》第16条第1款第1句缺失故意不法(从人格的不法说出发的,否定“故意行为的行为无价值”的限制性责任说的一个变种观点),或者是否类推适用《刑法典》第16条第1款第1句使得对正当化行为情形的认识错误只提起**故意责任谴责**(Vorsatzschuldvorwurf),而由此撤销因故意的行为惩罚,也就是说仅仅是*在法律后果上*如同构成要件认识错误那样处理(限制性责任说的一个*转移法律后果*的变种观点)。从术语的角度看还值得注意的是,在法学学说上对于上述的后两种观点还缺少一个统一的说法。一些论说将“限制性责任说”只理 472

解为是上述第二种观点，对上述第三种学说则称之为是“转移法律后果的或者法律后果上限制的责任说”〔批评的对此见格林瓦尔德(Grünwald)，《诺尔怀念文集》183〕。对整个问题很有教益的见弗里施(Frisch)，《认识错误》，第217页及之后；格劳尔(Graul)，《法学教育》，学习手册，1992，L 49；佩夫根(Paeffgen)，《阿明·考夫曼纪念文集》399。

在对被论者们认为是正确结果的理由上的说明中，上述的学说观点之间有如下一些差别：

473 (一)**消极的构成要件标志说**(Lehre von den negativen Tatbestandsmerkmalen)，在正当化事由中看到的是“整体—不法构成要件”的组成部分和在正当化的各个前提条件中看到的是“消极的构成要件标志”，这些标志的不在场，从构成要件实现的角度看就为已经重要。据此，属于故意的除了是对法律描述的构成要件的所有积极情形有着认识之外，认为**消极的构成要件标志缺乏**(vom Fehlen der negativen Tatbestandsmerkmale)的想象，但至少是“没有想象到具备消极的行为情形”的这个没有想到也应当属于故意。这个理论导致把《刑法典》第16条第1款第1句直接适用于对正当化行为情形的错误认识，导致的后果是“故意”作为这样的故意消失〔对此见阿图尔·考夫曼(Arthur Kaufmann)，《法学者报》54，653和56，353、393；《拉克纳纪念文集》185；类似的见金德豪伊泽尔(Kindhäuser)，《构成危险》111；萨姆松(Samson)，《刑法》(Ⅰ)，第122页及之后〕。

474 消极的构成要件标志说已经受到前面提到过的争鸣(见本著边码124、126)。该学说在这一点上走得太远，即它对许可构成要件认识错误和对不法构成要件认识错误附加以**“排除故意”**(vorsatzausschließende)的作用，而鉴于教唆和帮助的从属性质这样做对于从刑法上追究恶意心态的参与人的责任来讲将导致令人顾虑的后果〔对此批评的详见阿明·考夫曼(Armin Kaufmann),《法学者报》55,37;希尔施(Hisch),《刑法典莱比锡评论集》,§ 32前边码8〕。鲁道菲(Rudolphi)(《刑法典系统评论集》,§ 16边码13)提出的观点认为,可罚性的漏洞在这里可以避免,如果可以把恶意心态的参与人视为是间接行为人追究责任(这出于信条学上的理由不为可能;比较本著边码537及之后),或者对《刑法典》第26~27条适用一个不同于《刑法典》第16条第1款范围内的(=要狭小的)故意概念(但这同样不能令人满意)。因此,值得注重的观点是许可构成要件认识错误不对"构成要件故意"作为这样的故意产生影响,因为错误认识正当化的行为情形并不改变行为人对法定的行为构成要件是*明知*和*依意志地*实现。1985年1月7日颁布文本的《暴力行为受害者赔偿法》〔《联邦法律公报》(I),2〕第1条第1款显然也是从这个思考角度出发的,它规定要有"故意的、违法的行为上的侵犯",又规定行为人如果是"错误认识正当化的前提条件而实施了行为"的,也不挫败该侵犯的具备。

在《卡尔·拉克纳纪念文集》(第185、188页)中,阿明·考夫曼为消极的构成要件标志说争辩。其中提出一个观点说:对构成要件错误和禁止错误之间的划分,要在"不法意识"和"违法性意识"之间进行区别。《刑法典》第17条只是涉及后者,而不法意识属于故意,存在于侵害或者危害某法益的想法之中。对考夫曼的这个观点不能给予认同,因为:不法意识和违法性意识都仅仅是同一个可罚性前提条件的两个不同方面(对此比较本著边码281);此外,《刑法典》第17条也明确规定的是"不法性认识"的缺失。还有,不法意识并不与侵害或者危害他人法益的想法同一。譬如,用拳头回击强盗的,虽然知道是在伤害侵犯者的身体完好性,但却不会产生不法意识;因为他正是从法制秩序会在紧急防卫框架内同意他的举止的角度出发。 475

(二)按照**限制性责任说**(eingeschränkte Schuldtheorie),在许可构成要件认识错误的情况中只有类推适用《刑法典》第16条第 476

1 款的空间。从这个学说中派生出来的第一个变种，就是以这样的类推结论方式和并不完全统一的语言上的表达，否认了故意行为的故意、故意不法或者行为无价值〔比较齐林斯基（Zielinski），《选择性注释系列刑法典注释》，边码 55 对于《刑法典》第 15～16 条；格劳尔（Graul），《法学教育》，学习手册，1995，L 41、44；赫茨贝格（Herzberg），《法学工作报》89，243、294 和《施特雷/韦塞尔斯纪念文集》203；库伦（Kuhlen），《认识错误》330；普佩（Puppe），《施特雷/韦塞尔斯纪念文集》183、201；罗克辛（Roxin），《总则》，§ 14 边码 62、68；舍夫勒（Scheffler），《法学培训》93，617；克拉默（Cramer），《申克/施罗德—刑法典注释集》，§ 16 边码 18；施罗特（Schroth），《阿明·考夫曼纪念文集》595；综述的见弗里施（Frisch），《认识错误》，第 217、245 页及之后〕。

这个立场是被这样说明其理由的：从不法的前提条件角度看，在构成要件标志与正当化事由之间不存在质的区别。这样，许可构成要件认识错误必然是如同《刑法典》第 16 条第 1 款第 1 句意义上的构成要件认识错误那样导致同样的结果。否则是因故意而成立的行为无价值被撤销，如果行为人认为具备了正当化的情势。是否如果有了这样的对属于故意性质的不法的否定，《刑法典》第 26～27 条意义上的可罚的参与的基础是否就要消失，对此的看法不尽相同〔同意意见的有克拉默（Cramer），《申克/施罗德—刑法典注释集》，§ 25 前边码 32；赫茨贝格（Herzberg），《法学工作报》89，294、299；否定意见的有鲁道菲（Rudolphi），《刑法典系统评论》，§ 16 边码 12、13，观点是：对故意的否定不影响“与刑罚威吓构成要件相关的实现意志”，这就足以产生《刑法典》第 26～27 条的适用性；结果上同样的奇格尔特（Ziegert），《故意、责任和先前责任》，1987，171〕。

477 限制性责任说的这个变种，在许可构成要件认识错误情况中否定的不是故意责任，而已经是**故意不法**（Vorsatzunrecht），对它的不能认同看法如同上面的对于消极的构成要件标志说的所说。还有，这个变种的立场混淆了实际具备和只是错误认为具备正当化情势这两者之间的事实上区别，因为按照这个立场则每种情况都应当具有“排除不法”的作用。另外，错误认识正当化的行为情形是否就能够完全消除一个故意的法益侵害的行为无价值，而不是对它只是减轻，也是值得怀疑的〔对此比较佩夫根（Paeffgen），《阿明·考夫曼纪念文集》，第399、405页中的批评〕。

（三）限制性责任说的转移法律后果的变种，致力于一个协调性的问题解决方式，在责任和刑罚判决上得出的结果与上面已谈到的两种学说的意见类似，但所予以说明的理由不同：错误认识正当化的情势，不对构成要件故意作为举止形式产生影响，更多的只是排除**故意责任**（Vorsatzschuld）和因故意行为的惩罚。这样，许可构成要件认识错误**只是在其法律后果上**（lediglich in seinen Rechtsfolgen）与《刑法典》第16条第1款第1句中规定的构成要件认识错误等同。行为人的认识缺失如果是基于细心不足的，可以类推适用《刑法典》第16条第1款第2句的规定，考虑因过失的行为实施惩罚，以法律上规定有与之相关的过失构成要件为限。 478

这个转移法律后果（＝限制法律后果）学说，出于已经谈到的和下面将要讨论的理由，在意见争论中值得注重。同样的见布莱（Blei），《总则》，§ 59 Ⅱ 3；艾伯特（Ebert），《总则》140；加拉斯（Gallas），《博克尔曼纪念文集》155、170；耶赛克/魏根德（Jescheck）/（Weigend），《总则》，§ 41 Ⅳ 1 d；拉克纳（Lackner），§ 17 边码15；施彭德尔（Spendel），《刑法典莱比锡评论集》，§ 32 边码342、343；毛拉赫/齐普夫（Maurach）/（Zipf），《总则》，§ 37 边码19及之后、43；施吕克特（Schlüchter），《认识错误》172；特伦德尔（Tröndle），§ 16 边码26、27。如同这里也有联邦最高法院，《德国法律月刊》79，985，作者霍尔茨（Holz），其中写道，对许可构成要 479

件认识错误排除故意行为遣责；此外，联邦最高法院《法学环视》96，69 和《联邦最高法院刑事判决汇编》31，264、286，根据这里，对这样的认识错误（只是）如同《刑法典》第 16 条第 1 款第 1 句意义上的认识错误那样进行评价，（只是）排除因故意行为的可罚性。用联邦最高法院的通常表达方式可以这样说，对于错误认识正当化的行为情形，不消除“自然的故意”（＝构成要件故意作为举止形式），消除的只是故意作为责任形式（对此比较本著边码 147）。明确地见哈姆州高等法院，《新法学周报》87，1034。

480 （四）法学学说对许可构成要件认识错误的法律后果的讨论，还未结束。一些新发表的观点，以其独自的解决问题方案表明了这一点：

譬如，雅科布斯（Jakobs）提出，在相关情况中，凡对过失规定了刑罚威吓的，对可以避免的认识错误因故意的行为判处，但对故意的刑罚幅度要降低到过失构成要件范围；雅科布斯称他的这个建议为“非自立的”责任说，也就是说是取决于过失刑罚的责任说（《总则》11/43～11/58）。另外的一个建议，提出对同样的情况依据《刑法典》第 16 条第 1 款第 2 句因故意的行为惩罚，但对刑罚总是要依照《刑法典》第 49 条第 2 款予以减轻〔佩夫根（Paeffgen），《认识错误说》，第 165 页及之后；现在在《阿明·考夫曼纪念文集》第 399、411 页中放弃了这个建议〕。克林佩尔曼（Krüpelmann）则与之不同地认为，对可以避免的许可构成要件认识错误，《刑法典》第 16 条第 1 款和第 17 条的法律后果都不适当；在法律并未特别威吓的地方，他也主张判处过失惩罚（《整体刑法学杂志》副刊，1978 年，第 40 页及之后〕。

481 （五）转移（限制）法律后果责任说和上面谈到的消极的构成要件标志说，在追究参与人责任的范围内可以产生什么样的结果，下面种类的案例可以清楚地表明：

某E的宅基地上有棵大树，秋天大风时枝叶飘落旁邻某A的院内。某A已多次找到（至今一直持拒绝态度的）某E商量，要他允许自己花钱将大树移走。一次某E外出度假期间，某A锯断和清除了那棵树木，将锯下来的木材整齐地摆放在某E堆放木材的地方。所用的油锯是由熟人某B提供的，某B也知道某A的用途。某B认为某E没有同意某A的行为，估计他会以他的方式讨个说法。某A却确信某E已经同意，因为在某E前去度假之前他收到了一个纸条，上有某E的签名："我同意你的建议；请在我不在的时候全部解决。"然而这张纸条并不是写给某A的，而是送信人将没有书写地址的信封错误投进了某A的信箱。某E度假回来看到已发生的事情，非常气愤。

从主流观点的角度，某A是故意实现了财物损坏的构成要件（《刑法典》第303条第1款）。他知道是在破坏他人之物，而且也想这样做。行为的违法性也可以认定，因为无正当化的事由对此介入；某E的同意客观上不具备。类推适用《刑法典》第16条第1款第1句，提起故意责任谴责，因故意的财物损坏惩罚的可能性却消除；因为，某A认为持有由某E有效作出的同意，也就是说认为具备这样的情形，如果它们真的具备则将正当化具体的行为（=许可构成要件认识错误）。《刑法典》第16条第1款第2句在本案中无适用对象；**过失的**（fahrlässige）财物损坏未受刑罚威吓。某A因此不受处罚。由于他的错误想法并不排除《刑法典》第27条、第303条意义上的"故意实施的违法的主要行为"的具备，对明知心态的某B，如果某E对此提起了处罚请求（《刑法典》第303条c）的，就要对他按照*他的*责任程度（《刑法典》第29条）因对财物损坏提供帮助处罚。 482

如果按照消极的构成要件标志说，某A就（已经）不受处罚，因为他对财物损坏的整体不法要件（《刑法典》第303条及所有可以进入考虑的正当化事由）不是*故意地*实现。这是因为如果按照该说直接适用《刑法典》第16条第1款第1句，某A认为某E已经同意他清除大树的这个认识错误，就使得"故意"作为这样的故 483

意消失。接着对某 B 也无因帮助财物损坏而予以处罚的空间，因为缺失一个《刑法典》第 27 条意义上的“故意”实施的主要行为。对某 B 因作为间接的共同行为人(《刑法典》第 303 条、第 25 条 I 第二种情况)就财物损坏处罚也不可能，因为在他那里缺失对此要求的共同行为人意志。某 B 只是想支持一个对他而言是*他人*行为而已，因为他认为某 A 是处于一个明知心态，是从主要行为人某 A 是在故意实现《刑法典》第 303 条的角度出发。这样，如果完全按照消极的构成要件标志说的主张，如果是主要行为人发生了许可构成要件认识错误，在追究参与的责任问题上就将出现可罚性漏洞，导致依照事实不能让人同意的结果(不过这里要指出的是，这类的案情在生活中很少实际发生)。

484 (六)可以支持限制性责任说的*转移法律后果之*变种的，首先是与之连接的实际上的结果；此外还有支撑它的理由所具有的说服力。与“纯正的构成要件认识错误”相比，**“许可构成要件认识错误”**(Erlaubnistatbestandsirrtum)的**独立性质**(eigenständige Natur)是建立在这样一个基础之上，即只是在上面最后提及的情况中行为人将**感受到法定构成要件的警告功能**(von der Warnungsfunktion des gesetzlichen Tatbestandes erreicht)，它向他表明，他在跨越一般许可和普遍禁止的举止之间界限：谁知道他的举止是在实现某个不法构成要件，特别是在伤害第三者的，谁就有责任审查是否具有**特别的许可规则**(besonderen Erlaubnissatz)在正当化他的行为。谁在这里发生可以避免的对依法正当化事由的事实方面前提条件的认识错误，是自己对自己造成了**注意力不足**(mangelnde Aufmerksamkeit)和对待法律要求的谨慎义务的**有过失态度**(fahrlässige Einstellung)的**谴责**(Vorwurf)，但不是思想上敌视法律的谴责，因为他的行为是受那些价值观念引导，这些观念在原则上与立法者是一致的。因为，假如被他认为的许可构成要件上的特征的确具备，那么他的行为就是正当而不是违法。在这种情况中，行为人的构成要件故意**不是对法制秩序的价值决定的反对的表达**（nicht Ausdruck einer Auflehnung gegen die Wertentscheidungen der Rechtsordnung），而是作为最严重的责任形式的故意责任这个责任类型的前提条件（比较本著边码142及之后、425）。联邦最高法院（被许多误解地）指出，许可构成要件认识错误行为者"在他的方面是法律的忠实者"，所说的根本上也是这个意思（《联邦最高法院刑事判决汇编》3，105、107）。对可以避免认识错误的认识错误人，如果只能提起*在质量上与过失责任责难*相当的责任谴责〔对此批评的见佩夫根（Paeffgen），《阿明·考夫曼纪念文集》399、411〕，则对许可构成要件认识错误在其法律后果上等同于纯正的构成要件错误，符合事实要求。

许可构成要件认识错误（Erlaubnistatbestandsirrtum）与"*许可性认识错误*"之间的区别，在于它不只是与行为的违法性相关，而且还总是与对行为的在法律—社会影响层面上的含义的错误想法相连接。譬如，谁以故意实施的身体伤害来达到防卫一个本不存在的侵犯的目的的，是对**他的伤害行为的含义**（Sinngehalt seiner Verletzungshandlung）有着与另外的某个他人完全不同的想象图，该某个他人的同样行为，目的是肆意虐待当事人，或者是报复某个早就终了了的因此不再是"现时的"侵犯。在前一情况中，基于正当化意识，行为的*举止无价值已经是显著地降低*。从社会行为说的角度，故意刑罚作为最重的刑罚制裁，在责任谴责上只允许是针对那个行为人，该行为人对他的行为的在法律—社会层面上的含义有着正确的理解，即在所有的、不法评判取决于此的行为情形的层面上完全"了解情况"。 485

对由上面讨论的理论争论对犯罪构造产生的后果，见艾娃·格劳尔（Eva Graul），《法学教育》，学习手册，1992，L 49。

486 二、单纯的**许可性认识错误**(Erlaubnisirrtum)被构成,如果行为人对依法正当化事由的**法定界限**(rechtliche Grenzen)错误认识或者所依据的是法制秩序并未认可的正当化事由〔=**间接的禁止性认识错误**(indirekter Verbotsirrtum)〕。

譬如,紧急防卫时被侵犯者认为他许可使用任何一种防卫手段或者是在侵犯已经完全结束后还许可他对侵犯者继续伤害(比较联邦最高法院,《戈德达默刑法档案》,1969,23;《法学者报》78,762;《新刑法杂志》88,269)。

487 **许可性认识错误**(Erlaubnisirrtum)作为一种"间接的禁止性认识错误",其处理依照在《刑法典》第17条上规范化的直接的禁止性认识错误规则,也就是说在它是可以避免的情况中不排除行为人的故意责任。行为人在这里表现出来的对待法制秩序的态度,与在错误认为具备正当化的行为情形中不同;因为,处于认识错误中的行为者是*对于面临的情势把握正确*,但是**受到了与立法者相矛盾的对于合法和不法的想法所引导**(von Vorstellungen über Recht und Unrecht leiten läßt, die denen des Gesetzgebers widersprechen),也就是说包含着对法制秩序价值原则的偏离〔比较联邦最高法院,《德国法律月刊》78,108,作者霍尔茨(Holz)〕。谁正确地理解了**行为情势**(Tatsituation)和发生事件的**社会影响上的意思含义**(sozialen Sinngehalt rechtig erfaßt),但却错误认为他的举止系正当的,在该认识错误是可以避免时,他必须为他的有缺陷的价值决定担负责任:在刑事刑法的严格范围内,许可对每一个有认识能力的人要求他所作出的决定是在社会伦理上正确的决定。这里最多只有责任减轻和与减轻的责任相应的对**故意刑罚的减轻**(Milderung der Vorsatzstrafte)可以进入考虑。

行为人的认识错误，如果是与规范性质的**对于整个行为形成评价的正当化要素**（gesamttatbewertende Rechtfertigungselemente）相关，譬如是与正当化的紧急防卫情况中作为避险手段的行为之"适当性"相关（《刑法典》第 34 条第 2 句），则相应按照前面（边码 299）讨论过的规则做如下区别上的划分：行为人的认识错误只是涉及**评价基础**（Bewertungsgrundlagen）的，譬如是以这样的方式，即行为人错误认为具备使得合法性成立的情形，如果这些情形的确具备则是经得起《刑法典》第 34 条规定的所有要求，这里的认识错误便属于**许可构成要件认识错误**（Erlaubnistatbestandsirrtum），对它的处理类推适用《刑法典》第 16 条第 1 款第 1 句。相反地，行为人的认识错误如果是涉及**价值判断**（Werturteil）作为这样的判断，因为譬如是行为人尽管正确地认识事实情况，但基于有缺陷的整体评价，导致错误认为他的行为是"适当的"避险手段，这样的认识错误就是要适用《刑法典》第 17 条来处理的许可性认识错误〔=对相关的正当化事由边界认识错误；比较耶赛克/魏根德（Jescheck）/（Weigend），《总则》，§ 41 Ⅳ 1 d；鲁道菲（Rudolphi），《刑法典系统评论集》，§ 16 边码 13 b〕。 488

三、在**案例 11** 中，T 具有许多层面上的认识错误：

（一）在**对 A 的责打**中，T 错误认为许可她（依据对父母教育权的行使）有权责打身体的事实情况已经具备〔比较《联邦最高法院刑事判决汇编》12，62、67；毛拉赫/齐普夫（Maurach）/（Zipf），《总则》，§ 28 边码 29〕。她的错误想法在这里只是涉及责打**缘由**（Züchtigungsanlaß）。 489

在此范围内，T 的行为构成的是一个排除故意责任的**许可构成要件认识错误**（Erlaubnistatbestandsirrtum），此错误本是可以避免的，真实的事实随后就查明了这一点。对 T 因此类推《刑法典》第 16 条第 1 款第 1 句，（只）触犯了**过失的身体伤害**

(fahrlässige Körperverletzung)责任(《刑法典》第230、232条 =告诉乃论罪)。

如果按照“严格性”责任说,T就要承担《刑法典》第223条意义上的故意的身体伤害(在可以避免的禁止错误中实施)责任。

490 (二)在**对B的责打**中,就以她认为用钥匙串责打是*许可的*而言,T在两个层面上构成了认识错误:她错误认为具备(实际上缺失的)责打理由,同时又错误认识责打权的法定界限。

对于这样的“双重错误”如何处理的问题,在《联邦最高法院形式判决汇编》3,105、108中(请务必要查阅!)并未说明得足够清楚。正确的解释应该是:并不因为T(也)认为具备了责打缘由和由此是具备了相关的正当化事由的一个特征,便因此应当认定“许可构成要件认识错误”成立。

由于法制秩序对即便是孩子*真的*犯了错误,也不许可用钥匙串责打头部,T不能依据对依法是可以使得具体行为正当化的事实情况认识错误(比较联邦最高法院,《新刑法杂志》87,322对紧急防卫范围中的一有可比性的案件)。

事实上具备或者错误认为具备责打缘由时,谁对**责打权的法定边界**(rechtliche Grenzen des Züchtigungsrechts)的判断不同于法制秩序的,其行为是在**单纯许可性认识错误**(bloßer Erlaubnisirrtum)中的行为。

也就是说,如果说T在这里是处于许可构成要件认识错误*和*许可性认识错误之中,是不正确的,这里确切地说**只有一个许可性认识错误**(nur ein Erlaubnisirrtum),因为法制秩序不认可许可“无尺度地”责打的责打权〔比较阿图尔·考夫曼(Arthur Kaufmann),《责任和刑罚》96;也见联邦最高法院,《新刑法杂志》78,1206 对某医生对医学上未证明的拔牙认为是病人会对此同意;对双重认识错误一般的见哈夫特(Haft),《法学教育》80,430、588、659]。

由于依照禁止错误规则来处理的许可性认识错误,在**对待 B 的情况**中本是可以避免的,在此范围内 T 是犯了危险的身体伤害责任(《刑法典》第 223 条、第 223 条 a、第 17 条第 2 句)。

假如依照严格性责任说,这里也将得到同样的结果。

第四节 关于免责事由的认识错误

对于认为具备免除责任事由的认识错误或者对其法定边界的认识错误,依照普遍的看法是这样的认识错误不具有意义,因为只有法制秩序可以决定在什么时候它愿意放弃对此提起责任谴责。对于另外的一种情况,同样也有一致的认为,即对**依法免除责任事由的前提条件**(Voraussetzungen eines anerkannten Entschuldigungsgrundes)发生的**不可避免的认识错误**(unvermeidbarer Irrtum),要免除行为人的责任,因为考虑到他心理上所承受的强迫性情况而言,相关的危险之是否的确存在,还是如同在**假想紧急状态**(Putativnotstand)中那样只是存在于他的想象之中,都无关紧要;动因压力在这个或者那个情况中皆为同样大小(《帝国法院刑事判决汇编》64,30;《联邦最高法院刑事判决汇编》5,371)。但长期以来一直在争论的是,对免除责任的行为情形可以避免的认识错误,应该如何处理: 491

(一)按照广泛的观点,这里应当类推适用旧文本《刑法典》第

59 条，不追究故意责任，只因过失的行为处罚（术语上所说的过失解决：《帝国法院刑事判决汇编》64，30 和 222；《联邦最高法院刑事判决汇编》5，371、374 以及 18，311）。

（二）不同的看法，主张**依意义**（sinngemäß）适用**禁止性认识错误**（Verbotsirrtum）原则，认识错误如果是可以避免的，对行为人因**故意的行为实施**（vorsätzlicher Tatbegehung）让其承担责任，但有减轻刑罚的可能性：福克勒（Vogler），《戈德达默刑法档案》，1969，103。

支持后一种看法的是，错误认为具备免除责任的行为情形，属于**独自类型的认识错误**（Irrtum eigener Art），对这样的错误"依照过失解决"方案就因此已经是不适合，即行为人在当时的情况下是认识自己举止的违法性，是**知道自己是在为不法**（weiß，daß er Unrecht tut）行为。对于这个特别性，可以通过依意义地适用禁止性认识错误规则得到最好的处理。在《刑法典》第 35 条第 2 款中，立法者接轨了这个**免除责任的紧急状态**（entschuldigenden Notstand）立场，制定出一个规定是在认识错误可以避免时"要"减轻刑罚。对其余的免除责任事由也相应适用《刑法典》第 35 条第 2 款〔鲍曼/韦伯（Baumann）/（Weber），《总则》，§ 23 边码 11；希尔施（Hirsch），《刑法典莱比锡评论集》，§ 35 边码 79；克拉默（Cramer），《申克/施罗德—刑法典注释集》，§ 16 边码 31〕。

对整个详见哈尔特通（Hardtung），《整体刑法学杂志》108，26。对刑法上的认识错误说也见本著边码 809 及之后，概括性的综述和例如。

第十二章　人的刑罚排除事由和刑罚撤销事由、关于排除刑罚的行为情形和刑罚追究前提条件的认识错误

案例 12：钳工 M，在他妻子 F 的衣柜里发现了藏在那里的钱，从中拿走 500 马克，帮助因多次诈骗正被警察追找的 B 逃往国外。M 和 B 都是战争中的孤儿，从 1945 年起在收养他们的父母家中长大。养父养母使得他们相信是亲兄弟，但实际上他们之间没有亲属关系。 492

如果有下列情形，对 M 的举止在刑法上应当如何判决：

一、拿走的钱是 F 的财产，M 却错误认为是属于邻居 N 的，F 只不过是在替她保管；

二、钱是邻居 N 的，M 却认为是他妻子 F 的一次六合彩奖金中没花完的剩余的钱。

第一节　可罚性之因个人情况的例外

通常，构成了不法和责任就足以成立可罚性。但也有例外的情况，使得对举止的可罚性取决于一些附加的前提条件，譬如是“可罚性 493

的客观方面条件”(比较本著边码 148 及之后),或者是因为存在被严格规定的个人方面原因,这些原因位于不法和责任之外,依照法律的特别规定产生*排除刑罚*或者*撤销刑罚*的作用。可罚性的这些例外情况所形成的,就是**人的刑罚排除事由和刑罚撤销事由**(persönliche Strafausschließungs-und Strafaufhebungsgründe),它们共同地都只是对那个行为人或者参与人有利,**在该行为人或者参与人之个人身上**(in dessen Person)它们成立(《刑法典》第 28 条第 2 款)。

494 一、**人的刑罚排除事由**(persönliche Strafausschließungsgründe),指的是法律规定的那样一些情况,凡具备这些情况的从一*开始起*就产生对行为的不予处罚性,但同时也必须是**在行为实施的时候**(bei Begehung der Tat)就已经具备。这些情况虽被称为是人的刑罚排除事由,但这个称谓并不说明刑罚的免除在具体的个案中其根据何在。

属于这里依据的事由,部分是因为出于刑事政策方面的符合目的性的考虑。其他的部分,是由于立法者考虑到行为人是因为面临着类似于紧急状态的冲突形势,他的有责性因此要相应减轻,因此设立了人的刑罚排除事由[譬如,对于挫败刑罚,依照《刑法典》第 258 条第 6 款对亲属有利;对此批评的见克拉齐(Kratzsch),《法学环视》74,186]。

属于人的刑罚排除事由的,特别是有议会**议员的不受处罚性**(Indemnität von Abgeordneten)(《刑法典》第 36 条),亲属之间通奸行为中的亲生子女和兄弟姐妹的**青少年年龄**(jugendliche Alter)(《刑法典》第 173 条第 3 款),挫败刑罚中的**亲属关系**(Angehörigenverhältnis)(《刑法典》第 258 条第 6 款),以及庇护行为(《刑法典》第 257 条第 3 款)和挫败刑罚行为(《刑法典》第 258 条第 4 款)中的对先前行为的参与(Beteiligung an der Vortat)。对于《刑法典》第 258 条的范围,在此范围见《刑法典》第 218 条第 4

款第 2 句、第 218 条 a 第 4 款第 1 句以及第 218 条 b 第 1 款第 3 句和第 218 条 c 第 2 款中的对孕妇有利的规定。

二、**人的刑罚撤销事由**(persönliche Strafaufhebungsgründe),指的是在犯罪行为实施之后才出现的那些情况,这些情况可以回溯性地消除已经成立的可罚性。 495

属于这里的情况的,首先有**对力图的回撤**(Rüchtritt vom Versuch)(《刑法典》第 24 条)和**对参加犯罪的力图的回撤**(Rüchtritt vom Versuch der Verbrechensbeteiligung)(《刑法典》第 31 条),《刑法典》第 163 条第 2 款情况中的对虚假陈述的及时更正,以及完成了一定的犯罪后的**"以行动表示悔罪"**("tätige Reue")(比较《刑法典》第 98 条第 2 款第 2 句、第 310 条、第 311 条 e 第 3 款、第 330 条 b 第 1 款第 2 句)。有争议的是,依照《刑法典》第 139 条第 3 款第 1 句和第 4 款的对于不处罚性的获得,是否也属于这里的情况[详见盖伦(Geilen),《法学教育》65,426]。

第二节　刑罚限制事由和刑事追究允许性

一、基于一定的法定前提条件,对行为人是否**免除刑罚**(von Strafe absehen)或者是否**减轻刑罚**(Strafe mildern),在一些情况中是由法院依义务裁量(譬如,依照《刑法典》第 46 条 a、第 83 条 a、第 86 条第 4 款、第 87 条第 3 款、第 98 条第 2 款第 1 句、第 139 条第 1 款、第 157 条、第 158 条、第 218 条 a 第 4 款第 2 句、第 311 条 e 第 2 款、第 316 条 a 第 2 款、第 323 条第 5 款、第 330 条 b 第 1 款第 1 句)而定。 496

此外,依照《刑法典》第 60 条法院要对行为人**免除刑罚**(sieht von Strafe ab),如果行为对行为人产生的后果已经是如此的严重,以至于还要对他判处刑罚就属于**显然不当**(offensichtlich verfehlt)。但行为实现的自由刑为一年以上的不能免除。详见联邦最高法院,《新刑法杂志》97,121 有施特雷(Stree)的注释;《联邦最高法院刑事判决汇编》27,298;米勒/迪茨(Müller)/(Dietz),《朗格纪念文集》303;卡尔斯鲁厄州高等法院,《法学者报》74,772 有迈瓦尔德(Maiwald)的注释。

免除刑罚(Absehen von Strafe)的决定,实际是建立在对刑罚要罚性的否定之上的**刑罚放弃**(Strafverzicht)。

《刑法典》第 199 条、第 233 条的**“免予处罚宣告”**(Straffreierklärung),处理的是一种特别的情况,“平衡”的基本思想和对首先被侵犯者的可以理解的情绪激动的顾及在这里汇集[详见屈佩尔(Küper),《法学者报》68,651]。

考验期满之后是否免除刑罚(《刑法典》第 56 条 g),赦免和特赦是否属于“刑罚撤销”性质,这些都是一些存在争论的问题。对后两种情况,一部分论者认为只有程序上的意义[佩德斯(Peters),《刑事程序》,1985 年第 4 版,§ 79 I 5],另外部分论者则认为具有“双重性质”[比较耶赛克/魏根德(Jescheck)/(Weigend),《总则》,§ 52 Ⅱ 2:既是刑罚撤销理由,又是程序阻却理由]。

497 二、**刑事追究前提条件**(Strafverfolgungsvoraussetzungen)(譬如,《刑法典》第 77 条的刑罚要求,根据《刑法典》第 194 条第 4 款的授权和在《基本法》第 46 条第 2 款情况中的国会同意)以及**刑事追究阻却理由**(Strafverfolgungshindernisse)[譬如,《刑法典》第 78 条的时效限制,《法院组织法》第 18～19 条的治外法权和《基本法》第 46 条第 2 款的议员豁免权;对后一项见兰夫特(Ranft),《法律政策杂志》81,271],都具有程序法的性质。

这一类的情况(特别是时效期限)在什么程度上同时又具有实体法上的意义,对此大家很有争论[比较《联邦宪法法院判决汇编》25,269;佩德斯(Peters),《整体刑法学杂志》68,374;对此也见福尔克(Volk),《刑法中的程序前提条件》,1978,225]。

第三节 关于排除刑罚情况和刑事追究前提条件的认识错误

一、行为人发生的**排除刑罚情况认识错误**(Irrtum über strafausschließende Umstände)是否值得注重以及在何种范围上值得注重,对此的看法没有形成一致: 498

(一)主流的观点,这里唯一要根据**客观的情况**(objektiv Lage),理由是,人的排除刑罚事由位于不法和责任之外,用不着与行为人的故意发生关系。关键的只是在行为的时刻它的客观上具备;行为人在这一点上发生的认识错误**不为注重**(unbeachtlich)[比较《帝国法院刑事判决汇编》61,270;韦尔策尔(Welzel),《教科书》357]。

(二)相反的观点(得出的结果相互之间有些不尽相同),提出在这里也要考虑到**行为人想法**(Tätervorstellung)是如何,以在相关的刑罚排除事由框架内**优遇的责任视点**(privilegierende Schuldgesichtspunkte)要产生作用为限[比较霍恩(Horn),《德国法律月刊》71,8;克拉默(Cramer),《申克/施罗德—刑法典注释集》,§16 边码 34]。

每个刑罚排除事由自己的特别性和立法者将它们制定进《刑法典》时的背后考虑上的十分不同,要求只能是采取分别情况的**有差别的问题解决**(differenzierte Lösung)。凡法律的规定唯独或者主要是为*国家政治方面*的需要服务,或者是建立在*刑事政策方* 499

面的符合目的性的考虑之上的，在这里一律都是只依据客观上的情况。

前一点符合《刑法典》第36条，后一点符合《刑法典》第173条第3款、第257条第3款（也符合现在已经废除了的旧文本《刑法典》第247条的夫妻之间盗窃行为不处罚；比较《联邦最高法院刑事判决汇编》23,281）。

相反地则要顾及行为人的**想象图**（Vorstellungsbild），如果刑罚排除事由首先是因为类似于紧急状态的行为动因和行为的有责性是属于减轻性质的有责性。

500 这一点在**案例12**中在适用《刑法典》第258条第4款的问题上要详细审查：A帮助B逃往到了国外，由此是故意或者至少是明知地实现了《刑法典》第258条第1款的犯罪行为构成要件。依照《刑法典》第258条第4款的排除刑罚前提条件客观上并不具备，因为A和B在血缘上不是亲属，他们之间没有《刑法典》第258条第6款、第11条第1款第1句意义上的"亲属关系"（收养关系与养子关系不同，不能成立家庭孩子之间的"兄弟姐妹关系"）。要问的是，**错误认为B是他的亲兄弟**（irrige Annahme, daß B sein leiblicher Bruder sei），是否能够帮助A获得免予处罚。

当年，适用如今的新文本《刑法典》第258条第6款与之相符的旧文本《刑法典》第257条第2款，《帝国法院刑事判决汇编》61,270认为只有客观上的情况，在这里即为亲属关系的确存在，才是关键性的。帝国法院的这个判决并不能令人信服，因为它没有足够地顾及《刑法典》第258条第6款中的规定，该规定的制定根据并不在于纯粹的刑事政策方面的符合目的性考虑，而是这里所考虑的首先是**对类似于紧急状态的冲突情况的减轻责任的优遇**

处理(Privilegierung einer schulmindernden notstandsähnlichen Konliktslage)。在挫败刑罚的范围内,法律尊重亲近亲属之间的**自然的团结情感**(natürliches Gefühl der Solidarität)。此外,对行为人从另外的一个角度也要**给予宽容**(Nachsicht gewährt),即他对刑罚的挫败常常是作为一种"自我保护"的行为来实现的,目的是对他自己防范因为对亲属的刑事追究有可能产生的对他自己或者对他家庭的经济上的或者社会上的后果。由此,这个人的刑罚排除事由明显也是根植于责任的范围,已经与免除责任的事由接近[比较布洛伊(bloy),《法学教育》,学习手册,1993,L 33;耶赛克/魏根德(Jescheck)/(Weigend),《总则》, § 42 Ⅱ 1;罗克辛(Roxin),《法学教育》88,425、432;瓦尔达(Warda),《法学培训》79,286、293]。谁对所错误认为的亲属有利地挫败刑罚的,是处于如同某人帮助真正的亲属(彻底地、暂时地或者部分地)挫败国家的刑罚诉求那样的同样的心理上冲突。依照《刑法典》第258条第6款的意义和目的,他同样也应该获得那里规定的予以"宽容"处理,以至于对这种**不可避免的**(unvermeidbaren)认识错误同意它可以对行为人产生**刑罚排除的作用**(strafausschließende Wirkung),显得是符合法的要求的。

在发生的认识错误本是**可以避免的**(vermeidbar)情况中,要问的便是是否可以相应地适用《刑法典》第35条第2款,不免除刑罚而是给以刑罚减轻(《刑法典》第49条第1款)[普赖森丹茨(Preisendanz)就持这个观点,见其著《刑法典》, § 258 Ⅷ 3]。支持这种处理方法的理由,可以说是在免除责任的紧急状态中,也有可能出现亲属关系上的认识错误[譬如,行为人认为被危险所威胁者是自己的亲属;比较伦克纳(Lenckner),《申克/施罗德—刑法典注释集》, § 35 边码 42]。不过这将意味着对《刑法典》第258条第6款情况中的认识错误,要判决不同于对《刑法典》第258条第5款范围中的错误想法,而在这里同样也是对行为人面临的类似于紧急状态 501

情况的顾及,基于主观化的法律文字(= 想挫败……),即便是行为人的挫败刑罚行为所想的是为了避开对他本不存在的危险的,也要免予刑罚。行为人发生的认识错误本是可以避免还是不可避免,在这里被视为不为重要[施特雷(Stree),《申克/施罗德—刑法典注释集》, § 258 边码 35]。这样在《刑法典》第 258 条第 6 款的范围内,就应当只是考虑行为人**存在**(Vorhandensein)的内心强迫和对亲属关系认识错误(Vorhandensein),而不是还附加地考虑行为人的错误想法的形成本是可以避免还是不可避免[同样观点的见施特雷(Stree),《申克/施罗德—刑法典注释集》, § 258 边码 39;瓦尔达(Warda),《法学培训》79,286、292;批评的见罗克辛(Roxin),《总则》, § 22 边码 137]。相反地从中产生出行为人对客观上具备的《刑法典》第 258 条第 6 款前提条件**无认识**(keine Kenntnis)的,不能享受该条刑罚排除事由。

在**案例 12** 中,M 认为 B 是自己的兄弟,他是在帮助自己的亲属(《州法典》第 11 条第 1 款 a)使之脱离面临的刑事追究。基于这个认识错误,在挫败刑罚的问题上他免受处罚(《刑法典》第 258 条第 1 款、第 6 款)。

巴伐利亚州高等法院《新刑法杂志》83,831 援引《民法典》第 138 条,在一个认真作出的婚姻承诺的情况中对与其他人的婚姻关系尚还存在的当事人,否定了有效的订婚关系和《刑法典》第 258 条第 6 款、第 11 条第 1 款 a 意义上的亲属关系的成立。但判决理由上却没有处理(有可能是参照了《帝国法院刑事判决汇编》61,270 的做法)这个问题,即对订婚关系有效性的想象错误,是否应当对行为人有利地被予以考虑。联邦最高法院《新刑法杂志》83,564 也只是指出,订婚双方中的一方如果尚有婚姻关系存在的,《刑事诉讼法典》第 52 条第 1 款第 1 句意义上的订婚关系原则上不为成立。

二、**刑事追究前提条件**(Strafverfolgungsvoraussetzungen)和**刑事追究阻却理由**(Strafverfolgungshindernisse)属于程序法上的规定,对于这些条件和事由是否成立的问题,大家普遍认可的只是依据**实际上的具备情况**(tatsächliche Gegebenheiten),而不是行为人对这些情况的具备还是不具备的想象。这样,在家庭及家族成员之间发生的盗窃行为(《刑法典》第247条)案件中,行为人对亲属关系的**认识错误**(Irrtum)就**不为重要**(unbeachtlich),因为亲属关系在这里只是对**刑罚请求要求**(Antragserfordernis)具有意义,后者是提起**刑事追究的前提条件**(Strafverfolgungsvoraussetzung)(比较《联邦最高法院刑事判决汇编》18,123)。 502

被拿走的500马克,如果是F的财产(= 本节案例中的**第一种情况**),客观上形成了亲属之间的盗窃(《刑法典》第242条、第247条)。即便是M对此没有认识的,他的行为也只能是**依他妻子F的告诉**(nur auf Antrag seiner Ehefrau F)才能追究。

被拿走的500马克,如果是属于邻居N的财产(= 本节案例中的**第二种情况**),便要适用《刑法典》第242条。M认为具备了《刑法典》第247条的前提条件的认识错误不具有意义;在这里是**依职权**(von Amts wegen)予以追究(比较《刑事诉讼法典》第160条、第152条第2款)。

第十三章　正犯和参与

503 **案例13**：厂主F的一养子A，想尽快作为F的继承人成为企业老板。担心F会因为自己的生活方式变化取消他的继承权，A便对森林工人W许诺一大笔好处，假如后者将经常去森林里打猎的F杀害。W表示愿意，A便为他准备了枪支弹药，还给了他一张照片，上面是穿着他经常穿着的猎装的F。到了下个周末，W躲在F的猎舍前等待他的受害人出现，从背后开枪打死了与F约好前来打猎的J，因为朦胧光线中他把J当成了F。发现自己的错误后，W急忙清除了尸体，继续等待F的到来，同样从背后开枪将他打死。

A和W犯了何罪？

第一节　参与形式和正犯概念

504 一、对一个犯罪行为有数人参与的情况，德国刑法做了正犯和参与之间的区别。**正犯**（Täterschaft）的表现形式，有直接正犯和间接正犯（《刑法典》第25条第1款）以及共同正犯（《刑法典》第25条第2款）和法律未制定规则的同时正犯。**参与**（Teilnahme）的形式有教唆

(《刑法典》第26条)和帮助(《刑法典》第27条)。划分这样的种类,使得对行为人的每个行为贡献按照其各自的事实上的分量和各自的举止上的无价值进行相应的处理成为可能。

与上面所说的这个二元结构的参加系统(=正犯和参与)形成不同的是**统一正犯原则**(Einheitstäterprinzip)。依照这个原则,凡对构成要件的实现作出了**原因性贡献**(ursächlichen Beitrag)的每一个人,不论其行为贡献的事实上的分量如何,均被视为正犯。统一正犯的关键性的认定标准,唯一是因果性;对行为贡献的种类和大小是在量刑的范围内才予以考虑。由于其标准粗糙,对于法律后果是属于损伤性性质的刑法而言这个统一正犯原则因此并不适合;出于简单化以便于操作的原因,立法者将统一正犯人的概念纳入了违反秩序法[《违反秩序法》第14条。对此比较布洛伊(Bloy),《施米特纪念文集》33;金阿普费尔(Kienapfel),《法学教育》74,1;迈瓦尔德(Maiwald),《博克尔曼纪念文集》343;舒曼(Schumann),《论违反秩序法第14条的统一正犯人系统》,1979;塞厄尔(Seier),《法学工作报》90,342、382;韦尔普(Welp),《交通法和违反秩序法杂志》72,299]。 505

对其行为是在为他人行为的刑法意义上的组织和代理人责任(Organ-und Vertreterhaftung),见《刑法典》第14条和《违反秩序法》第9条[对此详见布伦斯(Bruns),《戈德达默刑法档案》,1982,1;马可恩(Marxen),《法学者报》88,286;许内曼(Schünemann),《法学培训》80,354、568]。

在正犯和参与之间划分区别的必要性,只是在于对于故意犯;对于结构上不同的过失犯而言如果要做这样的划分则是没有意义。**过失犯**(Fahrlässigkeitsdelikt)的**行为人**(Täter),更多地是因**违反谨慎义务**(Sorgfaltspflichtverletzung),以客观上可以归责的方式对犯罪构成要件的实现作出了贡献的每个人(比较本著边码656);在不纯正不作为犯的范围内,此外还有《刑法典》第13条意 506

义上的保障人义务作为认定犯罪的前提条件[比较石勒苏益格州高等法院,《新刑法杂志》82,116;斯图加特州高等法院,《新法学周报》81,182;耶赛克/魏根德(Jescheck)/(Weigend),《总则》,§59 Ⅶ]。

507 二、正犯的成立**基础**(Grundlage),是**法定的构成要件**(gesetzlicher Tatbestand)(=与构成要件相关的正犯人概念)。《刑法典》分则中制定的刑罚规定所设定的构成正犯的前提条件,是正犯(Täterschaft)当然是**直接**(unmittelbar)从**构成要件的实现**(aus der Tatbestandsverwirklichung)中产生。谁对受到刑罚威吓的行为是亲自实行,同时在其个人的层面上又实现了客观方面和主观方面的不法构成要件之所有的特征的,他**自然而然**(ohne weiteres)就成为是一个**"正犯人"**(Täter)[譬如目前的《刑法典》第25条第1款第一种情况;《联邦最高法院刑事判决汇编》38,315;斯图加特州高等法院《法学者报》77,724;罗克辛(Roxin),《刑法典莱比锡评论集》,§25边码47]。

508 在**案例13**中,因此(如同以往)要从犯罪行为构成要件的实现这个问题出发,审查W是否对谋杀J和F承担有罪责;作为谋杀罪的标志,可以是"贪婪"和"卑劣"[《刑法典》第212条、第211条第2款第一种和第二种情况]:

(一)**杀人罪的系统性**(Systematik der Tötungsdelikte)是个有争论的问题。司法判决(《联邦最高法院刑事判决汇编》1,368;22,375;36,231)中主张的观点,说谋杀和杀害是独立的犯罪,有其自己种类的不法性,是没有什么说服力的。理论学说中的主流意见正确地认为,谋杀是故意杀人的更为严重情况,即是在向《刑法典》第212条方向的质变性升级[详见屈佩尔(Küper),《法学者报》91,761、862、910;韦塞尔斯(Wessels),《分则》1,边码61、62]。据此,《刑法典》第211条所包含的特征不是构成刑罚的性质,而是**刑罚加重性的性质**(strafschärfende)(对于《刑法典》第28~29

条具有意义)。

(二)W的杀害J的杀害行为,实现了《刑法典》第212条的客观方面和主观方面的基本要件。W错误地把J当做F,并不排除他的构成要件故意(比较本著边码247及之后)。W是亲手实现了《刑法典》第212条的基本要件,易言之是他**“自己实施”**(selbst begangen)了犯罪行为(《刑法典》第25条第1款第一种情况),他的行为属于**正犯**(Täterschaft)的性质由此而必然产生。

(三)此外,由于W是出于“贪婪”和是“卑劣”地实施了行为,《刑法典》第211条第2款中规范的第一和第二种情况的升级要件也因此被实现:对行为人的行为要认定是出于**贪婪**(Habgier),如果行为人——如同本案中的W——是在**无所顾及的和应受谴责的利益驱动**(rücksichtslosen und verwerflichen Geweinnstreben)下(这里是被许诺好处)决定要消灭他人生命的(《联邦最高法院刑事判决汇编》29,317)。谁**有意识地利用受害人的毫不知情和毫无防卫性来杀人**(die Arg-und Wehrlosigkeit des Opfers bewußt zur Tötung ausnutzt)的,他的行为是卑劣的行为[比较《联邦最高法院刑事判决汇编》22,77;28,210;30,105;韦塞尔斯(Wessels),《分则》1,边码95]。打猎者J携带有武器,不影响他的毫无防卫性问题,因为在行为发生的时刻他不是没有能够看到敌意的侵犯,而是他的**毫无防卫性**(Wehrlosigkeit)状态在这里恰恰是产生于他的**毫不知情**(Arglosigkeit)(比较《联邦最高法院刑事判决汇编》7,218和20,301;联邦最高法院,《戈德达默刑法档案》,1967,244)。毫不知情的这个情况被W以应受谴责的方式利用于对J进行了杀害。W是否还对J构成了“破坏信赖”的罪责,在这里不足为重。卑劣的行为虽然通常是与对对方给予的信赖的破坏相连接,但依照主流的观点行为人与受害人之间的信赖关系的存在并不构成卑劣概念的必要特征[《联邦最高法院刑事判决汇编》28,210;韦塞尔斯(Wessels),《分则》1,边码96]。

杀害了J之后,W又打死了F,由此是实施了**第二个谋杀**(zweiten Mord)(《刑法典》第212条、第211条)。

第二节 正犯和参与的界限

509 A在W的身上唤起了杀害F的决意,向他提供了行为用的武器,但对(造成F和J被害的)行为实行他自己没有亲自参加。要问的是,这样种类的“参与”对A的可罚性会产生哪些影响? 对A是否同样应该视他为是由W直接实施的犯罪行为的正犯人,还是对他只视为是该行为的参与人?

510 一、谁**自己**(selbst)(=直接正犯)或者**通过他人**(durch einen anderen)(=间接正犯)**实施**(begeht)犯罪行为的,作为正犯人论处(《刑法典》第25条第1款)。数人**共同性质**(gemeinschaftlich)地实施犯罪行为的,对每个人皆以正犯人(=共同正犯人)论处(《刑法典》第25条第1款)。谁故意*安排*(=教唆,《刑法典》第26条)他人去实施其故意实施的违法行为,或者对这个他人就实施这样的行为故意*提供帮助*(=帮助,《刑法典》第27条)的,是参与人。由此,正犯是对*自己的*犯罪行为的直接、间接或者共同的实施;参与是《刑法典》第26~27条中描述的对他人行为的参加。

511 二、在系统上,对参加形式的阐释属于**不法构成要件说**(Lehre vom Unrechtstatbestand)的范畴。这是因为《刑法典》上以之为前提条件的是构成要件实现与正犯之间的连接。从正犯人说的这个构成要件相关性中此外还可以得出,正犯人概念的标准是根据**各犯罪行为构成要件的自己特点**(Eigenart des jeweiligen Straftatbestandes)。

512 这样,对于**纯正特别犯**(echte Sonderdelikte)(比较本著边码40)而言可以进入考虑的正犯人范围,从一开始起就受法定的构成要件中以此为前提条件的正犯人**主体资格**(Subjektsqualität)的限制(譬如,《刑法典》第203条、第331条及之后对于作为医生、律师、公证人、公务员、法官等职业特性的规定）。除此之外，**违反构成要件上特别的特别义务**（Verletzung einer tatbestandsspezifischen Sonderpflicht），行为实行的**亲手性**（Eigenhändigkeit），**行为支配**（Tatherrschaft）或者参加人对待行为的**内心上态度**（innere Einstellung）等特别的标准，是否以及在何种程度上对于正犯的认定问题构成了关键，必须首先是从各项犯罪行为构成要件的文字和结构上分析得出[详见布莱（Blei），《总则》，§ 71 I；克拉默（Cramer），《博克尔曼纪念文集》389；罗克辛（Roxin），《法学者报》66，293]。

对于**亲手犯**（eigenhändige Delikte）（比较本著边码 41），唯一关键的是对行为实行的亲手性。谁对构成要件行为没有亲自着手的，在这里不能是正犯人，只能是参与人（= 教唆人或者帮助人），详见罗克辛（Roxin），《刑法典莱比锡评论集》，§ 25 边码 40 及之后。 513

《刑法典》第 153 ~ 154 条意义上的陈述罪的行为人，由此只能是陈述人（Aussagende）本人而不是其他一个参加人，尽管该虚假陈述是由后者所故意导致或者以其他方式给予了促成。譬如，谁了解真实的情况，却以聪明的方式使得某个心态善意者作客观上不正确的证人陈述的，尽管有他的真相知道上的优势却仍然不是未经宣誓的伪证（《刑法典》第 153 条）的直接正犯人，但可以依照《刑法典》第 160 条是触犯了责任[对此详见韦塞尔斯（Wessels），《分则》1，边码 761 及之后]。

对于术语上所说的**“义务犯”**（Pflichtdelikte），该罪之构成要件是以行为人具有的**特别的义务位置**（besondere Pflichtenstellung）为前提条件（譬如，《刑法典》第 266 条的财产管理义务或者在不纯正不作为犯情况中的保障人位置），正犯的可能性取决于行为者或者不作为者对这个特殊构成要件的特别义务的违反。 514

属于**义务犯**(Pflichtdelikte)的,譬如有职务罪和特别罪、不作为罪、交通事故逃逸罪(《刑法典》第142条、背信罪(《刑法典》第266条)、违反家庭赡养、抚养和监护义务罪[《刑法典》第170条b、第170条d、第221条第1款第二种或者情况、第223条b)等。详见罗克辛(Roxin),《正犯》,第352页及之后、第663页;赫茨贝格(Herzberg),《正犯》,第32页及之后;对此也比较联邦最高法院,《新法学周报》83,462]。

譬如,土地局公务员G指使非公务员的N作土地证书上的虚假登记,G作为职务官员在这里就不是教唆人,而是在**职权范围内制作虚假文书**(Falschbeurkundung im Amt)(《刑法典》第348条)的**间接正犯**(mittelbarer Täter)。[韦塞尔斯(Wessels),《分则》1,边码761及之后]。N作为一个非公务员,不具备法律规定所要求的"正犯人资格";作为"无资格的工具"的他永远不可能是《刑法典》第348条上的正犯人,而只是在该构成要件上只是参与人(这里:帮助),即便是他一个人就"支配"了登记行为的整个过程。本来是排序上靠前的行为支配这个标准,在义务犯的情况中是退次于违背特别义务这个标准之后。对此比较罗克辛(Roxin),《刑法典莱比锡评论集》,§ 25边码37~39、162;克拉默(Cramer),《申克/施罗德—刑法典注释集》,§ 25前边码70~72。

对**不纯正不作为犯**(unechte Unterlassungsdelikte)(比较本著边码697),普遍的观点认为这里只能是**保障人**(Garant)的,才可以是因不作为而实施的犯罪的有能力的正犯人。凡不作为者的这个保障人义务已经成立的地方,对正犯与参与之间的划分在具体问题上(譬如是对是否可以通过不作为而对某项作为犯或者不作为犯构成帮助的这个问题)依照下面将要阐述的一般规则[主流意见如是说;对此很有教益的见阿茨特(Artzt),《法学工作报》80,553、556及之后;对不同的意见见塞厄尔(Seier),《法学工作报》90,382及之后;斯特拉滕韦特(Stratenwerth),《总则》(I),边码1076及之后]。

515 不限制行为人范围的**一般罪**(Allgemeindelikte)(比较本著边

码 39)，是最为引起如何划分进入考虑的参加形式(特别是在间接正犯与教唆和共同正犯与帮助之间的关系上)的意见争论的地方。

三、依照较早一些的**形式一客观**(formal-objektive)理论，谁对构成要件意义上的**实行行为**(Ausführungshandlung)是全部或者部分地自己着手的，是正犯人。谁对构成要件的实现只是做了准备或者支持行为的，是参与人。 516

这个一直到1930年都是法学学说中的主流理论的学说，范围太窄，在今天已不再有人提起。其不足之处在于它不能够解释间接正犯这个法学概念，也无能力对共同性质的行为实施中一直躲在幕后的团伙头目认定是共同正犯人。

四、主要是在司法判决中得到了主张的**主观理论**(subjektive 517
Theorie)，在划分正犯与参与的问题上采取的做法是连接意志方向和参加者对于行为的内心态度：谁带着**正犯人意志**(Täterwillen)[=行为意志(animus auctoris)]实施行为和把行为当做“自己的”，是**正犯人**(Täter)。谁带着**参与人意志**[=帮助意志(animus socii)]实施行为和把行为当做“他人的”来启动或者促成的，是单纯的**参与人**(Teilnehmer)。

直到今天，司法判决也未能对主观理论的实际运用发展出一个统一的方针。判决中既有完全拒绝主观上的划分的判决(例如，《联邦最高法院刑事判决汇编》19，135 对《刑法典》第216条)，也有严格只是根据**客观的基本情况**(objektiver Grundlage)来划分的判决[所谓的限制性主观理论：《帝国法院刑事判决汇编》15，295、303 和 71，364；《联邦最高法院刑事判决汇编》8，393；类似的见鲍曼/韦伯(Baumann)/(Weber)，《总则》，§ 29 边码 59 及之后]，在例外情况中还有运用**“极端一主观理论”**(extrem-subjektive

Theorie)的判决,依照这个理论,对于行为实行人是处于一个“下一级的关系”,没有他自己利益的情况,对那个以其个人**完全实现了法定构成要件**(gesetzlichen Tatbestand voll verwirklicht)的人也认定为**帮助人**(Gehilfen)论处(例如,《帝国法院刑事判决汇编》74,84 对澡盆案;《联邦最高法院刑事判决汇编》18,87 对斯塔施林茨基案;此外,联邦最高法院,《新法学周报》51,323 和 54,1374)。

在今天,因为有了《刑法典》第 25 条第 1 款上的第一种或者情况规定,**“极端—主观理论”**(extrem-subjektive Theorie)已经失去了其运用基础(比较《联邦最高法院刑事判决汇编》38,315;留下空白的见联邦最高法院《新刑法杂志》87,224 和《刑事辩护人》90,203)。

这个发展是值得欢迎的,因为,“极端—主观理论”把所谓的“意志—公式”搞成了一个空洞的流行辞藻,给了司法判决以可能性,在以其他方式不能达到所希望的减轻刑罚的时候对正犯和参与的概念进行任意更换[对于背景:哈尔通(Hartung),《法学者报》54,430;对于批评:布洛伊(Bloy),《参加形式》,第 99 页及之后;罗克辛(Roxin),《正犯》,第 599 页及之后]。

518 五、在较新的法学理论中在其构建基础上部分是受到了各种各样影响的实体—客观和*目的*—客观理论的范围内产生的**行为支配说**(Lehre von der Tatherrschaft),把由客观方面和主观方面标准组成的“行为支配”概念,发展成了在正犯与参与之间划分区别的**指导原则**(Leitprinzip)。**行为支配**(Tatherrschaft)在这个意义上,指的是**“由故意所包容的对构成要件符合性的发生过程把握在手”**(das vom Vorsatz umfaßte In-den-Händen-Halten des tatbestandsmäßigen Geschehenablaufs)[毛拉赫(Maurach),《总则》,

第4版,§ 9 Ⅱ C 2]。

这个**行为支配**(Tatherrschaft)的表现形式,对于直接行为人而言是他的“行为支配”,对于间接正犯而言是幕后人的“意志支配”或者是*利用信息了解知道上的优势*的支配(比较《联邦最高法院刑事判决汇编》32,38;35,374),对于共同正犯而言是分工行为之共同行为人的“功能性的行为支配”。

由此,谁作为行为发生的“中心人物”(=关键人物),具有策划—指挥上的或者共同安排上的行为支配性,由此是可以根据他的意志阻止或者放手犯罪构成要件的实现的,是**正犯人**(Täter)。谁作为实际的行为发生的“边缘人物”,对行为实施起了启动或者其他方式促成作用的,是**参与人**(Teilnehmer)。

详见赫茨贝格(Herzberg),《正犯》7;雅科布斯(Jakobs),《总则》21/35;耶赛克/魏根德(Jescheck)/(Weigend),《总则》,§ 61 V;罗克辛(Roxin),《刑法典莱比锡评论集》,§ 25 边码 36;鲁道菲(Rudolphi),《博克尔曼纪念文集》369;F. C. 施罗德(F. C. Schroeder),《正犯人背后的正犯人》,1965 年,第 70 页及之后;萨姆松(Samson),《刑法典系统评论》,§ 25 前边码 10、17;综述的见奥托(Otto),《法学培训》87,246;批评的见希尔德(Schild),《作为行为支配的正犯》,1994 年。

在行为支配说之外,有与它接近的学说意见,主张放弃统一的指导原则,试图各按罪行特征把客观方面和主观方面的因素组合起来[例如,克拉默(Cramer),《博克尔曼纪念文集》389]。对应于这些学说意见和行为支配说,由施米德霍伊泽尔(Schmidthäuser)(《总则》10/163)提出的**整体性理论**(Ganzheitstheorie),就显得位置特别。整体性理论是从这样的一个观察方式出发:某个人的行为(即便是在与其他人共同行为),如果表明是他**自己的行为**(eigene Tat)的,构成*正犯人罪*;相反的,凡是与**他人** 519

行为(fremde Tat)相关的,构成参与人罪。正犯人和参与人的概念不是定义性的,而是在经验的基础上通过“与不法构成要件相符合的行为发生的客观和主观要素的直观整体性”被相互划分开来。这里,个别的要素绝不可能是关键性的要素,而是更多地是要在一个**整体性观察**(Ganzheitsbetrachtung)的框架内把“一次是这个,一次是那个的单个要素特别地突出出来”[详见施米德霍伊泽尔(Schmidthäuser),《施特雷/韦塞尔斯纪念文集》343]。

520 施泰因(Stein)提出的理论观点见解(《刑法上的参加形式说》,1988 年,第 221 页及之后),在**举止规范**(Verhaltensnormen)的层面上就开始寻找各种参加形式之间的本质性区别,试图把划分问题从“功能上系统化”,所提出的因此是一个与所有的常规理论学说颇不相同的新颖的整体观察理论[对此有道理的不同意见见屈佩尔(Küper),《整体刑法学杂志》105,445;罗克辛(Roxin),《刑法典莱比锡评论集》,§ 25 边码 13、161;克拉默(Cramer),《申克/施罗德—刑法典注释集》,§ 25 前边码 68]。

521 六、本著的**表态**(Stellungnahme):对法学理论中的主流观点在这一点上应该赞同:对于正犯和参与,既不可能通过一个纯粹主观的也不可能通过一个纯粹客观的观察方式将它们符合事实要求地划分开来。

纯粹**主观理论**(subjektive Theorie),毫不考虑参与人对行为的客观贡献在构成要件的实现的框架内的事实上大小,是**偏离了正犯的法定基础**(verfehlt die gesetzliche Grundlage der Täterschaft),因为它把“正犯人意志”同其要件连接性剥离,不符合事实地将它隔离开来,由此是恰恰忽略了那些事实关联,对于这些关联法律则给予了关键性的意义(譬如《刑法典》第 25 条第 1 款中的第一种或者情况所明确表达的那样)。

另一方面,纯粹**客观理论**(objektive Theorie)也违背这个认识,即正犯的本质并不完全只是体现在对于行为的具体发生过程的“客观上可以支配性”上。因为，如同《刑法典》第25条第2款所规定的共同性质的行为实施是基于**有意识的和所意愿的共同作用**（bewußten und gewollten Zusammenwirken）的实施那样，其**角色分配确定在行为计划中**（im Tatplan festgelegten Rollenverteilung）的参加人的**意志方向**（Willensrichtung），也在这个方面起着决定性的作用，即它决定着对由另外一个参加人独自就能客观支配的实行行为，在何种程度上可以归责于每一个共同正犯人。“自己的”行为支配这个标准，在这里对应于对行为的**是否**（Ob）和**如何**（Wie）实施的**共同策划和共同安排的意志**（mitplanenden und mitgestaltenden Willen）而言，失去了它的分量。这样，谋划和组织犯罪计划实施的团伙头目，尽管他自己不在行为当场，是由其同伙依照商定在独自地实行行为，仍要依照《刑法典》第25条第2款担负共同正犯人责任[同样的见博伊尔克（Beulke），注释《法学环视》80，423；耶赛克/魏根德（Jescheck）/（Weigend），《总则》，§ 63 Ⅲ 1；屈佩尔（Küper），《戈德达默刑法档案》，1986，473、444；毛拉赫/格塞尔（Maurach）/（Gössel），《总则》，§ 49 边码30、36；克拉默（Cramer），《申克/施罗德—刑法典注释集》，§ 25 前边码74；斯特拉滕韦特（Stratenwerth），《总则》（Ⅰ），边码824；也比较《联邦最高法院刑事判决汇编》32，165；不同但太窄的见赫茨贝格（Herzberg），《正犯》，65；罗克辛（Roxin），《刑法典莱比锡评论集》，§ 25 边码181、184；鲁道菲（Rudolphi），《博克尔曼纪念文集》，第369页及进一步的证明]。

如同每个犯罪行为是一个由客观和主观方面的要素组成的意义单元那样，对法定构成要件基础上的正犯和参与，只能是通过一个对客观和主观方面**标准**（Kriterien）的**合成**（Synthese），才可将它们符合事实要求地相互区分开来。在法学理论中几乎得到了一致认可的**行为支配**（Tatherrschaft）这个**指导原则**（Leitprinzip），为完成这个任务开辟了最好的和最有说服力的途径。根据这个指导原则，对于**正犯**（Täterschaft）的确定，决定性的是每个参加人根据**他**

对行为的客观上贡献的种类和大小(Art und Gewicht seines objektiven Tatbeitrags),以及基于他的**意志上参加**(Willensbeteiligung),对构成要件实现的是否和如何的问题以及在何种程度上以这样方式进行了支配或者共同支配,以至于**结果**(Erfolg)显得**(也)是他的目的明确地操纵或者共同安排行为的意志的所为**[Werk(auch) seines zeilstrebig lenkenden oder die Tat mitgestaltenden Willens]。相反地,缺乏这个正犯行为的对他人的作为或者不作为的启动或者促成的,是**参与**(Teilnahme)。

参加人是否构成了这个被称为是"正犯"的对构成要件实现的密切关系,由法院根据具体案件中的整个情况通过评价认定。

522 **司法判决**(Rechtsprechung)迄今一直保持了它的依照主观的划分,但对划分也明显又**客观化**(objektiviert)了和以这样的方式在继续,即在整体考虑(考虑到意志方向和每个参加人对行为结果的自己利益)中也对**行为支配**(Tatherrschaft)这个标准认可它有关键性的意义[**=客观—构成要件性基础上**(objektiv-tatbestandlicher Grundlage)的主观理论;比较《联邦最高法院刑事判决汇编》28,346、348;34,124;35,347;36,231;联邦最高法院《新刑法杂志》85,165]。对法学学说的这个接近是值得欢迎的[同样的见盖尔茨(Geerds),《法学培训》90,173;屈佩尔(Küper),《戈德达默刑法档案》,1986,437],但受到某些论者的持疑问态度[比较罗克辛(Roxin),《刑法典莱比锡评论集》, § 25 边码 28、29]。

第三节　直接正犯和间接正犯、共同正犯和同时正犯

523 一、谁以其自身个人**自己实施**(selbst begeht)犯罪行为的(《刑法典》第 25 条第 1 款第一种或者情况),是**直接正犯人**(unmittelbarer Täter)。

这个前提条件,在**案例 13** 中是对 W 具备但对 A 不具备。A 的正犯性质只能是根据他的行为贡献的种类,以共同正犯(《刑法典》第 25 条第 2 款)或者以间接正犯(《刑法典》第 25 条第 1 款第二种或者情况)的形式构成。

二、**共同正犯**(Mittäterschaft),是通过**有意识的和所意愿的共同作用**(bewußtes und gewolltes Zusammenwirken)对犯罪行为的共同实施。 524

与之相反,如果数人**相互间无依赖关系**(unabhängig voneinander)(即不存在有意识的和所意愿的共同作用)地造成了构成要件上的结果的,是单纯的**同时正犯**(Nebentäterschaft)。同时正犯在过失犯(比较本著边码 656 及之后)中比在故意行为中更经常出现,在后者情况中它时常是以利用他人的行为决意为自己目的的形式[譬如那个非常著名的多纳—案件:福克斯得知许茨想在傍晚的时刻在一个一定的地点从背后开枪打死自己。他巧妙地制造假象,把自己的敌人卢克斯引诱到了行为地点,致使后者在那里果然被许茨当成是福克斯杀害。对此很有教益的见施彭德尔(Spendel),《郎格纪念文集》147、167;不同的见罗克辛(Roxin),《刑法典莱比锡评论集》, § 25 边码 104,罗克辛对于这里认为属于间接正犯的性质]。每个同时正犯人,只应为**他的那个行为部分**(seinen eigenen Tatanteil)承担责任,如同一个独自的正犯人[详见联邦最高法院《新刑法杂志》96,227;《联邦最高法院刑事判决汇编》4,20;芬克(Fincke),《戈德达默刑法档案》,1975,161;慕尔曼(Murmann),《刑法上的同时正犯》,1993 年]。 525

(一)共同正犯,建立在分工行为和功能性的角色分配原则上。每个参加人在这里作为同样资格的同伙,是**共同的行为决意**(gemeinsamer Tatentschluß)和**共同性质的构成要件行为实现**(gemeinschaftliche Tatbestandsverwirklichung)的**共同承载人** 526

(Mitträger),以至于单个的行为贡献完整地成为一个一体的整体,对每个共同作用人都要就整个结果对他完全归责[《联邦最高法院刑事判决汇编》24,286;34,124;37,289;屈佩尔(Küper),《整体刑法学杂志》105,295;对此的批评见登克尔(Dencker),《因果性和整个行为》,第120、148页及之后;有不同的见勒施(Lesch),《整体刑法学杂志》105,271,勒施认为不必要求有共同的行为决意,以客观归责标准就可以解决问题]。

在不久前的判决中,联邦最高法院对司法判决在划分正犯和帮助问题上所采取的立场表述如下:"行为参加人以他的行为贡献,不仅仅是想促成他人的所为,而是这个贡献也应该是一个共同性的行为之其中部分的,构成共同正犯。他这里必须是把他自己的行为贡献当做是其他人行为的部分,且反过来也把他人的行为当成是对他自己的行为部分的补充。参加人是否想有这个密切的对行为的关系,是根据行为人想法上所包含的整个情况以评价的方式予以判断。评价的主要依据可在如后中寻找:对行为结果的自己利益程度、行为参加范围、行为支配或者至少是对行为支配的意志,以至于行为的施行和结尾很关键地取决于该参加人的意志。"对于共同正犯与帮助之间的划分,《联邦最高法院刑事判决汇编》34,124的做法是决定性地取决于**行为贡献的种类**(Welche Art der Tatbeitrag)和参加人是否作为"同样资格的同伙"共同作用了行为。对在柏林墙边发生的枪杀案共同正犯与单个正犯之间的划分,见《联邦最高法院刑事判决汇编》41,149。

527 共同正犯人之间要求具备的对行为的一致同意,可以是明确地或者甚至是**在行为实行期间**(während der Tatausführung)心照不宣地建立的(=承继的共同正犯;联邦最高法院,《戈德达默刑法档案》,1986,229)。

在此之前就已经实现了的行为情形或者加重根据,是否以及在什么程度上可以归责于后来的参加人,是个有争议的问题,取决于具体案件中的特别情况(比较联邦最高法院,《戈德达默刑法档案》1994,485)。但获得了一致看法的是,对在他参加之前就**已经全部完结**(schon vollständig abgeschlossen)了的发生,**不能再**(nicht mehr)对后来参加人不利地推论依据《刑法典》第25条第2款的责任(Haftung)[比较联邦最高法院,《戈德达默刑法档案》,1977,144对《刑法典》第177条;联邦最高法院,《新刑法杂志》84,548和97,272;范围较窄的见克拉默(Cramer),《申克/施罗德—刑法典注释集》,§ 25边码91;萨姆松(Samson),《刑法典系统评论》,§25边码124];对于逐渐的帮助(联邦最高法院,《新刑法杂志》94,123)也相应。

(二)在客观方面的层面上,共同正犯是以基于共同的行为决意和在该决意的框架内每个参加人都对罪行实施做出了促成性的**行为贡献**(Tatbeitrag)为前提条件。对承继的共同正犯和对本来的行为计划的扩展所嗣后取得的一致同意,也同样(比较最高法院,《刑事辩护人》85,145)。首先是对实行行为自身的参加,可以作为《刑法典》第25条第2款意义上的**客观上的行为贡献**(objektiver Tatbeitrag)进入考虑。按照司法判决和主流的观点,在共同意愿的基础上一定情况下对单纯的预备或者支持行为的着手就足以[《联邦最高法院刑事判决汇编》14,123;37,289;40,299;联邦最高法院,《新刑法杂志》95,122有批评的注释见屈佩尔(Küper),其上述著作第331页],甚至是有纯粹思想上的共同作用也足以[《联邦最高法院刑事判决汇编》11,268;16,12;32,165;克拉默(Cramer),《申克/施罗德—刑法典注释集》,§ 25边码66、67)。但在这里要特别仔细审查这个问题,即在实际的行为实行中的"负参加",是否被**共同安排性质的犯罪谋划**(mitgestaltende Deliktsplanung)所具有的分量所平衡,在对共同的行为支配的参加部分 528

上是否至少是达到了所谓的“功能性的行为支配”的最低门槛值。

谁为偷盗团伙充当司机，用他的车辆运送赃物，只获得固定数目的报酬（每次 100 马克现金）再加上消耗的汽油费，通常是对于主要行为只是一个有距离的关系，这个关系更多地可能是单纯的帮助，而不是共同正犯的性质（比较联邦最高法院：《刑事辩护人》85，501；《新刑法杂志》85，165）。

529 书上的一个观点，在《刑法典》第 25 条第 2 款的框架内要求每个共同行为人要在行为**实行阶段里**（im Ausführungsstadium）发生了对于行为结果重要的**共同作用**（Mitwirkung）［布洛伊（bloy），《戈德达默刑法档案》，1996，424；赫茨贝格（Herzberg），《整体刑法学杂志》99，49、58；罗克辛（Roxin），《刑法典莱比锡评论集》，§ 25 边码 181 及之后；鲁道菲（Rudolphi），《博克尔曼纪念文集》369；齐尚（Zieschang），《整体刑法学杂志》107，361］。照此，策划了行为，确定了行为施行每个细节的团伙头目，如果其同伙依照约定独自实行了行为（譬如是入室盗窃），而他自己在行为时间期间（为了不引起对他和对团伙的怀疑）在剧院里看戏的，就不是共同正犯人而只是教唆人。但他应该是共同正犯人，如果他（虽然人不在场）通过步话器或者电话与他的团伙在保持联系，指挥他们行为［罗克辛（Roxin），《法学工作报》79，519、522］。

这个观点没有说服力，因为，进行策划和组织的团伙头目，是在**本质性地共同安排行为过程**（Tatablauf wesentlich mitgestalet），以至于行为结果在任何情况中也是他的目标明确的操纵和共同造就的意志的所为。他让第三者干的，不是对他而言是“他人”行为，而是以有意识的和所意愿的与自己同伙的共同作用在实施共同性的行为，这个行为（至少也）是**他自己的所为**（sein eigenes Werk）。鉴于他的指挥角色和他的行为贡献上的突出功能，假如把他认定是整个行为的边缘人物,仅仅是作为教唆犯论处,是不符合事实要求的[如同这里《联邦最高法院刑事判决汇编》33,50、53;策勒州高等法院,《新法学周报》94,142;博伊尔克(Beulke),注释《法学环视》80,423;雅科布斯(Jakobs),《总则》21/52;耶赛克/魏根德(Jescheck)/(Weigend),《总则》,§ 63 Ⅲ 1;泽尔曼(Seelmann),《法学教育》80,571 及进一步的证明)。从行为支配说的角度,也没有理由对《刑法典》第 5 条第 2 款意义上的共同实施,限制在行为实行阶段里的共同作用上。重要的,只是在共同的行为决意框架内先前作出的行为贡献在随后的行为发生的过程中在继续地发生着作用[《联邦最高法院刑事判决汇编》37,298;不同的见埃尔布(Erb),《法学教育》92,197;赫茨贝格(Herzberg),《法学者报》91,856;罗克辛(Roxin),注释,载《法学环视》91,206;施泰因(Stein),注释,载《刑事辩护人》93,411;齐尚(Zieschang),《整体刑法学杂志》107,361 及进一步的证明]。

(三)对于共同实施的犯罪行为,法定构成要件中以此为前提 530
条件的情况必须在每个共同正犯人身上得到满足。由此,谁作为相关犯罪的**有能力的正犯人**(tauglicher Täter)进入考虑(《联邦最高法院刑事判决汇编》14,123、129;15,1;37,106、114 及之后),和在构成要件实现的情况中除了确立刑罚的个人方面特征外在他身上还具备有法律规定上描述的**特别意图**(besondere Absichten)的,譬如是《刑法典》第 242、249 条上的使自己占有意图,谁才可能是共同正犯人(联邦最高法院,《刑事辩护人》86,61;《新法学周报》87,77;《新刑法杂志》94,29)。在这一点上不存在相互的责任问题。

例如:在前者的提议下,某 A 和某 B 共同偷盗了挂在一个院子里晾晒的一条波斯地毯。某 A 看上了这条地毯,很想在自己的房间里拥有它。某 B 是出于帮忙共同实施了行为。这里某 A 是盗窃(《刑法典》第 242 条)罪的正犯人,某 B 则只是帮助人(《刑法典》第 27 条),因为他缺乏“自己”占有所拿走财物的意图。

对于侵占是否必须要求每个共同正犯人在行为实施的时刻在其个人身上具备《刑法典》第 246 条中表述的物控制意图,是个有争议的问题[主张的见《帝国法院刑事判决汇编》68,90 和 72,326;《联邦最高法院刑事判决汇编》2,317;反对的见特伦德勒(Tröndle), § 246 边码 20;屈佩尔(Küper),《整体刑法学杂志》106,354 及进一步的证明]。

531 (四)由于共同正犯的不法性在于其自身,不是根据他人的行为来推论;因此,对共同正犯不适用在属于教唆和帮助的情况中关键性的从属原则(对此见本著边码 551),而是适用对所有的以有意识的和所意愿的共同作用所做出的行为贡献予以**直接地相互归责**(unmittelbare wechselseitige Zurechnung)的基本原则。就此,所有的共同正犯人都是对整个行为承担责任,但其责任只在共同的行为决意框架内和由《刑法典》第 28 ~ 29 条给定的界限内。某个共同正犯人的行为**过限**(Exzeß),不能归责于其他参加人(《帝国法院刑事判决汇编》57,307;67,367)。由于正犯是与构成要件相关,因此也有部分的共同正犯的可能性和有这样的情况,在这样的情况中可罚性的判处对于共同正犯各不相同。

这样,在共同实施杀害的案件中,一共同正犯人可能是承担打人致死的责任,另一共同正犯人则可能是犯了谋杀罪[《联邦最高法院刑事判决汇编》36,231 有博伊尔克(Beulke)的注释,载《新刑法杂志》90,278;屈佩尔(Küper),《法学教育》91,639]。譬如某 A 和某 B 共同袭击某 X 拿走了后者的金表,但如果只是某 A 怀着侵占的意图实施了行为,便对某 A 因抢劫处罚,对某 B 则因共同实施的胁迫这个一罪行为中的帮助抢劫论处。

对《刑法典》第 18 条意义上的**结果加重犯**(erfolgsqualifizierte

Delikte),在其特别的行为结果方面要求每个共同正犯人必须犯有至少是过失行为(联邦最高法院,《新刑法杂志》97,82)。如果某个共同正犯人不构成这一点,对他的可罚性则依照相关的基本构成要件和该基本要件的可能性的变异(譬如,适用《刑法典》第223条、第223条a取代适用第226条)。

在共同实行行为期间对原来的行为计划的扩大,在双边的一致同意中可以是明确地或者是心照不宣地被纳入行为决意的。也就是说之后不对其余的参加人构成过限。 532

对原来的行为计划的独自更改或者超越,嗣后对这个扩大取得的同意就必须是**双边性的**(gegenseitig)。其余参加人的单纯的单方面知道和同意,在这层意义上不足以(联邦最高法院,《刑事辩护人》85,145)。

共同正犯人(Mittäter)的**客体混淆**(Objektverwechselung)[= 对行为客体认识错误(error in objecto vel persona)],如果犯罪行为并未超越原来的商定范围(譬如,必要时对追踪者开枪),且客体在构成要件上的同样价值性使得发生的混淆不对构成要件故意产生影响的,依照主流的意见也是对其余的参加人不产生意义[比较本著边码247及之后;《联邦最高法院刑事判决汇编》11,268;雅科布斯(Jakobs),《总则》21/52;毛拉赫/格塞尔(Maurach)/(Gössel),《总则》,§ 49边码60]。 533

对此很有教益的见屈佩尔(Küper),《力图开始和共同正犯》,1978,其中的第39页上说,每个行为计划中,从一开始起就包含着实现过程中的出现差错的可能性;不同意见的见赫茨贝格(Herzberg),《正犯》63;罗克辛(Roxin),《刑法典莱比锡评论集》,§ 25边码178;对《联邦最高法院刑事判决汇编》11,268批评的也见舍夫勒(Scheffler),《法学教育》92,920;施赖伯(Schreiber),《法学教育》85,873、876。

534 本节开头谈到的**案例 13**,不提供实在的依据表明在养子 A 和森林工人 W 之间对行为计划的安排和施行上存在有意识的和所意愿的共同作用。对于双方在这方面的事实上沉默,更多的是可以认为 A 是把**对行为的"是否"以及"如何"实施的最后决定**(die letzte Entscheidung über das"Ob"und"Wie"der Tat)交给了 W,由此他无《刑法典》第 25 条第 2 款意义上的共同正犯人行为。

535 三、谁**"通过他人"**(durch einen anderen)实施犯罪行为(《刑法典》第 25 条第 1 款第二种或者情况),对故意作为犯的法定构成要件也就是说是以这样的方式来实现,即在行为实施的实行上他是让一个"行为中介人"作为一个**人的"工具"**(ein menschliches "Werkzeug")来为他实行行为实施的,是**间接正犯人**(mittelbarer Täter)。语言上说得形象一些,是间接正犯人在使用他人之手来实施自己的行为。对于间接正犯所标志性的,是行为中介人的出于实际上的或者法律上的原因所处于的*劣势地位*,和幕后人的正确了解事实情况,**依照其按计划操纵的意志**(kraft seines planvoll lenkenden Willens)把**整个发生**(das Gesamtgeschehen)把握"在手"的掌控角色。

536 按计划地把他人的行为部分纳入自己的实现意志,构成将行为视为系**幕后人之"所为"**(das"Werk"des Hintermannes)的基础。行为中介人对构成要件实现所贡献的,归责于间接正犯人如同是他自己的行为。这里通常是这样的情况,即工具是由他对行为所启动。对是否根本会发生法益侵害,是否根本会出现构成要件实现的问题,如果是取决于正确了解整个情况的幕后人之举止的,他的在外表上看来是*帮助*行为的共同作用也同样可以构成间接正犯。**例如:**昏暗光线中,某 W 示意走在一旁的某 B 发现了野猪。

依照他的愿望,某 B 把装了弹药的猎枪递给了他,虽然他认识到在灌木丛里被某 W 看见的并不是野猪,而是林业员某 F,结果某 F 被某 W 随即打死。

对幕后人认识所有的关键性的情况,在这个认识中使用人的工具去实施犯罪行为的,特别是在下面这样的情况中要考虑构成了间接正犯:

(一)该工具的行为,在客观上**不触犯构成要件**(tatbestandlos)[如在他的压力影响下或者基于有目的的误导而自己杀死自己;对此比较希尤斯案,《联邦最高法院刑事判决汇编》32,38;耶赛克/魏根德(Jescheck)/(Weigend),《总则》,§ 62 Ⅱ 1;韦塞尔斯(Wessels),《分则》1,边码 43]; 537

(二)该工具的行为,**不具备构成要件故意**(ohne Tatbestand-vorsatz),或者是只具备实施轻微一些行为的犯罪故意[譬如实施抢劫,而不是幕后人策划和诡谲安排的谋杀,比较《联邦最高法院刑事判决汇编》30,363;施比格尔(Spiegel),《新法学周报》84,110],或者是不具备属于主观方面不法构成要件的**特别意图**(spe-zifische Absicht)[譬如对于《刑法典》第 242 条的犯罪没有所要求的侵占意图,比较《帝国法院刑事判决汇编》39,37、298;47,147;70,212;对无意图的工具不同的见罗克辛(Roxin),《刑法典莱比锡评论集》,§ 25 边码 140、141];

(三)该工具以其个人**合法地**行为(如误导刑事追究部门,致使无辜者被捕《联邦最高法院刑事判决汇编》3,4 和 10,306;此外比较所谓的程序欺骗案《帝国法院刑事判决汇编》72,150);

(四)该工具**无责任能力**(schuldunfähig),或者是出于其他原因对行为**不承担责任**(schuldlos)[譬如在不可避免的禁止性认识错误、被胁迫的紧急状态等之中;详见赫茨贝格(Herzberg),《正犯》,第 13 页及之后;耶赛克/魏根德(Jescheck)/(Weigend),《总则》,§ 62 Ⅱ 4 ~ 1;罗克辛(Roxin),《刑法典莱比锡评论集》,

§ 25 边码61]。

538 在上述的几个后面情况中,有必要区别间接正犯与教唆,这是因为在犯罪行为的着手者不承担责任的情况中依照"限制的从属性"这个基本原则也可以是构成教唆(比较本著边码 553)。由于参加人对行为的实施可以是以**有层次的形式**(in abgestufter Form)得到**行为支配**(Tatherrschaft)的,区别间接正犯与教唆就取决于直接行为者的"行为支配"是否被幕后人的"意志支配"所重叠。**间接正犯**(mittelbare Täterschaft)总应当被认定,如果幕后人**认识**(kennt)行为中介人的无责任能力,或者认识可以使得不提起责任谴责的**情况**(Umstände),以及如果幕后人对他正确认识的情况以这样的方式加以利用,使得他对**该行为中介人**(den Tatmittler)如同一件**工具**(Werkzeug)一般把握"在手",利用他的强势的**意志支配**(Willensherrschaft)间接地也在掌控该中介人的行为实行。

539 如果工具和行为受害人为同一个人,如同在他人影响下**自我损害**(Selbstschädigung)中那样,也有**间接正犯**(mittelbarer Täterschaft)与(一定条件下可能还是不处罚的)**教唆**(Anstiftung)之间的划分问题。**例如:**妻子 F 买了对丈夫 M 有利的人身保险,在贪钱的 M 的逼迫下结束了自己。如果,F 是自行和基于自我负责作出的决定屈服了 M 的压力,后者的压力导致就只是不受惩罚的单纯参与行为,因为自杀并不构成《刑法典》第 26 条意义上的违法的、受刑罚威吓的主要行为。如果,根据具体情况和 M 的施加影响方式表明自杀并不是 F 之**自由答责的意志决定**(freiverantwortliche Willensentscheidung),而是她当时是操纵整个事件的 M 手中的一个行为*非自由*的工具,后者就有间接正犯的**杀死他人**(Fremdtötung)责任(《刑法典》第 212、211、25 条第 1 款第二种或者情况)。对于这些,大家的意见都非常一致。有争论的是,对自杀决意在什么时候允许被视为是*自由*答责,又是按照什么标准来对此判断。很为争论者广泛主张的一种学说意见,在这里主张从意义上依据**免除责任规则**(Exkulpationsregeln)(《刑法典》第 20、35 条),即对于心理上的缺陷状态和强迫情况,要看当事人在同样的不变的情形下在平时是否不会被提起罪责行为指控,如果他不是伤害了自己,而是伤害了第三者。如此,他行为的自我负责性譬如就可以认定,如果对他构成的危险没有达到《刑法典》第 35 条中以之为前提的严重程度[比较博特克(Bottke),《自杀和刑法》,1982,250;《戈德达默刑法档案》,1983,22、30;罗克辛(Roxin),《刑法典莱比锡评论集》,§ 25 边码 66 及之后及进一步的证明]。另一种正在获得大家注意的学说意见,则是从意义上根据**承诺理论**(Einwilligungslehre),即根据那些平时在**放弃自己法益**(Preisgabe eigener Rechtsgüter)的情况中决定正当化的承诺是否有效的规则[比较盖伦(Geilen),《法学者报》74,151;赫茨贝格(Herzberg),《法学教育》84,369;克赖(Krey),《分则》1,边码 89;延克(Jähnke),《刑法典莱比锡评论集》,§ 211 前边码 25、26;埃塞尔(Eser),《申克/施罗德—刑法典注释集》,§ 211 前边码 36;韦塞尔斯(Wessels),《分则》1,边码 40]。这个学说意见与前面所说的学说意见相比,在更大的范围内导致认定间接正犯。支持这个学说意见的,应该可以说是在事情是处置自己的生活的情况中,对意志形成的自由性不足所要提出的要求,不得低于对承诺身体伤害所要提出的要求,和对死亡嘱托的真诚性(《刑法典》第 216 条以此为前提条件)所要提出的要求[对此也见阿梅隆(Amelung),载《欧洲刑法构建基础》,1995,247]。

在希尤斯案件中,《联邦最高法院刑事判决汇编》32,38 对两种学说意见都没有支持,因为这个案件里的那个被一个几乎是童话般的骗局诱导自杀未遂的妇女没有心理上疾病,也不是处于强迫状态之中。根据这个判决,在误导受害人情况中对间接杀害正犯与不受处罚的对自杀的参与之间的划分,取决于**认识错误的种类和程度**(Art und Tragweite des Irrtums)。“骗局的假象,对自己要结束生命者如果是掩盖了这个事实,即他是在对他自己的死亡造成原因,那么引起了认识错误、利用认识错误有意识地和所意愿地引发了导致被诱惑者死亡或者把被诱惑者引向了死亡的事件的那个人,就是(既遂或者未遂)杀害罪的**正犯人**(Täter),他**利用知道上的优势**(kraft überlegenen Wissens)操控被诱惑者,把后者变成为针对他自己的工具”[=利用认识上的优势行为支配;对此比较罗克辛(Roxin),注释,载《新刑法杂志》84,71;《正犯》,第586 页及之后]。

对**基于认识错误的自我伤害**(Selbstverletzung aufgrund Irrtum)情况中的间接正犯问题,综述的见 M. -K. 迈耶尔[M. -K. Meyer],《认识错误排除自主》,1984 年,第 3 页及之后;批评的见屈佩尔(Küper),《法学者报》86, 219; 毛拉赫/格塞尔(Maurach)/(Gössel),《总则》, § 48 边码 15。

540 从结果的角度看,凡幕后人是明知和依意志地利用某个其行为不完全符合构成要件、不违法或者不完全承担责任的人去实施故意行为的,通常要认定他构成了间接正犯。反之,通常要否定间接正犯,如果在实现了犯罪构成要件,又无认识错误发生的情况中,直接行为者自己就是那项犯罪的完全由他自己负责的故意正犯人,虽然这项犯罪的实施是幕后人的寻求或者促使。

详见《联邦最高法院刑事判决汇编》30,363 和 40,218、236;耶赛克/魏根德(Jescheck)/(Weigend),《总则》, § 62 Ⅰ 2、Ⅱ;拉克纳(Lackner), § 25 边码 2;沙夫斯泰因(Schaffstein),《新刑法杂志》89,153;在一些问题上学术界对此的讨论还十分的意见对立:比较赫茨贝格(Herzberg),《法学培训》96,16;罗克辛(Roxin),《刑法典莱比锡评论集》, § 25 边码 53 及之后;毛拉赫/格塞尔(Maurach)/(Gössel),《总则》, § 48 边码 11、21、79 及之后;克拉默(Cramer),《申克/施罗德—刑法典注释集》, § 25 边码 8 及之后。

情况如果是妻子 F 有个完全听从于她的情夫 L,利用他心理上的依赖性让他杀害自己的丈夫 M,则从构成要件实现(《刑法典》第 212、211 条)的角度看直接的行为支配是在 L 这里。只要后者的心理上依赖性没有达到可以对他**免除刑法上答责**(von der straftrechtlichen Verantwortung befreit)(《刑法典》第 20 条)的程度,法律的出发点在这里就将是:F 对他的行为的参加,通常只有以**共同正犯**(Mittäterschaft)或者以**教唆**(Anstiftung)形式的可能性。

这个规则,只有对于严格受到限制的情况,比如是对**国家权力的滥用**(Mißbrauch staatlicher Machtbefugnisse)(如纳粹德国时期发生的种族主义罪行,或者是民主德国时期发生在柏林墙边的对试图逃离者的开枪射击),或者是在**类似于黑社会组织结构**(mafiaähnliche Organisationsstrukturen)的框架中,才可**例外**(Ausnahmen)[对此批评的见慕尔曼(Murmann),《戈德达默刑法档案》,1996,269;舒尔茨(Schultz),《法学教育》97,109]。在这样种类的情况中,决定性的是命令发布人作为幕后人利用他们的"组织支配",可以把整个发生无条件地操纵进他们所希望的方向[详见《联邦最高法院刑事判决汇编》40,218 和 42,65;罗克辛(Roxin),注释,载《法学者报》95,49;施罗德(Schroeder),《法学环视》95,177 及进一步的证明]。此外,间接正犯也可以考虑在那些地方成立,在这些地方间接正犯对刑法上承担责任的直接行为人之可以避免的认识错误或者迷信的害怕心理予以目的明确的操纵利用,利用于他自己的犯罪意图,如像在基本情况下的猫王案中那样(《联邦最高法院刑事判决汇编》35,347): 541

某女 H、某男 P 和某男 R 生活在一个神秘主义和思想怪异的"关系网"里。以有目的的诱导,某 H 和某 P 使得很容易就受到影 542

响的某 R 相信，一个威胁人类、是“恶”的化身的“猫王”，要他献上某 N 作为贡品（实际上是某 H 和某 P 因为吃醋和报复，想杀死某 N）；否则将有几百万人死于非命。某 R 认识到这是谋杀，便推口说第五诫不允许他这样做。某 H 和某 P 于是打消他的良知顾虑，称他们有“神的委托”，要拯救人类于灾难，不得杀人的诫令对他们无效。终于，某 R 听从了他们的蛊惑，按照指示以卑劣的方式对毫不知情的某 N 脖子上、脸上和身上刺了数刀，但所幸的是某 N 逃过了死亡。

联邦最高法院确认了对某 P 和某 H 的以**间接正犯**（in mittelbarer Täterschaft）的形式力图谋杀罪的判决。它在裁定中还指出，在权衡利益冲突的时候，某 R 在《刑法典》第 34 条角度上犯了错误评价，产生了可以避免的**禁止性认识错误**（Verbotsirrtum），又说，“法学书上对教唆与间接正犯的划分存在争论。按照广泛主张的意见，从**答责原则**（Verantwortungsprinzip）中可以推论，凡工具是自行负责的行为人的地方，构成间接正犯的可能性就在那里结束。《刑法典》第 25 条第 1 款所要求的却不是对间接正犯概念的如同从答责原则中推论出来的那样一个狭窄的理解。以评价的方式比较发生*不可避免的*认识错误（对这里的构成间接正犯的可能性不存在争论）和*可以避免的*禁止性认识错误的情况，表明认识错误的**可避免性**（Vermeidbarkeit）自身并不是一个适当的划分标准。在这样的一个认识错误中，行为之行为人在行为的时间里也缺乏不法认识。他本是应该具有但在实际上他却没有具有的不法认识，并不丝毫改变制造了行为是依法许可的这个假象的幕后人的行为支配；同样也没有必要对台前的人不认可他的工具性特征。在直接行为人的**可以避免的禁止性认识错误**（vermeidbarer Verbotsirrtum）情况中，因此在审查幕后人是否为间接正犯人时，要根据由**行为人意志所承载的客观上的行为支配标准**（Kriterium der vom Täterwillen getragenen objektiven Tatherrschaft）。这个行为支配是否具备，不是依据僵硬的规则，而是只能各按具体的案情以评价方式得出。划分在具体上取决于认识错误的种类和程度，以及取决于幕后人涉入行为的强度（比较《联邦最高法院刑事判决汇编》32,38)。如果某人利用由他有意识地制造的认识错误,根据意愿来如此地引发和支配发生,使得从评价的角度看发生认识错误者如同是一个(尽管他的行为还是责任性的行为)**工具**(Werkzeug)的,他无论如何都是杀人罪既遂或者未遂的间接正犯人。在本案中根据作出的认定也是这样的情况”。(还说明,因为某 R 不想把他的犯行行为归责于任何一个行为挑逗人,所以没考虑共同正犯问题)。

联邦最高法院的这个基本原则裁定,既得到了认可[沙夫斯泰因(Schaffstein),《新刑法杂志》89,153;罗克辛(Roxin),《刑法典莱比锡评论集》,§ 25 边码 84 及之后]也得到了批评。批评是从提问开始:迷信的疯狂想法是否能够构成认为具有《刑法典》第 34 条意义上的“危险”,在具体案件中是否根本就是发生了许可错误(= 禁止性认识错误),因为某 R 据他自己的交代他在良知斗争中他已经想到了违反国家法律的可能性。对此详见赫茨贝格(Herzberg),《法学培训》90,16;屈佩尔(Küper),《法学者报》89,617、935;舒曼(Schumann),注释,载《新刑法杂志》90,32。

对可以避免的禁止错误情况中的间接正犯与教唆之间的划分,也见《联邦最高法院刑事判决汇编》40,257。

相反地,间接正犯在**亲手犯**(eigenhändige Delikte)(比较本著边码 41;柏林高等法院:《新法学周报》77,817 对《刑法典》第 179 条第 2 款)情况中没有构成的可能,以及在那些情况中也没有构成的可能,在这些情况中幕后人不具备法定构成要件上所要求的**特别主体资格**(besondere Subjektsqualität)(如纯正特别犯中的作为公务员的特征;比较本著边码 40)。 543

在**案例 13** 中,W 对 J 和 F 实施的谋杀,是他根据自由的决定,作为**自我答责的正犯人**(eigenverantwortlicher Täter)之所为。由此,对 A 要否定系间接正犯。 544

545 四、间接正犯人不对行为中介人所犯的行为**过限**(Exzeß)承担责任。对于相关的**认识错误问题**(Irrtumsfragen),要根据幕后人发生的认识错误属于行为实行者的故意的认识错误,还是与对行为支配而言重要的其他情形相关,做如下细分:

546 (一)幕后人错误地认为被他指使的去实施故意行为的行为者,是**具有责任**(schuldhaft)的人,而实际上却非如此(**例如:**某A说服从外表上看不出患有精神病的某G去杀害某X),这里就要考虑构成的是**教唆既遂**(vollendete Anstiftung)(《刑法典》第26、212、211条),因为某A作为行为的发起人只是动了教唆的故意,并没有认识到将使得他在客观上成为行为发生的主人的情况。

547 (二)相反地,被指使去实施故意行为的行为者完全具有行为责任能力,而幕后人却错误地认为他对被指使去实施的行为**不担负责任**(schuldlos),所构成的从幕后人的角度看是间接正犯,客观上却是《刑法典》第26条意义上的教唆。这里也要因对相关行为的**教唆既遂**(vollendete Anstiftung)论处,因为教唆的故意连同包含在幕后人的进一步的行为支配的意志之中,且与间接正犯相比,教唆也是较轻一些的参加形式[比较《联邦最高法院刑事判决汇编》23,203;耶赛克/魏根德(Jescheck)/(Weigend),《总则》,§62 Ⅲ 1;罗克辛(Roxin),《刑法典莱比锡评论集》,§ 25边码147;克拉默(Cramer),《申克/施罗德—刑法典注释集》,§ 25前边码83]。

548 (三)幕后人错误地认为被他指使者具有**构成要件故意**(Tatbestandvorsatz)(**例如:**某A说服具有报复心理的某B去告发某X,错误地认为所宣称的不利事实的不正确性,是为某B所积极认识),由此是认为形成了这样的一个情形,在这个情形中某B将是行为发生的主人。某A在这里不构成间接正犯,只是故意教唆。但却不可能因教唆既遂惩罚,因为缺少《刑法典》第26条意义上的故意实施的主要行为。可以进入考虑的只有**力图的教唆**(versuchte Anstiftung),对该教唆依照《刑法典》第30条第1款只有是教唆他人实施**重罪**(Verbrechen)时才受到刑罚威吓(详见本著边码561)。在这类的对实施轻罪的力图教唆情况中(在上面的举例中是实施《刑法典》第164条第1款上的轻罪)出现的可罚性上的缺口,是因为有立法者的这个决定:在《刑法典》第26、27条范围内,要求具有故意实施的违法的主要行为。1962年进行改革刑法的时候(第32条)曾经考虑过的规定,即某人错误地认为行为人将故意实施行为,而因此实施了参与行为的,对他"如同"教唆犯或者帮助人论处,没有被刑法改革时的立法者采纳,因此不能作为现行法律的基础[不同的看法见鲍曼/韦伯(Baumann)/(Weber),《总则》,§ 30边码26及之后;有道理的见罗克辛(Roxin),《刑法典莱比锡评论集》,§ 25边码143、144]。

(四)对相反情况的处理引起了很大争议,即这样的情况:幕后人使用一个**看似想法单纯**(vermeintlich gutglßubig),实际上是心态不善(即故意行为)的行为中介人去实现他的犯罪打算。**例如**:为了杀死他的患病需要治疗的岳母S,病房医生A交给看上去是毫无想法的护士K一支带毒的针药。K本是识破了一切,却装作不知,将针液注射,致使S丧命。**司法判决**(Rechtssprechung)在这里会将A作为间接正犯,依《刑法典》第212、211条处罚,因为他把K视为他的工具,以行为人意志造成了S的死亡。对于**行为支配说**(Tatherrschaftslehre)来讲通往这个结果的路是封锁的;因为一个仅仅只是想象中的,而实际上是缺乏的行为支配,就其自身而言不能够成立正犯。从这样的情况中,即依照幕后人的想象图是间接正犯,但在客观上则只是成立教唆,法学学说界思考出了不同的意见。有的认为只是间接的犯罪实施力图[赫茨贝格(Herzberg),《正犯》45;毛拉赫/格塞尔(Maurach)/(Gössel),《总则》,§ 48边码39及之后;萨姆松(Samson),《刑法典系统评论》,§ 25边码112],或者认为既是这样的力图,同时还有教唆既遂[罗克辛(Roxin),《刑法典莱比锡评论集》,§ 25边码146、147]。以力图来处理作为这样的一个问题解决,是不能够获得符合事实要求的结果的,因为它对幕后人的处理,就仿佛是他对既遂的法益侵害没有生发共同的作用。值得首推的因此是大多数论者的 549

观点,即认为对行为发起人要因**教唆既遂**(vollendete Anstiftung)论处[耶赛克/魏根德(Jescheck)/(Weigend),《总则》, § 62 Ⅲ 1;克拉默(Cramer),《申克/施罗德—刑法典注释集》, § 25 前边码83;斯特拉滕韦特(Stratenwerth),《总则》1,边码959]。虽然,该行为发起人并没有想要让中间人去实施故意的主要行为,并没有想要让他产生相应的行为决意,但是这里缺乏的教唆故意却继续存在,在质量上看是分量为更重的行为支配意志所取代。谁想通过一个由他操控的工具去实现法定构成要件,也就是说设想的是他自己才是所谋划的罪行的行为人的,没有被委屈,如果对他不认定间接正犯,而只是构成较轻一些的参加形式即教唆。但如果法律(譬如《刑法典》第160条和第271条)对正犯性质的行为所威吓的刑罚例外的比否则可能要进入考虑的教唆要轻(譬如对《刑法典》第154条或者第348条),则自然要另外判决;在那里不允许对具有行为支配意志的行为者因此就更重地处理,只是因为所错误以为的工具并不是想法单纯,而是心态不善(对此见《联邦最高法院刑事判决汇编》21,116;韦塞尔斯(Wessels),《分则》1,边码761及之后和876及之后)。

550 (五)此外还有争论的是,行为中介人发生的**客体混淆**(Objektverwechselung),在什么情况下是对间接行为人成立**打击偏离**(aberratio ictus)的作用。**例1**:为了杀害某X,医生某A吩咐护士某K给某X注射一针;针管里含有很难证明的毒药,某K对此毫不知情。由于未听清楚,某K将致命的针药注射给了某Y,而不是某X。**例2**:某A指使他知道是患有精神病的某G用枪打死某X。某G却打死了某Y,他在开枪时把某Y错误当成了某X。主流学说的意见(不考虑行为中介人是想法单纯还是心态不善),在间接正犯人的可罚性问题上对上述两种情况的处理观点相同,因为不论是一机械武器"没有击中目标",还是被指使的人作为工具对目标的偏离,在法律的角度上都不产生意义[比较鲍曼/韦伯(Baumann)/(Weber),《总则》, § 21 边码15;耶赛克/魏根德(Jescheck)/(Weigend),《总则》, § 62 Ⅲ 2;罗克辛(Roxin),《刑法典莱比锡评论集》, § 25 边码149;鲁道菲(Rudolphi),《刑法典系统评论》,§ 16 边码 30]。值得首推的则是这个观点,即应当是取决于幕后人是否将对**行为受害人**(Tatopfer)或者行为客体的**个体化**(Individualisierung)识别**交给了**(überlassen hatte)行为中介人:如果不是这个情况(如上述的例 1 中),对违反指示的行为实行就依照**打击偏离**(aberratio ictus)的规则判决。幕后人如果是将对行为受害人或者行为客体的个体化交给了他的行为中介人(如上述的例 2 中),他就必须接受行为中介人所发生的个体化错误对他归责,如同是他自己发生的客体混淆,条件是根据具体的实际情况,发生的混淆是在根据普遍的生活经验是可以预见的范围之内[观点同样的见雅科布斯(Jakobs),《总则》21/106;克拉默(Cramer),《申克/施罗德—刑法典注释集》,§ 25 边码 52、53;斯特拉滕韦特(Stratenwerth),《鲍曼纪念文集》57、65;施特伦(Streng),《法学教育》91,910、916;对于教唆范围见《联邦最高法院刑事判决汇编》37,214 及赞同观点的注释,普珀(Puppe),《新刑法杂志》91,124;不赞同观点的见罗克辛(Roxin),注释,载《法学者报》91,680]。

第四节 教唆和帮助

在**案例 13** 中要审查的是,A 是犯了教唆罪(《刑法典》第 26 条),还是犯了对 W 实施的犯罪行为的帮助罪(《刑法典》第 27 条)。 551

一、教唆和帮助都取决于是否有《刑法典》第 11 条第 1 款第 5 句意义上的**违法的主要行为**(rechtwidrige Haupttat)具备[= **参与的从属性**(Akzessorietät der Teilnahme)]。作为对他人的构成要件实现的参加,两个参与形式的不法性都是根据主要行为的不法性来推论。但这并不意味着教唆和帮助就丝毫没有根据其自己的无价值[详见罗克辛(Roxin),《施特雷/韦塞尔斯纪念文集》365,罗克辛在共同作用者的独立的法益侵犯中,看到这个无价值]。设立一个独立的,与主要行为的不法性相脱离的“参与罪”[如萨克斯(Sax),《整体刑法学杂志》90,927;施米德霍伊泽(Schmidhäuser),《总则》,10/17],未能得到法律的支持。

对不满足刑罚构成要件(譬如自杀)或者是合法的行为,无受罚的参与可能性。

552 参与人受罚,不是因为他与主要行为人"在责任和刑罚上交织在了一起"(过去的如今由于《刑法典》第29条失去了价值的"责任参与理论"如是说),而是因为他通过唆使行为的故意或者通过其他形式的支持行为**在促成违法的主要行为**(rechtswidrige Haupttat fördert)(今天主流的从属性促成理论如是说)。这里的前提条件是,被侵犯的法益对应于参与人而言也是享受保护的。

553 自从1943年5月29日颁布的规定(《帝国法律公报》I 339)以来,**限制从属性**(limitierte Akezessorietät)一直是《刑法典》的一个基本原则:教唆和帮助不(再)以主要行为人对行为担负"刑事责任"为前提条件。

《刑法典》第29条规定,对每个参加人,不考虑其他人的责任如何,依据他的责任处罚,在这个意义上阐释了限制从属性。

限制从属性,不消除主要行为必须是"故意"(=具备构成要件故意)实施的这个要求。只有对**故意实施的违法的主要行为**(vorsätzlich begangene rechtswidrige Haupttat)的故意参与(vorsätzliche Teilnahme),才是可罚的参与[《刑法典》第26~27条;详见格伯尔特(Geppert),《法学培训》97,299、358;罗克辛(Roxin),《刑法典莱比锡评论集》,§ 26前边码26、27]。

554 在《刑法典》第11条的规定之框架内,对**结果加重犯**(erfolgsqualifizierte Delikte)[譬如,《刑法典》第224、226条,比较联邦最高法院,《新法学周报》87,77;希尔施(Hirsch),《戈德达默刑法档案》,1972,65、76],以及对在犯行行为上要求具备**故意**(Vorsatz)和在特别的行为后果上如果是具备**过失**(Fahrlässigkeit)则足以的那些犯罪行为构成要件[譬如,《刑法典》第315条c第3款第1句,比较斯图加特州高等法院,《交通法汇编》50,265;罗克辛(Roxin),《刑法典莱比锡评论集》,§ 26边码99、100;不同的但在这里是没有说服力的意见见格塞尔(Gössel),《郎格纪念文集》,219],也成立教唆和帮助。对非故意实施的主要行为的参与,则相反的不能成立。谁错误地认为主要行为人是在故意地实施行为而于是参加进违法行为的,只构成**"力图的参与"**(versuchte Teilnahme),只是在《刑法典》第30条的规定之框架内可罚[详见罗克辛(Roxin),《法学教育》73,329、336;萨姆松(Samson),《刑法典系统评论》,§ 26前边码26、27]。

二、对教唆人和帮助人的刑罚,原则上是依据对正犯人适用的刑罚威吓;对于帮助,《刑法典》第27条第2款规定了必须依照《刑法典》第49条第1款减轻刑罚。对构成刑罚以及限制刑罚的**"特别的个人方面的特征、关系或者情况"**(besonder persönliche Eigenschaften, Verhältnisse oder Umstände)(譬如,《刑法典》第174条、第180条第1款第2句意义上的教育人身份,或者是《刑法典》第331条及之后意义上的公务员身份),适用**附加的从属性松动**(zusätzliche Akzessorietätslockerung)。 555

(一)教唆人或者帮助人,如果不具备《刑法典》第14条第1款上描述种类的"特别的个人方面特征"(譬如,《刑法典》第348条、第26条意义上的普通人唆使公务员做职权范围内的虚假登记)的,构成这些特征的**成立**(begünden)可罚性,则对参与人的刑罚要依照《刑法典》第28条第1款、第49条第1款减轻(对此查阅《联邦最高法院刑事判决汇编》26,53)。 556

(二)法律如果规定"特别的个人方面特征"要**加重**、**减轻**或者 557

排除(schärfen, mildern oder ausschließen)刑罚的,依照《刑法典》第28条第2款只是对具备这些特性的那个正犯人或者参与人适用。

普通人唆使公务员实施职权内的身体伤害,对公务员依《刑法典》第223、340条作为正犯人论处,对教唆人的处罚则要在对他是有罪判决的情况下基于《刑法典》第28条第2款根据所涉及的基本构成要件来确定(=《刑法典》第223、26条;主流意见)。对应于此,少数人意见则主张按照《刑法典》第340、26条有罪判决教唆人,从基本构成要件的角度上只是确定刑罚框架[如科特斯·罗萨(Cortes Rosa),《整体刑法学杂志》90,413;罗克辛(Roxin),《刑法典莱比锡评论集》,§ 28 边码4]。

要注意的是,通过《刑法典》第28条第2款,参与人的情况与正犯人的相比不只是可以改善,而且也可以变得严重。

558 (三)对**与正犯人相关**(täterbezogen)的"特别的个人方面特征"(比较《联邦最高法院刑事判决汇编》22,375),要与**与行为相关**(tatbezogen)的不法特征区别开来,后者是对行为的事实方面的不法性的详细指称,特别是包含对构成要件性质的结果、行为中介人和实施方式的描述;对实施方式不适用《刑法典》第28条第1款、第2款(比较《联邦最高法院刑事判决汇编》23,103、105)。

在此范围内必要的划分,在具体情况中有可能是困难的;因为划分不是依照所涉及的特征的抽象内容,而是根据它在构成要件内的功能。司法判决和法学学说至今未能发展出受到普遍认可的划分标准。如果将**与行为相关的**(tatbezogen)不法特征等同于"客观方面的",将**与行为人相关的**(täterbezogen)个人特征等同于"主观方面的"行为构成要件特征,是错误的;因为,并不是所有的对个人的行为不法在起共同的决定性作用的特征,同时也是《刑法典》第28条意义上的"特别的个人方面的"。那些情况,即昭示行为人举止的特别危险性或者描述行为的实行方式的,通常是与行为相关的情况。与事实相连和**与行为相关的**（tatbezogen）的，比如是**行为构成要件故意**（Tatbestandvorsatz）和那些**特别的意图**（besondere Absichten），这些意图作为不法要素提前在主观方面的行为构成要件之前成立，如像《刑法典》第242条或者第253、259、263条中的侵占或者非法获利意图。在《刑法典》第211条第2款情况中，第二组类的谋杀特征**与行为相关**（tatbezogen）（比较《联邦最高法院刑事判决汇编》23，103；24，106、108），第一和第三组类的则**与行为人相关**（täterbezogen）（比较《联邦最高法院刑事判决汇编》22，378）。那些特征，即描写个人专属种类的**特别的义务位置**（besondere Pflichtenstellung）特征，同样与行为人相关，被《刑法典》第28条第1、2款所包括。属于它们的比如有作为**公务员**（Amtsträger）的身份，有在不纯正不作为犯中的**保障人位置**（Pflichtenstellung）[比较阿茨特（Arzt），《法学工作报》80，553、557；罗克辛（Roxin），《刑法典莱比锡评论集》，§ 28 边码17及之后、40；福克勒（Vogler），《郎格纪念文集》265；郎格尔（Langer），同一出处，241；相反意见见格伯尔特（Geppert），《整体刑法学杂志》82，40；耶赛克/魏根德（Jescheck）/（Weigend），《总则》，§ 61 VII 4 a；兰夫特（Ranft），注释，载《法学者报》95，1186；有不同的见赫茨贝格（Herzberg），《戈德达默刑法档案》，1991，145、162），有背信范围中的**财产管理义务**（Vermögensbetreungspflicht）[《刑法典》第266条；比较联邦最高法院，《刑事辩护人》95，73），有作为《刑法典》第244条第1款第3句意义上的**集团成员**（Bandenmitglied）身份（联邦最高法院，《新刑法杂志》96，128]，以及有侵占罪之构成要件上的**受到委托**（Anvertrautsein）[《刑法典》第246条；比较韦塞尔斯（Wessels），《分则》2，边码285]。《刑法典》第173条中的**亲属**（Verwandtschaft），是与行为相关的特征，因为它在这里涉及的不是特别的权利或者义务，而是行为人与另一人之间的血缘上关系（《联邦最高法院刑事判决汇编》39，326）。在每个情况中对于划分来讲，重要的都是相关犯罪行为之构成要件的特点和保护方向。对于最近的这些问题讨论详见《联邦最高法院刑事判决汇编》41，1；格林瓦尔德（Grünwald），《阿明·考夫曼纪念文集》555；

哈克(Hake),《参加者可罚性和特别的个人方面特征》,1994;尼德迈尔(Niedermair),《整体刑法学杂志》106,388;施泰因(Stein),注释,载《刑事辩护人》95,251;此外比较赫茨贝格(Herzberg),《戈德达默刑法档案》,1991,145,赫茨贝格主张对那些特征进行严格的从属性处理,这些特征从它们的功能上看“是事实性的或者是对行为无价值不具有意义”。由许内曼(Schünemann)(《法学培训》80,354、568)提出的**一体解决**(Einheitslösung)主张,反对任何形式的划分,把所有那些“不能依照间接正犯规则来实现”的特征称做《刑法典》第28条意义上的特别的个人方面特征。

559 (四)“特别的责任标志”(比较本著边码422),已由《刑法典》第29条而不是第28条所包括;关键性的由此是它们在每个正犯人或者参与人身上的具备或者不具备。但同时的前提条件是总要有可以参与的主要行为存在。

详见雅科布斯(Jakobs),《总则》23/5;耶赛克/魏根德(Jescheck)/(Weigend),《总则》,§ 61 VII 4 c;屈佩尔(Küper),《整体刑法学杂志》104,559、574及之后;罗克辛(Roxin),《刑法典莱比锡评论集》,§ 28 边码11~16(其中提议,只把确立刑罚的特别责任标志置于《刑法典》第29条的规定之下)。对相反意见见格林瓦尔德(Grünwald),同上,第566页及之后。

560 三、依照从属性基本原则,教唆和帮助只能是在这种情况下才为可罚,即**主要行为既遂**(Haupttat vollendet),或者至少是进入了可以处罚的**力图**(Versuch)阶段。

561 由此,对**行为力图**(versuchte Tat)的教唆和帮助,要区别于力图的**参与**(Teilnahme):力图的帮助不受处罚,而教唆无果的(特别的规定如《刑法典》第111、159条除外),依照《刑法典》第30条第1款只是在重罪的情况中才受到刑罚威吓(同样的是《刑法典》第

30 条第 2 款，对于那里规定的表示愿意、接受请求和犯罪约定的其他情况）。

在《刑法典》第 30 条第 1 款的框架内，在行为的犯罪特点上起决定性作用的不是真正的实际情况，而是教唆人的想法(《联邦最高法院刑事判决汇编》4，254；8，294、296）。对《刑法典》第 28 条第 1 款意义上的确立刑罚处罚的个人特征，要依据被教唆人所选中的正犯人的个人方面情况，对《刑法典》第 28 条第 2 款意义上的限制刑罚处罚的个人特征，要根据参与行为是否为重罪，假如它导致了结果的［《联邦最高法院刑事判决汇编》3，228 和 14，353；毛拉赫/格塞尔(Maurach)/(Gössel)，《总则》，§ 53 边码 29；克拉默(Cramer)，《申克/施罗德—刑法典注释集》，§ 30 边码 12 及之后；在最后提及的情况中也要根据被教唆人选中的正犯人个人方面情况《联邦最高法院刑事判决汇编》4，17；6，308；耶赛克/魏根德(Jescheck)/(Weigend)，《总则》，§ 65 I 4；根据不法或者责任质量而细分的见罗克辛(Roxin)，《法学工作报》79，169、174］。 562

除了术语上所说的力图“连锁教唆”外，《刑法典》第 30 条第 1 款第 1 句还包括这个**力图**(Versuch)，即**唆使**(zu bestimmen)某个他人去实施重罪，但提出去实施的主要行为并未走出预备的阶段。按照自己的意图对他人施加影响的那个人的**故意**(Vorsatz)，在任何情况中都必须是对准对行为决意的唤起，和对准对所计划的主要行为的实行和既遂的［对此详见哈姆州高等法院，《法学环视》92，501；布洛伊(Bloy)，《法学环视》92，493］。 563

力图的教唆(versuchte Anstifung)未果，可以由这些情况产生：另外的那个人拒绝、不理睬或者是没有理解对他的唆使，或者是他没有产生行为决意或者是对最后产生的行为决意在预备阶段中又予以了放弃，或者是他在教唆力图之前就已经作出了行为决定而因此是不可能再被教唆，或者是教唆的表示还未对他达到（**例如**：要求作伪证的信件在送往收信人的路上被警察截获，比较《联邦最高法院刑事判决汇编》8，261；31，10）。

564 《刑法典》第 30 条第 2 款的规定，意在阻止**阴谋性质的意志形成**（konspirative Willensbildungen），从这样的意志形成中产生的法益威胁，要比从那些可以随时推翻和很容易再次放弃的单个决意中产生的明显要大。

表示愿意（sich-Bereiterklären），指对他人认真表述的去实施某项重罪的意愿（比较《联邦最高法院刑事判决汇编》6，346；策勒州高等法院，《德国法律月刊》91，174）。它包括某个有行为意向，但还尚未完全决意的人的主动提出，以及包括对实施重罪的要求的接受。

接受提出（Annahme des Erbietens）是主动提出的对称。它必须是由接受人认真表示的；对接受人的可罚性而言接受提出后就不具备意义，即那个提出其本身是否是认真的还是非认真［《联邦最高法院刑事判决汇编》10，388；罗克辛（Roxin），《法学工作报》79，169、172］。

《刑法典》第 30 条第 2 款的最重要情况是**重罪约定**（Verbrechensverabredung）。它是**共同正犯**（Mittäterschaft）的**前面阶段**（Vorstufe）（联邦最高法院《新刑法杂志》88，406），以最少是两个人的这个意志上的一致作为前提条件，即对选定的行为要么是自己共同实施，要么是共同唆使一个他人去实行。被选定的行为客体或者行为中介是适合还是不适合，在这里不为重要，如同《刑法典》第 30 条中对第 23 条第 3 款的提示所表明的那样［比较《联邦最高法院刑事判决汇编》4，254；罗克辛（Roxin），《法学工作报》79，169、172］。《刑法典》第 30 条第 1 款的规定退撤于重罪约定之后（联邦最高法院，《新刑法杂志》94，383）。

565 进行刑法改革的时候重新制定《刑法典》第 30 条规定时，立法者有意识地没有把**力图的帮助**（versuchte Beihilfe）置于刑罚之下。对**重罪约定的帮助**（Beihilfe zu einer Verbrechensverabredung）和对重罪帮助的单纯**承诺**（Zusage），这样就为不受罚（详见联邦最高法院，《新刑法杂志》82，244）。

566 在《刑法典》第 31 条的前提条件下，谁自愿地和彻底地从参加之力图中回撤的，依据《刑法典》第 30 条不受罚（＝人的刑罚撤销事由；详见联邦最高法院，《新刑法杂志》92，537）。在重罪约定情况中，《刑法典》第 31 条第 1 款第 3 句意义上的“阻止该行为”，通常是要求要有主动的阻止措施；但不必须总是要这样。例如，约定后某参加人并没有做出行为，《刑法典》第 31 条第 1 款第 3 句的回撤优遇在这样的情况中无论如何都仍将是对他有利，即依照他的想法如果缺少了他所约定的行为部分，重罪就不能实行，并且他是自行地不为他的行为贡献，致使行为因此半途停止［比较《联邦最高法院刑事判决汇编》32，133 有屈尔（Kühl）的注释，载《法学者报》84，292；屈佩尔（Küper），《法学环视》84，265］。所意图的回撤没有成功，因为其余的参加人自己就把约定的行为实施完毕，其中利用了想回撤者先前做出的现在还在起作用的行为贡献，这种情况有可能导致必须为既遂的行为担负责任（至少是因对此的帮助；很有教益的见《联邦最高法院刑事判决汇编》28，346 对一桩这类案件）。对《刑法典》第 31 条第 2 款见联邦最高法院，《新刑法杂志》87，118；对整个方面详见博特克（Bottke），《依据〈刑法典〉第 31 条从参加的力图回撤》，1980。

567 四、**教唆犯**（Anstifter）是，谁故意**确定**（bestimmt）了某个他人去**故意实施违法行为**（vorsätzlich begangene rechtswidrige Tat）者（《刑法典》第 26 条结合第 11 条第 1 款第 5 句）。

教唆犯与间接正犯人或者共同正犯人的区别，在于他不具备自己的行为支配,与帮助犯的区别,在于他要对由主要正犯人产生的行为决意承担他的共同责任。

568 (一)《刑法典》第26条意义上的"确定",指的是唤起他人的行为决意。具体上应该是构成什么样的发生方式,法律并没有给予说明(旧文本《刑法典》第48条曾经至少有一个对进入考虑的教唆手段的列举)。对"确定"的概念是要宽泛解释还是狭窄解释,意见分歧。

一些论者认可对于行为决意的产生可以通过任意手段造成[布洛伊(Bloy),《参加形式》,329;拉克纳(Lackner),§ 26 边码2;萨姆松(Samson),《刑法典系统评论》,§ 26 边码5]。这种观点是值得商榷的,因为法律对教唆犯"如同正犯人"论处。也就是说,法律的出发点显然是因为行为的方式在其不法性上必须是有一定的可比性。显得比较有说服力的观点认为,以开放的**想法上联系**(geistiger Kontakt)的途径去产生**意志影响**(Willensbeeinflussung),使得比如说造成一个**刺激他人去实施行为的情形**(zur Tat anreizende Situation),例如,是有意交给一封经过加工的通缉令,以揭露某个员工的不忠诚,并不足够[比较雅科布斯(Jakobs),《总则》22/22;耶赛克/魏根德(Jescheck)/(Weigend),《总则》,§ 64 Ⅱ 1;罗克辛(Roxin),《刑法典莱比锡评论集》,§ 26 边码3及之后;奥托(Otto),《法学培训》82,557、560;施米德霍伊泽尔(Schmidthäuser),《总则》10/113;克拉默(Cramer),《申克/施罗德—刑法典注释集》,§ 26 边码7及进一步的证明]。因为有纯粹*因果上的*与后来实施的法益侵害的联结,便要将每个就这方面的建议或者信息置于教唆的范围,这样的意见也走得太远(在这里考虑具有心理上的帮助,常常还更有道理一些)。如果是将教唆人视为是可以与正犯人比较的行为之"共同发起人",作为教唆行为就必须要求要有一个想法上的意志影响,这个影响至少是内含**去实施主要行为的刺激**(Anregung zur Begehung der Hauptttat),

和对被教唆者开启了这个可能性,即把传递给他的脉冲(有时是并列于其他的行为动力和动因)变为自己的行为决意的产生基础。普珀(Puppe)的观点(《戈德达默刑法档案》,1984,101),即必须要存在"一个不法联盟意义上的共同行为计划",在这个计划框架内教唆人是接受被教唆者的行为实行许诺,被教唆者则是将自己置于了教唆人的教唆之下,显得太过于要求和不可能实际运用[对整个也见希尔根多夫(Hilgendorf),《法学培训》96,9;舒尔茨(Schultz),《法学教育》86,933]。

意志影响的和由此是教唆的适当**手段**(Mittel)的,比如是:劝说、一定的祝愿和启发(即便是装扮成提出一个提问的形式)、礼物、许诺好处、造成动机认识错误、滥用上下级关系、威胁(比较《帝国法院刑事判决汇编》36,402 和 53,189;联邦最高法院,《戈德达默刑法档案》,1980,183)。单纯的不作为则不足以构成教唆,因为它不形成心理上的施加影响[比较耶赛克/魏根德(Jescheck)/(Weigend),《总则》,§ 64 Ⅱ 6;奥托(Otto),《法学教育》82,557、560;不同的见布洛伊(Bloy),《法学工作报》87,490]。

对具体行为已经下定了决意者[= 已经决定犯罪(omnimodo facturus)],不能够再被教唆;这里可以考虑的只有力图的教唆(《刑法典》第 30 条第 1 款),或者通过强化行为故意而在心理上的帮助(《帝国法院刑事判决汇编》72,373)。某人尽管有实施行为的意愿,但仍未下定决意,是否去实行已在考虑中的行为的,对他的教唆可以成立[联邦最高法院,《德国法律月刊》72,569 作者达林格(Dallinger)]。对自己主动提出,但还在等待关键的一击(比如是等待许诺他所要求的好处)者,也相同。 569

在共同行为的形式上,也可以构成教唆(= 共同教唆),或者以利用第三者作为工具来对被教唆者的意志产生影响的形式[= 间接教唆;比较《联邦最高法院刑事判决汇编》8,137;联邦最高法院,《新刑法杂志》95,126;克拉默(Cramer),《申克/施罗德—刑法 570

典注释集》,§ 26 边码 7]。教唆一个他人去教唆主要行为(= 连锁教唆),构成间接教唆主要行为。

571 对已经决意实现**基本罪**(Grunddelikt)的行为人,唆使他实施**加重形式**(in qualifizierter Form)的行为,对该教唆人的可罚性存在争论。例如,谁对实施抢劫(《刑法典》第 249 条)的决定人提出要带上武器,使得所实施的是加重性质的抢劫(《刑法典》第 250 条第 1 款第 1、2 句)的,注意到对行为决意的显著提升,主流意见提出在这里成立承担**全部范围**(in vollem Umfang)责任的**教唆犯**(Anstifter)[《联邦最高法院刑事判决汇编》19,339;鲍曼/韦伯(Baumann)/(Weber),《总则》,§ 30 边码 34;罗克辛(Roxin),《刑法典莱比锡评论集》,§ 26 边码 39;毛拉赫/格塞尔(Maurach)/(Gössel),《总则》,§ 51 边码 11;施特雷(Stree),《海尼茨纪念文集》,277]。少数人意见则认为这里构成的是对整个行为的**心理上帮助**(psychische Beihilfe)[如伯恩曼(Bemman),《加拉斯纪念文集》,273;克拉默(Cramer),《申克/施罗德—刑法典注释集》,§ 26 边码 6;对此也见屈佩尔(Küper),《法学教育》96,23;普珀(Puppe),《整体州法学杂志》92,863、887]。

572 (二)教唆人的**故意**(Vorsatz),必须是对准**唤起行为决意**(Hervorrufen des Tatentschlusses),以及是对准通过某个一定的行为人或者某个在个体上可以确定的群体去实行和**完成**(Vollendung)某个在基本结构上已经具体化了的行为的(《联邦最高法院刑事判决汇编》6,395;15,276)。对主要行为方面的这些确定性要求未被满足,如果教唆人的意志只是集中在这个上面,即泛泛地没有足够具体化地指使他人去实施可罚行为,比如是偷盗店铺,或者是抢劫银行或者是其他的只是从类型上给予了描述的行为客体[《联邦最高法院刑事判决汇编》34,63;对此批评的见罗克辛(Roxin),《萨尔格纪念文集》,1985,129;不同意的见赫茨贝格(Herzberg),《法学教育》87,617]。另一方面,教唆人不必须是对唆使去实施的行为的所有实行细节都已经纳入他的意识（比较《联邦最高法院刑事判决汇编》40,218、231）。但他的故意必须至少是包含着如是多的行为的标志性特征，以至于这个行为自身就已经可以被识别，作为**具体的、可以个别化的发生**（konkret-individualisierbares Geschehen）被识别[比较耶赛克/魏根德（Jescheck）/（Weigend），《总则》，§ 64 Ⅱ 2 b；毛拉赫/格塞尔（Maurach）/（Gössel），《总则》，§ 51 边码 8、20]。

教唆人的故意，特别是必须要包含那些情况，即被教唆人之“故意实施的违法的主要行为”的是否构成，将取决于它们的是否具备的那些情况。相关的主要行为的不法构成要件，如果要求要有特别的主观方面的行为构成要件特征的，这些特征的存在也必须是为教唆人所认识。也就是说，唆使诈骗的教唆人必须是知道，被教唆人是在故意实现《刑法典》第 263 条的客观方面构成要件，同时他的行为意图是为了为他自己或者某个第三者非法获取财产利益。教唆人对这样的情况如果不认识，或者是错误认为存在不使得故意实施的违法的主要行为成立的情况，依照《刑法典》第 16 条第 1 款第 1 句消除与之相关的教唆人故意[**例如**：在《刑法典》第 253、263 条情况中，教唆人认为由行为人寻求的财产利益，是合法而不是非法；详见罗克辛（Roxin），《刑法典莱比锡评论集》，§ 26 边码 66；克拉默（Cramer），《申克/施罗德—刑法典注释集》，§ 26 边码 15；舒曼（Schumann），《施特雷/韦塞尔斯纪念文集》，383；扩展的见赫茨贝格（Herzberg），《戈德达默刑法档案》，1993，439、454]。

教唆人并无**完成主要行为**（Vollendung der Haupttat）的想法，而更多的是预计该行为在构成要件上以之为前提条件的结果不会出现的，教唆人之故意也不成立。从这之中产生的所谓的线人[= 卧底（agent provocareur）]不受罚，以该线人没有完成意志或者至少是没有这样的意志为限，即让事情发展到导致实际的价值损失意义上的法益受损，该法益受损则最晚是将随着行为的实体上 573

结束而出现。**例如**:某A说服某B去某批发商的仓库里偷盗,以便让某B进入或者离开仓库后直接让由他通知的警察将其逮捕[比较《帝国法院刑事判决汇编》56,168、170;赫茨贝格(Herzberg),《法学教育》83,737;屈佩尔(Küper),《戈德达默刑法档案》,1974,321;马斯(Maaß),《法学培训》81,514;罗克辛(Roxin),《刑法典莱比锡评论集》, § 26边码67及之后;克拉默(Cramer),《申克/施罗德—刑法典注释集》, § 26边码16;从结果不法的角度相同的见索默尔(Sommer),《法学环视》86,485]。出于上述根据如果不能消除线人的可罚性的,一定情况下可以审查是否有正当化事由(被侵害的法益的所有权人对此同意,或者推论他会对此同意,《刑法典》第34条意义上的正当化紧急状态)的介入[比较萨姆松(Samson),《刑法典系统评论》, § 26前边码48及之后]。

574 (三)有争论的和还未完全回答清楚的是,在这个关联内所谓的**联系人**(V-Leute)和**隐蔽侦察员**(verdeckter Ermittler)在犯罪斗争中的共同作用有哪些法律后果。

司法判决认为,派遣隐蔽工作的警察官员和其他的信赖人员,对特别具有危害性,也难以侦破的刑事犯罪如贩毒、贩枪或者假币扩散进行斗争,是必要的和准许的[比较《联邦宪法法院判决汇编》57,250、284;联邦宪法法院,《新刑法杂志》91,445;《联邦最高法院刑事大法庭判决汇编》32,115、121及之后;对此也见现在的《刑事诉讼法典》第110条a~e和1992年7月15日颁布的《反非法贩毒和其他形式的有组织犯罪法》以及《联邦最高法院刑事判决汇编》41、42和64;希尔格(Hilger),《新刑法杂志》92,457、523;胡恩德(Hund),《刑事辩护人》93,379;兰夫特(Ranft),《法学培训》93,449;罗加尔(Rogall),注释,载《新刑法杂志》96,451]。但司法判决也禁止犯罪斗争机关通过线人持续地引诱实施犯罪行为,假如**对此的理由**(Gründe dafür)经不起法制国家原则和相当性基本原则的审查。在这里对于具体的判断重要的是，对当事人产生初始怀疑的存在、基础和程度，警察信赖人施加影响的方式、强度和目的，以及被施加影响者的行为支配和他自己的不是受他人操控的起意。在超越了这里产生的界限的情况中，**刑罚减轻事由**（Strafmilderungsgrund）一定情况下对被引诱去实施犯罪行为者有利（比较《联邦最高法院刑事判决汇编》32，345 和 33，283；联邦最高法院，《新刑法杂志》95，506）。

（四）教唆人只是在被实施的行为与他的故意相一致的范围内承担责任。行为人的行为**过限**（Exzeß）不对他增加责任；主要行为与教唆人故意之间无关紧要的差异的，为不具有意义［比较《帝国法院刑事判决汇编》70，293；《联邦最高法院刑事判决汇编》2，223；孟滕布鲁克（Montenbruck），《整体刑法学杂志》84，323］。不过重要的却是，对教唆人故意的边界的确定，必须要比对共同正犯和间接正犯的要大，因为属于教唆的典型表现图是，教唆人把行为实行的细节留给了行为人（比较联邦最高法院《新刑法杂志》96，434）。 575

在**案例 13** 中，通过许诺好处，A 对 W 唤起了谋杀某 F 的决意。要问的是，A 是否只是对这个行为或者是也要对因客体认识错误而对 J 的谋杀承担责任： 576

1. 一些论者认为，未被主要行为人注意到的客体混淆错误，也不影响教唆人的可罚性。决定性的是，被教唆人是**出于在他那里被唤起了的故意**（aus dem in ihm hervorgerufenen Vorsatz heraus）而实施了行为；对他而言为非本质的，也不能是对教唆人减轻责任。 577

持这样的意见的，比如有普鲁士高等法庭，《戈德达默刑法档案》7,322、337 对"罗泽—罗扎尔"案;巴克曼(Backmann),《法学教育》71,113、119;特伦德勒(Tröndle),§ 246 边码 16;勒文海姆(Loewenheim),《法学教育》66,314;毛拉赫/齐普夫(Maurach)/(Zipf),《总则》,§ 23 边码 26;普珀(Puppe),注释,载《新刑法杂志》91,124 和《戈德达默刑法档案》,1984,101、120;克拉默(Cramer),《申克/施罗德—刑法典注释集》,§ 26 边码 19。

在**案例 13** 中,这种意见将会导致这个结果,即 A 因教唆双重的谋杀受罚。这种意见认为,在这个范围内不能将 W 的第二个行为(即对 F 的谋杀),视为是不对 A 增加责任的 W 的行为"过限"[如格伯尔特(Geppert),《法学培训》92,163、168;施特伦(Streng),《法学教育》91,910、915 有进一步的证明],因为恰好是这个行为,与依照 A 的意志是 W 应当为之的相一致。

578 2. 法学书上的多数人意见,都在行为人发生的客体混淆错误中看到的是教唆人的打击偏离(aberratio ictus);对后者因此只因对他所谋划行为的**教唆力图**(versuchte Anstiftung)处罚(一定情况下是过失正犯的一罪行为)。所对此说明的理由是,后来的行为过程与教唆人的目标想法上的偏差,至少是在侵害了个人专属法益的情况中在这样的情形里已经应该被视为是**本质性的**(wesentlich),即主要行为人对一个他人或者是另外一个他人作为是教唆人对他所指使的那个人实施了侵犯。

持这种观点的比如有耶赛克/魏根德(Jescheck)/(Weigend),《总则》,§ 64 Ⅱ 4;伯恩曼(Bemman),《德国法律月刊》58,817;《施特雷/韦塞尔斯纪念文集》,397;希伦坎普(Hillenkamp),《偏差的行为过程中故意具体化的意义》,1971 年,第 63 页及之后;米勒(Müller),《德国法律月刊》91,830;奥托(Otto),《法学教育》82,557、562;罗克辛(Roxin),注释,载《法学者报》91,680;《施彭德尔纪念文集》,289;施莱霍夫尔(Schlehoffer),《戈德达默刑法档案》,1992,307;施赖伯(Schreiber),《法学教育》85,783;鲁道菲(Rudolphi),《刑法典系统评论》, § 16 边码 30;施托费斯(Stoffers),《法学教育》93,837;不同的见鲍曼/韦伯(Baumann)/(Weber),《总则》, § 30 边码 85 及之后。

这种观点不能让人满意,因为法律对教唆只是对于**重罪**(Verbrechen)才以刑罚相威吓(《刑法典》第 30 条第 1 款),这样,如果主要行为只是一个轻罪,就产生可罚性上的缺口。建议在这里因教唆**力图的行为**(versuchte Tat)论处[施特拉滕韦特(Stratenwerth),《总则》Ⅰ,边码 287;《鲍曼纪念文集》57、66;萨姆松(Samson),《刑法典系统评论》, § 26 前边码 56],也没有说服力,因为在对错误人员的侵犯中不能同时看到对(不在场的)正确人员的侵犯力图[对此比较罗克辛(Roxin),《刑法典莱比锡评论集》, § 26 边码 97;鲁道菲(Rudolphi),《刑法典系统评论》, § 16 边码 30]。

3. 联邦最高法院在所谓的“霍非尔本案件”(《联邦最高法院刑事判决汇编》37,214)中参照了上面提到的普鲁士高等法庭 1859 年的一个判决,并对自己是如何根据正犯与参与之间的规范上结构,说明如下: 579

依照《刑法典》第 26 条,对教唆人如同行为人处罚;教唆人是通过对行为人施加影响,而*间接地*侵犯受保护的法益。由此,从基本上讲教唆人实现的是如同行为人同样的不法,应该如同行为人承担同样的责任。进而,一个在行为人自身上看不为重要的情形,如果对教唆人要作为一个*在法律上重大的*情形来处理,就需要有特别的理由。这样的理由不能从不同的故意方向中去推论。如果主要行为与教唆人的想法图偏差很大,就要消除教唆人的刑法上责任。行为人发生的人员混淆错误,如果是在根据普遍的生活经验可以预见的界限之内,成立的就只是一个非本质性的在法律上无意义的偏差。从正犯与参与之间的规范上的关联中可以得出,行为人对受害人人员上的认识错误,对教唆人来讲通常也不为重要。即便是具体的行为过程是为教唆人所**不希望**(unerwünscht)的,也不阻却对故意归责。

联邦最高法院的这个立场,对于这样的情况无论如何是应该得到赞同,即教唆人(如同通常是这样的情况那样)把**对受害人的个别化识别交给了**(Individualisierung des Opfers überlassen)行为人,而后者在实行他自己的行为决意时是在努力地遵照给他的指导或者指示。假如教唆人(如同在霍非尔本一案中的情况那样)对所选定的杀害受害人就其个人外貌和一定的其他特征作了描述,那么后来在行为现场的发生在本质结构上就是也与教唆人的预想图相一致,因为他的想法是:被教唆人将要侵犯和打死的人,是符合对他作了描述的那个人[有道理的观点见克拉默(Cramer),《申克/施罗德—刑法典注释集》, § 26 边码 19]。试图依照指示去实施行为的行为人,在留交给他的受害人选择上发生了认识错误的,教唆人必须对该结果承担对他的归责,如果发生的混淆在当时的情形下是在根据普遍的生活经验可以预见的范围之内[对此很有教益的见格伯尔特(Geppert),《法学培训》92,163;米奇(Mitsch),《法学培训》91,373;屈佩尔(Küper),注释,载《法学环视》92,294;施特拉滕韦特(Stratenwerth),《鲍曼纪念文集》,57;施特伦(Streng),《法学教育》91,910;韦斯劳(Weßlau),《整体刑法学杂志》104,105]。

580 在**案例 13** 中,A 由此是要承担**谋杀教唆既遂**(vollendete Anstifung)的责任(《刑法典》第 212、211、26 条),因为把 J 混淆为是 F,在森林里的光线条件下不是在生活的经验之外。不仅是对 F 的杀害,对 J 的杀害也要归责于他,因为两个侵犯行为都是服务于对那个行为决意的实现,对这个行为决意是他作为教唆人在 W 那里所唤起(根据《联邦最高法院刑事判决汇编》37,214,这里构成的是双重杀害的"一个"教唆罪)。

由 W 实现的"卑劣"这个谋杀特征，对 A 只能依照从属性规则归责，即在他的故意里如果连同包含了该特征的，才对他归责。这样来处理，是因为:《刑法典》第 211 条第 2 款第 2 组类的罪状所包含的**与行为相关**(tatbezogen)的不法特征，不适用于《刑法典》第 28 条[《联邦最高法院刑事判决汇编》23，103、105；韦塞尔斯(Wessels)，《分则》1，边码 125]。

对《刑法典》第 211 条第 2 款第一组类罪状的**与行为人相关**(täterbezogen)的谋杀动机，联邦最高法院适用了《刑法典》第 28 条第 1 款，法学学说界的主流观点却适用的是《刑法典》第 28 条第 2 款。由于在这个范围内都是属于纯粹的"责任标志"，从《刑法典》第 29 条中就已经得出了处理方法：对 A"出于贪婪"实施的谋杀 F 的教唆，依照《刑法典》第 26、212 条、第 211 条第 2 款第一组类的罪状处罚[比较韦塞尔斯(Wessels)，《分则》1，边码 126；屈佩尔(Küper)，《整体刑法学杂志》104，559]。

要审查的是，A 对 W 提供了行为使用的武器，由此是否构成了为主要行为提供帮助。

五、因**帮助**(Beihilfe)处罚，谁对他人就其**故意**(vorsätzlich)实施的**违法行为**(rechtswidrige Tat)故意**提供了帮助**(Hilfe geleistet)的(《刑法典》第 27 条)。帮助与共同正犯，区别于缺失对行为的支配；帮助人是把自己限制在通过**物质上或者心理上的支持**(physische oder psychische Unterstützung)之上(比如是提供入侵工具或者受害人生活习惯、如何关闭报警设备等同类信息，比较《联邦最高法院刑事判决汇编》8，390)，而**为主要行为创造条件**(Förderung der Haupttat)。 581

对通过强化业已存在的行为决意的方式提供心理上的帮助，见联邦最高法院《刑事辩护人》95，363 和 93，357；西贝尔(Sieber)，《法学者报》83，431；施托费斯(Stoffers)，《法学培训》93，11。对认定心理上的帮助，持不同意的见布洛伊(Bloy)，《法学教育》,学习手册,1994,L 69;赫鲁斯卡(Hruschka),《法学环视》83,177;萨姆松(Samson),《刑法典系统评论》,§ 27 边码 14、15。对整个很有教益的,见尼德迈尔(Niedermair),《整体刑法学杂志》107,507;罗克辛(Roxin),《Miiyazawa 纪念文集》,1995 年,第 501 页及进一步的证明。

582 (一)每个行为贡献,凡使得主要行为**成其为可能**(ermöglicht),或者为它**提供了方便**(erleichtert),或者**加重了**(verstärkt)由行为人实施的法益侵害的,都构成了**"提供帮助"**(Hilfeleisten)。对担负有保障人义务的帮助人,帮助也可以是以**不作为**(Unterlassen)的方式来提供[《联邦最高法院刑事判决汇编》14,229;兰夫特(Ranft),《整体刑法学杂志》94,815 和 97,268]。有争议的是,帮助人对主要行为之**结果**(Erfolg)的贡献,是否必须是**原因性的**(ursächlich)。法学学说在这里的大多数人观点,认为可以适用一般因果规则。依照司法判决,则是主要行为作为其这样的行为,通过帮助人的贡献得到了任何方式的促成即可;帮助行为对主要行为所产生的结果是否构成了*因果关系*(condicio sine qua non),不为重要(联邦最高法院《新刑法杂志》85,318;《联邦最高法院民事判决汇编》63,124)。对这种观点在结果上可以赞同:由于《刑法典》第 27 条已经把对主要行为提供帮助置于刑罚之下和对由行为人造成的结果不对帮助人作为是"他的所为"对他归责,帮助的可罚性也就**并非**(nicht)一定要取决于在**正犯范围**(Täterschaftsbereich)内以之为前提条件的因果关系。

谁对翻墙偷盗提供了帮助的,因为他把行为使用的梯子搬移到了行为地点,对他因**帮助偷盗**(Beihilfe zum Diebstahl)处罚,即便是表明偷盗者不用他人帮助,自己也能够将梯子搬动[不同的观点见沙夫斯泰因(Schaffstein),《霍尼西纪念文集》,169、182,说这里不具备风险提升]。对这个经常被举例的案件中的帮助人贡献的因果性,其实根本用不着怀疑,因为具体地从行为的实际过程上考虑,就会发现增加考虑储备原因(在这里是偷盗者没有给他提供的帮助,自己也能将梯子搬动),对于原因性关联的提问是不准许的[对此见本著边码 160;普珀(Puppe),《整体刑法学杂志》95,287、292]。

对争论,详见布洛伊(Bloy),《参加形式》,第 270 页及之后;罗克辛(Roxin),《刑法典莱比锡评论集》,27 边码 1 及之后;奥托(Otto),《法学教育》82,557、562;萨姆松(Samson),《佩特斯纪念文集》,121;施彭德尔(Spendel),《德勒赫尔纪念文集》,167;福克勒(Vogler),《海尼茨纪念文集》,295。

支持不需要必须是对行为实行自身的支持;对后来实施的行 583
为在预备行为上的帮助,也足以(《帝国法院刑事判决汇编》58,113)。在主要行为的"既遂"和"结束"之间,也可能成立帮助[《联邦最高法院刑事判决汇编》6,248,联邦最高法院,《法学者报》89,759;耶赛克(Jescheck),《韦尔策尔纪念文集》,697;屈佩尔(Küper),《法学教育》86,862;不同的意见,见屈尔(Kühl),《故意作为犯的结束》,1974,80;否定的意见见罗克辛(Roxin),《刑法典莱比锡评论集》,§ 27 边码 35;鲁道菲(Rudolphi),《耶赛克纪念文集》,559]。对教唆的帮助或者对帮助的帮助,依照主流意见构成对主要行为的帮助(联邦最高法院,《新刑法杂志》96,562)。

(二)帮助人的**故意**(Vorsatz),必须是包含支持行为和指向完 584
成某个一定的,但不需要是在所有的细节上都已经具体化了的主要行为[联邦最高法院《戈德达默刑法档案》,1967,115;《新法学周报》82,2453;巴伐利亚州高等法院,《新法学周报》91,2582 有沃尔夫(Wolf)的注释,载《法学环视》92,428 和韦尔德(Wild)的阐释,载《法学教育》92,911]。也就是说,帮助人必须具有这样的意志和意识,即要促成他人的行为,该行为在那个该他人身上满足"故意实施的违法行为"的所有特征,这之中如果有这个情况就已经足以,即在他的想法图上包含主要行为的本质上的不法性[联邦最高法院《新刑法杂志》90,501;《联邦最高法院刑事判决汇编》42,135 有罗克辛(Roxin)的注释,载《法学者报》97,210;法尔(Fahl),《法学工作报》97,11]。这样,如果某 B 支持某 A 盗劫牲畜,因为他错误认为从某 E 的草地上牵走的小公牛,无可争辩地早就应该属于某 A,对某 B 就不成立帮助故意[《刑法典》第 16 条第 1 款第 1 句;对此比较韦塞尔斯(Wessels),《分则》2,边码 187]。此外,帮助人最少必须是估计到了和认可了他的支持行为是在对行为人实行主要行为提供方便,是在促成主要行为的完成(联邦最高法院,《德国法律月刊》90,293)。对帮助人之可罚性的前提条件还有,他为此提供了帮助的主要行为达到了**既遂**(Vollendung)或者至少是达到了受到刑罚威吓的**力图**(Versuch)阶段。

585 在**力图行为的帮助**(Beihilfe zur versuchten Tat)与*力图的***帮助**(Beihilfe)之间,要仔细地区别;后者在重罪情况中也不受罚。例如,行为人拒绝了对他提出的帮助,或者是用于盗窃的配制钥匙已经给行为人寄了出来,却是在行为已经实施后才到达于他,这里就构成不受罚的帮助力图。盗窃者如果没有使用帮助人交给他的配制钥匙(或者是因为他是从敞开着的窗户而入,或者是因为配制的钥匙表明是不管用,或者是因为房门竟然未锁),这就要各根据案件的情节,审查是否构成单纯的帮助力图,或者是构成对盗劫未遂的可罚的帮助,或者一定情况下构成的是对盗劫既遂的"心理上帮助"[比较《帝国法院刑事判决汇编》62,74 和 58,113;值得一读的见德雷埃尔(Dreher),《德国法律月刊》72,553;奥托(Otto),《法学教育》82,557;罗克辛(Roxin),《刑法典莱比锡评论集》,§ 27 边码 7 及之后]。

586 在**案例 13** 中,A 要承担谋杀 J 和 F 的(以"一个"行为实施的)帮助罪责。出于**辅助性**(Subsidiarität)原因,较轻一些的帮助这个参加形式,退撤于较重一些的教唆这个参加形式之后(比较

《帝国法院刑事判决汇编》62,74;联邦最高法院,《新刑法杂志》94,29)。

六、构成“**必要的参与**”(notwendige Teilnahme),如果行为的构成要件是被这样规定,使得从它的概念上讲就要求对构成要件的实现要有数人参加为前提条件,如亲属间的通奸(《刑法典》第173条)、对受委托保护人的性行为(《刑法典》第174条)等。 587

行为属于术语上所说的一个“**对向犯**”(Begegnungsdelikt)的,在该罪中参加人的其中一个是行为人,另外一个是受害人,则未受到法律以刑罚威吓的那个参加人不受罚,条件是他的行为没有超越在这里必须的参与尺度,或者是——假如有这方面的情况发生——法律制定的刑罚规定不对他提供保护[比较《帝国法院刑事判决汇编》65,416;《联邦最高法院刑事判决汇编》10,386;耶赛克/魏根德(Jescheck)/(Weigend),《总则》,§ 64 V 2;沃尔特(Wolter),《法学教育》82,343]。这样,在《刑法典》第174条情况中,如果即便是学生主动地与她的老师发生性行为的,也不受罚。对整个事件详见罗克辛(Roxin),《刑法典莱比锡评论集》,§ 26前边码32及之后和进一步的证明;批评的见格罗普(Gropp),《特殊参加形式的犯罪类型》,1992年,第14页及之后。

七、确定正犯和参与之间,由于不法性的不相同不能采取**择一认定**(Wahlfeststellung)方法。在各自的严重程度上,正犯、教唆和帮助展现出一种由“多”到“少”的**落差**(Gefälle)走向,从评价的角度观察,可称为**规范上的层次关系**(normatives Stufenverhältnis)。从这个有落差层次的关系中可以得出,在对于相关的行为的参与问题上,如果不能查明**行为参加人**(Tatbeteiligter)是作为正犯人、教唆人还是作为帮助人产生了共同作用,但也表明较轻一些的参加形式的前提条件至少是已经满足的,根据*有疑问的有利于被告* 588

(in dubio pro reo)原则只能以较轻一些的参加形式(比如是以教唆而不是以共同正犯,或者是以帮助而不是以教唆)论处(详见《联邦最高法院刑事判决汇编》31,136;23,303)。

司法判决在这里的说明理由,是对*有疑问的有利于被告*原则的相应适用(在方法上可被提起商榷),而法学学说界则认为这里准许直接适用该原则[比较鲍曼(Baumann),注释,载《法学者报》83,116;德雷埃尔(Dreher),《德国法律月刊》70,369;耶赛克/魏根德(Jescheck)/(Weigend),《总则》,§ 16 Ⅱ 2;奥托(Otto),《佩特斯纪念文集》,373]。批评的见赫鲁斯卡(Hruschka),《法学环视》83,177。

第十四章　力图、从力图中回撤和积极悔过

案例14：某A和某B的关系十分敌对。一天晚上，某A使用万能钥匙，进入人不在家的某B的简易木板住房，把浸满汽油的抹布放在靠墙的书架上，打火点燃。他的妻子F悄悄地跟在了身后，对他喊叫"不要自找罪过"，提醒了他，在妻子的帮助下急忙取水扑灭了火。其间火苗已燃得很高，燃烧了书架，但还未蹿上木板墙。 589

一、某A是否可罚？

二、如果在某A和F将火扑灭之前火就已经蹿上了窗户，这对判决会有改变吗？

第一节　故意行为的实现层次和力图的可罚性

一、每个故意的犯罪行为，都要在**意志实现**(Willensverwirklichung)的层面上经历过不同的**层次**(Stufen)。这个实现，是以行为人的行为决意到预备，到开始实行，到构成要件行为的完毕，到结果的出现直至它的结束为其途径。 590

单人之**决意**(Entschlußfassung)，不受刑法上的处理(但比如是重罪约定则不同，依

照《刑法典》第30条第2款)。**预备行为**(Vorbereitungshandlungen)通常也不受罚,只是在例外的情况中受到刑罚威吓(譬如《刑法典》第83、98、149、234条a第3款)。

力图(Versuch)在重罪行为中总要受罚,在轻罪行为中只是在为此特别明确的一定情况下才可罚(《刑法典》第23条第1款)。

591 划分预备行为与力图,是对于举止的可罚性具有意义;划分力图与既遂,是对于免除刑罚的回撤(《刑法典》第24条)的可能性具有意义。对犯罪行为,其*构成要件—形式上的*完成与构成了法益侵害的*实体方面的完毕上的*结束之间的区别,十分重要;因为,在这个构成要件层面上的"邻近区域"范围内,还具有可能被实现的加重性质特征(《联邦最高法院刑事判决汇编》20,194、197;22,227、228),进而还具有这个时候才产生的参加行为的空间[特别是对于帮助,比较《联邦最高法院刑事判决汇编》6,248、251;14,280、282;19,323、325;对相反的意见见鲁道菲(Rudolphi),《耶赛克纪念文集》,559、568],《刑法典》第78条a的时效,也随着行为的结束而开始(比较《联邦最高法院刑事判决汇编》27,342;28,371、379)。

592 在什么样的犯罪行为情况中,可以考虑构成紧接着构成要件完成之后的"结束阶段",对这个问题没有一个普遍的和广泛适用的回答。这样的一个构成要件层面上的"邻近区域",其可能性、特征和边界,是根据各自的犯罪结构、具体的行为安排和相关的犯罪行为构成要件,结束的这个概念,必须是与该构成要件的意思和目的相一致[对此很有教益的见耶赛克(Jescheck),《韦尔策尔纪念文集》,683;屈佩尔(Küper),《法学教育》86,862和81,209、251]。在持续犯(《刑法典》第239条)和前置性犯罪(如《刑法典》第242、249、253、255、263条作为术语上所说的"意图罪")情况中,结束的时刻具有实际意义上的重要作用。这样的情况,即行为的既遂和由此是行为的可罚性在这里很早就出现，绝不意味着紧接着开始的完毕阶段就不受罚，因为该阶段在事实方面还属于**在构成要件上典型化了的不法**（tatbestandlich vertyptes Unrecht）和**法益损害的现实化**（Realisierung der Rechtsgutsbeeinträchtigung）。法律的禁止和相关的刑罚威吓，总是与构成要件上所包括形态中的犯罪的**整个发生**（Gesamtgeschehen）相关。与《基本法》第103条第2款的冲突因此不必担心，只要不试图将*所有任意的*和完全远离构成要件的行为发生和行为后果都归属于"结束阶段"就行。另外，也不允许僵硬地、过分地拘泥法律的条文文字而对结束阶段设置太狭窄的界限；因为对于结束阶段，在犯罪行为的构成要件上没有从*形式上*描述，只是通过构成要件所包含的禁止含义而*实体上*规定，即表现为构成要件上典型化了的不法实现的组成部分［具体有争论；详见屈尔（Kühl），《预备、力图、完成和结束的基本情况》，载《法学教育》82，110、189；福克勒（Vogler），《刑法典莱比锡评论集》，§ 22 前边码35］。

例如：故意杀人（Totschlag）（《刑法典》第212条），是随着杀害受害人而既遂和同时结束；对于一个构成要件上的"邻近区域"，这里没有空间。谁帮助行为人处理尸体的，不构成帮助（《刑法典》第27、212条）的责任，一定情况下却有可能是触犯《刑法典》第257、258条第1款。**剥夺自由**（Freiheitsberaubung）（《刑法典》第239条），是随着被关押或者其他方式的行动自由的丧失而既遂，但却是在受害人重新获得了他的自由时才结束（《联邦最高法院刑事判决汇编》20，227、228）。对**盗窃**（Diebstahl）（《刑法典》第242条）的既遂，只需要具备*侵占意图*性质的拿走，即通过破坏他人的控制和成立新的控制造成控制交换［详见韦塞尔斯（Wessels），《分则》2，边码99及之后］。但是，只有当行为人成立的新的控制达到一定的稳固和稳定之后，该行为才为结束（联邦最高法院，《法学者报》88，471）。这个情况最晚是这样，即行为人一旦将拿走之物放进自己的住房、放在朋友处或者放在别的地方隐藏。对于体积不大的、便于携带的物品（如现金、首饰），一旦离开 593

了他人的控制范围,对结束就足矣(详见联邦最高法院,《交通法汇编》60,294)。**抢劫**(Raub)(《刑法典》第249条)的结束阶段,可以通过将被追赶的强盗来不及严实隐藏的赃物起出来,交还给本来的主人而达到。这是因为,对受保护的法益的侵犯由此得到了它的构成要件上的完毕,以至于法益不可能还在继续受损[值得一读的见联邦最高法院《法学者报》85,299;屈佩尔(Küper),《法学培训》86,862]。交通事故的肇事者,在无人看见的交通事故中急忙离开了事故现场,这里发生的**对《刑法典》第142条第1款第1项的触犯**(Verstoß gegen § 142 I Nr 1),既是既遂,又是结束,如果肇事者已经远离事故现场,与事故发生的关联不再是自然而然就可以识别(比较斯图加特州高等法院,《新刑法杂志》81,878);在这样的情况中,在继续逃逸过程中距离事故现场的空间距离的增大,对受到保护的查明事故真相的这个利益的实现而言,是无所谓和不具有意义。但又不同,如果逃逸的事故肇事人,是被目击者追赶和将要抓住。这里对《刑法典》第142条第1款第1项的触犯,是肇事人如果逃脱抓获,(譬如在同车人的提示下=《刑法典》第27条、第142条第1款第1句)躲进了一个隐蔽的地下停车库,才为结束[意见正确的见屈佩尔(Küper),《法学者报》81,251、254]。

594 二、对力图的**刑罚根据**(Strafgrund),是对**敌视法律的意志的启动**(Betätigung des rechtsfeindlichen Willens),该意志给社会共同体造成的印象,有可能导致法制意识动摇和危害法制和平。

主流的"混合主客观理论"如是说[比较《联邦最高法院刑事判决汇编》11,324;耶赛克/魏根德(Jescheck)/(Weigend),《总则》,§ 49 Ⅱ 3;罗克辛(Roxin),《法学教育》79,1;埃塞尔(Eser),《申克/施罗德—刑法典注释集》,§ 22 前边码 22]。相同的见贝尔茨(Berz),《法益保护》,44,贝尔茨在力图的可罚性中,看到的是对想象性质的法益损害的反应。

第二节 力图的构成要件

案例 14 的第一个提问情况中,某 A 有可能实现了重大纵火罪(《刑法典》第 306 条第 2 句)的构成要件;某 B 的木板房是用于人居的“建筑物”(对此详见《联邦最高法院刑事判决汇编》6,107;16,394)。要问的是,某 A 行为构成的是既遂还是力图的“纵火”。

力图(Versuch),指用对行为的启动去实施犯罪行为的决意,这些被启动的行为是在直接开始[①]对法定构成要件的实现,但还并未或者是尚未导致行为既遂。对于力图而言,其标志性的特征是它完全满足主观方面的构成要件之前提条件,但是**缺乏客观方面的不法构成要件**(Mangel am objektiven Unrechtstatbestand)(《联邦最高法院刑事判决汇编》36,221;联邦最高法院,《新刑法杂志》85,501)。由此,构成行为人力图成立的必须是具备了三个本质性要素:一定的**行为决意**(Tatentschluß)、**对构成要件实现的直接开始**(unmittelbares Ansetzen zur Tatbestandsverwirklichung)和**行为既遂缺失**(Fehlen der Tatvollendung)。 595

一、每个力图的成立,皆以行为人具有**行为决意**(Tatentschluß)为其基础。这个主观上的不法要素,包含指向所有的客观方面构成要件特征的**故意**(Vorsatz)和**其他的主观方面的构成要件特征**(sonstige subjektive Tatbestandsmerkmale)(譬如,《刑法典》第 242、249、253、259、263 条中的特别“意图”)。 596

不同于旧文本的《刑法典》第 43 条,在对力图的定义上,《刑

① 这里的“开始”,原文为“ansetzen”,有“动手”、“着手”、“启动”的意思,以下同。——译者注

法典》第 22 条不再明确要求具有实施具体的犯罪行为的“行为决意”。但在实际上看,这个不同性并不导致任何变化,因为法律的新文本上清楚地说明,“对行为构成要件实现的直接开始”,只能是在具有这样的行为决意的基础上才可以想象(《联邦最高法院刑事判决汇编》37,294、296)。

要实施行为的**决意**(Entschluß),必须是**彻底作出**(entgültig gefaßt)的决意。凡对行为之实施的“是否”还未作出决定的地方,在那里就缺失所要求的行为决意性(比较联邦最高法院,《刑事辩护人》87,528;《戈德达默刑法档案》,1965,33)。但又不同,如果行为决意作为这样的决意已经存在,只不过是对于实行它还要取决于一定的条件的出现而已(《联邦最高法院刑事判决汇编》12,306;柏林高等法院,《戈德达默刑法档案》,1971,54)。凡对于犯罪既遂而言具有间接故意就已足以的,也同样适用于力图[《帝国法院刑事判决汇编》61,159;帕尔克(Pahlke),《间接故意中的回撤》,1993 年,第 22 页及之后;不同的见鲍伊尔(Bauer),《经济、税收和刑法》91,168]。《刑法典》第 16 条第 1 款第 1 句意义上的构成要件认识错误,随着故意的排除,也同时排除主观方面的力图构成要件意义上的“行为决意”。

对整个也见施特林泽(Struensee),《阿明 · 考夫曼怀念文集》,523,施特林泽批评对决意和主观方面的力图构成要件的不加区别的等同。依照他的观点,从决意和意志行为之间的内在主观上的结构中可以得出,在非结束的力图阶段(在行为人意识到的实行亏空的角度上),主观方面的构成要件也是一个并未完全成立的“匮乏体”。

597 二、力图的客观方面的不法要素,在于是**对那个构成要件的实现的直接开始**(unmittelbares Ansetzen zur Verwirklichung des Tatbestandes),对于该要件,行为人的故意是集中在了其既遂之上。这里必要的在**力图行为**(Versuchshandlungen)和**预备行为**(Vorbe-

reitungshandlungen）之间的区别，在多数情况中都不困难，如果行为人业已开始了构成要件性质的实行行为自身，譬如在《刑法典》第 242 条的情况中业已开始了“拿走”，或者在《刑法典》第 263 条的情况中业已开始了“欺骗行为”，以后者直接在指向造成一个使得陷入错误而造就财产支配为限［比较《联邦最高法院刑事判决汇编》37，294；卡尔斯鲁厄州高等法院，《新刑法杂志》82，59；批评的见布克哈特（Burkhardt），《法学教育》83，426；屈佩尔（Küper），《法学者报》92，338 有进一步的证明］。区别有困难的地方是，开始有了行为，但仍还在本来的构成要件行为的**之前阶段**（Vorfeld）。

（一）较老一些的**形式—客观理论**（formal-objektive Theorie），认为如果具有严格意义上的“构成要件性行为”的开始，即构成了行为实行的开始（如《帝国法院刑事判决汇编》70，151、157）。

（二）**实体—客观理论**（materiell-objektive Theorie），把所有的那些行为动作都归于力图的范围，这些动作“因为它们与构成要件行为的必然的属于一体性，而**对于自然的（＝客观的）观点**［für die natürliche（＝objektive）Auffassung］而言是构成要件行为的组成部分”［弗兰克（Frank），《刑法典》，§ 43 Ⅱ 2b］，或者是这些动作业已**造就“对受保护的行为客体的直接危险”**（“unmittelbare Gefährdung des geschützten Handlungsobjektes” bewirken）（比较《帝国法院刑事判决汇编》53，217；54，182；59，386；《联邦最高法院刑事判决汇编》2，380；6，98；20，150；22，80）。

（三）**主观理论**（subjektive Theorie），走得太远（与它接近的见《帝国法院刑事判决汇编》72，66；《联邦最高法院刑事判决汇编》6，302），不考虑客观方面，而是一切都依据**行为人的想法图**（Vorstellungsbild des Täters），造成了对力图的可罚性的显著扩展。

（四）主流观点的基础是**“混合主客观理论”**（gemischt subjektiv-objektive Theorie），既考虑行为人的想法图，也考虑对受保护的行为客体的侵犯的直接性，**组合主观和客观方面的标准**（subjektive und objektive Kriterien kombinierte)。

598 《刑法典》第22条的法律概念定义，与这个主流的观点相符：谁根据他**对行为的想法直接开始行为构成要件的实现的**(nach seiner Vorstellung von der Tat zur Verwirklichung des Tatbestandes unmittelbar ansetzt)，是一犯罪行为在力图(以前的联邦最高法院《法学者报》59，28；《联邦最高法院刑事判决汇编》24，72就曾经如是说)。据此，并非每个任意开始的对行为决意的实现，就足以构成犯罪行为力图，而是只有一个举止，它本身可以不必一定是构成要件符合性的，但是根据行为人的整个计划，却是**与构成要件性质的实行行为是如此地紧密连接**(so eng mit der tatbestandlichen Ausführungshandlungen verknüpft)，以至于在不受到干扰的继续进程中，它将会**直接**(unmittelbar)导致整个犯罪行为构成要件的实现(比较《联邦最高法院刑事判决汇编》，31，178)。《刑法典》第22条要求的这些前提条件，在具体情况中是已经具备还是并不具备，要根据客观方面的评价标准来判定，**具体的行为故意**(konkreter Tatvorsatz)(= 行为人的行为预想)，对这个评价标准提供了*主观方面的评判基础*(比较联邦最高法院《新刑法杂志》97，83；89，473)。各根据行为人的计划和相关的犯罪行为要件的种类，特别是有可能从这样的情况中产生出对于“开始”的构成要件的接近性和对于所要求的“直接性关系”的**间接证据**(Indiz)，即由行为人启动的原因序列，依照他对行为进程的预想，应该是无停顿地和无其他本质性的中间动作地汇合入本来的构成要件行为之中，形成的后果是：从他的角度看所侵犯客体已经在**具体地受到危险**(konkrekt gefährdet)(比较《联邦最高法院刑事判决汇编》30，363和31，178；联邦最高法院，《刑事辩护人》89，526；《新刑法杂志》87，20)。

对此详见《联邦最高法院刑事判决汇编》26,201 有奥托(Otto)的注释,《新刑法杂志》76,578;格塞尔(Gössel),《法学环视》76,249(= 加油站案);《联邦最高法院刑事判决汇编》31,10(= 密信案)和 31,178(= 中介人案)。对无用的力图见联邦最高法院,《新刑法杂志》95,120。此外,有教益的见贝尔茨(Berz),《法学培训》84,511;布克哈特(Burkhardt),《法学培训》83,426;克拉奇(Kratzsch),《法学工作报》83,420、578;屈尔(Kühl),《法学教育》79,718 和 80,120;屈佩尔(Küper),《法学者报》79,775 和 92,338;罗克辛(Roxin),《法学教育》79,1;瓦尔德(Walder),《瑞士刑法杂志》99,225。

对整个问题批评的见福克勒(Vogler),《刑法典莱比锡评论集》,§ 22 边码 35 及之后。福克勒要求要有一个构成要件特别性上的实行行为,对该行为“通过准许的阐释,从**语言上**(sprachlich)和**事实上**(sachlich)就可划入其构成要件”;《刑法典》第 22 条意义上的开始的直接性,只是在这种情况下才为成立,即在已经发展出来的动作性和本来的构成要件行为之间“不再有其他的部分动作”[同样的见福克勒(Vogler),《施特雷/韦塞尔斯纪念文集》,285、292]。福克勒的这些要求,严重地限制了力图的范围,超过应该的程度;仅以**部分动作理论**(Teilaktstheorie),不可能符合事实要求的解决所有案情的问题。 599

部分法学学说,继续在参照在过去的法律上就已经发展出来的危险考虑。据此,关键的是达到了一个阶段。在这个阶段中,相关的法益从行为人的视角看业已是**直接在受到危险**(unmittelbar gefährdet)[奥托(Otto),《法学工作报》80,604;埃塞尔(Eser),《申克/施罗德—刑法典注释集》,§ 22 边码 42]。但即便是从这个立场出发,也可以看到,根据《刑法典》第 22 条的法律概念定义,一个纯粹客观的对受到保护的法益的危险,就其自身而言不足以构成力图(《联邦最高法院刑事判决汇编》35,6;联邦最高法院,《新刑法杂志》89,473)。

单纯的**预备行为**(Vorbereitungshandlung),是只使得(为后来 600

的一个时刻所计划的)行为实行成其为可能,或者是为之创造条件的行为,比如是购买武器、安排行为手段、了解情况或者前往行为地点踩点和运送行为工具(《联邦最高法院刑事判决汇编》28,162 和 40,208;联邦最高法院,《新刑法杂志》96,38 和 89,473)。

601 **故意杀人罪**(Tötungsdelikt)(《刑法典》第 212 条)的**力图**(Versuch),并非在枪械武器的射击中才成立,而是在举枪和对准受害人瞄准中就通常已经成立(《帝国法院刑事判决汇编》77,1;联邦最高法院,《新刑法杂志》93,133)。受害人如果逃避携带武器的行为人躲进住宅,行为人撞击该住宅门,就有可能是对实现杀人想法的直接开始(联邦最高法院,《新刑法杂志》87,20)。在为杀害或者抢劫目的而**等待**(Auflauern)中,预备和力图之间的界限是在这种情况下才被超越,即被等待的受害人(至少是根据等待者的想法)**接近了隐藏点**(Hinterhalt nähert),也就是说进入了一个直接的危险范围,行为人这个时候以动用武器(《帝国法院刑事判决汇编》68,336、339),或者以其他方式进入这样一个形态,即把他的**侵犯手段**(Angriffsmittel),置于**对侵犯客体的行为动作上的关系**(in eine tätige Beziehung zum Angriffsobjekt)之中[比较联邦最高法院,《戈德达默刑法档案》,1953,50;《新法学周报》54,567;《刑事辩护人》89,526;《新刑法杂志》97,83;走得太远的见联邦最高法院,《新法学周报》52,514 = 胡椒袋案;联邦最高法院,《德国法律月刊》66,725 作者达林格(Dallinger)]。为了后来实施杀害的目的,**对受害人的身体施加作用**(körperliche Einwirkung auf das Opfer),构成力图,如果单个的行为动作,根据行为计划是一个**一体的发生进程的不可分离的环节**(untrennbare Glieder eines einheitlichen Geschehenablaufs)(《帝国法院刑事判决汇编》59,157:麻醉某小孩,以便在他失去知觉后切开动脉)。在行为手段的产生作用方式需要较长的时间(带定时器的炸弹),或者是让结果在任意一个时间里出现(在某个他人有时要饮用的饮料中投毒)的地方,有这样情况的即足以认定杀害力图,即行为人启动了**构成直**

接侵犯的因果链(den unmittelbarern Angriff bildende Kausalkette),**放手了下一步的发生进程**(weiteren Geschehenablaub aus der Hand gibt)[比较罗克辛(Roxin),《法学教育》79,1]。

盗窃(Diebstahl)(《刑法典》第212条)的力图,是所有的那些行为,这些行为开始于侵犯他人的占有,在时间—空间上被直接地进行完毕,至所计划的拿走[《帝国法院刑事判决汇编》53,217:处置护院的狗,以随后立即偷盗;联邦最高法院,《德国法律月刊》58,12作者达林格(Dallinger):扒手触摸乘客衣装]。例如,联邦最高法院,《德国法律月刊》85,627作者霍尔茨(Holtz)对此写道:"某A和她的共同行为人,用这种方式在有一定年纪的受害人那里寻找一个理由,寻求接近,让他们无意识地暴露值得偷盗物品的所放地方,而后分散他们注意力。对他人之占有的侵犯,在这里每次都是随着**寻求接近**(Begehren um Einlaß)而开始,以这个开始又在直接着手《刑法典》第22条意义上的盗窃的行为决意的实现。"在属于情节特别严重(《刑法典》第243条)的**规定情形**(Regelbeispiel)中,要审查是否随着严重情节的开始,就在**直接着手实现基本构成要件**(unmittelbares Ansetzen zur Verwirklichung des Grundtatbestandes)(《刑法典》第242条)[详见韦塞尔斯(Wessels),《毛拉赫纪念文集》,295、305;《分则》2,边码202;对此也见德根纳(Degener),《施特雷/韦塞尔纪念文集》,305]。对于利用配制的钥匙进行盗窃案,随着入门、进门、潜入或者闯入的开始,多数都要认定[例如:《帝国法院刑事判决汇编》43,332;54,35,254;70,210;但在《德意志帝国法院刑事判例集》7,341和帝国法院,《戈德达默刑法档案》,44,143的案例中则要否定"直接性",因为那里的对屋顶木板和天花板的松动,是在预备在计划上是以后才动手的盗窃;详见M. 贝歇尔(M. Becher),《论预备和力图的划分》,博士论文,明斯特,1973,90]。 602

在**抢劫**(Raub)(《刑法典》第249条)案中,力图是随着直接着手《刑法典》第249条中规定的**胁迫行为**(Nötigungshandlungen)就已经开始,以这些胁迫行为应当是直接使得所计划的拿走成为可能为限(比较联邦最高法院,《新法学周报》80,1759)。相反地, 603

如果是发生在使用暴力等的前面(如上车时带着必要时抢劫的故意),这里的单纯的着手拿走就不足以。这是因为,与盗窃相比,抢劫的特别不法性主要是由于**胁迫的动作**(Nötigungsakt)而成立[比较《联邦最高法院刑事判决汇编》3,297;联邦最高法院,《德国法律月刊》75,21作者达林格(Dallinger);柏林高等法院,《戈德达默刑法档案》,1971,54;屈尔(Kühl),《法学教育》80,509]。

604 **伪誓**(Meineid)(《刑法典》第154条)的力图,不是随着虚假陈述,而是随着开始宣誓才为开始(比较《联邦最高法院刑事判决汇编》31,178、182)。要求证人做对被告人有利的虚假陈述的**要求**(Aufforderungen),约定或者保证这样的虚假陈述的约定或者保证,其本身尚不构成**挫败刑罚**(Strafvereitelung)(《刑法典》第258条第1款、第4款)的力图。预备与力图之间的界限,在这里通常是随着虚假陈述的开始才被超越[《联邦最高法院刑事判决汇编》31,10;伦克纳(Lenckner),《新刑法杂志》82,401;批评的见博伊尔克(Beulke),注释,载《新刑法杂志》82,330]。

605 纯正的**加重性质构成要件**(Qualifikationstatbestände)(譬如《刑法典》第124条、第223条a、第244条、第250条、第307条),不成立与基本要件脱离的力图范围的扩展。以加重性质的构成要件行为为力图的开始[例如,以使得灭火器不能使用开始(《刑法典》第307条第3句)],只是在紧接着的应当是对基本要件实现的这个条件下,才足以考虑力图[比较劳本塔尔(Laubenthal),《法学者报》87,1065;罗克辛(Roxin),《法学培训》79,1;鲁道菲(Rudolphi),《申克/施罗德—刑法典注释集》,§ 22边码18;施特雷(Stree),《佩特斯纪念文集》,179;《联邦最高法院刑事判决汇编》31,178;屈佩尔(Küper),《法学者报》92,338]。

606 尽管将《刑法典》第22条中所规范的力图特征予以精确化的努力一直都没有停止过;但是必须清楚地知道,一个能够保证对于每种情况都能完全彻底地解决预备与力图之间划分问题的魔法公式，并不存在。面对犯罪行为的复杂形态和实施方式，司法判决和法学学说都必须满足于能够对一定的种类情况确定出能够尽可能地符合**法律意思和目的**（Sinn und Zweck des Gesetzes）的**指导方针**（Leitlinien）。这里要注意的是，根据进行法律改革时的立法者表示的意志，新文本的《刑法典》第 22 条有针对过去的实践中对力图的可罚性的*过度绷紧*这个倾向之意，这样，在有疑难的情况中应当首推限制性的法律解释。

在具体案情中，要以**评价方式的整体观察**（wertende Gesamtschau），来审查各个行为计划，审查在“开始”阶段中的空间—时间上的构成要件接近性，审查去实现行为决意的路途上要消除其他障碍的有这种可能的必然性，审查从行为人的角度看对被侵犯者形成了具体的危险的问题等，是何等重要，迄今为止对那些非常复杂的案情作出的判决，譬如就证明了这一点，在这些案情中，行为人为了实施计划中的抢劫、抢劫性的勒索或者杀害，**徒劳地在他人门前按铃**（vergeblich an einer fremden Haustür geklingelt）。其中，只是在这种情形下可以看到对相关的犯罪之**力图**（Versuch），即携带武器的行为人在按铃等待在家的屋里人打开房门，想一旦房门开启后，**立即**（sofort）对屋里人**开始行为动作上的侵犯**（zum tätlichen Angriff übergehen）（《联邦最高法院刑事判决汇编》26，210；联邦最高法院，《新刑法杂志》84，506）。相比之下，如果所计划的是另一个进程，即房门开启后，行为人不是直接就发起侵犯，而是想在晚一些的时候才开始，或者是在一幢住有几家人家的房楼内，必须要走完从房楼大门到受害人住房门口的路程，还要想法让该住房门也打开，在这些情形下，按门铃就被评价为仅仅是**预备行为**（Vorbereitungshandlung）（联邦最高法院《刑事辩护人》84，420；柏林高等法院，《戈德达默刑法档案》，1971，54）。

在 1986 年 8 月 26 日的判决(《新刑法杂志》)中，联邦最高法院对司法判决适用《刑法典》第 22 条的立场，作了一个总结：“从 607

预备行为(Vorbereitungshandlung)到**力图**(Versuch)的界限,不是因为行为人实现了构成要件特征才被跨越,而是因为他着手了那些行为就已经被跨越,这些行为,根据他的行为计划是被安排在对构成要件特征的实现之前,是要直接汇合进构成要件性质的行为之中,并(从行为人的角度看)已经对受保护的法益形成了**具体的危险**(konkrete Gefahr)。这样,行为的力图阶段,指的是行为**在不受干扰的继续进程中**(im ungestörten Fortgang),将**直接**(unmittelbar)导致**构成要件的实现**(Tatbestanderfüllung),或者指的是行为与构成要件的实现之间,处于一个直接的空间和时间上的关联。这就是这样的情况,行为人主观上迈出了'现在开始了'的一步,客观上是在这样地着手构成要件性质的侵犯行为,使得他的行为上所为无须(本质性的)中间动作,就应该汇合进构成要件的实现。"

608 三、最后,所意图的犯罪行为,不得是已既遂的行为。从这里(本著边码 598)主张的立场出发,如果客观方面的不法构成要件未被满足或者是未被完全满足的,成立**既遂缺失**(Fehlen der Vollendung)。

客观方面的构成要件不足于何处,不为重要。在此范围内可以考虑的有单个的构成要件特征未被满足、构成要件性质的结果没有发生或者是结果虽然出现,但却是基于非典型的因果流程而使得客观上的归责性不足。谁在下面的有迄今的司法判决的情况中不否定客观归责,而是因为对因果流程的认识错误而只否定在相关方面上的故意的(对此见本著边码 182、199 和 258 及之后),必须要在这个基础上寻找一个认定行为未遂的理由,以给自己开辟道路,审查在行为人对构成要件实现的着手之中,是否可以看到对所讨论的犯罪行为的力图[比较埃塞尔(Eser),《申克/施罗德—刑法典注释集》,§ 28 边码 7;对此也见弗里施(Frisch),《归责》,15,脚注 32]。

案例 14 的第一个提问情形中,《刑法典》第 306 条第 2 句的既遂问题,取决于点燃了书架是否也同时构成了点燃了"建筑物"。 609

一座建筑物,可以认定被人纵火,如果该建筑物的**某个部分**(ein Gebäudeteil)被火焰这样笼罩,以至于移开或者熄灭了点燃物后仍然继续自行燃烧,能够蔓延到建筑物的那些部分,这些部分对于建筑物的本来的使用目的来讲具有重大的意义(《联邦最高法院刑事判决汇编》7,37;16,109;18,363;联邦最高法院,《新刑法杂志》81,229)。

一物体是否属于建筑物的"组成部分",对刑法上的判决而言不是依照民法上的规定(《民法典》第 93 条及之后),尽管《民法典》第 94 条第 2 款意义上的"重要的组成部分",大都也属于此。这里关键性的更多的是首先从可以置换的角度看。房屋内的陈设,通常不被视为是建筑物的自身部分;对于书架也同样,如果它——如同通常情形——是被置放在紧靠墙壁,或者是被用螺钉固定在墙体上(《联邦最高法院刑事判决汇编》16,110)。由此,在**案例 14 的第一个提问**情形中,未构成既遂的重大纵火。

但是,某 A 犯了**重大纵火未遂**(versuchte schwere Brandstiftung)(《刑法典》第 306 条第 2 句和第 22 条)的罪责,因为他的行为决意,是指向完成这个构成要件,点燃书架是对该构成要件的实现的直接开始。

此外,某 A 还实施了**一般放火未遂**(versuchte einfache Brandstiftung)(《刑法典》第 308 条第 1 款第一种或者情况、第 22 条),与《刑法典》第 306 条第 2 句的力图不形成基本罪/加重的关系,而是形成一罪行为关系(《帝国法院刑事判决汇编》64,273、279)。这是由于《刑法典》第 306 条不同于《刑法典》第 308 条第 1 款的第一种或者情况,在行为客体上不要求以"他人"之物作为前提条件[比较瓦尔达/法伯尔(Warda)/(Faber),《法学教育》65,446 注释 3]。同样是具备的毁坏建筑物未遂(《刑法典》第 305 条、第 22 条),退撤于《刑法典》第 308 条第 1 款的第一种或者情况之后(联邦最高法院,《新法学周报》54,1335 第 16 句)。

点燃书架,构成了**损坏财物既遂**(vollendete Sachbeschädigung)(《刑法典》第 303 条),此外还犯有**非法侵入他人住宅**(Hausfriedensbruch)(《刑法典》第 123 条第 1 款第一种或者情况。对于竞合关系(=《刑法典》第 52 条意义上的一罪行为),见本著边码 776 及之后。

610 四、力图行为的**违法性**(Rechtswidrigkeit),是(如同在犯罪既遂的情况中)根据它的构成要件符合性而推定,即根据对《刑法典》第 22 条中规定的前提条件的实现而推定;此违法性消失,如果行为也包括在既遂的情况中有正当化的事由为之庇护。

见解上正确的对此见特里福特尔(Triffterer),《总则》,377;对整个问题批评的见赫茨贝格(Herzberg),《施特雷/韦塞尔斯纪念文集》,203。

五、如何处理力图的一些**特别情况**(Sonderfälle),有争论:

611 (一)在**共同正犯**(Mittäterschaft)情况中,预备和力图之间的界限**对于所有的共同正犯人**(für alle Mittäter)而言皆已超越,如果他们中的即便是只有一人在共同的行为决意框架内在直接开始实现法定的行为构成要件[《联邦最高法院刑事判决汇编》36,249 和 39,236;英格尔芬格(Ingelfinger),《法学者报》95,704、711;屈佩尔(Küper),《力图的开始》,22、69]。这个术语上所说的**整体解决**(Gesamtlösung)处理方法,其合理性在于,以有意识的和所意愿的共同作用的途径,共同正犯人是在共同实施一个行为,其未遂和既遂都为一体,因此对每个共同正犯人不仅要归责他自己的行为贡献，而且也要对他归责其余参加人本着实现计划的目的之所为。

与之不同的**单个解决**（Einzellösung）处理方法，主张对每个共同正犯人单独确定力图的开始，根据他是否业已开始着手他自己的行为贡献［见施陵格（Schilling），《共同正犯人和间接正犯人的犯罪力图》，1975，104；罗克辛（Roxin），《刑法典莱比锡评论集》，§ 25 边码 198 及之后］。此方法不符合共同正犯的结构上要求；在很多地方它太狭窄，在另外一些情况中又太宽泛。

有争论的是，在实际上本*不存在*的共同正犯情况中，是否能够对那个人要求他承担不能的力图责任和将他人的行为对他归责，这个人虽然相信有共同的行为计划存在，但自己却没有跨越预备和力图之间的界限［认可的见《联邦最高法院刑事判决汇编》，40，299；赫克勒（Heckler），《戈德达默刑法档案》，1997，72；否定的见阿伦斯（Ahrens），《法学工作报》96，664；埃尔普（Erb），《新刑法杂志》95，424；英格尔芬格（Ingelfinger），《法学者报》95，704；屈内（Kühne），《新法学周报》95，934；屈佩尔/莫斯巴赫（Küper）/（Mosbacher），《法学教育》95，488；埃塞尔（Eser），《申克/施罗德—刑法典注释集》，§ 22 边码 55 a；有不同的见格劳尔（Graul），注释，载《法学环视》95，427；约尔登（Joerden），注释，载《法学者报》95，735；左普夫斯（Zopfs），《法学培训》96，19；综述的见罗斯米勒/罗勒尔（Roßmüller）/（Rohrer），《德国法律月刊》96，968］。 612

（二）在**间接正犯**（mittelbare Täterschaft）情况中，力图阶段的开始，最迟是在这个时候，即行为中介人开始在直接着手构成要件性质的行为（例如，《刑法典》第 242 条意义上的拿走，或者《刑法典》第 212 条意义上的杀害行为）。在这个之前的最早可以考虑的力图时刻是，如果间接正犯人**放手了**（aus der Hand gegeben）由他**启动了的发生**（in Gang gesetztes Geschehen），以这样的方式，即从中产生的对受害人的侵犯，按照他对行为的预想，无须其他本质性的中间步骤和若无较长时间的中断在紧接着的发生进程中将直 613

接汇入构成要件的实现。被启用的行为中介人想法单纯的如此，心态不善的也如此。

614 上面的所说，与主流意见的立场一致[比较《联邦最高法院刑事判决汇编》30,363和40,257、268；罗克辛(Roxin)，《刑法典莱比锡评论集》，§ 25 边码 152 和有进一步的证明]。过去的较为广泛的意见，认为行为中介人是单纯想法还是心态不善，在这里是至为关键的[比较韦尔策尔(Welzel)，《教科书》，191]。这个意见未被采纳。此外还有很不相同的观点。有的提出依据对**工具产生作用**(Einwirkung auf das Werkzeug)的开始或者完毕[鲍曼/韦伯(Baumann)/(Weber)，《总则》，§ 29 边码 155；雅科布斯(Jakobs)，《总则》21/105；但这并不就能够当然就满足《刑法典》第22条的直接性要求(在一定的情况下也可以满足；比较联邦最高法院，《新刑法杂志》86,547)]。有的主张对于间接正犯人的力图，应当总是或者通常是在这种情形下才为开始，即被启用的**行为中介人**(Tatmittler)从他的方面在着手行为的实行，同时"整个行为"(由幕后人和工具的行为组成)在直接汇入构成要件的实现[卡德尔(Kadel)，《戈德达默刑法档案》1983,299；屈尔(Kühl)，《法学教育》83,180；屈佩尔(Küper)，《法学者报》83,361、369]。照此主张，就意味着(与《联邦最高法院刑事判决汇编》30,363相反的)要排除间接行为人的力图，只要行为中介人仍还是在预备阶段中活动的；也同样，如果行为中介人只是表面上接受了幕后人的唆使(而依照《联邦最高法院刑事判决汇编》30,363的意见，这里有可能构成间接行为人的力图不能)。但这个把对共同正犯问题开发出来的"整体解决"模式搬迁到间接正犯问题上的划分主张，也不能满足要求，因为它没有足够地考虑到后者的特点。间接正犯不同于共同正犯，这里没有共同性的实施和共同的行为决意。整体上发生的和对法定构成要件所实现的，在这里通常不是行为中介人，而是唯一是他的幕后人的自己行为。工具的行为如同是他自己的行为归属于幕后人，幕后人是在通过他人实施行为，其中并不必然要产生间接行为人跨越力图界限的时刻,一定要比他的行为中介人要晚。因为,由于是他在策划对受害人的侵犯,利用他的“意志支配”在操控着整个过程,则若跨越预备和力图之间界限的,首先是根据他自己的举止,就在常理之中。在此范围内,“整个行为”的发展程度和行为中介人还要做的行为贡献只是对于这个提问具有意义,即从幕后人的角度看,是否已经产生了**对受保护法益的具体危险**(konkrete Gefahr für das geschützte Rechtsgut),是否因此使得《刑法典》第 22 条的直接性要求得到了满足。下面,举例(分段)说明《联邦最高法院刑事判决汇编》30,363 的裁决:

因为吃醋,被告人某 A 要杀死珠宝商某 J,但对行为是让第三者实行,并让他们并不了解他的杀害意图。告诉说有很大一笔钱财和很好的机会,某 A 找来了某 B 和某 C,策划对某 J 进行抢劫,让两人袭击某 J,迫使他喝下麻醉剂,然后拿走钱物。为此,某 A 交给他们一塑料瓶液体,称里面装的是快速安眠药,实际上却是盐酸。出于好奇,某 B 和某 C 途中打开瓶盖,发现里面是剧毒的盐酸,于是放弃了抢劫计划。 615

某 B 和某 C 只是曾经决意去实施重大的抢劫(《刑法典》第 249 条、第 250 条第 1 款第 2 句、第 25 条第 1 款),对此尚未直接着手;前往确定好的行为地的途中,根据普遍的观点尚属于预备阶段之中(比较本著边码 600)。在他们曾表示愿意实施抢劫的范围内(《刑法典》第 30 条第 2 款第一种或者情况),《刑法典》第 31 条第 1 款第 2 句的刑罚撤销事由对他们有利。

最高法院确认了对某 A 的作为间接正犯人之**谋杀力图**(versuchter Mord)的判决,对此说明道:“谁想通过他人实施行为(《刑法典》第 25 条第 1 款第二种或者情况)的,是对所计划的犯罪行为之构成要件实现的着手,如果他确定了由行为中介人去实行行为,让行为中介人离开他自己可以施加作用的范围,想的是中介人现在去动手构成要件符合性的行为。在本案中就是这个情况。某 A 让某 B 和某 C 带着所谓的安眠药上路,要他们接着袭击某 J,对之使用实际上是剧毒的药品。这之中,依照他的想法已经构成了对行为受害人的生命和健康的如此直接侵犯，使得受害人已经被（具体）威胁，损失将会紧接着直接出现。某B和某C未实施行为的这个事实，即某A的谋杀力图没有得逞，不消除他的可罚性。”

这个裁定中值得注意的是，联邦最高法院对力图的开始，是根据**间接行为人的自己行为**（eigenes Handeln des mittelbaren Täters），对可以期待的两个行为中介人的行为，只是*在时间上的密切连接*角度纳入了这个提问，即根据某A的预想，他们在离开他的施加作用范围后是否应该“接下来”就是实施行为（对这个提问范围也见《联邦最高法院刑事判决汇编》40，257、269）。

对联邦最高法院确认的某A犯了间接正犯人力图谋杀罪的意见，在结果上应该认同。在那个时刻，即某A完毕了对某B和某C的施加作用，给了他们可以致死的盐酸作为行为手段，让他们带着这个委托上路，即随后实行选中的行为，在这个时刻里某A实施了在他的方面所要求的行为，已经把对某J的生命侵犯引入轨道，以这样的方式对后边的发生进程**放开了手**（aus der Hand gegeben），以至于它若无较长时间的中断或者无其他阻碍则将直接汇入构成要件的实现之中。

616 情况假如是这样，即间接正犯人是在那个时刻对行为发生放了手，在这个时刻也从行为中介人的角度看还需要继续进行一些重要的预备行为，进而使得对受害人的危险在什么时刻将达到现时的阶段，变得是仍然不可知，则就没有满足《刑法典》第22条的**直接性要求**（Unmittelbarkeitserfordernis）。如果是这样的情况，预备和力图之间的界限对于间接正犯人而言是这个时候才已跨越，即行为中介人预备完毕后直接在着手行为的实行。

617 （三）**结果加重犯**（Erfolgsqualifizierte Delikte）（比较本著边码23），适用《刑法典》第11条第2款作为故意犯，以属于基本罪的构成要件行为以故意为前提条件为限。其**力图**(Versuch)在概念上是有可能的,但不能一般地而只能是依据各犯罪行为构成要件来审查是否以及在何种程度上存在对力图的可罚性空间。这之中要对两组情况加以区别:

1. 结果加重犯的力图有可能构成,如果行为人**已经是通过基本罪的**(受刑罚威吓的)**力图**(schon durch den Versuch des Grunddelikts herbeiführt)造成了加重性的结果,在特别的结果上是行为过失(《刑法典》第 18 条),或者是轻率[不同的见格塞尔(Gössel),《朗格纪念文集》,219、238]。这个力图,特别是在新文本《刑法典》第 177 条第 4 款(比较《帝国法院刑事判决汇编》69,332)和《刑法典》第 251 条情况中(比较联邦最高法院,《新刑法杂志》96,2663;《帝国法院刑事判决汇编》62,422)有这个可能。

2. 结果加重犯的力图,是以这种方式有可能构成,即在完全实现基本罪中行为人把**加重性的后果纳入了他的故意**(die qualifizierte Folge in seinen Vorsatz aufgenommen),**但该后果没有出现**(ihr Eintritt aber ausbleibt)。有这个可能性的,譬如是在《刑法典》第 239 条第 2 款第一种或者情况中(比较《联邦最高法院刑事判决汇编》10,306;联邦最高法院,《戈德达默刑法档案》,1958,304),或者是在《刑法典》第 225 条第 2 款,或者对于有条件的故意也在《刑法典》第 225 条第 1 款情况中(比较《联邦最高法院刑事判决汇编》21,194)。详见劳本塔尔(Laubenthal),《法学者报》87,1065;奥托(Otto),《法学培训》85,671;伦吉尔(Rengier),《结果加重犯》,第 234 页及之后;佩夫根(paeffgen),《选择性注释系列刑法典注释》,§ 18 边码 106 及之后;索瓦达(Sowada),《法学培训》95,644、649 和进一步的证明。

(四)对于**不作为犯**(Unterlassungsdelikt)的力图,见本著边码 618
743 及之后。

第三节　不能的力图和幻觉犯

619　一、**不能的力图**(untauglicher Versuch)成立,如果与行为人的预想相反,对行为决意的实行出于事实上或者法律上的原因不能导致客观方面的不法构成要件完全实现。行为人没有认识到**主体**(Subjekt)(有争议)、**行为客体**(Tatobjekt)或者**行为手段**(Tatmittel)属于不能性质的,构成这种情况。

例如,某行为人实施纯正职务犯罪,没有认识到他的公务员任命无效(比较《帝国法院刑事判决汇编》47,189;72,110 = 主体不能),同样地,错误认为具备成立**保障人位置**(Garantenstellung)的情形(比较《联邦最高法院刑事判决汇编》16,155、160),或者**行为人对自己不利地错误认识某个行为情形**(Tatumstandsirrtum des Täters zu seinen Ungunsten),如对尸体的杀害力图(《帝国法院刑事判决汇编》1,451 = 客体不能),或者是所用的其实是无害的头痛片,对并未怀孕者力图打胎(《帝国法院刑事判决汇编》34,217 = 客体和手段不能)。

620　在今天已经得到了普遍认同的对不能力图的可罚性,是从对力图的刑罚根据的见解中产生(比较本著边码 594),在法律上是在《刑法典》第 22 条、第 23 条第 3 款中被作为前提条件。

根据《刑法典》第 23 条第 3 款,行为人如果“出于愚钝的无知”,没有认识到因为客体或者手段的不能他的行为“根本不可能达于完成”的,法院可以按照《刑法典》第 49 条第 2 款对他免除刑罚或者减轻刑罚。**愚钝的无知**(grober Unverstand),指**对众所周知的原因关联的十分荒唐的想法**(völlig abwiegige Vorstellung von gemeinhin bekannten Ursachenzusammenhängen),比如是认为可以用吓唬人的玩具手枪击落飞机。行为人在这里发生的认识错误,必须是对每个具有一般经验知识的人而言都是一看就知的[《联邦最高法院刑事判决汇编》41,94;鲁特克(Rudtke),《法学教育》96,878]。

直到今天,对于使用**非理性**(irreal)的手段,认为可以以此来解除人的控制能力和支配能力的**迷信思想上的力图**(abergläubiger Versuch)(= 咒人死亡、让人中邪等;比较《帝国法院刑事判决汇编》33,321),全都被**免除了刑罚**(straflos)。这里,在构成要件故意的这个前提条件上就不具备,由此也缺乏在刑法上重要的"行为决意"(= 对于*但愿其发生的*,不会想法去动手*实现之*)。

对《刑法典》第23条第3款和主流意见批评的见施特林泽(Struensee),《整体刑法学杂志》102,21,施特林泽对属于所谓的**幻觉因果性**(Wahnkausalität)情况也主张否定《刑法典》第22条意义上的构成要件故意,幻觉因果性指行为者对因果规则的错误扩展而认为存在着因果流程,但这实际上只是他的想象。

二、对**免除刑罚的幻觉犯**(strafloses Wahndelikt),要区别于可罚的不能的力图: 621

在不能力图的情况中,行为人认为实际上并不成立的客观方面的不法构成要件特征已经构成;他对自己想象了如果它们果真具备,则他的行为就是对法定构成要件的实现的情况[**=反方向的构成要件认识错误**(umgekehrter Tatbestandsirrtum)]。对此见联邦最高法院《新法学周报》97,750。

在幻觉犯中,行为人错误地认为他的在事实的角度上被正确认识的举止,属于一个禁止规范上的禁止,而这个禁止规范只是存在于他的想象之中,或者是由于他的错误解释,将禁止规范伸延至对自己不利[**=反方向的禁止、归入或者可罚性认识错误**(umgekehrter Verbots-, Subsumtions- oder Strafbarkeitsirrtum)]。

对此比较联邦最高法院《法学环视》94,510,有洛斯(Loos)的注释;载《联邦最高法院刑事判决汇编》14,345;恩吉斯(Engisch),《“反方向的认识错误”和“反转原则”》,载《海尼茨纪念文集》,185;普珀(Puppe),《所谓的反方向决意的逻辑上范围》,载《拉克纳纪念文集》,199。有不同的见罗克辛(Roxin),《法学者报》96,981。

622 特别是这样的情况,属于**幻觉犯**(Wahndelikt),即某人如果:

(一)认为他的举止(如女性同性恋、婚外情、与动物性行为)触犯刑罚规定,实际上并不存在这些规定[**=反方向的禁止性认识错误**(umgekehrter Verbotsirrtum)];

(二)认为他的因紧急防卫而正当化的举止要承担刑事责任,因为他对自己不利地错误认识紧急防卫边界,也就是说认为紧急防卫只能用来保护身体或者生命,不许可用来保护财物[**=反方向的许可性认识错误**(umgekehrter Erlaubnisirrtum)];

(三)**完全认识事实和所有的行为情形的在事实角度上的意思含义**(volle Kenntnis des Sachverhalts und des sachlichen Bedeutungsgehalts aller Tatumstände),但由于错误的解释,而没有认识到针对自己行为的规范,对自己不利地伸延了规范的适用范围,例如,尽管知道缺乏关于证明的规定和发放人也不存在,仍然把复制的票证当做《刑法典》第267条意义上的文书[《联邦最高法院刑事判决汇编》13,235 **=反方向的归入错误**(umgekehrter Subsumtionsirrtum)],或者从正确认识的情形中得出并不存在的《刑法典》第142条意义上的等待义务(《联邦最高法院刑事判决汇编》8,263)或者保障人义务(《联邦最高法院刑事判决汇编》16,155、160);

(四)认为他的举止可罚,因为不知道存在对他有利的从刑事政策的角度规定的依据个人方面情况的刑罚排除事由,例如在亲属间通奸中的《刑法典》第173条第3款规定[**=反方向的纯正**

“可罚性认识错误”(umgekehrter reiner“Strafbarkeitsirrtum”)]。

对整个问题详见布克哈特(Burkhardt),《法学者报》81,681;耶赛克/魏根德(Jescheck)/(Weigend),《总则》, § 50 Ⅱ;毛拉赫(Maurach),《新法学周报》62,716;尼维特贝格(Nierwethberg),《法学培训》85,238。

法学学说上,对于特别罪中的**主体资格认识错误**(Irrtum über 623
die Tauglichkeit des Subjekts),个别论者认为是属于幻觉犯的下属情况[比较雅科布斯(Jakobs),《总则》21/43;同样的还有福克勒(Vogler),《刑法典莱比锡评论集》, § 22 边码 158 对于那些情况,在这些情况中主体的资格问题取决于是否具有一个法律意义上的行为发生]。这些主张的这个一般性,不能得到认同。如果联邦军的社会雇员,错误认为自己属于《军事刑法》第 1 条意义上的士兵,认为自己离开了工作岗位就是犯了逃跑罪(《军事刑法》第 16 条)的,对此虽然可以说是构成了**幻觉犯**(Wahndelikt),但如果行为人是错误认为具备有那些假如它们果真具备则将成立他的“主体资格”的情形的,则所构成的就将是可罚的**不能的力图**(untauglicher Versuch)。

对此见鲍曼/米奇(Baumann)/(Mitsch),《总则》, § 26 边码 30;布伦斯(Bruns),《戈德达默刑法档案》,1979,161;毛拉赫/格塞尔(Maurach)/(Gössel),《总则》, § 40 边码 175;施吕克特(Schlüchter),《认识错误》,165;埃塞尔(Eser),《申克/施罗德—刑法典注释集》, § 22 前边码 76;鲁道菲(Rudolphi),《刑法典系统评论》, § 32 边码 26 及之后。

第四节　从力图中回撤和积极悔过

在案例 14 的第一个提问情形中,要审查某 A 是否以及在何 624

种程度上通过灭火行为获得了免予刑罚。

625 一、谁自愿放弃了行为的进一步实行或者阻止其完成的，不因力图受罚（《刑法典》第 24 条第 1 款第 1 句）。

缺少回撤愿意人的所为，行为就不能既遂的，该回撤愿意人不受罚，如果他是自愿和认真地努力在阻止既遂（《刑法典》第 24 条第 1 款第 2 句）。

626 自愿回撤可以消除本来业已产生的力图的可罚性，但是不能完全消除提起责任谴责。它并不像少数人意见所认为的那样具有免除责任作用[比较鲁道菲（Rudolphi），《刑法典系统评论》，§ 24 边码 6；乌尔任海默（Ulsenheimer），《从力图中回撤的基本问题》，1976，103、130]，而是只构成**人的刑罚消除事由**（persönlichen Strafaufhebungsgrund）（主流意见如是认为；详见联邦最高法院《刑事辩护人》82，1）。对于《刑法典》第 24 条背后的**基本思想**（Grundgedanken），司法判决和法学学说上的意见都不一致：

部分论者认为，法律是要给行为人“建造一座回撤金桥”[=**刑事政策理论**（kriminalpolitische Theorie）：《帝国法院刑事判决汇编》73，52、60；普珀（Puppe），《新刑法杂志》94，490]。这种意见在这两个方面上而言是正确的：一是通过对自愿回撤予以奖励，以尽可能地阻止犯罪行为既遂；二是对返回到合法性上来的回撤不因为有这个考虑而对行为人切断，即对他的可罚性已是无可更变[比较格林瓦尔德（Grünwald），《韦尔策尔纪念文集》，701、709]。不过，更符合实际情况的是行为人在行为的时刻不会去思考这一类的考虑（比较《帝国法院刑事判决汇编》9，48、52）。更显得接近事实的因此是这个观点，即法律通过**给予免除刑罚**（Gewährung von Straffreiheit），是在对**自愿选择的回撤的贡献性**（Verdienstlichkeit des freiwillig gewählten Rücktritts durch die Gewährung von Straffreiheit)予以**奖励**(belohnt);因为,以阻止结果产生而回归合法性,是对力图的**无价值**(Unwert)和对行为人对社会公众法制意识产生的消极作用的部分上重新平衡,以至于在力图作为这样的行为未遂上对其要罚性可以否认[=**贡献性理论**(Verdienstlichkeitstheorie):博克尔曼/福尔克(Bockelmann)/(Volk),《总则》,214;耶赛克/魏根德(Jescheck)/(Weigend),《总则》, § 51 I 3;施罗德(Schröder),《法学教育》62,81]。与这个思考方式在看法上相同的,是由刑罚目的性理论所主张的观点。该观点认为对于自愿回撤的,既不出于一般预防性也不出于特别预防性的理由要求要对力图予以惩罚[鲍曼/米奇(Baumann)/(Mitsch),《总则》, § 27 边码 8;罗克辛(Roxin),《韦尔策尔纪念文集》,251;奥托(Otto),《戈德达默刑法档案》,1967,144;埃塞尔(Eser),《申克/施罗德—刑法典注释集》, § 24 边码 4]。**司法判决**(Rechtsprechung)上的经常性观点是,在《刑法典》第 24 条的前提条件下要罚性消失:一是因为回撤者的**犯罪意志**(verbrecherischer Wille)不是如像要把行为实施到底那样强烈;二是在力图中表达出来的**行为人危害性**(Gefährlichkeit des Täters)也事后表明明显要小,因此对力图的惩罚在当前是"对于惩戒行为人以后不再实施犯罪行为和对于警示他人以及对于受损害的法制秩序的重新建立,不再必要"(《联邦最高法院刑事判决汇编》9,48、52;14,75,80)。联邦最高法院的几个新的裁定,依据的是"值得奖励的反方向的作为"(联邦最高法院《德国法律月刊》88,244),已在更加接近贡献性理论。

上面提到的理论,核心都是法益保护的基本思想[见解正确的见贝尔茨(Berz),《法益保护》,51],一个称自己是**责任满足理论**(Schulderfüllungstheorie)的新的学说,提出《刑法典》第 24 条的意义在于法定的刑罚威吓自行已消失,如果行为人通过可以归属于他的所为阻止了行为既遂,而由此是满足了要求于他的作为赔偿义务来理解的"责任"[赫茨贝格(Herzberg),《拉克纳纪念文集》,325;《新刑法杂志》89,49 和 90,172;批评的对此见鲁道菲(Rudolphi),《新刑法杂志》89,508]。耶格尔(Jäger)也主张一个新的回撤理论(《从力图中回撤作为可以归责的危险反转》,1996年,第62页及之后)。该理论与主流意见相反,根据的是**危险反转原则**(Prinzip der Gefährdungsumkehr)。

627 二、根据《刑法典》第24条第1款的规定,只有是对于**行为没有既遂**(Tat nicht vollendet),即客观方面的不法构成要件没有被全部实现的,从力图中的回撤才免处刑罚。假如情况是尽管有行为人的回撤努力,然而构成要件性质的结果还是产生了,则只能是在这个前提条件下才有适用《刑法典》第24条第1款规定的空间,即可以否定对具体结果的**客观上归责性**(objektive Zurechnenbarkeit)[比较之鲁道菲(Rudolphi),《刑法典系统评论集》,§ 24边码16、28];否则要因既遂的行为惩罚。

行为人对他迄今所为的**作用性**(Wirksamkeit)产生的**认识错误**(Irrtum),不消除就将要出现的结果对他归责。例如,某下毒者认为对她行为的受害人而言所下剂量的毒药并不足够,错误地认为以*单纯的不再行为*,就可以阻止死亡结果的出现而放弃了行为决意,但受害人还是因为中毒死亡,就毫无疑问地对她要因**既遂的故意行为**(vollendete Vorsatztat)(《刑法典》第212、211条)处罚。《刑法典》第24条在这里没有适用的空间,因为*单纯的回撤意志*不具有意义,如果情况是事情的发展走向了**行为既遂**(Tatvollendung),行为结果的出现不是由于某个非典型的因果流程,而是基于事物的规律性发展(对此也比较《联邦最高法院刑事判决汇编》28,346)。相反意见[埃塞尔(Eser),《申克/施罗德—刑法典注释集》,§ 24边码22及之后]提出在这里应当适用《刑法典》第24条第1款第一种或者情况,对行为人最多以过失视角结果归责,假如结果在*回撤的时刻*并没有出现。相反意见的这个观点不符合法律的思想,因为它形成的是纯粹让偶然性来决定是否依照《刑法典》第24条免予刑罚,还是因*既遂的*故意行为处罚。

《刑法典》第 24 条的适用范围,此外并不包括**失败**(fehlgeschlagen)的力图;因为依照法律的意思和目的,免予刑罚的回撤空间,在于只要是行为人认为他的行为还有既遂的可能这个范围。一犯罪行为力图**失败**(fehlgeschlagen),首先是这种情况,即为了实行犯罪行为而着手的行为未达到目标,行为人认识到**以他拥有的手段**(mit den ihm zur Verfügung stehenden Mitteln),要么是再也不能造成构成要件性的结果,要么是至少若无时间上的重要中断不可能造成结果。例如是这样的情况:为盗窃打开钱柜,里面却无钱财;唯一可能的一枪,偏离在较远距离处对其瞄准的受害人;或者是安放在行为地点的爆炸装置引爆机械失灵,行为人认识到他的打算失败。也同样,如果从客观上看行为既遂还有可能,但行为人不认识他对此需要的手段,或者是不能采取这些手段,因为他不熟悉使用。最后,继续行为的无意义,也可以产生力图的失败。**例如**:某暗杀行为人把已经举起要射击的手枪又放下,因为他发现自己错误认识了对方。 628

对此详见《联邦最高法院刑事判决汇编》34,53;35,90;39,244;40,75;联邦最高法院,《新刑法杂志》89,18;博特克(Bottke),《法学者报》94,71;法伦霍斯特(Fahrenhorst),注释,载《新刑法杂志》87,278;伦吉尔(Rengier),注释,载《法学者报》86,964;罗克辛(Roxin),注释,载《法学环视》86,424;《法学教育》81,1;批评的见费尔特斯(Feltes),《戈德达默刑法档案》,1992,395。

不同于联邦最高法院的意见,有的论者认为失败的力图并不是《刑法典》第 24 条的规定之外的独立情况,而是属于已经结束的力图的下属情况[比较兰夫特(Ranft),《法学培训》87,527]。表明是一个**已经结束的力图**(beendeter Versuch)的,是其实行行为完毕后行为人认为构成要件性结果的出现是很可能的,或者是至少是有此可能的,而这正是失败的力图所缺乏的。

629 行为有**固定计划**(festen Plan)的,成立力图失败,如果根据行为人的想法不再有可能按照计划在规定的时间、规定的地点完成行为,更多地还只能是通过并非无关紧要的时间上延迟,通过启动新的因果链才能成功地实现。不过,如果失败的是首先选中的行为手段,则按照主流的意见**不构成力图失败**(nicht fehlgeschlagen),如果行为人在他迄今的所为之后,紧接着启动了新的侵犯或者使用了新的可供使用的手段。比如,按计划着手的用瓶子打死受害人(《联邦最高法院刑事判决汇编》10,129)、以汽车冲撞杀害受害人(《联邦最高法院刑事判决汇编》34,53)或者泼洒汽油燃烧受害人(联邦最高法院,《新刑法杂志》86,264)的力图未遂,行为人立即改为用手勒卡力气比他小的受害人,对于这样的情况从当前为绝大多数论者所主张的**整体观察说**(Gesamtbetrachtungslehre)的角度言,行为人在这个时候还有将要产生免予刑罚作用的从故意杀人的力图中回撤的可能性,如果他这时又自愿地放弃勒卡,而由此是在阻止死亡结果的出现。在这种一体发生中,尽管行为人使用了他做行为的思想上准备时没有想过的新的手段,但成立的只是**对原来的行为决意的保持和继续**(Weiterführung des ursprünglichen Tatentschlusses),他是为实现这个行为决意而先后使用了其目的是要造成构成要件性结果的手段(《联邦最高法院刑事判决汇编》34,53)。

630 依照**单个行为动作理论**(Einzelakttheorie),将有不同的判决。该理论对行为人在行为开始的时候认为是适合于造成结果的每一个施行动作都加以特别的注意,在失败的情况中把它们作为独立的失败的力图来处理[例如,雅科布斯(Jakobs),《总则》26/15及之后;《法学教育》80,714;乌尔任海默(Ulsenheimer),同上,第131页及之后、240页;有一定限制的也有赫茨贝格(Herzberg),《布劳纪念文集》,97;《新法学周报》89,197;埃塞尔(Eser),《申克/施罗德—刑法典注释集》,§ 24 边码 21]。这种理论观点没有说服力,因为它把一个一体性质的生活流程拆分,也过于限制了回撤的可能性[很有教益的对此见伯尔克曼(Bergmann),《整体刑法学杂志》100,329;普珀(Puppe),《新刑法杂志》86,14;伦吉尔(Rengier),注释,载《法学者报》86,964 和 88,931;罗克辛(Roxin),注释,载《法学环视》86,424]。

三、在《刑法典》第 24 条第 1 款第 1 句情况中,要区别**未结束**(unbeendeten)和**已结束**(beendeten)的力图。对力图的这两个表现形式之间的划分,根据的是**行为人的想法图**(Vorstellungsbild des Täters)[《联邦最高法院刑事判决汇编》31,170;33,295;35,90;不同意见的有博尔歇特/赫尔曼(Borchert)/(Hellmann),《戈德达默刑法档案》,1982,429,主张只有一个客观上的划分]。这个划分之所以具有很大的实际意义,是因为行为人对其尚未跨越力图之**未结束**(unbeendeten)阶段的行为,依照《刑法典》第 24 条第 1 款第 1 句第一种或者情况上的规定可以通过放弃他的行为决意和通过单纯的不继续行为就可以获得免予刑罚的处理,而在他的力图**已经结束**(beendeten)时依照《刑法典》第 24 条第 1 款第 1 句第二种或者情况上的规定,他必须要做出阻止结果的行为(即采取相应的措施),并且承担对结果避免的是否成功的风险。 631

未结束(unbeendeten)的力图,指行为人认为他还没有做完所有的按照他的行为想法对行为完成所必要的行为。

已结束(beendeten)的力图,指行为人认为他已经做了所有的按照他的行为想法为造成构成要件性的结果所必要的或者是可能已经足够了的行为。

对力图的这两种表现形式的划分,所依据的是应该根据行为人在行为的开始时刻时的思考,还是应该根据在上一个实行行为完毕时的行为人想法来确定,曾在很长时间内存在争论: 632

联邦最高法院最初参照的是术语上所说的**行为计划理论**(Tatplantheorie),即根据行为人**在行为开始时**(bei Tatbeginn)的想法,如果行为人想的只是依照一个轮廓固定的行为计划来着手每个实行行为(= 开枪、刀刺、斧劈等),系只想使用一种手段来造成构成要件性的结果。这样计划的行为如果得到了实行,联邦最高法院就认为是力图已经结束,尽管行为人事后发现他的所为的适合性不足(《联邦最高法院刑事判决汇编》22,330)。反之,行为开始时如果不存有在这样的计划,或者根据*有疑问的有利于被告*(*in dubio pro reo*)原则应该认为缺乏该计划,行为人**上一个实行行为完毕**(nach Abschluß der letzten Ausführungshandlung)后的想法就是关键。行为人如果认为自己到现在的所为不足以造成所寻求的结果的,就系力图没有结束,即可以通过放弃行为决意和单纯的不再行为获得免予刑罚处理(比较联邦最高法院,《戈德达默刑法档案》,1966,208;《联邦最高法院刑事判决汇编》10,129 = 弗拉赫曼案;《联邦最高法院刑事判决汇编》22,176 = 管钳案)。行为人如果认为已做了所有必要的,或者是他虽然怀疑他的行为效果,但至少是认为结果的出现是可能的,则是力图已经结束(比较联邦最高法院,《新法学周报》80,195;《新刑法杂志》81,343 和 84,116)。

633 其间,对于所有的有可能成立的情况,联邦最高法院已从上面谈到的**行为计划视角**(Tatplanperspektive)转向到了在上一个实行行为完毕后的在术语上所说的**回撤视野**(Rücktrittshorizont)之上。《联邦最高法院刑事判决汇编》31,170 详细地阐述了这个转向,同时明确道:不论是否有无行为计划的存在和其安排如何,出于上一个实行行为完毕后随之**跟进的结果发生的可能性**(nahegerückte Möglichkeit des Erfolgseintritts)和与之相应的**危险意识**(Gefahrbewußtsein),就可以成立力图结束(Beendigung)[对此很有教益的见屈佩尔(Küper),注释,载《法学者报》83,264]。此后,联邦最高法院继续扩展和固定了它现在的标准立场(《联邦最高法院刑事判决汇编》33,295 = 太阳穴击打案;联邦最高法院《法学环视》86,423 = 电话簿案;联邦最高法院《新刑法杂志》86,264 = 浇汽油案;联邦最高法院,《刑事辩护人》87,529 = 传授毒药案;《联邦最高法院刑事判决汇编》35,90 = 颈椎针刺案)。

在那个与以前的弗拉赫曼案(《联邦最高法院刑事判决汇编》10,129)有相似之处的浇汽油案中,丈夫 M 想杀死有离婚意图的妻子,突然浇她身上一桶汽油,掏出火柴想要点燃。争夺火柴发生打斗,妻子逃到院内,M 追上来把她掀翻在地,用手勒住脖子使她失去知觉。这时 M 松开了手,放弃了杀害意图。他被判决故意杀人未遂,上诉成功。与陪审团法庭的意见不同,联邦最高法院对 M 的两个行为不认为是两个在法律上独立的杀害力图,而只是一个一体性质(由继续存在的行为故意所承载的)的发生的属于一体的行为动作部分,该行为并不因为想点火杀害没有成功而彻底失败。因此 M 可以依照《刑法典》第 24 条第 1 款第 1 句就"行为整个"获得免予刑罚,因为他中止了已经开始的勒卡行为,放弃了在他看来已经是能够的行为既遂。本着被保护的法益的利益,联邦最高法院认为已经成立了"值得奖励的反向贡献",如果在第一个行为手段无结果后行为人自愿地离开了使用另外的适合的和可供使用的行为手段来完成行为。

联邦最高法院的这个新的司法判决,所体现其中对于回撤给予宽怀的立场在**法学界**(Rechtslehre)获得的看法多为赞同[如比较耶赛克/魏根德(Jescheck)/(Weigend),《总则》, § 51 Ⅱ 3;卡德尔(Kadel),注释,载《法学环视》87,117;普珀(Puppe),《新刑法杂志》86,14;伦吉尔(Rengier),注释,载《法学者报》86,964;《法学者报》88,93;罗克辛(Roxin),注释,载《法学环视》86,424;奥托(Otto),《总则基础课》, § 19 边码 14 及之后;批评的则有兰夫特(Ranft),《法学培训》87,527;施吕克特(Schlüchter),《鲍曼纪念文集》,71;埃塞尔(Eser),《申克/施罗德—刑法典注释集》,§ 24前边码16及之后]。但对此的讨论还未结束,还有可能出现其他发展。

634 讨论未结束的特别是对于这个问题,即所阐释的基本原则是否也适用于那些行为,在这些行为中作为第一位寻求的行为目的(=用刀划伤受害人给他一个教训、为了抢劫使受害人失去打斗能力或者成功抢劫后开枪驱赶受害人离开行为地点),与有条件的杀害故意重合。这里有争论的是,以不再继续行为,是否能够对未结束的杀害罪力图成立免予刑罚的回撤空间,如果行为人达到了他的第一位的行为目的,从他的角度看对受害人的生命是不存在危险的。联邦最高法院的第二和第五刑事法庭在所说的案件中否定了这样的一个回撤可能性[《新刑法杂志》90,77和91,127;同样的普珀(Puppe),注释,载《新刑法杂志》90,433;《法学者报》93,361;鲁道菲(Rudolphi),注释,载《法学者报》91,525],而它的第一刑事法庭却准许了这样的回撤(《法学者报》93,359;《新刑法杂志》90,30和89,317)。刑事大法庭参照了后一种意见,以1993年5月19日的决定(《联邦最高法院刑事判决汇编》39,221),裁定免予刑罚地从未结束的力图中回撤是可以的,如果行为人放弃了进一步地行为,是因为他达到了他的构成要件之外的行为目的。在对此的说明上,裁定中说:《刑法典》第24条第1款第1句意义上的“行为”,是包括构成要件性的结果在内的构成要件性质的行为。据此,放弃进一步地去实行行为的决定,唯一是与法定的构成要件特征的实现相关和与构成要件性的结果的造成相关。行为人决定放弃的原因,是构成要件之外的目的、意图还是动因,在这里都不为重要;行为人必须“放弃”的,只是法定构成要件上所描述的[同样的观点见法尔克(Pahlke),《间接故意中的回撤》,1993,1117]。本着要保护受害人的这个利益,给行为人开启其回撤的可能性,是有意义的,也有利于维护被行为的开始所危及的法益[赞同的见施罗特(Schroth),《戈德达默刑法档案》,

1997,151]。对联邦最高法院的这个解释,也可以提出不同的意见,即已经达到了他的本来行为目的的那个人,系没有什么可以再放弃,因为继续行为对他而言没有意义。单纯的"停止",并不自然就是《刑法典》第24条第1款第1句意义上的"放弃";能够放弃的,只能是行为决意,该决意从其目的的设定角度看还并没有变成为空洞无物[对此详见罗克辛(Roxin),《法学者报》93,896;鲁道菲(Rudolphi),《刑法典系统评论》,§ 24 边码 14 a、b;对这类情况也见联邦最高法院,《刑事辩护人》96,86]。

还未完全清楚的,此外还有在术语上所说的**整体观察说**(Gesamtbetrachtungslehre)的框架内对行为发生的"一罪性",是依照什么样的标准来确定。部分学说论者,在这里参照的是在竞合的范围内对于成立**自然的行为单数**(natürliche Handlungseinheit)所具有意义的规则[比较耶赛克/魏根德(Jescheck)/(Weigend),《总则》,§ 51 II 3;罗克辛(Roxin),《法学教育》81,1 和注释,载《法学环视》86,424;批评的见福克勒(Vogler),《刑法典莱比锡评论集》,§ 24 边码 63、64;法伦霍斯特(Fahrenhorst),《法学培训》87,291]。司法判决则认为**相关的生活流程的一体性**(Einheit des betreffenden Lebensvorgangs)是关键性的(《联邦最高法院刑事判决汇编》34,53、57;40,75),行为人在每个力图行为中使用的行为手段是否属于相同种类还是不同种类,不产生意义[联邦最高法院,《新刑法杂志》86,264;《新法学周报》94,1670;不同的观点见兰夫特(Ranft),《法学培训》87,527,其中提议,对于"一罪的力图"的考虑,要限制在使用*相同种类的*行为手段上]。 635

总结这个当前在司法判决和学说界都得到了主张的,从**回撤视野**(Rücktrittshorint)的角度对已结束和未结束的力图进行划分的立场,重要的如下: 636

(一)行为人有意识地放弃对进一步的行为的实行,使得他所寻求的或者依照他的想法为达到下一步的目的所必须实现的构成要件性的结果还未产生,同时**若无他的进一步的行为也不会产生** 637

(ohne sein weiteres Handeln auch nicht eintreten wird),但如果他还想继续行为,以他现在拥有的可供使用的手段他还可以达到他的目的,成立从有此可能性的犯罪行为的**未结束的力图**(unbeendeter Versuch)中的回撤[联邦最高法院《德国法律月刊》88,99 作者霍尔茨(Holtz)]。

对此也无任何改变,如果曾经存在着一个固定轮廓的**行为计划**(Tatplan),**当行为开始**(bei Tatbeginn)的时候行为人也认为以从他的方面考虑的构成要件行为,已经为犯罪既遂做了所有的必要的行为。因为,对于力图是已经结束还是没有结束的问题,关键的不是看行为开始时的行为计划,而是根据**上一个实行行为完毕后**(nach Abschluß der letzten Ausführungshandlung)的行为人想法(《联邦最高法院刑事判决汇编》35,90)。在这个时刻,行为人如果最初是认为所寻求的结果的产生是可能的,但接着就发现自己是错误认识情况,于是在"回撤视野"的框架内这里唯一关键的就是行为人是在如何**纠正想法**(korrigierte Vorstellung),可以发生的情况是:继续行为的可能性继续存在没有变化的行为人,可以通过离开继续的实行行为而回撤,而对自己产生免予刑罚作用[《联邦最高法院刑事判决汇编》36,224;联邦最高法院,《新法学周报》93,2125;联邦最高法院,《德国法律月刊》95,878 作者霍尔茨(Holtz);奥托(Otto),《法学培训》92,423、429;不同的见兰夫特(Ranft),注释,载《法学者报》89,1128]。

638 (二)在对行为决意的实现上,行为人如果是达到了这样一个阶段,即从他的角度看存在**结果产生的自然的可能性**(naheliegende Möglichkeit des Erfolgseintritts)的,就不能再以单纯的不继续行为就获得《刑法典》第24条第1款第1句的回撤优遇,而是只能通过做出相反方向的**认真的救助行动**(ernsthafte Rettungsaktivitäten)来予以争取(《刑法典》第24条第1款第1句第二种或者情况或者第 2 句），因为最迟是在这个时刻，**他的力图就已经结束**（sein Versuch beendet）（《联邦最高法院刑事判决汇编》33，295；联邦最高法院，《新刑法杂志》93，39）。在这样的情况中，行为人也不能依据他对原来的行为计划并未全部实施，或者并未使用其他的很有可能成功的可能性去实现他的行为打算；关键的，唯独是他意识到的**具体的危险情况之对结果的接近性**（Erfolgsnähe der konkreten Gefahrenlage）（《联邦最高法院刑事判决汇编》31，170；33，295）。在所谈到的这个时刻里，行为人对于结果的想法是继续想要其产生还是任其自然产生，不为重要，因为在《刑法典》第 24 条第 1 款的范围内并不是关系业已转化成为行为的构成要件故意的继续存在（见解正确的见《联邦最高法院刑事判决汇编》31，170、177）。

对行为人在上一个实行行为完毕后对构成要件性结果的产生至少是认为有此可能的这个认为的认定（对此见联邦最高法院《新刑法杂志》92，434），刑事法官不得提出过高的要求。要求过高将导致法制上的瑕疵。在受害人被重大伤害的情况中，基于与之相关的危险意识，通常是可以认定成立这样的有此可能性认为（如子弹射入头部、刀具刺进心脏附近、用铁管猛打太阳穴、勒卡至失去知觉；比较《联邦最高法院刑事判决汇编》33，295；《刑事大法庭》39，221、231）。

这里可以考虑的当然也有**未结束的力图**（unbeendeter Versuch），因为行为人对真实的危险发生错误认识，从受到严重伤害的受害人的举止中得出的是不必担心发生死亡结果的认为（比较联邦最高法院，《刑事辩护人》96，23）。对受害人造成了有生命威胁伤害的行为人，在其侵犯结束后如果**根本就没有想过**（gar keine Vorstellung）他的所为后果，依照联邦最高法院的意见应该考虑**已结束的力图**（beendeten Versuch）［《联邦最高法院刑事判决汇编》40，304 有豪夫（Hauf）的批评注释，载《法学环视》96，29；黑克勒（Heckler），《新法学周报》96，2490；慕尔曼（Murmann），《法学教育》96,590;普珀(Puppe),《新刑法杂志》95,403]。

639 对**从力图中回撤**(Rücktritt vom Versuch)的其他具体问题,见君特(Günther),《从力图中局部回撤和犯罪变换》,载《阿明·考夫曼纪念文集》,541;赫茨贝格(Herzberg),《从力图回撤的基本问题和从未来法律角度的思考》,载《新法学周报》91,1633;兰珀(Lampe),《"利益缺乏"而从力图中回撤》,载《法学教育》89,610;鲁道菲(Rudolphi),《以成功的虽不是最佳的救助努力从已结束的力图中回撤》,载《新刑法杂志》89,508;伊纳·韦因霍尔德(Ina Weinhold),《从力图回撤时的救助举止和救助故意》,1990。

640 四、在**未结束的力图**(unbeendetem Versuch)情况中,行为人如果是自愿**放弃对行为的进一步实行**(weitere Ausführung der Tat aufgibt)的,对他力图的可罚性消除(《刑法典》第24条第1款第1句第一种或者情况)。对于不能的力图也同样,以行为人未能认识其不能性为限(《帝国法院刑事判决汇编》68,82)。

641 "放弃"行为,指的是基于相应的"反方向的决意"离开对法定构成要件的实现决意的进一步实现。这里的前提条件是行为人的这个想法,即他认为对犯罪行为构成要件完全是还可以实现[《联邦最高法院刑事判决汇编》22,230和39,221、228;赫鲁斯卡(Hruschka),《法学者报》69,495]。这里要问的是,法律在这里是如何理解"行为"的概念,是否要求的是一个完全的和彻底的对构成要件故意的放弃。

过去的裁定,对此常常是这样指出:只有**"全部和彻底"**(im ganzen und endgüitig)地放弃了他的对刑事犯罪决意的实施的那个人,才能够免予刑罚地回撤(《联邦最高法院刑事判决汇编》7,296;联邦最高法院,《新法学周报》80,602)。这个公式比较容易造成误解;它对回撤也设置了太狭窄的界限。在一定的时候在适当的时机重新试图行为或者是变换成实施另外一项犯罪行为,这样的内心保留虽然可以推论行为人的敌视法律思想，但也并不排斥从已经开始了的**具体行为**（konkrete Tat）中的回撤（如《联邦最高法院刑事判决汇编》33，142、145；35，184 就如是说）。对于行为人在这样的情况中是否真的会有新的行为决意产生，并去实施这个决意，不是这里可以讨论的问题，只能是看以后的发生。

相反的意见提出，离开**具体的实行行为**（konkret Ausführungshandlung），就已经应当是产生了免予刑罚作用［比较布莱（Blei），《总则》，§ 69 III 1；布洛伊（Bloy），《法学教育》86，97有进一步的证明］。这种意见走得太远，因为，假如行为人是在直接用另外一个同等价值的实施方式取代他的原来的实行行为，比如是放弃"爬窗"，改为"破门"，或者是改为窒息受害人，而不是施放毒药，就根本不是在回归合法性。

在此范围内值得首推的，是一种综合性的意见，主张对于离开**具体行为**（konkrete Tat）的原则上就足以，即离开那个具体的行为，该行为在**相关的犯罪行为构成要件框架内**（im Rahmen des einschlägigen Straftatbestandes）通过行为客体、现实的行为情形和所谋求的行为目的被标志其特征，但也作了一个限制：有这样的情形的，不成立"对进一步的行为实行的放弃"，即这样情形，如果行为人为自己保留了继续行为的动作，这些动作在进一步地实现法定构成要件而在实现构成要件的情况中是前面开始的犯罪行为的并不独立的部分动作，即与这个犯罪行为形成一个一体的生活流程［核心上如此的譬如见毛拉赫/格塞尔（Maurach）/（Gössel），《总则》，§ 41 边码 54；埃塞尔（Eser），《申克/施罗德—刑法典注释集》，§ 24 边码 39、40；对此也比较《联邦最高法院刑事判决汇编》40，75；屈佩尔（Küper），《法学者报》79，775、779］。

依照《联邦最高法院刑事判决汇编》33，142 中的阐释，《刑法典》第 24 条意义上的"行为"概念，与**实体法上的犯罪行为构成要件**（materiellrechtlichen Straftatbestand）意义上的故意实施的违法行为这个概念相同［同样的见《联邦最高法院刑事判决汇编》39， 642

221、230;君特(Günther),《阿明·考夫曼纪念文集》,541]。从中可以得出,对于所计划的抢劫谋杀已经开始在着手的那个人,如果他主动放弃杀害他的受害人,在行为的进一步进程中自我限制在对受害人只是以《刑法典》第249条意义上的威胁拿走其钱包或者其他价值物品的,可以免予刑罚地从谋杀的力图中回撤(比较《联邦最高法院刑事判决汇编》33,142、144)。

643 达到了力图阶段后,如果某人主动在放弃对那些将要构成加重处罚的行为构成要件的实行方式的进一步实现(如《刑法典》第244条第1款第1项或者第250条第1款第1项),本着受保护法益的利益,也允许认可这里的**部分回撤**(Teilrücktritt)是与《刑法典》第24条的基本思想一致。在这里有这个可能性的比如是这种情况,在盗窃或者抢劫性的勒索中,行为人及时解除了行为开始时自己携带的枪械武器[见解正确的见施特伦(Streng),《法学者报》84,680针对联邦最高法院《法学者报》84,680;《联邦最高法院刑事判决汇编》33,142留下空白;批评的见屈佩尔(Küper),《法学者报》79,229、233]。

644 回撤系**主动**(freiwillig),如果不是因强制性的背后原因所致,而是行为人**自己的自主决定**(eigene autonome Entscheidung)。作为对于决定的动因原因,这里有可能的譬如有良心责备、后悔、羞愧、怜悯受害人、心灵上震动、惧怕刑罚[比较《联邦最高法院刑事判决汇编》7,296和21,216;联邦最高法院,《刑事辩护人》83,413;《德国法律月刊》89,857作者霍尔茨(Holtz)]。对回撤的推动,也允许是来自于外界(如由于受害人方面的劝说)的;决定性的唯一是尽管有这个外来的作用,行为人仍然是"他的决意的主人",即既不是通过外界的,也不是由于内心上的强迫被阻止在造成他认为继续有既遂的可能性的相关的犯罪行为构成要件之外(联邦最高法院,《新刑法杂志》92,536;《刑事辩护人》92,224;《新法学周报》93,2125)。

根据《刑法典》第 24 条蕴涵的基本思想,对力图给予免予判处刑罚,是基于回撤的**贡献性**(Verdienstlichkeit)。行为人只有是**主动**(freiwillig)在返回法制秩序的,其行为才系**贡献性的**(verdienstlich)行为。对于主动性的确认,联邦最高法院不要求具有值得嘉许的原因和道德上的高价值的动机[详见《联邦最高法院刑事判决汇编》35,184;赞同的见拉克纳(Lackner),注释,载《新刑法杂志》88,405;兰珀(Lampe),《法学教育》89,610;批评的对此见布洛伊(Bloy),注释,载《法学环视》89,70;雅科布斯(Jakobs),注释,载《新刑法杂志》88,519]。某个性侵犯罪犯停止了对受害人使用暴力,因为受害人对他许诺愿随其愿(在《联邦最高法院刑事判决汇编》7,296 案件中,受害人作出了许诺,请求让她先喘口气,目的是哄骗行为人),他可以免予刑罚地从**强奸**(Vergewaltigung)的力图中回撤,如果他是**无保留地和彻底地**(vorbehaltlos und endgültig)放弃了对他而言仍然是可能的**强迫**(Erzwingung)性交(比较联邦最高法院《新刑法杂志》88,550)。免予刑罚则自然谈不上,如果他决定回到对受害人使用暴力和强迫的方式,假如在他面前是无反抗能力的后者不立即(即在现实的行为形势中)兑现她的许诺[《联邦最高法院刑事判决汇编》39,244;对此详见博特克(Bottke),《法学者报》94,71;施特伦(Streng),注释,载《新刑法杂志》93,582;维特(Vitt),注释,载《法学环视》94,199]。

回撤系**非自愿**(unfreiwillig),如果是由于背后的原因使然,这 645
些原因**不取决于行为人的意志**(vom Willen des Täters unabhängig),在他心理上造成了不可克服的障碍,或者是对他不利地极大改变了情势,使得他认为不能够承受或者是不想忍受与之连接的风险或者不利后果(比较《联邦最高法院刑事判决汇编》9,48 和 20,279;联邦最高法院《新刑法杂志》92,536 和 94,428)。

行为人认为他的行为已被**发现**（entdeckt），担心发现者能够阻止他继续实施自己的打算或者是报警引来刑事追究措施的想法，可以消除回撤的自愿性；对此的关键是根据案件中的具体情节［详见联邦最高法院《刑事辩护人》92，224；《德国法律月刊》75，724，作者达林格（Dallinger）；对因为有受害人自己发现，比较联邦最高法院，《刑事辩护人》82，219；《法学环视》52，414；《联邦最高法院刑事判决汇编》24，48；对担心被很快发现见联邦最高法院，《新刑法杂志》84，116］。谁离开**强奸**（Vergewaltigung）的力图，因为他没有想到受害人认识他，出于这个原因担心很快被刑事追究，不是自愿的回撤（《联邦最高法院刑事判决汇编》9，48）。行为人放开了被袭击者，因为她的喊叫声使他产生害怕，回撤的自愿性在这里不被一概排除，根据联邦最高法院的意见［《德国法律月刊》79，279 作者霍尔茨（Holtz）］只是在这样的情况中，即行为人由此陷入惊恐状态，或者是估计他人听到喊叫会赶来对受害人施救。

不能清楚查明是什么想法使得行为人回撤，但对此可以设想的每个原因都是构成非自愿的，对回撤视为**非自愿**（unfreiwillig）［联邦最高法院《德国法律月刊》66，892 作者达林格（Dallinger）］。如果对某个可以成立自愿性的动机存在空间，适用有疑问的有利于被告（*in dubio pro reo*）基本原则（联邦最高法院，《刑事辩护人》84，392）。

法学学说界的一个少数人观点，从**刑罚目的论**（Strafzwecktheorie）的角度主张依据"罪犯理性标准"来划分自愿性和非自愿性［罗克辛（Roxin），《海尼茨纪念文集》，251；鲁道菲（Rudolphi），《刑法典系统评论》，§ 24 边码 25］。然而从中并不能获得足够精确的标准［详见乌尔任海默（Ulsenheimer），同上，306］。

646 五、**已结束的力图**（beendeter Versuch）不受罚，如果行为人自愿在**阻止行为既遂**（Vollendung der Tat verhindert）（《刑法典》第24条第1款第1句第二种或者情况），或者是在没有他的所为行为就不能既遂的情况中自愿地和认真地在努力阻止既遂(《刑法典》第24条第1款第2句)。依照主流的意见,决定回撤的行为人有意识地和所意愿地启动一个新的因果链,对于既遂的没有发生至少是成为了共同的原因的,足以成立阻止既遂。其他的不取决于他意志的情况对于行为未既遂的贡献,不妨碍免予刑罚地回撤,同样地如同这个可能性,即采用其他方式或者做得更多,以便能够更可靠地阻止既遂(《联邦最高法院刑事判决汇编》33,295、301;联邦最高法院,《新刑法杂志》89,525)。对这个意见可以赞同,但要加以限制,即行为人只是以这样的方式可以获得免予刑罚,即他对由他在先前动摇的对规范的普遍适用的信赖,通过一个自愿的"反转上的贡献"又予以安定,他现在的举止指向阻止将要发生的结果,以这种方式作出行动,以至于在请求他人帮助的情况中对行为既遂的阻止至少也可以是归属于系"他的作用"[很有教益的见鲁道菲(Rudolphi),《新刑法杂志》89,508;不同的见赫茨贝格(Herzberg),《新刑法杂志》89,862,赫茨贝格主张在所有的《刑法典》第24条第1款情况中对回撤意愿者要求*最高的*贡献]。

来自司法判决的一个对此案例(Beispiel dazu aus der Rechtsprechung):某夫妇M正好人不在家,某A前来在房内放了火。屋里熟睡的孩子让他感到了良心责备,便对M夫人在那里的饭店叫喊道"请M太太赶快回家"。听到喊叫,M夫人赶回家中,看见消防队员已将火事扑灭,已烧着了家具和窗帘,但还没有上房。某A在消防队赶到之前又回到放火地点,要亲眼看见火情被及时发现才感放心。虽然他在叫喊中没有喊叫为何要M夫人赶快回家的原因,也不能肯定她是否就会因此立*即*赶回家,联邦最高法院(《新法学周报》85,813)还是推翻了前一级法院的判决,认定某A是从已结束的重大纵火力图中免予刑罚地回撤[深入的见布洛伊(Bloy),《法学教育》87,528]。

为救(被他施放毒药的)受害人,行为人先是做了在他看来是所要求的（这里指呼叫救护车），但却不真实地说明现实危险的原因而拒绝了进一步的共同作用，虽然他也认为这个作用对于成功地完成救助行动很有必要。尽管生命抢救成功，但是联邦最高法院（《新法学周报》85，813）认定这里排除免予刑罚地从谋杀力图中的回撤，因为在关键的时刻缺失**继续存在的救助意志**（fortbestehendem Rettungswillen）［对此批评的见赫茨贝格（Herzberg），《法学环视》89，449；鲁道菲（Rudolphi），《新刑法杂志》89，508、514 也对作出的具体判决持保留意见］。

647 从已经结束的力图中回撤的努力如果没有成功，对结果产生的风险和因既遂行为的处罚，在这样的情况中也是由行为人承担，即努力之所以没有成功，是由于一个不幸的偶然情况、第三者的介入或者不可抗力的作用使得他对结果的阻止失败。本质性的唯一是，他的构成了力图的所为，在既遂的行为里继续在产生着作用，基于具体结果上的一个构成要件相当性的因果流程，恰恰实现了那个由他的先前举止所造就的或者所提高的危险（对此比较本著边码 180 及之后）。

某 B 之所以成为某 A 邮寄给他的邮件炸弹的受害人，完全是因为后者主动在阻止邮件对他投递的努力因此失败，即某 A 在赶往他家的路上，被汽车碰撞，失去了知觉被送进了医院。这个情节，对于从已经结束的力图中免予刑罚地回撤（《刑法典》第 24 条第 1 款第 1 句第二种或者情况）而言，没有空间。更应该考虑的是对某 A 要因**行为既遂**（vollendete Tat）（《刑法典》第 212 条、第 211 条、第 311 条）处罚。在爆炸的时刻某 A 因为失去知觉而无能力对事件的进程产生影响的这个情况，不具有意义。在这里决定性的是在**着手犯行行为**（Vornahme der Tathandlung）的时候，某 A 是发生的主人，以对邮件炸弹寄送的方式放手了进一步的发生流程。他试图重新获得对发生的控制的努力无果，不妨碍**结果的归责性**（Zurechenbarkeit des Erfolgs）。某 B 的死亡毋庸置疑是“他的所为”。

特别是在*不能的*和*客观上失败的*力图情况中,《刑法典》第 24 条第 1 款第 2 句的规定在这个前提条件下获得意义,即行为人**尚未认识到**(noch nicht erkannt)他的力图的适合性不足,或者是已经失败(比较《联邦最高法院刑事判决汇编》11,324)。不过,在该条中制定的规定在这样的情况中也对行为人有利,即之所以缺失*可以归责于他的*犯罪行为既遂,是因为具体结果的产生是基于因果发生的一个完全非典型的和反规则的继续发展。 648

例如,争吵过程中,某 A(带着有条件的杀人故意)向他的同伴某 B 的胸部刺了一刀。某 B 昏迷倒地,某 A 担心闹出人命,感到后悔,急忙叫来救护车把某 B 抬上了车。驶往医院途中,救护车被没有注意到路口红灯的某 L 驾驶的载重车碰撞。某 B 在这个事故中死亡;若无这个交通事故,医生本是能够挽救他的生命。这里虽然不用置疑某 A 的刀刺和某 B 的死亡之间具有*原因关联*,因为如果没有被刀刺伤,某 B 也就不会人在救护车上和也就不会出现在事故地点。但是具体的死亡结果却不是归责于某 A,而是归责于事故肇事者某 L 系“他的所为”,因为,与每一次乘车相连接的遭遇死亡事故的危险,属于生活中的一般风险,没有因为刀刺行为有丝毫的提高。在某 B 的事故死亡中实现的,不是由某 A 造成的而是唯一产生自某 L 那里的危险(《刑法典》第 222 条)。这样,不能让某 A 承担故意杀人既遂,而是只承担《刑法典》第 212 条的**力图**(Versuch)责任,该力图依照《刑法典》第 24 条第 1 款不受罚,因为某 A 至少是在*自愿地*和*认真地*努力阻止行为既遂(对由此并不受到影响的依《刑法典》第 223 条、第 223 条 a 的可罚性见联邦最高法院,《刑事辩护人》82,219 和本著边码 651)。

《刑法典》第 24 条第 1 款第 2 句意义上的**认真**(ernsthaft)努力,作为有意识地和所意愿地对已经启动的因果发生予以扭转的 649

表达,这个努力成立,如果行为人做了所有的从他的角度看是为阻止将要出现的结果所**必要的**(notwendig)和所**适当的**(geeignet)。他不允许停留在明显不够或者甚至是笨拙的措施上。事关人之生命的,对他的救助努力要求要高。

例如,只需要送到医院快速处理就能够救助的,对被刀具刺伤或者被射击重大伤害的受害人只是进行包扎,此外再无其他就不足以。谁想呼叫救护车,来到公共电话厅里却由于没有零钱不能使用,不允许没有注意到打电话的其他可能性[比较联邦最高法院《德国法律月刊》78,279、985;80,453,作者霍尔茨(Holtz);鲁道菲(Rudolphi),《刑法典系统评论》,§ 24 边码 30]。依据《刑法典》第 24 条第 1 款第 2 句的免予刑罚,唯有那个人可以获得,这个人完全使用了他所知道的和能够支配的在要求框架内的救助可能性,还使用了依照他的确信最能够保证阻止结果的产生和由此是阻止行为的既遂的手段(《联邦最高法院刑事判决汇编》31,46)。行为人如果把对救助措施的采取留给了严重受伤的受害人或者第三者的,他不允许对偶然情况给予空间,而是必须是自己能够肯定为阻止结果所要求的和适当的措施,的确会被采取(《联邦最高法院刑事判决汇编》33,295、302;联邦最高法院,《新法学周报》86,1001)。

650 在**案例 14 第一个提问**情形中,通过将火焰扑灭和阻止燃烧上房,在已结束的力图后某 A 避免了属于《刑法典》第 306 条第 2 款、第 308 条第 1 款第一种或者情况的犯罪结果既遂。这个回撤的"自愿性"不受妨碍,即便是他的妻子 F 发现了他的行为是可罚行为,因为对于妻子,某 A 不必担心她会采取刑事追究措施;他因此仍然是"他的决意的主人"。依据《刑法典》第 24 条第 1 款第 1 句第二种或者情况,对某 A 因纵火力图的处罚因此消除。

651 六、不受罚的,依据《刑法典》第 24 条只能是**力图作为这样的力图**(Versuch als solcher)。犯罪力图中如果包含有业已既遂的犯罪行为，比如说杀害或者抢劫力图中的身体伤害，则尽管回撤，对这个既遂的行为也仍然可罚［术语上所说的**加重性质的力图**(qualifizierter Versuch)］；这在法条竞合和行为竞合情况中皆同(《联邦最高法院刑事判决汇编》7，296、300；17，1；41，10、14；联邦最高法院，《新刑法杂志》96，491)。从**优遇化**(privilegiert)的犯罪之力图中回撤，回撤的**阻碍作用**(Sperrwirkung)可以消除对已经既遂的一般构成要件的回溯，以否则相关的特殊化**意义**(Sinn)就会丧失为限。有这个可能的，比如有从根据请求的杀害力图中的主动回撤(=依照《刑法典》第216条、第22条的轻罪)。这里，如果是留下了严重的后果(失明、瘫痪等)，依照法律之意(*ratio legis*)不准许适用《刑法典》第224条作为重罪，而只准许适用《刑法典》第223条、第223条a作为轻罪［比较《联邦最高法院刑事判决汇编》24，262、266；希尔施(Hirsch)，《刑法典莱比锡评论集》，§ 224边码32］。

力图之前的对《刑法典》第30条第2款意义上的重罪的约定，在回撤情况中不再被提起(《联邦最高法院刑事判决汇编》14，378)。相应的处理是否也普遍适用于具体的危险犯，存在争论［主张的比如有耶赛克/魏根德(Jescheck)/(Weigend)，《总则》，§ 51VI 2；否定的比如有《联邦最高法院刑事判决汇编》39，128；延克(Jähnke)，《刑法典莱比锡评论集》，§ 221边码26；特伦德尔(Tröndle)，§ 221边码11］。

如果某B提起了刑事请求，在**案例14第一个提问**情形中对某A因**非法入侵他人住宅**(Hausfriedensbruch)和**财物损坏**(Sachbeschädigung)处罚(《刑法典》第123条、第303条、第52条)。

在**结果加重犯**(erfolgsqualifizierte Delikte)中(对此见本著边码617)，按照主流的意见免予刑罚的回撤还为可能，如果法律上 651a

描述的**严重后果**(schwere Folge)(譬如是《刑法典》第226条、第251条上的死亡后果),是通过对基本罪的力图所过失地或者是轻率地造成的(《联邦最高法院刑事判决汇编》42,158有进一步的证明)。

随着从基本罪的力图中有效地回撤,这里所要求的对相关的加重的连结点消失,加重也由此失去支撑它的基础。对此很有教益的见屈佩尔(Küper),《法学者报》97,229。

652 七、对有**数人参加了**(mehrere beteiligt)犯罪的力图的,《刑法典》第24条第2款**严格了**(verschärft)回撤优遇的前提条件。即便是力图并未结束,在这里单纯地为了回撤目的的不再继续行为也不足以,从力图方面的对于回撤者的免予刑罚,更多地只是在这样的**附加前提条件**(zusätzliche Vorausetzung)下才产生,即随着对继续参加的放弃或者对迄今的行为贡献的收回,**行为既遂**(Vollendung der Tat)也被同时**阻止**(verhindert)。

这譬如是在逐渐进行的投毒谋杀的力图中,应该分次提供毒药的帮助人停止了继续供药,使得主要行为人因此不能完成行为。在共同行为人那里也可以以不再继续行为的方式,来成立阻止行为既遂的回撤。例如,共同行为人可以从所计划的谋杀力图中由此回撤,即开了并不造成生命危险的一枪之后,他们自行和双边同意地离开了使用还供他们支配的手段去完成行为(联邦最高法院《新刑法杂志》89,317)。

愿意回撤的参加人,依照《刑法典》第24条第2款不因力图受罚:

(一)如果他(通过去除自己的行为贡献造成的危害或者以其

他方式）**自愿**（freiwillig）在**阻止**（verhindert）他参加了其力图的**行为既遂**（Vollendung der Tat）；

（二）如果他在自愿地和认真地努力阻止既遂，而行为（比如是在不能的力图中）**没有他的对此所为就不能既遂**（ohne sein Zutun nicht vollendet），或者是**与他的过去的行为贡献无关地被实施**（unabhängig von seinem früheren Tatbeitrag begangen）。

例如，参加盗窃力图的帮助人并不由此就已经获得免予刑罚，即他向共同参加人要回了由他提供的仓库配制钥匙。依照《刑法典》第 24 条第 2 款对他的因对力图盗窃的帮助的处罚只因此消除，即如果他**由此也同时阻止了已经开始的行为既遂**（dadurch zugleich die Vollendung der begonnenen Tat verhindert）（《刑法典》第 24 条第 2 款第 1 句），或者他以对共同参加人施加影响、提醒当事人、报告警察等方式，在**自愿地和认真地努力阻止既遂**（freiwillig und ernsthaft um die Verhinderung der Vollendung bemüht），假如“行为”［这里指在其基本特点上**还是同一性**（indentisch bleibende）的行为］与他过去的行为贡献无关地被进行完毕（比如是以这种方式，即要回了配制钥匙后，在行为现场的共同参加人干脆破坏了仓库房门，实施了所计划的盗窃；比较《刑法典》第 24 条第 2 款第 2 句）。

对此详见（具体上有意见不同）戈勒斯（Gores），《行为参加人的回撤》，1982；格林瓦尔德（Grünwald），《韦尔策尔纪念文集》，281；米奇（Mitsch），《鲍曼纪念文集》，89；奥托（Otto），《法学工作报》641、707 有进一步的证明。

这个对回撤的前提条件的严格化，是因为立法者认为有数人参加的力图，要比单个行为人的力图危害性大，因此要制定一个应该尽可能地阻止行为既遂的回撤规定。 653

谁共同谋划了犯罪行为(比如是抢劫银行),已经以自己的行为(= 搞来武器或者逃跑车辆)提供了条件的,仅仅因为他还**在预备阶段**(im Vorbereitungsstadium)就脱离了共同的打算和试图劝说同伙,并**不能获得免予刑罚**(keine Streibefreiung),如果没有他的加入,其余的参加人也实行了所谋划的行为,还使用了他的继续在发生着作用的行为贡献。《刑法典》第 24 条不在这里适用,更多的是"愿意回撤者"必须至少是作为帮助人对**行为既遂**(vollendete Tat)共同承担责任(《联邦最高法院刑事判决汇编》94,29)。

654 八、在**案例 14 第二个提问**情形中,某 A 实施的**纵火罪既遂**(Brandstiftung vollendet),因为火情已经燃烧到了作为"建筑物部分"的窗户(比较《联邦最高法院刑事判决汇编》18,363)。《刑法典》第 24 条不在这里适用。其他条款如《刑法典》第 310 条、第 139 条第 4 款第 1 句,却为犯罪行为既遂规定了通过所说的**积极悔悟**(tätige Reue)而获得免予刑罚。

依据《刑法典》第 310 条,该条的前提条件在这里具备,在**案例 14 第二个提问**情形中对某 A 也不"因纵火罪"(但可能依照《刑法典》第 123 条、第 303 条、第 52 条)处罚。

《刑法典》第 310 条意义上的积极悔悟,不阻止依照《刑法典》第 310 条 a 对行为人因造成火灾危险的处罚(《联邦最高法院刑事判决汇编》39,128)。

第三编

过失的作为犯

第十五章　过失犯的构造和结构、规范目的和结果的不可避免性

案例 15：某 A 驾驶汽车，以每小时约 30 公里的速度穿过一乡村小镇。9 岁的男孩 J 在停放在路边的收割机背后玩耍，这时突然想跑到马路对面，横穿公路来到车前。集中注意力驾驶的某 A 立即刹车，仍未能阻止 J 被汽车撞伤死亡。 655

一、某 A 是否要承担过失杀害的责任？

二、某 A 的驾驶速度如果是超过了最高许可的每小时 50 公里，是以 60 公里的速度开车，情况又将怎样？

三、如果 J 是在路边玩耍（远处就可以看见）的孩子中的一员，对某 A 的在结果情况中的举止又该如何判决？

第一节　过失的概念和表现形式

一、构成每个犯罪行为的成立基础，是**人的社会影响性上重大的举止**（sozialerhebliches menschliches Verhalten）；这对于故意犯和过失犯而言皆同（比较本著边码 82 及之后）。但是 656

对故意的行为，要求行为人要有对所有的客观方面的构成要件特征的认识和在这个认识中的实现行为构成要件的意志（比较本著边码203），而对于过失的行为，其标志性的是行为人**违反义务地松懈了在生活交往中所要求的谨慎义务**（pflichtwidrige Vernachlässigung der im Verkehr erforderlichen Sorgfalt），而*非意愿地*实现了法定构成要件。

直到不久前的过去，过失犯在我们的社会生活中影响并不是很大。是因为有了持续发展的工业化和有了道路上的机动车交通的不断增加，过失犯才从它们的影子存在中蹦跳了出来。从1900年至今，因过失杀害的判决几乎翻了20倍，因过失的身体伤害甚至是翻了40倍还多。对于这个急剧的发展，刑法信条学只能是逐步地跟上。

657 （一）*因果行为说*，把过失行为的不法性限制在“造成”社会侵害性的结果上；行为的过失性自身，被理解为是*责任种类*。后来，在责任范围内又在未遵照客观上所要求的和为行为人所可能的谨慎义务之间作了区别〔弗兰克（Frank），《刑法典》，§59 V Ⅲ 4；梅茨格尔（Mezger），《教科书》，§46 Ⅲ〕。新一些的学说，又把这个进行过失性方面的审查时要予以审查的**“两层性”**（Zweistufigkeit），移植进了一个是**违法性**（Rechtswidrigkeit）（客观方面），一个是**责任**（Schuld）（主观方面）的这样两个层面上〔亨克尔（Henkel），《梅茨格尔纪念文集》，249、282）〕。今天的普遍观点是，未遵照客观要求的谨慎义务的，应该被视为是过失犯的**构成要件**（Tatbestand），所表明的是其**自立的结构**（eigenständige Struktur）〔布格施塔勒（Burgstaller），《过失犯》，26；耶赛克/魏根德（Jescheck）/（Weigend），《总则》，§54 Ⅰ 3、4；施吕西特（Schlüchter），《法学工作报》84，673；《可罚的过失边界》，1996，19 及之后；克拉默(Cramer),《申克/施罗德—刑法典注释集》,§15 边码 115、121 有进一步的证明;综述的见克文廷(Quentin),《法学教育》,学习手册,1994,L 41、49、57〕。

按照主流的观点,行为的过失性不是单纯的"责任形式",而是可罚之举止的一个**特别的典型情况**(besonderer Typus),将**不法和责任元素**(Unrechts – und Schuldelemente)包含其中。

对此比较《联邦最高法院形式判决汇编》4,341;斯图加特州高级法院,《法学者报》80,618;罗克辛(Roxin),《总则》,§24 边码 47;不同的见鲍曼/韦伯(Baumann)/(Weber),《总则》,§22;施米德霍伊泽(Schmidhäuser),《总则》7/92。

如同"故意"(比较本著边码 142),"过失"也有既是作为**举止形式**(Verhaltensform)又是作为**责任形式**(Schuldform)的双重性质。这个认识,在最近的刑法和民法司法判决中得到了体现(《联邦最高法院形式判决汇编》20,315、320 及之后;哈姆州高级法院,《交通法汇编》60,38;《联邦最高法院民事判决汇编》24,26,但是把"正确的交往上举止"划入正当化根据范畴,值得商榷)。

对一个违法行为否定了故意,并不意味着自动就是对过失的认定,对后者的前提条件更多的是要求要独立审查其是否具备。不能证明行为人是故意行为的,允许对他就可以证明的,来自可以考虑的过失构成要件中的过失举止进行判决〔《帝国法院刑事判决汇编》59,83;《联邦最高法院刑事判决汇编》17,210;罗克辛(Roxin),《总则》,§24 边码 72;对此也见耶赛克/魏根德(Jescheck)/(Weigend),《总则》,§54 Ⅰ 2〕。

(二)基于它的特点,过失犯既无"力图",也无"参与"。 658

过失行为作为无知或者偏差的实现意志，绝不可能是《刑法典》第22条以之为前提条件的“行为决意”。对于过失行为的共同作用，只能是以同时正犯人的形式，或者是（在故意利用他人的过失举止的情况中）作为间接的正犯人才有这个可能〔比较施本德尔（Spendel），《郎格纪念文集》，147、152；瓦尔德（Walder），《施本德尔纪念文集》，363；不同的见奥托（Otto），《法学培训》90，47，奥托也不排除共同正犯；相同的见登克尔（Dencker），《因果性和整个行为》，178〕。

659 （三）过失只因此才受刑罚威吓，即法律对此有明确的规定（《刑法典》第15条）。

如同对于故意行为，在过失行为这里也要在作为犯和不作为犯（《刑法典》第316条第2款、第138条第2款）之间，以及在结果犯（《刑法典》第222条、第230条）和行为犯（如《刑法典》第163条）之间进行区别。对于结果犯，法律上常常缺少对行为构成要件的完整描述；作为术语上所说的“需要补充的构成要件”，它们需要由法官补充构成要件，即法官要把对于各情况所客观上要求的谨慎义务具体化。

660 二、法律没有对过失的概念予以定义。司法判决和法学学说这里划分两个表现形式：**无意识**（unbewußte）和**有意识**（bewuβte）的过失。

行为是**无意识**（unbewußt）的过失，谁在一定的作为或者不作为中没有注意所要求的谨慎义务而因此实现了法定要件，对此还不知。

行为是**有意识**（bewußt）的过失，谁认为自己有可能实现法定的构成要件，但又**违反义务地**（pflichtwidrig）相信自己不会实现法定构成要件。

对此比较《帝国法院刑事判决汇编》56,343、349 和 58,130、134;耶赛克/魏根德(Jescheck)/(Weigend),《总则》, §54 Ⅱ。区别无意识和有意识的过失,只是对刑罚量刑具有意义。

一些条文,要求要有**轻率**(leichtfertiges)的行为(譬如《刑法典》第 97 条第 2 款、第 138 条第 2 款、第 251 条、第 311 条第 3 款)。行为为轻率,谁以**高得超过了通常的程度**(in ungewöhnlich hohem Maße)违反了所要求的谨慎。这个与不法和责任的上升相连接的概念,客观上与民法中的重大过失相符合(《联邦最高法院刑事判决汇编》14,240、255 和 33,66;联邦最高法院,《刑事辩护人》94,480;纽伦堡州高级法院,《刑法新杂志》86,556),在责任范围内却是依据行为人的个体能力和认识水平〔详见迈瓦尔德(Maiwald),《戈德达默刑法档案》,1974,257;藤柯霍夫(Tenckhoff),《整体刑法学杂志》88,897;韦格沙伊德(Wegscheider),《整体刑法学杂志》98,624〕。 661

三、过失概念作为举止形式和责任形式,从这个双重功能中产生出对于过失行为要作两个*层面上的*审查:在**不法构成要件**(Unrechtstatbestand)的范围内要确认行为人是否**对客观上要求的谨慎未予重视**(Außerachtlassung der objektiv erforderlichen Sorgfalt);在**责任**(Schuld)范围内要审查行为人根据**他的个人能力这个标准**(Maß seines individuellen Könnens),他是否有能力实现客观上的谨慎要求。 662

对此见迈瓦尔德(Maiwald),《法学教育》,89,186;克拉默(Cramer),《申克/施罗德—刑法典注释集》, §15 边码 121 及之后、190;不同的见毛拉赫/格塞尔(Maurach)/(Gössel),《总则》, §43 边码 112,主张对从个人的角度可以预见到要使得法益受到影响的这可以预见性作为过失犯的主观方面构成要件的组成部分来处理；相同的见雅科布斯（Jakobs），《总则》9/4，8 及之后；舍内（Schöne），《希尔德·考夫曼怀念文集》，649、668；施特林泽（Struensee），《戈德达默刑法档案》，1987，97；《法学者报》87，53、541。

第二节　过失结果犯的不法构成要件

663 在**案例 15 第一个提问**情形中，某 A 有可能实现了《刑法典》第 222 条的构成要件。据此，要被处罚，谁“通过过失造成了”他人死亡。但这个规定的条文文字上并不清晰，因为死亡的结果绝不可能是通过“过失”（=法律概念），而只能是通过“过失的举止”才能造成。不过即便是语言上予以了这样的纠正，对什么样的特征在具体上属于不法构成要件的问题，也仍然是个空白。

664 一、过失行为的不法性的确定，是根据它的**结果无价值和行为无价值**（Erfolgs-und Handlungsunwert）。在过失结果犯的范围内，组成不法构成要件之构成基础的，是三个相互之间有着紧密连接的特征：**结果造成**（Erfolgsverursachung）、**违反客观上所要求的谨慎义务**（Verletzung der objektiven sorgfaltspflicht）和由于举止的缺陷所造成之**结果**（Erfolg）的根据谨慎规范所指向的保护目的而**客观上的可归责性**（objektive Zurechenbarkeit）（对此很有教益的见《联邦最高法院刑事判决汇编》33，61；斯图加特州高级法院，《法学者报》80，618；哈姆州高级法院，《交通法汇编》60，38）。

665 在单纯**行为犯**（Tätigkeitsdelikte）（譬如《刑法典》第 163 条或者第 316 条第 2 款的行为）情况中，依理应该讨论的“结果的问题”连同其特别性一同消失。它们的重点在于通过法律上描述的举止，实现了不法构成要件（如通过《刑法典》第 163 条中的虚假宣誓）。在**违反谨慎义务**（Solgfalspflichtverletzung）范围内，行为犯在这里的重点不是“结果”的可预见性，而是对构成要件实现的可认识性。

二、在结果犯情况中，对于构成要件符合性的认定，首先需要的是确定行为人是通过一个由意志支配的或者可以支配的举止（=作为或者不作为），造成了**社会侵害性结果的产生**（Eintritt des sozialschädlichen Erfolgs）。 666

这个**结果事实**（Erfolgssachverhalt），在**案例 15 第一个提问**情形中成立。由某 A 操作的机动车驾驶，是造成 J 死亡的*必不可少的前提条件*（condicio sine qua non）。

三、接下来要审查的是举止缺陷是否存在，从这个视角审查，即构成要件性的结果是否为**客观上可以预见**（objektiv voraussehber），在这个方面行为人是否**对交通时所要求的谨慎未予重视**（die im Verkehr erforderliche Sorgfalt außer acht gelassen hat）。 667

这个系统上的如是排序，是可以从规范命令的内容上来推论的。譬如《刑法典》第 222 条情况的举止规范，就不可能是“不要‘造成’他人死亡”。这样的一个命令，对于条件理论的无限制宽泛而言是不可能实现而由此是无意义的。可以实现的和具有意义的在这里唯有这个规范：“保持具体情况中所要求的谨慎，以避免害死他人！”〔比较恩吉施（Engisch），《Eb. 施米特纪念文集》90、102〕。

对违反谨慎义务说批评的见雅科布斯（Jakobs），《总则》9/6～8；施米德霍伊泽（Schmidhäuser），《沙夫斯泰因纪念文集》129；F. C. 施罗德（F. C. Schroeder），《法学者报》89，776 有进一步的证明和把过失作为**构成要件实现的可以识别性**（Erkennbarkeit der Tatbestandsverwirklichung）来理解的建议。对此也见金德霍伊塞尔

(Kindhäuser),《戈尔特达默刑法档案》,1994,197。

在结果的可以预见性和对谨慎义务的违反作为行为不法的组成部分之间,相互上有着内在的连接,对它们因此不能做单独的评判。客观上可以预见的,是为一个来自行为人的交往范围内的谨慎细心的行为者在各自的具体情况的条件下基于普遍的生活经验是可以预计的。对于这里有可能产生的谨慎要求,重要的如下:

668 (一)谨慎义务的**内容**(Inhalt),是**认识到**(erkennen)从具体的举止中有可能发生的**对受到保护的法益的危险**(Gefahren für das geschützte Rechtgut),对此在方式上做好**正确的准备**(richtig einzustellen),即只有在足够的安全措施下才着手危险行为或者是完全不实施该行为(比较《联邦最高法院刑事判决汇编》5,271 和 20,315、320;联邦最高法院,《交通法汇编》5,47)。

比如,谁着手一个行为,对这个行为他因为缺乏相关的能力并不能够把握的,是客观上违反义务的行为(《联邦最高法院刑事判决汇编》10,134;联邦最高法院,《新法学周报》84,655;《法学环视》86,248 =术语上所说的“着手过失”)。

669 (二)所**要求保持的谨慎的标准和种类**(Art und Maß der anzuwendenden Sorgfalt),产生于从“*当时的视角*”(ex ante)观察危险情况(联邦最高法院,《刑事辩护人》5,368;《戈尔特达默刑法档案》,1969,246),对于一个**有思考能力的和认真的人**(besonnenen und gewissenhaften Menschen)就具体的情况和就他的作为行为者的社会角色而言可以对他提出的要求〔耶赛克/魏根德(Jescheck)/(Weigend),《总则》,§55 Ⅰ 2b;《联邦最高法院刑事判决汇编》7,307 和 20,315、321;联邦最高法院,《法学环视》86,248;《刑法新杂志》91,30〕。

少数人意见，则主张依据对个人的水平能力客观化〔比较萨姆松(Samson)，《刑法典系统评论》，对 §16 的附件边码 13；施特拉滕韦特(Stratenwerth)，《耶赛克纪念文集》，285；对此批评的见赫茨贝格(Herzberg)，《法学培训》84，402；罗克辛(Roxin)，《总则》，§24 边码 47 及之后；克拉默(Cramer)，《申克/施罗德—刑法典注释集》，§15 边码 142；沃尔特(Wolter)，《戈尔特达默刑法档案》，1977，257、265；综述的见卡明斯基(Kaminski)，《过失犯构成要件的客观标准》，1992〕。

事关危险之可以识别性的，每个人都必须接受对他认定他有可能拥有的特别认识(联邦最高法院，《法学者报》87，877)。比如，谁了解某个交通路口的情况属于特别危险，或者是知道某人患有血友病，就必须对此做相应的准备，在举止上要比在通常更为小心。以这样的阐释理由，即更大的个人水平能力，产生更大的谨慎义务和与之相应的更高的给付要求，学说界的部分论者主张在确定谨慎义务的标准时要考虑到特别能力〔见克拉默(Cramer)，《申克/施罗德—刑法典注释集》，§15 边码 138 及之后〕。 670

此外还要注意的就是要避免把谨慎要求绷得过紧，特别是在那些着手具有危险的行为，是为了满足或者维持重要的社会利益的地方。

从司法判决(这里主要是道路交通方面的司法判决)中发展出来的一个基本原则，即**信赖原则**(Vertrauensgrundsatz)，对谨慎义务考虑了很有意义的界限： 671

谁自己保持了所要求的谨慎的，允许从他的方面相信他的周围人的举止也同样是符合谨慎要求，以相反的情况明显是在显现或者是出于特别种类上的理由对此可以作出预计为限(对后一种情况例如：上幼儿园的或者是刚刚入学年龄的小孩，穿越街道时候的没有经验和难以把握性）。详见（《联邦最高法院刑事判决汇编》7，118；12，81；13，169；联邦最高法院，《交通法汇编》14，294；15，123；62，166）。在分工合作譬如医疗手术、科学试验、救助行动等类似情况中，也同样〔比较韦尔赫姆（Wilhelm），《法学培训》85，183；联邦最高法院，《刑事辩护人》88，251 对医院里负责大夫的责任范围问题；联邦最高法院，《新法学周报》80，649 对外科大夫和麻醉师之间的责任性划分〕。

672 （三）用以这样方式得到的客观上所要求的谨慎义务的**内容**（Inhalt），比较行为人的结果原因性举止：

与这些要求相应的，是谨慎的、交往上正确的和事情上无缺陷的举止；行为无价值和连同包括的构成要件符合性皆消除。

行为人的实际举止停留在法制秩序的这些要求之后的，是未谨慎的、违反交往上要求的和事情上有缺陷的举止。

673 四、仅仅有造成了结果和违反了谨慎义务自身，还并不构成过失结果犯的不法构成要件；对此更多地还必须要有相关结果的**客观上可归责性**（objektive Zurechenbarkeit）。这个规范性标准所要求具备的前提条件，是谨慎不足和结果之间存在一定的**义务违反性和保护目的关联**（Pflichtwidrigkeits-und Schutzzweckzusammenhang）：在具体的结果上，基于一个构成要件相当性的因果流程，所实现的必须恰恰是行为人举止的“违反义务性”，易言之即所实现的法律上所反对的那个危险，该危险是因为行为人对谨慎义务的违反而被造成或者提高，依照相关规范的保护目的该危险之产生正是应该注意避免的。

对此详见本著边码 176 及之后以及《联邦最高法院刑事判决

汇编》33,81 和 37,106、115;联邦最高法院,《法学环视》89,382;巴伐利亚州高级法院,《法学者报》82,731;哈姆州高级法院,《交通法汇编》60,38;斯图加特州高级法院,《法学者报》80,618;《新法学周报》82,295;克林佩尔曼(Krümpelmann),《法学环视》89,353;屈佩尔(Küper),《拉克纳纪念文集》,247;迈瓦尔德(Maiwald),《法学教育》89,186;施吕西特(Schlüchter),《法学工作报》84,673。对于民法方面见联邦最高法院,《德国汽车法》86,17;《交通法汇编》73,94。对整个批评的见普佩(Puppe),《刑法典图表式注释》,§13 前边码 183 及之后;此外见兰珀(Lampe),《整体刑法学杂志》101,3,兰珀将规范保护目的说归属于违法性的范围,主张首先依据对于规范性举止的可以要求性(同上,49)。

如同在故意行为的情况中,对结果归责的限制在这里可以是 674
根据**自我答责原则**(Eigenverantwortungsprizip)和根据建立在该原则基础上的负责范围的不同层次。例如,谁过失地行为,致使、导致或者促成了他人所**自我答责的自我损害或者自我危险**(eigenverantwortliche Selbstschädigung oder Selbstgefährdung)的,实现的如果是当事人有意识地以对自我的危险而寻求的风险,有可能并不因此就要因过失杀害或者过失身体伤害受罚,而是只因他违反义务地为进一步的发生形成了条件,即共同造成了可以预见的结果。这是因为,以自由负责的方式自我伤害或者是危及自己的法益的那个人,是原则上独自承担对此责任之人,以法律指向的保护目的无不同的规定为限。

对此见本著边码 187 及之后和《联邦最高法院刑事判决汇编》32,262 和 37,179;联邦最高法院,《德国法律月刊》94,82;《刑法新杂志》85,25;斯图加特州高级法院,《交通法汇编》67,429。与以前的司法判决和因果考虑方式不同,联邦最高法院在当前的判决中参照的是一个新的学说,即仅有原因造成和可以预见性,并不足以认定过失结果犯构成要件,而是除了因果性和违反谨慎义务外还要有对构成要件性结果的依照规范性标准来评价的客观归责性〔对此也比较金阿普费尔(Kienapfel),注释,载《法学者报》84,751;罗克辛(Roxin),注释,载《新刑法杂志》84,411;施特雷(Stree),《法学教育》85,179〕。

675 五、在**案例15第一个提问**情形中,某A穿过小镇时遵守了最高允许的车速限制(比较《道路交通条例》第3条第3款第1项)。从这个遵守中不过还不能推定他的举止符合了交通规则上的要求。如同未曾遵照某个一般性的谨慎规则并非是一个强制性的证明,而只是对举止缺陷的间接的证据那样(《联邦最高法院刑事判决汇编》4,182;12,75),遵守一定的保护规定也同样只是行为实行的在交通规则上正确的一个符号。因此还需要就此进行审查,即一个有思考能力的和负责的机动车驾驶人,在同样的一个具体的交通情况中是否能够及时地认识到对J形成了威胁的危险。这一点在**案例15第一个提问**情形中要否定,因为J在事故发生之前没有让某A能够看见自己,而在缺乏特别的参照点的情况中,驾驶员不需要预计到有人会突然跑上路面,跑到车前(比较联邦最高法院,《德国汽车法》86,17;柏林高级法院,《交通法汇编》61,241;卡尔斯鲁厄州高级法院,《德国汽车法》84,19)。

这样,某A没有违反他要遵守的谨慎义务。他共同造成了原因的某J死亡对他而言是个客观上不可避免的**“不幸”**(Unglück),但非要求他担负责任的“不法”,因为在他的处境中无人能够避免该结果。这个事件虽然既不缺乏“因果性”(与《联邦最高法院刑事判决汇编》11,1、7不同),也不缺少结果无价值,但因为缺失任何的行为无价值而《刑法典》第222条的不法构成要件没有实现。

如同施米德霍伊泽(Schmidhäuser)(《沙夫斯泰因纪念文集》,

129、139;《总则》6/107 及之后)或者鲍曼/韦伯(Baumann)/(Weber)(《总则》, § 14 边码 91 和 § 22 边码 26)所指出的那样,谁把对社会相当性的(许可的)风险的遵守或者把结果产生的客观上的可以避免性只视为是"正当化事由"的,在这里就必须认为某 A 是依法伤害了J;而这样的认为根本就站不住脚,因为某 A 肯定没有伤害致死 J 的"法权"。

六、在**案例 15 第二个提问**情形中,某 A 违反交通规则,比每小时的最高允许速度还超过 10 公里,构成了违反秩序行为,可受罚款处罚(《道路交通法》第 24 条,《道路交通条例》第 3 条第 3 款第 1 项、第 49 条第 1 款第 3 项)。要问的是,某 A 是否此外还要承担过失伤害的责任。 676

《刑法典》第 222 条意义上的造成结果和违反谨慎义务,在这里不难成立:因为超速,某 A 的驾驶方式客观上具有错误;速度限制的意义和目的(《道路交通条例》第 3 条第 3 款第 1 项),恰恰是在于使得驾驶员在出现突然情况时能够及时地刹车、避让或者停车(《联邦最高法院刑事判决汇编》33,61)。速度超高,有可能导致伤害或者死亡路面交通中的他人,属于一般认识和客观上可以预见。结果无价值和行为无价值在这里都已具备。

死亡结果的这个**客观归责性**(objektive Zurechenbarkeit)却有可能被质疑,如果可以足够肯定地认为即便是遵守了每小时 50 公里的允许速度,造成某 J 的死亡事故仍旧是**不可避免**(unvermeidbar)。

就发生的结果而言,司法判决和法学学说在这一点上的意见一致,即某个违反了他的谨慎义务,造成了他人死亡的行为人,绝不因过失杀害受到处罚,发生的情况如果是几乎可以肯定地表明他的**举止即便是依照了义务、法规的,死亡结果也会产生**(der 677

Todeserfolg auch bei pflichtgemäßen, rechtlich erlaubtem Verhalten eingetreten),即死亡结果可以这样说是(鉴于自然界事件或者受害人自己的举止缺陷)不可避免〔不同的只有施本德尔(Spendel),《Eb. 施米特纪念文集》,181、198;《法学教育》64,14〕。但是特别有争论的是,从信条学的角度应该是怎样说明这个结果,对结果归责所要求的义务违反性与结果之间的"特别关联",又是在犯罪构成中的哪个系统层面上获得意义:

(一)古典主义的观点认为,这里(只是)要否定义务违反性与结果之间的**"责任关联"**(Schuldzusammenhang),并且也不提起责任谴责,如果发生的情况是依照了谨慎义务的举止也同样会导致结果产生的。

比较《帝国法院刑事判决汇编》15,151(=药房案);帝国法院,《最高法官判决汇编》1926,1936(=可卡因案);巴伐利亚州高级法院,《新法学周报》53,1641;本著作者的一个注释,载《法学者报》67,449。

(二)有了过失概念内含不法元素和责任元素的这个认识,这样的观点就获得了认同,即不成立**"违法性关联"**(Rechtswidrigkeitszusammenhang),如果发生的情况是结果上所实现的不是违反义务,换言之即结果的发生不是"因为谨慎不足"。

恩吉施(Engisch),《因果性作为刑法上的构成要件特征》,1931,67;埃尔布(Erb),《法学教育》94,449;克拉默(Cramer),《申克/施罗德—刑法典注释集》,§15 边码 162。

(三)一些论者提出第三种观点,以不同的理由阐释,在构成要件层面上就否定**"归责关联"**(Zurechnungszusammenhang)(=义务违反性关联或者保护目的关联),如果发生的情况是在结果和违反谨慎义务之间不成立特别的关系。

布格施塔勒(Burgstaller),《过失犯》,96 及之后;耶赛克/魏根德(Jescheck)/(Weigend),《总则》,§55 Ⅱ 2 b;克林佩尔曼(Krümpelmann),《耶赛克纪念文集》,313;尼欧文修斯(Nieuwenhuis),《危险的实现》,12;施吕西特(Schlüchter),《法学工作报》84,673;乌尔任海默(Ulsenheimer),《法学者报》69,364。

(四)有了《联邦最高法院刑事判决汇编》11,1 的裁定之后,司法判决将对问题的处理,多数是移转到了**“因果关联”**(Kausalzusammenhang)的范围,依据违反义务性对于结果的发生而言,是否恰恰是*原因性*的。

《联邦最高法院刑事判决汇编》33,61;联邦最高法院,《法学环视》89,382;同样的特佩尔(Toepel),《过失结果犯中的因果性和义务违反性关联》,1992,100。

(五)与这些“*关联理论*”相反,阿图尔·考夫曼(Arthur Kaufmann)(《Eb. 施米特纪念文集》,200、229)寻求通过“刑法上的结果原因假设”来解决问题。他主张对这样的情况**否定结果无价值**(Erfolgsunwert verneinen),即行为人的行为如果涉及的是这样的一个客体,其“生命是以这样的方式或者以那样的方式反正都不能够保持”〔不同意这种观点,见解上正确的见罗克辛(Roxin),《整体刑法学杂志》74,411 及之后、425;萨姆松(Samson),《刑法上的假设因果流程》,1972,36〕。

所有这些对于问题的解决的寻求,背后都是一个正确的思考, 678
即在过失行为构成要件情况中,造成结果和违反谨慎义务之间不能是**无关系**(nicht beziehungslos)的并列,换言之不能是简单的相加。

“过失造成了结果”,并不意味着就是“造成加上过失”〔州高级法院法官鲍曼(Baumann),《德国汽车法》55,221〕。这样的简单等同,将返回到已经被淘汰的“*犯了违禁*”(versari in re illicita)学说。该说对实施了被禁止行为的人,一律要归责所有的由此产生的结果。这样的一个不加限制的归责态度,与刑法的基本思想不符(比较《联邦最高法院刑事判决汇编》32,262;科布伦茨州高级法院,《交通法汇编》46,437、439)。

过失犯(Fahrlässigkeitsdelikte)在性质上就是以**构成要件实现的可以避免性**(Vermeidbarkeit der Tatbestandsverwirklichung)为前提条件:过失行为人受罚,是因为他**未避免**(nicht vermieden)被反对的结果,虽然他在客观上有此义务和在主观上有此能力。如果主观上——个人情况方面的不可避免性成立,就将只是消除责任谴责,如果**客观上的不可避免性**(objektive Unvermeidbarkeit)成立,则在构成要件的层面上就已经排除义务违反性关联,由此是排除**对结果的归责**(Zurechnung des Erfolgs)。因为,假如是即便举止合法无缺陷的也仍旧不能避免发生社会侵害性的结果,那么在具体的情况中曾经存在的谨慎不足对于结果的产生也不为重要。

由此,在《刑法典》第 222 条框架内,谨慎义务的违反只是在这样的情形中才为构成要件上重要,即它恰恰是死亡结果的关键性原因。而对此认定所决定性的又是这个提问:事情会是如何发展了,假如行为人的举止在法规上无瑕疵,对"风险许可"的边界也未超越〔不同,但无说服力的见兰夫特(Ranf),《新法学周报》84,1425〕。如果有足够的肯定表明,即便是行为人这样举止了也会是出现同样的结果的,对行为作为这样的行为其义务违反性不由此有任何的改变;它有可能独自受罚,如果它(譬如是超越了《道路交通法》第 24 条、《道路交通条例》第 49 条第 1 款第 3 项的准许速度)是受到相应的法律后果所威吓的行为。相反地,就不能根据**结果构成要件**(Erfolgstatbestand)(=《刑法典》第 222 条)处罚行为人,因为对谨慎要求的违反并未在结果上发生作用,而对结果的产生更多的是不具备意义。

《联邦最高法院刑事判决汇编》11,1(对道路交通中超车时未保持足够的安全间隔)的裁定,实质上也是这个意见,该裁定在结果上证实了"重要性理论"的正确性,只是在理由说明上出现值得商榷的地方，即它否定举止缺陷对于结果的“原因性”，而不是去指出结果的*归责性*（新的裁定中谈到了这个问题，但是留下空白，《联邦最高法院刑事判决汇编》30，228、239；此外比较联邦最高法院，《交通法汇编》74，359；巴伐利亚州高级法院，《交通法汇编》71，68；杜塞尔多夫州高级法院，《交通法汇编》66，27、30；卡尔斯鲁厄州高级法院，《德国汽车法》84，19）。对此批评的见克拉奇（Kratzsch），《厄勒尔纪念文集》，65、79；普珀（Puppe），《整体刑法学杂志》99，595。

这样，《刑法典》第 222 条、第 230 条中以之为前提条件的违反谨慎义务和结果之间的归责关联（＝造成由于过失），在这样的情形中就要认定，即**举止如果是符合了谨慎义务**（bei sorgfaltsgerechtem Verhalten）则构成要件性结果**本来是可以避免**（vermeidbar gewesen）的；而它的产生恰恰是建立在这个危险被实现了之上，对于该危险**依照被违反的规范的保护目的正是要予以防止**（nach dem Schutzzweck der verletzten Norm verhüttet werden sollten）的。在**案例 15 第二个提问**情形中，可以确定的是即便是某 A 的驾车速度遵照了交通规则，并且也注意到了道路上的情况，突然跑到路面上的 J 也会被车撞上和死亡，因此在否定结果归责的同时《刑法典》第 222 条的不法要件也不成立。 679

不过，卡尔斯鲁厄州高级法院（《新法学周报》58，430）在一个相似的案件中却认定了依据《刑法典》第 222 条的可罚性，给予的说明是：假如遵照了准许的行车速度事故则本是可以避免，因为行车人在如果是这样的情况中**将在时间上晚一些的时刻才将达到事故地点**（Unfallort erst zeitlich später erreicht）（在这里即是 J 已经横穿跑过了路面）。这个裁决并不正确，因为在本案中某 A 也曾被谴责没有开得更快一些（比如是每小时 120 公里速度），这样在 J 跑到路面上的时候他已经离开了出事地点。也就是说，对于结果的归责，绝对不能根据开车人是否在现时的危险情况发生前的某个*时刻*开始了超速，使得他因此才有这个可能在事故的时刻到达事故现场(比较联邦最高法院，《交通法汇编》73,94)。类似于这样的一个提问将使对问题的思考进入错误的方向，即事故是否可以避免，假如某 A 没有买车、选择的是另外一条道路或者是在出事的那天根本就不开车。这种类型的思考，偏离了相关的谨慎规定的**保护目的**(Schutzzweck)：限制速度的意义，不是在于让开车人*在时间上晚些时刻*到达事故地点，《道路交通条例》第 3 条更多的是想达到使得机动车驾驶人**在危险时能够及时刹车、避让或者停车**(bei Gefahren rechtzeitig abbremsen, ausweichen oder anhalten kann)。由于许可开车人在任何时候出现在任何行驶方向的未被封锁的道路的地点上，这里就只能根据在遵守准许速度的情况中某 A 是否能够出现在事故地点，即他在"危急的交通情况"出现的那个时刻是否还**能够足够地提前刹车，以避免事故发生**(noch frühzeitig genug hätte bremsen kännen, um den Unfall zu vermeiden)。对于从保护目的上看**过快行驶**(zu schnelles Fahren)的重大危险是否在具体的结果上被实现的这个问题，因此就要总是根据结果原因性的*危急的危险形势*，这个形势是随着所谓的危险识别时刻而开始(联邦最高法院，《德国汽车法》86,17)。在这里要进行审查的框架内，即审查如果是举止符合了谨慎义务，在**案例 15 第二个提问**情形中即如果是遵照了速度限制和驾驶方式上也无错误，所涉及的事情过程将会是怎样的一个发生，依照新的司法判决也要根据**被危险者**(Gefährdeten)在横穿道路时他当时的**自己运动**(Eigenbewegungen)。这样，依据《刑法典》第 222 条或者第 230 条的结果归责，就在一定的情况下有可能是这样成立，即事故受害人可能是已经穿越了道路和离开了路面，假如被要求承担责任的开车人**在那个危急的形势里**(in der kritischen Situation)没有车速过快〔详见《联邦最高法院刑事判决汇编》33,61 有普珀(Puppe)的注释，载《法学者报》85,295〕。这个处理方式是一般适用，还是只在一定的前提条件下才这样处理，对此的讨论还未结束〔比较埃伯特(Ebert)，《法学环视》86,356；弗里施

(Frisch),《归责》,98;毛拉赫/格塞尔(Maurach)/(Gössel),《总则》,§43 边码 97;施特伦(Streng),《新法学杂志》85,2809]。

道路上十字路口范围内的车速限制,目的是保护驶入或者转弯的交通,阻止撞车事故发生,因此不再服务于对那些交通参与人提供保护,这些参与人在十字路口的*对面*在反方向的交通上作大胆的**掉头动作**(Wendemanöver)(哈姆州高级法院,《交通法汇编》61,353)。**靠右行驶的要求**(Gebot des Rechtsfahrens)(《道路交通条例》第 2 条第 2 款),只保护*在径向方向完成的*会车或者超车交通,没有对在十字路口上想左转弯的来自对面的交通参与人的保护目的。这样的一个**左转弯者**(Linksabbieger),如果在道路中间与对面而来的一个交通参与人相撞,在造成损失的结果上所实现的不是靠右驾驶的要求所要防范的危险(联邦最高法院,《新法学杂志》81,2301;巴伐利亚州高级法院,《德国汽车法》89,389)。如果要承担责任和受罚,只能是根据其他的一般过失基本原则。 679a

对依据**规范目的**(Normzweck),此外比较《联邦最高法院刑事判决汇编》17,299;联邦最高法院,《交通法汇编》64,252(对《道路交通条例》第 12 条第 1 款第 6 项 a);巴伐利亚州高级法院,《交通法汇编》71,68;哈姆州高级法院,《交通法汇编》60,38(对《道路交通条例》第 20 条第 1 款 a);多伊奇尔(Deutscher),注释,载《新刑法杂志》89,360;克林佩尔曼(Krümpelmann),《博克尔曼纪念文集》,443;罗克辛(Roxin),《加拉斯纪念文集》,241;鲁道菲(Rudolphi),《法学教育》69,549。

如果把举止符合义务,则结果是可以避免的这个可以避免性视为是过失构成要件要求的**成立责任的前提条件**(haftungsbegründende Voraussetzung),依照*有疑问的有利于被告人的*(in dubio pro reo)基本原则,在这样的情况中就已经可以考虑宣布被告人不承担责任,即有**具体的参照点**(konkrete Anhaltspunkte)表明,在举止为谨慎和无缺陷的情况中构成要件性的 680

结果也会以同样的方式产生。

主流意见如是说:《联邦最高法院刑事判决汇编》11,1;21,59;24,31;联邦最高法院,《戈德达默刑法档案》1988,184;登克尔(Dencker),《法学教育》80,210、212;埃伯特(Ebert),《法学工作报》79,561;克林佩尔曼(Krümpelmann),《戈德达默刑法档案》,1984,491;施吕西特(Schlüchter),《法学教育》77,104、107;《法学工作报》84,673;乌尔任海默(Ulsenheimer),《法学者报》69,364;对此批评的见屈佩尔(Küper),《拉克纳纪念文集》,247、268;兰珀(Lampe),《整体刑法学杂志》101,3、47。

681 风险增加说(Risikoerhöhung)(详见本著边码185及之后),在这里将得出不同的结果。该说**对每个风险增加**(bei jeder Risikoerhöhung)的情况都主张客观归责,也就是说对如果举止符合谨慎义务,则产生结果的可能性就要小一些的也主张归责。对**假如的发生过程**(hypothetischen Geschehenablauf)有疑问时,该说不主张*有疑问的有利于被告人*(in dubio pro reo)这个基本原则对行为人有利,而是对这个原则的适用性限制在这个情况上,即不能查明在实际的情况中举止缺陷(与许可的风险相比)是否形成了危险增加〔布格施塔勒(Burgstaller),《过失犯》,129及之后;耶赛克/魏根德(Jescheck)/(Weigend),《总则》,§55 Ⅱ 2b;拉克纳(Lackner),§15边码44;鲁道菲(Rudolphi),《刑法典系统评论集》,§1前边码69;施特拉滕韦特(Stratenwerth),《加拉斯纪念文集》,227;对此也见卡罗(Kahlo),《义务违反性关联等问题》,1990,56及之后〕。

682 司法判决认为,风险增加说的主张立场,与现行的法律不协调(详见科布伦茨州高级法院,《州高级法院刑法和刑事诉讼法判例集》,§222,63、67;也比较《联邦最高法院刑事判决汇编》37,106、127)。在**医生的医疗错误**(ärztzliche Behandlungsfehler)情况中,比如是由于诊断错误而使得手术实施过迟,联邦最高法院对这样的情况也认定死亡结果的归责性和依据《刑法典》第222条的可罚性，即几乎可以肯定地表明如果诊断正确和及时手术，病人（比如是腹膜炎患者）的**生命**（das Leben）可以被**延长**（verlängert）一个并非不显著的时间长度，即死亡将在时间上晚的一个时刻出现〔联邦最高法院，《刑事辩护人》94，425；《新刑法杂志》85，26 和 81，218 有赞同意见的注释，作者沃尔夫斯拉斯特（Wolfslast）；对此也比较布拉姆森（Brammsen），《德国法律月刊》89，123；普珀（Puppe），注释，载《法学环视》94，515〕。在这个方面如果不能绝对肯定，则对于有罪判决而言即便是在这样的情况中也没有空间，即有非常高的可能性（在具体案情中高达至少 90%）表明，癌症手术后被疏忽未进行的放射性治疗，本来可以将患者生命延长 5～10 年（联邦最高法院，《戈德达默刑法档案》，1988，184）。

七、**受害人**（Opfer）的**举止缺陷**（Verhaltensfehler），并非是每一个都可以产生作用，使得在*无缺陷的如果举止*这个观察角度下过失行为人不对由他造成的结果承担刑法上的责任。对此决定性的更多是受害人自己的不谨慎或者懈怠，在行为发生和结果造成上具有什么样的分量和意义。这就有可能出现受害人方面的对谨慎义务的违反，也有可能并不排除把结果对行为人进行客观归责的情况；因为他的缺陷与行为人对谨慎义务的违反相比，完全不足为重。换句话说，如果情况表明交通事故的受害人*无论如何*也会因为机动车驾驶人的有缺陷的举止受伤致死，即从他的方面假如不是没有谨慎而是完全谨慎行事的也会遭遇车祸死亡的，就没有理由否定对机动车驾驶人的根据《刑法典》第 222 条的可罚性。 683

例如：路面很滑，某货车司机 L 超速从小镇上穿过。左转弯时陷入打滑，货车横滑过路面和人行道，撞在那里的一面住宅墙上。同在这个时刻，站在那个路边的人行道上的学生 S，事先没往相应的方向观看，就跑到了路面上，正好被打滑的货车撞上，受伤致死。实际上 S 也会以同样的方式死亡,假如他仍然停留在了人行道上,也就是说即便是他的举止遵照了谨慎义务。

L 的辩护,说他的违反交通规则的举止并未构成导致 S 死亡的关键性原因,因为后者是"自己跑来撞上了货车",假如货车是在正常地行驶,他也会被撞上,在这里没有得到采纳。重要的唯一是由 L 造成的危险在 S 的死亡上实现,S 自己的注意力不足,对事情的造成死亡的结局不可能有任何的影响,因为他无论怎样都要被打滑的货车撞上和致死。对 S 的违反谨慎义务可以忽略不计,不会对事故和结果的产生有何改变。假如 S 不是在车行路上而是在人行道上被压死的这个假如情况没有意义,因为在这个具体情况中在狭小的事故范围内的纯粹空间上的移动,对于评价性的观察而言没有分量。

684 八、在上面谈到的情况中,事关事故的可以避免性这个问题总在围绕着过失行为人的举止和其受害人的举止。其中的思考,不能够直接移植到与第三者的关系上。这是因为,违反义务的举止的原因性和构成要件性结果的客观归责性,通常并不由此就受到质疑,即同样的结果也有可能被过失的**第三者举止**(Verhalten eines Dritten)造成(《联邦最高法院刑事判决汇编》30,228 = 群体撞车案)。

例如:天降大雾,高速公路上发生了群体性撞车,因为所有的撞在一起的开车人都没有根据视线情况调整自己的行驶速度。首先是一辆雪铁龙车驾驶人 C,撞上了因为堵车不得不停在右行车道上的一辆长厢货车,碰撞时雪铁龙车被长厢货车反碰到了一边。C 没有受伤,正从车上下来,此时 A 开的福特车从超车道上驶了过来,把停在那里的雪铁龙车向前撞了 10 米,把正想离开的 C 撞成重伤。此时又有 B 驾驶的欧宝车撞在了福特车上;没有更多的人员伤亡。在后来的刑事程序中,A 提出 C 的受伤不能由他承担责任,理由是即便没有他的违反交通规则的举止,C 的受伤也会发生，即假如是他即便能够及时地停住他的车辆，他的车也会被由 B 的车辆造成的碰撞撞向雪铁龙车，后果是也将要撞上正想离开的 C，使他以同样的方式受伤。

A 的申诉，不阻止他因过失身体伤害(《刑法典》第 230 条)受罚。是他造成了 C 的受伤，在伤害的结果上实现的是由他产生的危险，在这里是毋庸置疑的。B 的*时间上靠后的*谨慎义务违反，对受伤结果的产生无**事实上的影响**(tatsächlich nicht beeinflußt)，因此不能事后地消除 A 的先前的义务违反性与 C 的由此受伤之间的归责关联。对过失的犯罪行为的处理，在这些方面与对故意犯的处理在这一点上没有什么不同，即提出 A 申诉种类的储备原因，得不到重视(详见《联邦最高法院刑事判决汇编》30，228)。

过失行为的**同时行为人**(Nebentäter)，同样不能提出*其他那个人*的违反的义务举止，来推卸由他造成的行为结果的责任，更多地是双方都要对有这种可能的刑罚行为构成要件的实现负责〔比较《联邦最高法院刑事判决汇编》30，228、232；屈尔(Kühl)，注释，载《法学环视》83，32；普珀(Puppe)，《法学教育》82，660〕。 685

例如：一条 5 米宽、弯道很多、视况不好的路上，两辆小型车辆相会，分别是由某 A 和某 B 驾驶，车上乘坐的前去上班的工人。路上大雾。由于两辆车都没有尽量靠右行驶，而是都十分地靠左行驶在车道中间，致使发生正面碰撞。因为安全带的作用，某 A 和某 B 没有受伤；其他乘车人则都碰伤和骨折。事故只能是这样本可以避免，即假如*两辆*车都在自己的车道上靠右行驶。

某 A 和某 B 在这里互无关系地都违反了靠右行驶的交通规则(《道路交通条例》第 2 条第 2 款)。他们每个人都可以提出由于路窄，即便是他按照了规则完全靠右行驶的也会发生碰撞和乘车人受伤。但仅有这个理由两个人都不能脱离依照《刑法典》第 230 条的处罚，因为这里构成了术语上所说的“多重因果性”(对此见本著边码 157)，对他们每个人都要结果归责系“他的所为”，每个人都**作为同时正犯人**(als Nebentäter)要对结果的发生承担责任(比较《联邦最高法院刑事判决汇编》30,228、232 和 37,106、131;巴伐利亚州高级法院,《交通法汇编》19,353)。相信别人会遵照交通规则的同时,任何人也不允许不注重对他自己要求的谨慎义务。

686 九、对道路交通事故中的**义务违反性关联**(Pflichtwidrigkeitszusammenhang)的进一步提示:

687 (一)如同前面(本著边码 673 及之后)的所讲,对过失构成要件范围内的**结果归责**(Erfolgszurechnung)问题,要从结果的客观方面前提条件和可以避免性、危险的实现和规范的保护目的的角度来审查。在结果上,司法判决和法学学说之间在这一点上意见一致,即谨慎义务的违反与具体的客观上可以预见的结果之间所要求的归责关联,对于这样的情况是可以认定,即假如举止是遵照了谨慎规范的则结果的产生本是可以避免的,且在结果中实现的正是那个危险,对于该危险按照被违反规范的保护目的正是要予以防止(比较《联邦最高法院刑事判决汇编》11,1;12,75、78;33,61;巴伐利亚州高级法院,《法学者报》82,731;哈姆州高级法院,《交通法汇编》60,38;斯图加特州高级法院,《法学者报》80,618和《新法学周报》82,295;对于民法方面见联邦最高法院,《新法学周报》86,1950 和《交通法汇编》73,94)。在可以避免性的审查框架内,要做真实的事情过程与假设的(=想象的)事情过程之间的比较,后者与前者只允许区别于这里不是违反义务的举止(比如是在浓雾天或者道路结冰天仍然以过高的速度行驶),而是遵照谨慎要求的举止〔比如是保持了能见度条件或者路面状况所要求的车速;比较联邦最高法院,《法学环视》89,382;科隆州高级法院,《交通法汇编》64,257;施吕西特(Schlüchter),《法学工作报》84,873〕。这样调查,目的是确定如果举止是符合了义务规范,结果是可以避免还是要同样产生。在时间上都要根据具体的危险情况产生时刻；在道路交通速度超限中，危险情况的产生时刻是“危急的交通形势”的出现时刻。换句话说是这个时刻，即此时行车人有义务采取措施，避免直接造成事故和构成要件性结果的危险（比较《联邦最高法院刑事判决汇编》24，31 和 33，61；巴伐利亚州高级法院，《交通法汇编》69，392；科隆州高级法院，《交通法汇编》70，373）。有可能是多个事故原因的地方（比如是注意力不足、超速和制动器状态不良），要对每个谨慎义务违反就其对结果产生上的重要性进行调查。同时也要考虑到不同情况的共同作用的可能性，凡这方面的前提条件具备的，一定情况下要采取择一确定的基本原则〔联邦最高法院，《交通法汇编》37，353、355；对此有启发的米尔豪斯（Mühlhaus），《德国汽车法》72，169；进一步的见雅科布斯（Jakobs），《拉克纳纪念文集》，53；屈佩尔（Küper），同上，247〕。

（二）有争论的是，**可以避免性审查**（Vermeidbarkeitsprüfung）对于这样的情况要以什么标准作为进行比较的标准，即因为酒精含量本不得驾驶的行车人，保持了如果他未饮酒则对他是无可指责的车速卷入了事故（比如是因为不可预见的他的车辆的一个车轮爆胎，或者是因为他人以粗野的违反交通规则方式抢去了他的行车优先权）。以这个提示，即依据《道路交通条例》第 3 条第 1 款，饮酒过限的行车人（如果他还在违反规定地参加道路交通）驾驶速度必须要比未饮用酒精饮料的交通参与人的驾驶速度要慢，未遵照这个速度的就将被视为是事故的直接原因，司法判决的处理程序基本上都是这样：首先讯问不得驾驶者他本必须是选择什么样的更小速度，以相应适合他的通过酒精降低了的出现危急交通情况时的观察和反应能力。在此基础上随后审查以这样减少了的速度是否也会发生事故和损坏性结果（《联邦最高法院刑事判决汇编》24，31；策勒州高级法院，《交通法汇编》36，276；哈姆州高级法院，《血液酒精含量》78，294；科布伦茨州高级法院，《交通法汇编》71，281）。不同的意见提出，在这类情况中不应当依据实际行驶的和假如要小的速度之间的比较，而是要看有酒精含量的行车人**在未饮用酒精饮料的状态中**（in nüchternem Zustand）在同 688

样的其他情形下是否本来可以避免已经发生的事故〔比较亨奇尔/博恩(Hentschel)/(Born),《道路交通中的醉酒》,1996,边码307;迈瓦尔德(Maiwald),《德雷埃尔纪念文集》437;米尔豪斯(Mühlhaus),《德国汽车法》70,125 和 72,169;克拉默(Cramer),《申克/施罗德—刑法典注释集》,§15 边码 175〕。后面的这个意见值得首推,因为,喝了酒的行车人对于谨慎义务的违反恰恰在于他是以这种状态在参与道路上的交通。由此,法官应当审查的是,事关其归责问题的那个结果,是否正是建立在这个义务违反性之上,由酒精造成的限制能力情况(比如是观察力不足、反应迟钝、混淆油门和刹车或者类似)是否对事故发生有过作用。进而,对在当时情况下假如是举止符合交通规范的要求,则是否本来可以避免事故发生的这个问题,做评判时要将饮酒的行车人自出现“危急的交通情况”以来所采取的所有的避免危险的动作,与保持注意力和谨慎驾驶的**未饮酒的行车人**(nüchterner Kraftfahrer)对此有可能作出的动作相比较。司法判决把醉酒状态中的慢一些驾驶选择为比较标准,是没有考虑到由酒精引起的能力限制,绝不可能通过减少速度得到完全补偿。谁由于酒精的作用反应太迟,以每小时 20 公里的速度撞上另外一个交通参与人使他受伤的,对这个伤害结果要承担的责任,与那个出于同样原因以每小时 100 公里速度造成了事故之人同样。

689 (三)在判断是否具备了违反谨慎义务这个问题的时候,司法判决经常考虑的是**信赖基本原则**(Vertrauensgrundsatz),没有这个原则,不断增长的道路交通的正常运行就是不可想象的。按照普遍认同的观点,自己的举止遵照交通规则的那个人,用不着防范于未然地对其他人的可能的所有那些违反交通规则的行为做好准备,而是允许他期待和立足于别的交通参加人也是在注意遵守所要求的谨慎,不以违反义务的行为给交通造成危险,以有特别的理由不允许他这样期待为限〔《联邦最高法院刑事判决汇编》9,92;12,81;联邦最高法院,《新法学周报》65,1177;巴伐利亚州高级法院,《交通法汇编》59,217;弗里施(Frisch),《归责》,198;舒曼(Schumann),《行为不法》,7〕。据此,对机动车驾驶人通常允许他相信人行道上的步行人是不会突然就跑到机动车行驶道上的，不会事前什么都不观察就开始横穿道路。由此，机动车驾驶人没有义务看见人行道上有步行人，就要放慢他的行车车速（联邦最高法院，《交通法汇编》21，5；科隆州高级法院，《交通法汇编》56，29；茨魏布吕肯州高级法院，《交通法汇编》41，113）。不过，信赖原则也有许多**限制**（Einschränkungen），其中的一个是对于有轨车道车站或者公交汽车站范围内的情况则不同。机动车驾驶人在这里必须想到这里不仅有步行人急速来往，而且还要想到他们在穿越道路时有可能没有做到小心谨慎，要对此及时做好准备。因为，如同在生活中可以看到的那样，使用有轨电车和公交车的乘客，大多数是不熟悉交通情况的人（老年人或者少年儿童），他们来到机动车行车道时对机动车辆的往来并非总是给予所要求的注意（比较联邦最高法院，《交通法汇编》13，174）。**自己的违反交通规则的举止**（eigenes verkehrswidriges Verhalten）什么时候排除对于信赖原则的依据，对这个问题没有适合于所有的可以想到的情况的普遍适用回答，更多的是取决于自己对谨慎要求的违反，是否或者是以什么样的方式在随后发生的损害结果中**发生了作用**（ausgewirkt）〔详见联邦最高法院，《交通法汇编》33，368；13，225；哈姆州高级法院，《交通法汇编》36，358；卡尔斯鲁厄州高级法院，《交通法汇编》30，69；克林佩尔曼（Krümpelmann），《拉克纳纪念文集》，289；迈瓦尔德（Maiwald），《法学教育》89，186；尼欧文修斯（Nieuwenhuis），《危险实现》，109 及之后〕。这样，某个有酒精影响的机动车驾驶人，行车是在集中注意力驾驶和保持了适当的车速，对他就不一律排斥对于信赖原则的依据，如果有个骑车人突然在他的车前抢道，导致事故发生（比较联邦最高法院，《交通法汇编》2，5；科隆州高级法院，《交通法汇编》56，29；茨魏布吕肯州高级法院，《交通法汇编》41，113）。相反地，如果自己的违反交通规则的举止使得他人错误估计与此连接的风险，或者是作出了道路交通规则上错误的反应，则对于信赖原则的依据没有空间。最后，还是那个普遍认同的原则，即相信别人会举止规范的同时，不允许自己的行为违反义务，不允许把自己的违反谨慎义务的举止当做期待别人会控制住由此将会出现的危险情况的基础〔比较克拉默(Cramer),《申克/施罗德—刑法典注释集》, § 15 边码 215〕。

第三节　过失犯的违法性和责任

690 在**案例 15 第三个提问**情形中,某 A 有义务要保持格外的小心,因为路边的小孩活动是危险情况的一级源头。某 A 因此本是必须发出警告信号,这样地放慢车速,使得在紧急情况中自己能够立即停车〔比较《道路交通条例》第 3 条第 2 款 a;联邦最高法院,《德国汽车法》57,152;巴伐利亚州高级法院,《交通法汇编》3,257;科隆州高级法院,《北莱茵—威斯特法伦州司法部公报》69,175;深入的对此见米特尔巴赫(Mittelbach),《德国汽车法》58,315〕。假如是依照规则驾驶,J 的死亡就是本来可以避免。《刑法典》第 222 条的构成要件是由此实现。

691 一、在过失行为情况中如同在故意行为情况中,有不法构成要件实现的,就可以由此**推定有违法性**(Rechtswidrigkeit indiziert)的成立。但它可以被正当化的事由撤销。

在此范围内有这样的可能性的,首先有**紧急防卫**(Notwehr)(《联邦最高法院刑事判决汇编》25,229;哈姆州高级法院,《新法学周报》62,1169)、**正当化的紧急状态**(rechtfertigender Notstand)(杜塞尔多夫州高级法院,《交通法汇编》30,445;施莱茵州高级法院,《交通法汇编》30,462)、依照《刑事诉讼法典》第 127 条规定的**逮捕权**(Festnahmerecht)(斯图加特州高级法院,《新法学周报》84,1694)和受伤害人对于受伤害风险的**承诺**(Einwilligung)〔联邦最高法院,《德国汽车法》59,301;巴伐利亚州高级法院,《交通法汇编》53,349;格佩特(Geppert),《整体刑法学杂志》83,947〕;详见耶赛克/魏根德(Jescheck)/(Weigend),《总则》, § 56 Ⅱ 3。

与《联邦最高法院民事判决汇编》24,26 不同,“交通规则上正确的举止”**并非“正当化事由”**(kein“Rechtfertigungsgrund”),而是致使它不具备对于谨慎义务的违反和由此是不具备过失构成要件范围内的行为无价值。

在**案例 15 第三个提问**情形中不存在正当化事由的介入。要审查的因此是某 A 的行为是否要担当**责任**(schuldhaft)。

二、**责任**(Schuld)在这里指**行为的可谴责性**(Vorwerfbarkeit der Tat),根据其中表现出来的对于法制秩序对于举止要求的在法律上值得谴责的态度。 692

在**责任能力**(Schuldfähigkeit)和**不法意识**(Unrechtbwußtsein)上,适用相同的通常规则。

过失—责任谴责(Fahrlässigkeits - Schuldvorwurf)的成立,是依据这个确定,即根据他的**个人能力**(persönliche Fähigkeiten)和以他的**个体能够**(individuelles Können)为标准,行为人是有条件认识到客观上的谨慎义务和有能力满足从中产生的谨慎要求(=主观方面标准)。对此很有教益的见赫茨贝格(Herzberg),《法学培训》84,402。

在生理上或者心理上的不足情况中,这个能力可以缺失;在具体的情况中它也可以是因为惊恐、混乱或者类同的情形完全地或者暂时性地消失〔联邦最高法院,《交通法汇编》10,213;克拉默(Cramer),《申克/施罗德—刑法典注释集》,§15 边码 195〕。

在属于过失结果犯的情况中,构成要件性结果和因果流程在主要的情节上也必须是事前**可以主观预见的**(subjektiv voraussehbar)〔详见哈姆州高级法院,《交通法汇编》61,353、355;耶赛克/

魏根德(Jescheck)/(Weigend),《总则》, §57 Ⅲ;普珀(Puppe),《法学者报》89,729;克拉默(Cramer),《申克/施罗德—刑法典注释集》, §15 边码 199 及之后〕。

司法判决(Rechtsprechung),只要求行为人能够预见**最后结果上的结果**(Erfolg im Endergebnis)。他的责任性对于那些情况发生和事情过程要消除,即那些远离生活经验之外的,即便是遵照了所要求的和个人所能够的谨慎义务也不能够预计的情况发生和事情过程(值得阅读的见《联邦最高法院刑事判决汇编》3,62 和 12,75;哈姆州高级法院,《交通法汇编》51,358;卡尔斯鲁厄州高级法院,《新法学周报》76,1853;斯图加特州高级法院,《法学者报》80,618)。

规范性举止的不可期待性(Unzumutbarkeit normgemäßen Verhaltens),在有意识的过失行为情况中可以比在故意行为情况中在更大范围内产生免除责任的作用〔比较《帝国法院刑事判决汇编》30,25;36,78;57,172;74,195;耶赛克/魏根德(Jescheck)/(Weigend),《总则》, §57 Ⅳ;有不同的见迈瓦尔德(Maiwald),《学生施普凌果姆纪念文集》,1993,475〕。对过失犯情况中的**禁止性认识错误**(Verbotsirrtum)见阿茨特(Arzt),《整体刑法学杂志》91,857。

在**案例 15 第三个提问**情形中,依据这些基本原则应该是可以对某 A 提起责任谴责。

第四节 故意—过失混合中的过失标志

693 除了对纯正故意犯和过失犯的规定外,《刑法典》上还制定有混合构成要件，对于构成要件行为以**故意**(Vorsatz)和在特别的行为后果上至少是以**过失**(Fahrlässigkeit)为前提条件。属于这个范围的，有那些**结果加重犯**(erfolgsqualifizierte Delikte)，譬如是《刑法典》第224条、第226条等的与故意实现某个受刑罚威吓的独立的基本罪相连接的罪行，以及那些本来的**故意—过失组合**(Vorsatz - Fahrlässigkeits - Kombinationen)。在这些组合中，构成要件的故意部分对于仅仅是其自身并不独立可罚(譬如《刑法典》第311条第4款、第315条第4款、第315条第3款第1项a、第315条第4款b、第315条第3款第1项c)。法律依照《刑法典》第11条第2款把这些混合构成要件作为**故意犯**(Vorsatzdelikte)来处理，具有所有的从中产生的后果〔比如是在参与和力图范围内；对此批评的，在结论上却无说服力的见格塞尔(Gössel)，《郎格纪念文集》，219、227、238)。

对于这些犯罪的过失特征，要注意**违反谨慎义务**(Sorgfaltspflichtverletzung)在这里，如果是事关未遵照交通中要求的谨慎和构成要件实现的客观上可以避免性，基本上已经共同包含在故意的犯行行为里。主流意见从中得出，在结果加重犯中(譬如《刑法典》第226条罪行)，对过失(《刑法典》第18条)的审查是限制在特别的行为结果之是否**可以预见性**(Vorhersehbarkeit)上〔比较《联邦最高法院刑事判决汇编》24，213；联邦最高法院，《刑法新杂志》82，27；耶赛克/魏根德(Jescheck)/(Weigend)，《总则》，§54 Ⅲ 2〕。但这个观点就其对问题的普遍化不能得到赞同。因为，由于在加重性结果的产生中必须是实现了基本罪所内含的“构成要件特别性上的危险”〔联邦最高法院，《德国法律月刊》76，16作者达林格(Dallinger)和《德国法律月刊》82，102、103作者霍尔茨(Holz)；《联邦最高法院刑事判决汇编》31，96和32，25；详见韦塞尔斯(Wessels)，《分则》1，边码277及之后〕，故也总需要具有对这个**构成要件特别性上的危险关联**(tatbestandsspezifischer Gefahrzusammenhang)的**可以识别性**(Erkennbarkeit)〔意见正确的见鲁道菲(Rudolphi),《刑法典系统评论》,§18 边码 3;沃尔特(Wolter),《法学教育》81,168、170 及之后;对此也见伦吉尔(Rengier),《结果加重犯》,151〕。除此之外,凡法律(如《刑法典》第251 条)以轻率地造成特别的行为结果为前提条件的地方,要求要有加重的对于结果而言是重要的对谨慎义务的违反。

某项结果加重犯有**数人**(mehrere Personen)参加的,认定相关的基本构成要件后依照《刑法典》第 29 条、第 18 条要对每个参加人单独审查在加重性的行为结果上他是否要承担过失或者轻率的责任。例如,通过送钱送物,某 A 唆使某 B 用棍棒殴打某 C,某 C 后来由于对他的头部造成的受伤死亡,对某 A 这里只能是在这种情况下可以因**身体伤害致死**(Körperverletzung mit Todesfolge)的教唆(《刑法典》第 226 条、第 26 条)处罚,即在死亡的结果上如果可以对他提起过失谴责。依据《刑法典》第 29 条对某 A 是这样处理,为此不考虑对某 B 作为主要行为人是否仅仅因危险的身体伤害(《刑法典》第 223 条 a),还是因身体伤害致死《刑法典》第 226 条),或者有这种可能性的还是因故意杀人(《刑法典》第 212 条处罚〔比较《联邦最高法院刑事判决汇编》19,339;克拉默(Cramer),《申克/施罗德—刑法典注释集》,§18 边码 7;鲁道菲(Rudolphi),《刑法典系统评论》,§18 边码 6;结果上同样但不依据《刑法典》第 29 条的见伦吉尔(Rengier),《结果加重犯》,249 及之后、258〕。

第四编

不作为犯

第十六章　纯正不作为犯和不纯正不作为犯、义务冲突

案例 16：A 从山上返回，发现位于山腰的自己家房屋着火。顶楼的窗户后面站着 8 岁的弟弟 B，祖母 G 则在房屋另一侧呼救。屋内大火封住了楼梯，两人不能外逃。屋顶就要坍塌，A 只有时间取梯子要么是救弟弟，要么是救祖母 G。他很快作出决定，刚刚救出 B，房屋上层就轰然倒塌，G 不幸丧生。 694

一、这个事件在刑法上该怎样判决？

二、情况将会怎样，如果 A 在火中看到的不是祖母 G，而是他的女友 F，那么：

（一）救了 B，F 在火中死亡；

（二）救了 F，B 在房屋倒塌中丧生？

第一节　不作为犯的分类和界限

案例 16 中，要审查 A 对于 G 的不救助是否违反了某个特别的阻止结果义务，或者只是违反了一般救助义务，他的举止是否实现了不作为犯的构成要件。 695

一、**不作为犯**（Unterlassungsstraftaten），形式上分为结构上完全不同的两组形式：**纯正**

(echte)不作为犯和**不纯正**(unechte)不作为犯。

696 **纯正不作为犯**(echte Unterlassungsdelikte),指那些只是不遵照法律上的**命令规范**(Gebotsnorm),不实施法律所要求行为的**单纯不作为**(bloßem Unterlassen)的犯罪行为〔《联邦最高法院形式判决汇编》14,280、281;耶赛克/魏根德(Jescheck)/(Weigend),《总则》,§58 Ⅲ 2〕。

纯正不作为犯,比如是在非法侵入他人住宅情况中的"仍不离开"(《刑法典》第123条第1款第二种或者情况),或者是对犯罪的知情不举(《刑法典》第138条),或者是不进行急救(《刑法典》第323条c),与"单纯行为犯"相对称(比较本著边码24;这里还可列举的比如有《刑法典》第283条第1款第7项b、第326条第3款、第328条第2款第1项,《股票法》第401条第1款第1项、第2项和《有限责任股份公司法》第84条第1款第1项、第2项)。不着手法律所要求的行为,在这里的所有情况中虽然也可能与社会侵害性的结果连接;对举止的可罚性却不是依据相关的结果,而是唯一依据**不作为法律上命令的当为**(das Unterlassen des rechtlich gebotenen Tuns)。例如,谁对事故受害人不施救助,尽管根据情况这是为他所可能的和对他而言也并非是过分要求的,只依《刑法典》第323条c而不是因杀害(《刑法典》第212条、第211条、第222条)受罚,如果他对遭遇不幸者**并不承担特别的保护义务**(keine besondere Schutzpflicht)需要履行,且该不幸者是死于自己的受伤。规范对象在这里不必为"阻止结果"负责,在纯正不作为犯中更多的是要求他做出*目的*在于防止损伤的行为。

697 **不纯正不作为犯**(unechte Unterlassungsdelikte)则是那些犯罪行为,即不作为者系一个**"保障人"**(Garant),承担着**阻止结果发生的义务**(zur Erfolgsabwendung verpflichtet),他的不作为从价值评判的角度看相当于以作为的形式实现了法定构成要件(《刑法典》第

13 条；对此比较《联邦最高法院刑事大法庭判决汇编》16，155；19，167）。不纯正不作为是**作为犯的镜像图**（Spiegelbild der Begehungsdelikte），常常也是“结果犯”的对称（对此见本著边码 22）。被法律上反对的结果的产生，在这里属于不法构成要件。保障人是以对他所承担的阻止结果发生的义务的违反形式，实现了在法律上是作为作为犯来规定的，主要是以一个**禁止规范**（Verbotsnorm）为其规定基础的犯罪行为构成要件。

譬如《刑法典》第 212 条，就是建立在“你不得杀人”这个禁止规范之上。法律上的这个对于消灭生命的反对，虽然首先是针对以实施行为来杀害他人，但也并非是完全限制于此。因为，对依法评价行为而言，某个当母亲的是故意毒死她的幼儿，还是让她的幼儿被饿死或者在游泳池里被淹死，没有区别。以违反义务的不作为形式导致了死亡结果或者是不阻止死亡结果的发生，在构成要件层面上等同于以实施行为的形式造成了结果。在所有的这些情况中都成立对**杀害禁令**（Tötungsverbot）的违反；在使之饿死和淹死的情况中，幼儿的母亲在她的方面同时还违反了要求她实施行为的一个特别的法律义务（=阻止结果义务）。

《刑法典》第 13 条，确认了不纯正不作为犯是从作为犯的构 698
成要件中推断的这个迄今是从**习惯法的角度认可的推断**（gewohnhwitsrechtlich anerkannte Ableitung），但是允许在**整体权衡**（Gesamtabwägung）的框架内决定是否予以选择性的减轻刑罚。进行这个整体权衡时，除了依据主观方面的具体行为情形外，还要依据所有的那些视点，即要考虑所有的能够对行为无价值提供说明和能够对这个问题提供说明的情况，即与一个相应的作为相比，不作为是否为**轻微一些**（weniger schwer wiegt）的形式（联邦最高法院，《法学环视》82，464）。要让对作为犯的刑罚规定适合于不作为犯的特点，只能是通过**法官对构成要件作补充**（richterliche Tatbestandergänzung）的途径才可达到。司法判决和法学学说在这里面临的任务是，要对这些问题找出符合实际要求的标准，即在什么时候某人是作为法律义务上的“保障人”，要“对构成要件性结果的发生的阻止在法律上担负责任”，**不作为**(Unterlassen)又是基于什么样的前提条件相当于“以作为的形式实现了法定构成要件”〔对《刑法典》第13条的解释详见藤柯霍夫(Tenckhoff)，《施彭德尔纪念文集》，347；批评的见泽博德(Seebode)，同前，317〕。

699 二、从外部的表现上看，**作为**(Tun)和**不作为**(Unterlassen)多数情况下是很容易区别的。谁通过能量投入，启动了一个因果发生或者是对之往一定的方向引导的，是在“作为”什么；谁对事情任其发展，不动用介入的可能性，是在“不为”什么。但是要回答这个问题则较难：在**举止方式有多重含义**(mehrdeutige Verhaltensweisen)的情况中，是由哪个组成部分在构成对于刑法上的评判所关键性的连接点？举止的外部表现形式，是否就同时必然在决定举止之是作为一个作为，还是一个不作为的法律上质变？

疑问比如出现在**过失范围**(Fahrlässigkeitsbereich)里，行为实行在这里与一个“不作为要素”(即懈怠所要求的谨慎)连接：某骑车人R之所以撞伤了某步行人F，是因为他在晚上骑车，车上无车灯照明。这里就出现这个问题：是**积极的作为**(aktives Tun)的形式(=无照明骑车)，还是**不作为**(Unterlassen)的形式(=不安装车灯或者不打开车灯)对结果发生而言是原因性的。对这个问题的回答又具有重要的意义，因为只有对于不纯正不作为犯，才是以行为人担负有“保障人义务”意义上的“要求实施行为的特别的法律上义务”为前提条件。对于这个“自行车车灯案”(《帝国法院刑事判决汇编》63，392)，主流意见正确地认定构成的是过失**作为犯**(Begehungsdelikt)(《刑法典》第230条)，因为案情重量明显是在**结果造成性质的积极作为**(erfolgsverursachendes aktives Tun)的形式(=无车灯照明地骑车参与交通)之上，术语上所说的过失行为的“不作为要素”，在这里只是行为实行的一个本质上必要的实行方式〔比较耶赛克/魏根德(Jescheck)/(Weigend)，《总则》，

§58 Ⅱ 2〕。这对那个被经常引用的“羊毛案”(《帝国法院刑事判决汇编》63,211)也同样,在该案中工厂主因为**发放**(Ausgabe)未经消毒的羊毛,引起了数位女工死亡〔对此详见恩吉施(Engisch),《加拉斯纪念文集》,163、184〕。

在故意的行为中也有可能出现划分上的困难,特别是对于这样的情况,即某人陷入了危险,一个人**又中断了**(wieder abbricht)他在实施的本来是很有成功希望的**救助努力**(Rettungsbemühungen),或者是**挫败了他人实施的救助行为**(fremde Rettungshandlungen vereitelt)。例如,某 X 掉进了井里呼救,某 A 已在往下对他放绳,在他还未抓到之前又收回了绳子,因为他认出了某 X 是自己非常仇恨的那个人,或者某 X 之所以在井里淹死,是因为某 A 打翻了想上前救助的某 B,把他的绳子扔进了一个不能攀爬的峡谷里。

这里出现的划分问题,还未完全得到解决。或许这里可以肯定地这样说,在这类情况中要在作为犯和不作为犯之间划分,不是一个纯粹以经验就能够解决,而是一个**价值评价问题**(Wertungsfrage),答案不能只依据外部的发现就可以得到,即依据“能量投入”的这个标准〔恩吉施(Engisch),《加拉斯纪念文集》,163〕,或者是依据“因果性”的标准〔萨姆松(Samson),《韦尔策尔纪念文集》,579〕,或者是依据这两个标准的组合〔西贝尔(Sieber),《法学者报》83,431〕。在所有的这些连接点的框架内,用主流意见的话来说,决定性的更多是从规范的角度观察和考虑到行为的社会方面影响,要看在**刑法上重要的举止之重点**(Schwerpunkt des strafrechtlich relevanten Verhaltens)是在什么地方〔比较《联邦最高法院刑事判决汇编》6,46、56 和 40,257、265 及之后;卡尔斯鲁厄州高级法院,《戈德达默刑法档案》,1980,429;施特雷(Stree),《申克/施罗德—刑法典注释集》,§13 前边码 158〕。 700

批评的对此见施特林泽(Struensee),《施特雷/韦塞尔斯纪念文集》,133。对整个也见兰夫特(Ranft)的司法判决报道,载《法学者报》87,859、908。

701 以强制或者欺骗的途径,主动**介入他人的救助行为**(Eingreifen in fremde Rettungshanglungen)而挫败了有效的救助可能性,在这里因此总是满足了**作为犯**(Begehungsdelikt)的前提条件;其中情况如果是一定的救助器具被阻碍不能用于使用的,器具的所有权人关系不为重要〔详见罗克辛(Roxin),《恩吉施纪念文集》,380、387;施特雷(Stree),《申克/施罗德—刑法典注释集》,§13前边码159〕。对于**不作为犯**(Unterlassungsdelikt)的考虑才有空间,如果只是以**单纯的不为**(bloßes Untätigbleiben)形式拒绝了所要求的援助。

702 **中断自己的救助努力**(Abbruch eigener Rettungsbemühungen)的,可以被归属于**不作为**(Unterlassen)范畴,如果中断是在救助行为还没有达到受危险的客体,还未让他看到*可以实现的救助可能性*之前。**这个时刻之后**(nach diesem Zeitphnkt),对可以达到的和非常有可能的救助结果的挫败,是**作为犯**(Begehungsdelikt)的范畴:

例如,某A对掉进井里现在抓住绳子被往上拉了一段的某X认出是情敌,又依意志地松开了绳子让他掉下去淹死(=以作为故意杀害)。

703 在医疗范围内,在挽救的可能性缺失和重新恢复病人知觉、阻止**死亡**(Sterben)进程的所有努力皆无希望的情况中对于**停止使用仪器设备抢救**(Beengdigung einer apparativen Intensivbehandlung)〔比如是**关闭**(Abschalten)了呼吸器,加速了死亡出现〕,依照相似的基本原则判决:

因为没有希望，医生中断了人工心脏按摩或者是口对口的人工呼吸，所“不作为”的仅仅是所认识到的抢救病人生命的继续努力的无意义。使用机械手段和仪器设备替代人工的地方，不对上述的意义和事情的意味有任何的改变。在这样的情形中，如果由负责治疗的医生或者在他的吩咐下由医护人员关闭了呼吸器，从*行为的社会影响上*看也只是对**抢救**（Rettung）和恢复生命的继续**尝试**（Versuch）的“不作为”。就算认可这里的“关闭”行为这个动作要求要有“行为”和“能量投入”，对于从*规范上*判决这件事情来说决定性的却是在于刑法上重要的举止的重点，是在于对**继续抢救的努力的不作为**（Unterlassen weiterer Rettungsbemühungen）上，（不断要重新审查的）病人状况，表明了继续努力的无意义。

假如是由一个对此无资格的**第三者**（Dritte）（比如是病人的贪婪的继承人）自主关闭了抢救仪器的，则构成**作为犯**（Begehungsdelikt）形式的故意杀害；因为第三者的举止完全是在**积极作为**（im aktiven Tun）的形式范围内，从社会影响上的意义的角度看也不以任何方式隐含地表明是对受害人抢救的不作为。 704

对这个范围问题见〔《联邦最高法院刑事判决汇编》40，257；恩吉施（Engisch），《加拉斯纪念文集》，163；弗里施（Frisch），《归责》，134；盖伦（Geilen），《法学者报》68，145；屈佩尔（Küper），《法学教育》71，474；劳夫斯（Laufs），《新法学周报》96，153；罗克辛（Roxin），《恩吉施纪念文集》，380 和《新刑法杂志》87，345；舍赫（Schöch），《新刑法杂志》95，153；施特雷（Stree），《申克/施罗德—刑法典注释集》，§13 前边码 160；费勒尔（Verer），《法学者报》96，224；福格尔（Vogel），《德国法律月刊》95，337；有不同的见鲍曼/米奇（Baumann）/（Mitsch），《总则》，§15 边码 25 及之后；毛拉赫/格塞尔（Maurach）/（Gössel），《总则》，§45 边码 32；兰夫特（Ranft），《法学教育》63，340；萨姆松（Samson），《韦尔策尔纪念文集》，579；西贝尔（Sieber），《法学者报》83，431；施托费斯（Stoffers），《德国法律月刊》92，621 和《法学工作报》92，138、177〕。 705

第二节　不纯正不作为犯的构成要件

706 在与遭受危险的客体的关系上,如果阻止结果的特别义务与出自《刑法典》第321条c的一般救助义务相碰撞,出于**辅助性**(Subsidiarität)方面的理由,《刑法典》第323条c的规定退撤于不纯正不作为犯之后(比较《联邦最高法院刑事判决汇编》3,65;14,282、285)。

由此,在**案例16第一种情形**中要审查在他祖母G的死亡事件上,A是否具有违反义务的不作为,实现了《刑法典》第212条的构成要件。

707 一、依照《刑法典》第13条,属于不纯正不作为的客观方面构成要件的,首先有**构成要件性结果的产生**(Eintritt des tatbestandlichen Erfolges),在《刑法典》第212条情况中即有一个他人死亡。

在这里有一个这样的结果产生;G在房屋着火倒塌中死亡。

708 二、此外还必须具有对在具体的危险情况中**所要求实施的救助行为**(erforderliche Rettungshandlung)之**不作为**(Unterlassen),而尽管对此有*物理上—现实上的这个可能性*,即以有意义的方式去为或者是在第三者的帮助下去为法律上的命令。

不作为并非是惰性不动的意思上的"什么也不做",而是**不着手一定的法律上要求行为**(Nichtvornahme einer bestimmten rechtlich geforderten Tätigkeit)。

规范对象所应该为的,是**客观上**(objektiv)可以确定的和取决于具体情况中的情形条件。例如,谁自己不能够救助重伤者的,要呼叫医生、救护车或者采取其他的适当救助措施。

法律上所要求的(rechtlich gefordert)的,只是规范对象在危险情况中**所物理上—现实上可能的**(physisch – real möglich)(比较联邦最高法院,《新刑法杂志》97,125、126)。客观上所不可能的,在概念上就已经是不可能被不作为;着手实施所要求的救助行为之物理上—现实上的可能性缺失,如果完全没有行为能力(如失去知觉、被捆绑或者麻醉)、与危险地点距离较远、救助需要的辅助手段不具备或者是不具备使用它们的必要知识,此外还有个人方面的无能力去独自实施有意义的维护法益的行为(例如,缺乏其他可能性时,不会游泳者不构成对只有会游泳者才能够救助的溺水者的"不作为")。很有教益的部分是批评的见迈瓦尔德(Maiwald),《法学教育》81,473、476。

不作为者是否认识危险情况和可供使用的避免危险手段的这个问题,不影响客观方面的构成要件,只对构成要件故意产生影响(迈瓦尔德(Maiwald),同上,478;毛拉赫/格塞尔(Maurach)/(Gössel),《总则》, §46 边码 113;施特雷(Stree),《申克/施罗德—刑法典注释集》, §13 前边码 143;鲁道菲(Rudolphi),《刑法典系统评论集》, §13 前边码 3;不同的见阿明 · 考夫曼(Armin Kaufmann),《不作为犯》,第 100 页及之后;舍内(Schöne),《法学者报》150、153;韦尔策尔(Welzel),《教科书》,212]。 709

案例 16 第一种情况中,A 没有实施适当的和要求的救助 G 的行为。 710

使用具备的梯子,从着火的房屋中救出 G,避免她的即将死亡结果,这个在物理上和现实上的可能性对于 A 来讲并不因此缺失,即他只能是救助 G 或者 B。在决定救助 B 之前 A 有可能性和有能力救助 G。

711 三、不作为的对于构成要件性结果之产生的**原因性**(Ursächlichkeit),被主流意见在这种情形下认定,即如果**不考虑**(nicht hinzugedacht werden kann)*依法可以期待的行为*,**构成要件性的结果就不会消失**(ohne daß der tatbestandmäßige Erfolg entfiele)〔《联邦最高法院刑事判决汇编》6,1 和 37,106、126;联邦最高法院,《法学者报》73,173;《新刑法杂志》85,26;耶赛克(Jescheck),《刑法典莱比锡评论集》,§13 边码 15、18;施特雷(Stree),《申克/施罗德—刑法典注释集》,§13 边码 61;施吕西特(Schlüchter),《法学教育》76,793〕。

在不作为的情况中不具有物理学意义上的“因果性”,不为重要,因为对于刑法上的依照规范的观察方式而言,具有不实施所要求的行为和结果产生之间的*依照法律*是成立条件上的关联就足以,并不是根据自然科学上的因果概念。〔比较本著边码 155;鲍曼/米奇(Baumann)/(Mitsch),《总则》,§15 边码 23;普珀(Puppe),《整体刑法学杂志》92,863、899 和注释,载《法学环视》92,30;鲁道菲(Rudolphi),《刑法典系统评论集》,§13 前边码 15〕。

712 为防止对承担不作为的责任扩大化,司法判决在这里把通常的不可或缺条件—公式(Condicio – sine – qua – non – Formel)不使用在*具体形态*的结果上,而是(与在作为犯情况中的方法不同)使用在法律上*抽象描述*的构成要件性结果作为这样的结果上。

例如〔联邦最高法院,《德国法律月刊》71,361 作者达林格(Dallinger) =《法学者报》73,173〕:某 A 和他的两个小孩住在阁楼上,一天夜晚被大火围困。从楼梯逃生的可能性没有,消防队也不能够及时赶到,要救孩子的生命,唯一的可能性是将他们从窗户口往下抛(6 ~ 7 米高),下面有 3 个强壮男子在伸手准备。尽管他们不断在呼喊,但因为受伤的风险太大,某 A 总是下不了抛扔孩子的决心。在最后的一刻他自己跳楼获救,两个孩子却在火中丧生。

对于确定(和认定)原因关联,联邦最高法院提问的不是假如某 A 及时从窗户口把他们抛扔到下面准备好的救助人手中,两个孩子是否能够逃脱葬身火海,而是提问他们是否能够保住生命〔核心上赞同的见施吕西特(Schlüchter),《法学者报》76,793;乌尔任海默(Ulsenheimer),《法学教育》72,252;不同意和提出要根据具体的"葬身火海"的见赫茨贝格(Herzberg),《德国法律月刊》71,881;施本德尔(Spendel),《法学者报》7,137、140〕。在结果上看,联邦最高法院的提问特别是由此显得很有道理,即因为具体结果(这里是葬身火海的这个形态)的归责性否则就永远不能否定,包括在这样的情形中也不能,即事情是发生在 20 层楼高的楼房上,将孩子抛下去的结果肯定是他们的死亡〔对此比较盖伦(Geilen),注释,载《法学者报》73,321〕。《刑法典》第 13 条第 1 款意义上的阻止结果发生义务的意义,肯定不可能是在于仅仅将一种死亡方式(= 葬身火海)交换成另外一种方式(= 窗口坠地死亡)。不过在另一个方面看,由联邦最高法院提出的问题解决方法,在这一点上也不能令人满意,即它只是根据纯粹的因果性思考。只有精确地在**原因性**(Ursächlichkeit)和**客观上可归责性**(objektive Zurechenbarkeit)之间加以划分,符合实际要求的和方法上无可挑剔的问题解决才有可能。

相似于在过失犯情况中,对不纯正不作为犯中的结果归责问题取决于三个方面的前提条件,即原因性关联(比较本著边码 156 及之后)、客观归责的一般标准(比较本著边码 180 及之后)和不作为与结果发生之间的违反特别义务关联。确定原因上的关联时,同样如同在作为犯情况中,要根据就其具体形态的结果而言(在上面的举例中是两个孩子在火中丧生);按照一般规则对有其可能性的储备原因在这里皆不考虑。审查**违反义务关联**(Pflicht- 713 widrigkeitszusammenhang)时,要提问发生的结果是否正好是建立在不作为的违反义务性上〔比较《联邦最高法院刑事判决汇编》37、106、116;施特雷(Stree),《柯鲁克纪念文集》,395;对此也见卡洛(Kahlo),《不纯正不作为犯中的违反义务关联问题》,1900,306;《戈尔特达默刑法档案》,1987,66〕。对此只是在这样的情形中才予以认定,即在具体的危险情况中假如是实施了所要求的救助行为的,则*几乎就可以肯定*__受到危险的法益就得到了维护__(Erhaltung des gefährdeten Ruchtsgutes),也就是说构成要件性结果的发生就被避免,或者是获得了有分量的生命延长(联邦最高法院,《新刑法杂志》85,26;87,505),或者是(在数个身体伤害的相互关系中)只产生*明显要轻的受伤*〔更严格的见布拉姆森(Brammsen),《德国法律月刊》89,123,提出对于结果归责就应该认定,如果这个可能性未被利用,即抓住某个只不过是*不能够十分肯定*的救助机会,就将具有**减轻危险**(Gefahrverminderung)的可能性〕。假如**举止是依照了义务**(pflichtgemäßes Verhalten),但同样的构成要件性结果(比如是另外形态的死亡)或者同样严重的价值损失**也会**(auch)作为唯一的有此可能性的救助行为的直接结果而**产生**(eingetreten)的,要否定违反义务关联,由此是否定对结果的客观上归责。

在联邦最高法院(《法学者报》73,173)要作出的裁定中,根据刑事陪审法庭的确定,结果(=两个孩子死亡)的客观归责前提条件成立。

714 在这里要判决的**案例 16 第一种情况**中,A 的不作为,是使得祖母 G 遭遇"火中死亡"命运的共同原因。她肯定**还活着**(am Leben geblieben),假如 A 用梯子将她(而不是 B)从大火中救了出来,因此对死亡结果的客观归责也不用怀疑。

四、**不作为等同于实施作为**（Gleichstellung des Unterlassens mit dem aktiven Tun）形式的前提条件，依据《刑法典》第13条是不作为者系具有义务阻止结果出现的**保障人**（Garant），即基于一定的特别义务地位“在法律上负有使得构成要件性结果不产生的责任”。构成这个**保障人位置**（Garantstellung）成立的情况，是不纯正不作为犯的不成文的构成要件特征（《联邦最高法院刑事大法庭判决汇编》16，155、158）。 715

阻止结果之义务的成立基础，只能是**法律上的义务**（Rechtspflicht）；纯粹伦理上的义务不足以（《帝国法院刑事判决汇编》66，71；《联邦最高法院刑事判决汇编》7，286、271 和 30，391）。

从纯正不作为犯（譬如是出自《刑法典》第138条、第323条c）的构成要件符合性情况中，不能推断具有保障人义务；因为那里规定的完全是一般性的法律义务，对于每一个人而言都有要求〔《联邦最高法院刑事判决汇编》3，65；耶赛克/魏根德（Jescheck）/（Weigend），《总则》，§59 Ⅳ 2；施特雷（Stree），《申克/施罗德——刑法典注释集》，§13 边码57〕。

什么时候和以什么方式产生刑法上重要的保障人地位，对这个问题尚未找出全面的回答。过去是把*法律*、*合同*、*先前的危险行为*和*密切的生活关系*，认同是产生保障人地位的根据〔比较《帝国法院刑事判决汇编》63，392 和 74，309；《联邦最高法院刑事判决汇编》2，150 和 19，167〕，现在新一些的学说，寻求依照实体上的标准把保障人关系划分成两种基本情况：**“对一定法益的特别的保护义务”**（besondere Schutzpflicht für bestimmte Rechtsgüter）和**“对一定的危险源的责任性”**（Verantwortlichkeit für bestimmte Gefahrquellen）。这里要注意的是，两个范围之间是可能有相互交叉的，并且在具体的情况中本是不同的保障人地位也可能相互交错〔对此详见阿茨特（Arzt），《法学工作报》80，553、647、712；奥托/布 716

拉姆森(Otto)/(Brammsen),《法学培训》85,530〕。

与主流意见不同的是泽博德(Seebode)(《施彭德尔纪念文集》,317、344),主张从《基本法》第103条第2款中推论保障人位置,因为只有“法定的或者依合同成立的保障人关系”,才能是结果阻止之义务的成立基础,而不是纯粹“事实方面的情况”。

717 五、对**一定的法益的保护义务**(Schutzpflichten für bestimmte Rechtsgüter),可以因此产生:

718 (一)因为**特别的法律规定**(besondere Rechtssätze)(譬如《民法典》第1353条、第1626条、第1631条、第1705条、第1793条、第1800条),或者是因为**密切的当然的结合性**(engere natürliche Verbundenheit)层面上的依据法律关系,如夫妻之间(《帝国法院刑事判决汇编》71,189;《联邦最高法院刑事判决汇编》2,150)、第一序列亲属之间、兄弟姐妹之间和定婚人之间(联邦最高法院,《法学环视》55,104),但在**保护义务的涉及范围**(Reichweite der Schutzpflicht)上有可能是情况与情况之间有所不同。

在这样的人员群体范围中,在他们之间的生活中的关系上并非一定要求要有**有效的家庭共同体**(effektive Familiengemeinschaft)的关系存在,对于第一序列的亲属,在任何情况中都不要求。孩子们长大后比如离开了父母,并不由此必然就消失保障人地位作为这样的地位;假如情况是恰好是需要他们的帮助,在现实的对生命、身体或者自由的危险中父母对孩子或者孩子对父母继续担负有保护和援助的义务〔有不同,但太严格的见鲁道菲(Rudolphi),《新刑法杂志》84,149、153〕。对分居的夫妻是否也同样,不可能普遍地规定,只能是根据具体的情况分别决定;这里有可能具有意义的是:分居是从什么时候开始的,夫妻是在友好的气氛还是在敌对的情绪中分开的,分居后他们的个人生活关系又怎样〔详见利立(Lilie),《法学者报》91,541;耶赛克(Jescheck),《刑法典莱比锡评论集》,§13 边码 21 及之后;施特雷(Stree),《申克/施罗德—刑法典注释集》,§13 边码 23 ~25〕。

(二)因为是共同生活在其他形式的**生活或者危险共同体** 719
(Lebens - oder Gefahrengemeinschaft)之中,这些共同体的产生是具有目的性的产生,人员之间由此构成的信赖关系,也包含在共同体生活中出现的典型性危险情况里**提供相互的帮助和关心**(Gewähr für gegenseitige Hilfe und Fürsorge),比如是类似于夫妻关系的同居生活共同体,或者是登山、环海航行、深水下潜或者探险者团体;在这个关系上并不足够的,是酒友(联邦最高法院,《新法学周报》54,1947)或者是毒品吸食者的单纯偶然群体〔斯图加特州高级法院,《新法学周报》81,182;详见施特雷(Stree),《申克/施罗德—刑法典注释集》,§13 边码 23 ~25〕。

在**住房共同体**(häusliche Gemeinschaft)框架内的**事实上的共同居住**(tatsächliches Zusammenwohnen),就其自身并不成立《刑法典》第 13 条意义上的保障人地位;因为否则面对人们的非常不同的共同生活形式,保护义务的范围就会被扩大得不再适当(联邦最高法院,《新刑法杂志》84,163;《新法学周报》87,850)。这样,在两个退休人员居住和生活一起的那个生活共同体案件中,联邦最高法院(《新刑法杂志》83,117)就否定了这样内容上的法律义务,即阻止另外的生活共同体参加人走向自愿的死亡,该参加人因为长期患病和持续严重,坚决拒绝呼唤医生,以自由负责的意志决定,决意不再抵抗对他来讲明显是在一步步临近的死亡,任死亡的过程自由来临。

不过仍在这个框架内,即便是并不存在更为密切的家庭成员般关系的,也有可能产生保障人义务,这个义务特别是出自于对于**保护功能**(Schutzfunktion)的事实上**接受**(übernahme)的形式

(见本著边码720)。对此重要的,是生活共同体参加人对于他们的共同关系和分工上的共同作用具体是怎样实行的,在对任务的分配中是否产生有**信赖构成要件**(Vertrauenstatbestand),该要件在具体的依赖对方的关系上也包含对一定危险的防范〔这点上见解正确的见鲁道菲(Rudolphi),《新刑法杂志》84,149、152〕。

720 (三)因为对**保护和援助义务**(Schutz – und Beistandspflichten)的自愿**接受**(übernahme),如主动接受医生的治疗、医疗护理的工作,幼儿照看、登山向导、游泳池安全员等功能。这里,对于成立保障人地位所关键的不是合同协议的民法上的有效性,而是对于相关的保护义务的事实上接受。在这个关联里具有重要意义的是这个问题,即是否因为信赖保障接受人所承诺的帮助和援手,而**放弃了其他保护措施,是否允许放弃**(andere Schutzmaßnahme unterblieben sind und unterbleiben durften)这些措施〔比较迈瓦尔德(Maiwald),《法学教育》81,473、481;施特雷(Stree),《申克/施罗德—刑法典注释集》,§13边码27;关于医生的准备出诊见兰夫特(Ranft),《法学者报》87,914 – 14针对《联邦最高法院刑事判决汇编》7,211〕。

把需要护理者**接收**(Aufnahme)到自己的住房共同体中来,通常就产生了与那里的情况相应的**援助义务**(Beistandspflicht)(《帝国法院刑事判决汇编》69,321;73,389;74,309)。**房屋所有权人**(Wohnungsinhaber)收了钱,将无家可归者接收住家中,把家交给他看管,由此便产生了一个足够程度的**信任基础**(Vertrauensgrundlage),就具有作为保障人的介入义务,当他的客人喝酒之后拥向那个被接收者,要抢劫他或者勒索他的时候〔《联邦最高法院刑事判决汇编》27,10有瑙克(Naucke)的注释,载《法学环视》77,720;奥托/布拉姆森(Otto)/(Brammsen),《法学培训》85,646;不同的见施特雷(Stree),《申克/施罗德—刑法典注释集》,§13边码54;

藤柯霍夫(Tenckhoff),《法学教育》78,308〕。但不存在这种意义上的阻止结果的义务,即房屋所有权人一概有义务,在发生任何可以想到的犯罪行为或者甚至是自我伤害行为(比如是毒品吸食)的时候保护他的客人或者在他房屋内的在场人〔比较《联邦最高法院刑事判决汇编》30,391;联邦最高法院,《新法学周报》93,76;斯图加特州高级法院,《新法学周报》81,182)。拥有对自己房屋范围的控制权本身,并不足以对房屋所有权人仅因这个位置而与本来的法律违反人等同。但可以从其他角度的考虑上,产生房屋所有权人的保障人义务,特别是因为房屋因其特别的状态和位置形成为一个**危险源**(Gefahrenquelle),房屋所有权人就应该对它采取安全措施和监控措施,以防止成为犯罪行为容易实行的手段(比如是房屋情况给侵犯受害人提供了方便,或者一定的房间被用做准备进行的犯罪行为的赃物地点或者预备地点;比较联邦最高法院,《税收、经济和刑法》93,59;《新法学周报》93,76;耶赛克(Jescheck),《刑法典莱比锡评论集》,§13 边码 44〕。

(四)因为与特别的义务范围连接的**公务员地位**(Stellung als Amtsträger),或者是**作为法人机构**(als Organ juristischer Personen)。 721

公务员义务在何种程度上同时构成保障人义务,是个有争论的问题,还远未回答清楚;按照绝大多数人的观点,这里完全是根据公务义务的类型和主要任务范围。例如,谁作为某**执行部门负责人**(Leiter eines Ordnungsamtes),要监督餐饮业遵守相关规定的,按照联邦最高法院的意见(《新法学周报》87,199)必须作为保障人阻止在相关范围里出现的对受《刑法典》第 180 条 a 第 1 款保护的人员的危险和对社会的危险〔对此批评的见兰夫特(Ranft),《法学者报》87,914 第 15 页;鲁道菲(Rudolphi),注释,载《法学环视》87,336〕。**治安警察官员**(Beamte der Schutzpolizei),在执行公务的框架内在他们负责范围的地点和任务界限内,要承担阻止犯罪行为和保护个人或者社会法益的义务〔详见《联邦最高法院刑事判决汇编》38,388;劳本塔尔(Laubenthal),《法学教育》93,907;米奇(Mitsch),注释,《新刑法杂志》93,384〕。对《刑法典》第324条意义上的水域受污中的水务部门**水权单位负责人**(Wasserrechtsdezernenten)的保障人地位见法兰克福州高级法院,《法学环视》88,168有凯勒(Keller)的注释。

722 六、**对一定法益的保护义务**(Schutzpflichten für bestimmte Rechtsgüter),可以因此产生:

723 (一)因为**交通安全义务**(Verkehrssicherungspflicht)(如房主、宅基地所有权人、机动车车主或者危险行业的企业主对在他负责范围内的危险源头的交通安全义务),因为对一定的属于社会监控范围内的设施、设置或者物的状态所形成的**危险的防止义务**(Pflicht zur Abwehr von Gefahren),以及因为对他人的监控和安全义务的**自愿承担**(freiwillige übernahme)。

比较联邦最高法院,《新法学周报》82,1235;《新法学周报》75,108;《联邦最高法院刑事判决汇编》19,286;巴伐利亚州高级法院,《交通法汇编》60,180对一货车司机由于车厢横挡公路造成交通堵塞而因物控制产生的保障人地位;斯图加特州高级法院,《新法学周报》81,2369对一交通事故中机车驾驶员和事故肇事人(事故前驾驶员把车交给了他驾驶)逃逸对在事故现场的车主的保障人地位;对此也见韦伯(Weber),《厄勒尔纪念文集》,83。

造成危险是因为举止违反义务还是与某个社会相当性的依法许可的行为连接,在这个关联上(与本著边码725中的情况不同)不为重要〔比较耶赛克(Jescheck),《刑法典莱比锡评论集》,§13边码35〕。对此的理由是,在他人的控制范围内,外人不允许对危险源施加作用,由此是必须依赖在自己的控制范围内有处置权和对此承担责任的那个人,控制住从中产生的危险和采取有效的措施保护他人不受损害。

（二）因为**看管第三者的义务**（Pflicht zur Beaufsichtigung Dritter）（比较《刑法典》第357条、《军事刑法》第41条、《海员法》第108条；详见《帝国法院刑事判决汇编》53，292和71，176）。不同于《帝国法院刑事判决汇编》74，283中的判决，*婚姻上的生活共同体自身*，尚不产生阻止夫妻中的另一方实施犯罪行为的义务（《帝国法院刑事判决汇编》19，295、297对此也有疑问），更多的是在夫妻之间、父母对孩子之间和孩子对父母之间的关系上要遵照这个基本原则，即成年人对他的作为和不作为通常是**自我答责**（selbst verantwortlich）〔详见阿茨特（Arzt），《法学工作报》80，64、652；施特雷（Stree），《申克/施罗德—刑法典注释集》，§13 边码53〕。 724

（三）因为**危险的违反义务的先前举止**（pflichtwidriges gefährdendes Vorverhalten）（术语上所说的*影响范围*），这是因为，以客观上违反义务的作为或者不作为对第三者法益造成了产生损失的**即将危险**（nahe Gefahr）的每个人，皆有义务采取相应措施，阻止结果的产生〔详见联邦最高法院，《新刑法杂志》92，31有诺伊曼（Neumann）的批评注释，载《法学环视》93，161；联邦最高法院，《新法学周报》92，3309；阿茨特（Arzt），《法学工作报》80，713；基本的《联邦最高法院刑事判决汇编》37，106对有危害健康危险的特别用途产品投入流通；对该皮革喷剂案也见博伊尔克/巴赫曼（Beulke）/（Bachmann），《法学教育》94，561；布拉姆森（Brammsen），《戈尔特达默刑法档案》，1993，97；希尔根多夫（Hilgendorf），《新刑法杂志》94，561；库伦（Kuhlen），《新刑法杂志》90，566和《法学者报》94，1142；迈尔（Meier），《新法学周报》92，3193；普珀（Puppe），《法学者报》94，1147和注释，载《法学环视》92，30；萨姆松（Samson），《刑事辩护人》91，182〕。 725

这之中要求具备一个前提条件，即**违反义务性**（Pflichtwidrigkeit）在于是对那个规范的违反，该规范的目的恰恰是要保护所

涉及的法益〔《联邦最高法院刑事判决汇编》37,106、115;施特雷(Stree),《柯鲁克纪念文集》,395〕。

726 在事关紧急防卫时对侵犯者造成了伤害(《联邦最高法院刑事判决汇编》23,327),或者是在尽管驾驶方式无缺陷、符合谨慎义务却仍然伤害了参加交通的他人的情况中,**依法的**(rechtmäßiges)或者是**符合交通规则的举止**(verkehrsgerechtes Verhalten)至少是**不构成保障人地位**(keine Garantenstellung),而是只成立《刑法典》第323条c的帮助义务,(《联邦最高法院刑事判决汇编》25,218)。

同样的见鲍曼/米奇(Baumann)/(Mitsch),《总则》,§15 边码66及之后;耶赛克(Jescheck),《刑法典莱比锡评论集》,§13 边码33;施彭德尔(Spendel),《刑法典莱比锡评论集》,§32 边码322;施特雷(Stree),《申克/施罗德—刑法典注释集》,§13 边码35;鲁道菲(Rudolphi),《刑法典系统评论集》,§1 边码39及之后;不同意见的见赫茨贝格(Herzberg),《法学者报》86,986和《法学培训》71,74;韦尔普(Welp),注释,载《法学者报》71,433有进一步的证明;有差异的见雅科布斯(Jakobs),《总则》29/39及之后;迈瓦尔德(Maiwald),《法学教育》81,473、482;相似的见阿茨特(Arzt),《法学工作报》80,712、716。

谁以违法的侵犯引发了防卫行为,以这个方式**把自己带入了危险**(selbst in Gefahr bringt)的,不能期望法制秩序为了保护他而把被侵犯者作为保障人置于具有义务;这将与紧急防卫法的意义相悖(《联邦最高法院刑事判决汇编》23,327)。其驾驶方式在任何方面都是**举止符合谨慎义务**(sorgfaltsgerecht verhalten)的司机,如果要他承担实际上是很重的保障人责任,保护一个以他自己的违反交通规则的举止造成了事故,完全由他自己要为由此产生的危险情况负责的参加交通的他人,也将走得太远(《联邦最高法院刑事判决汇编》25,218、222)。在这样的情况中,《刑法典》第323

条 c 的一般救助义务为现在变为是需要救助的侵犯者或者事故受害人以足够的方式提供了保护。

机动车司机的**违反交通规则的举止**(verhehrswidriges Verhalten),比如是超过了最高允许速度,按照《联邦最高法院刑事判决汇编》34,82 在这样的情形中应该已足以构成对于事故受害人的保证人地位,即举止与事故是在一个直接的关联上,对该事故的发生提供了条件。对此批评的见兰夫特(Ranft),《法学者报》87,864－7;鲁道菲(Rudolphi),注释,载《法学环视》87,162。

对主流意见主张的观点,即依法的举止就其自身不构成保障人地位,是要一律认可,还是在严格限制的例外情况中要进行限制,对这个问题尚未得出完全的回答。 727

比如是在攻击性的紧急防卫范围里,面对的是正对正,行为者让第三者承受后果,而自己得以从现时的以其他方式不能避免的紧急状况中摆脱,这是可以想象的**例外情况**(Ausnahme)。**例如**,在一视野不好的转弯处,骑车人 R 的对面快速驶来一车辆,司机饮了酒。R 只得迅速躲让到人行道上,躲过了肯定的事故死亡,却同时把人行道上的老人 G 撞倒,腿部骨折躺在地上,R 自己无损伤。在这个例如情况中,如果是认定《刑法典》第 34 条(而不是产生免责作用的《刑法典》第 35 条)的前提条件成立,则对 R 就要求他对 G 承担保障人义务,因为 G 的需要救助不是由他自己,而是由 R(为了他自己的利益)所造成。符合《刑法典》第 34 条意义的应当是,(对他认定了先前危险后)对 R 成立**保障人**(Garant)义务,要求他(通过呼叫救护车等)避免 G 的继续伤害结果。

对具体上还未解决的不纯正不作为犯问题也见(除了已经引用的作者外)布拉姆森(Brammsen),《保障人义务的产生前提条件》,1986;仍是这位作者,"保障人未减轻危险中的结果归责",载《德国法律月刊》89,123;登克尔(Dencker),"涉及范围:亏空的构成要件行为",载《施特雷/韦塞尔斯纪念文集》,159;弗罗恩德 728

(Freund),《结果犯和不作为》,1992;赫茨贝格(Herzberg),《刑法上的不作为和保障人原则》,1972;耶赛克(Jescheck),《从法律比较角度看不纯正不作为犯问题》,载《戈德达默刑法档案140年》,1993,115;阿明·考夫曼(Armin Kaufmann),《不作为犯信条学》,1959;鲁道菲(Rudolphi),《不纯正不作为犯的等值问题和影响范围想法》,1955;舍内(Schöne),《未为的结果阻止和刑法》,1974;许内曼(Schünemann),《不纯正不作为犯的根据和边界》,1971;泽尔曼(Seelmann),"保障人信条学中的受害人利益和行为责任",载《戈德达默刑法档案》1989,241;福格尔(Vogel),《不纯正不作为犯中的规范和义务》,1993;韦尔普(Welp),《先前的所为作为不作为的行为相当性基础》,1968。

对过失不作为犯结构见芬弗西恩(Fünfsinn),《刑法上的不作为造成的过失伤害罪的构造》,博士论文,法兰克福,1985;同样的从目的说的视角见舍内(Schöne),《法学者报》77,150和施特林泽(Struensee),《法学者报》77,217。

729 七、在**案例16第一种情况**中,根据从密切的自然的亲密关系中产生的保障人地位,A有义务阻止祖母G的死亡结果。

在遭遇**身体或者生命危险**(Gefahren für Leib oder Leben)情况中,最亲近的家庭成员如夫妻、第一序列亲属和兄弟姐妹有相互救援和帮助的责任(财物方面的价值危险情况中保护义务的范围要小一些)。在具体情况中因为年龄、行为义务人自身情况或者有效的家庭共同体缺失,可以考虑的义务限制〔比较耶赛克(Jescheck),《刑法典莱比锡评论集》,§13边码33;施特雷(Stree),《申克/施罗德—刑法典注释集》,§13边码19、20〕在本案中排除。

730 八、依据《刑法典》第13条第1款第二半句,保障人刑法上的责任还取决于他的不作为在对结果的阻止方面"相当于通过作为的形式实现了法定构成要件”。这个“相当于条款”,只是在那些术语上所说的**与举止连接的犯罪**(verhaltensgebundene Delikte)情况中才具有独立的意义,这些犯罪以一定的行为实施方式为前提条件,即并非具有任何一个结果造成就足以,而是譬如是如《刑法典》第142条、第180条、第211条第2款第二组类情形、第240条、第263条上的进一步描述,必须是依据结果造成是以**什么样的一定的方式**(welche bestimmte Weise)。

对此见雅科布斯(Jakobs),《总则》29/7;罗克辛(Roxin),《法学教育》73,197;耶赛克(Jescheck),《刑法典莱比锡评论集》,§13边码5;施特雷(Stree),《申克/施罗德—刑法典注释集》,§13边码4;有不同的见阿茨特(Arzt),《法学工作报》80,712、717。

案例16第一种情况中,在A的保障人地位之外没有必要还去审查《刑法典》第13条第1款“相当于条款”意义上的同等值,因为《刑法典》第212条对故意杀害不以特别的实施方式和特殊的举止无价值为前提条件。

司法判决和法学学说在结果上很大程度地就此一致,即即便 731
是在不纯正不作为犯情况中的不作为的**可罚性**(Strafbarkeit),也是处在对于**规范性举止的可期待性**(Zumutbarkeit normgemäßen Verhaltens)的保留之下〔详见联邦最高法院,《新刑法杂志》84,164和94,29有进一步的证明;严格一些的见耶赛克(Jescheck),《刑法典莱比锡评论集》,§13前边码91,耶赛克认为这个问题只是在免予责任的紧急状态框架内具有意义〕。没有得到清楚回答的是,要在哪个评价层面上去体现这个观点,这个规定是否已经在对行为义务作为这样的义务产生影响。考虑到法律把《刑法典》第13条意义上的**保障人**(Garant)在该条中规定的前提条件下等同于实施行为人,可以这样认为,不同于纯正不作为犯(比较《刑法典》第323条c和《联邦最高法院刑事判决汇编》11,135、353对

《刑法典》第 138 条），对可期待性的这个问题在这里不是在构成要件层面上就提出，而是按照一般规则是在**责任范围**（Schuldbereich）内才提出。

对此比较《联邦最高法院刑事判决汇编》6，47、57；雅科布斯（Jakobs），《总则》29/99；耶赛克/魏根德（Jescheck）/（Weigend），《总则》，§59 VTII；希尔施（Hirsch），《刑法典莱比锡评论集》，§32 前边码 193；鲁道菲（Rudolphi），《刑法典系统评论》，§13 前边码 34；有不同的见联邦最高法院，《法学环视》，94，510 有洛斯（Loos）的注释；卡尔斯鲁厄州高级法院，《德国法律月刊》75，771《相当于条款问题》；哈夫特（Haft），《法学者报》82，473；施特雷（Stree），《申克/施罗德—刑法典注释集》，§13 前边码 155《构成要件限制》；有不同的见屈佩尔（Küper），《义务冲突》，86 及之后、95，屈佩尔在至少是同质的自己利益情况中主张正当化的作用，在其他情况中就认为只有免除责任的作用。这个意见上的不同，具有实际的意义主要是对于这个问题，即行为人错误认为对他不能期待于他实施客观上要求的救助行为，是否能够依据《刑法典》第 16 条第 1 款第 1 项可以消除故意。在参与的范围内也有后果产生；谁在行为是不可对他期待的情况中已经否定了构成要件符合性的，由此也同时对参与消除了《刑法典》第 26 ~ 27 条中以之为前提条件的基础。

732 九、**故意**（Vorsatz）指对“构成要件实现的明知和意愿”（比较本著边码 203）这个作为犯适用的基本原则，对不作为只是依意义地适合，因为这里缺乏由实现意志所承载的实施行为的行为。**故意不作为**（vorsätzliches Unterlassen）是在**袖手不为和有这个可能性的行为之间的一个决定**（Entscheidung zwischen Untätigbleiben und möglichem Tun）（《联邦最高法院刑事判决汇编》19，295、299）。在不纯正不作为犯情况中，故意的对象是所有的满足客观方面构成要件的特征,其中包括成立保障人地位的情形。

这样,对于保障人地位的认识错误,是构成要件认识错误(《刑法典》第 16 条第 1 款第 1 句);对于保障人义务作为这样的义务的认识错误,则是与禁止性认识错误(《刑法典》第 17 条)相当的"命令认识错误"(《联邦最高法院刑事大法庭判决汇编》16,155)。

认识所有的客观方面构成要件的特征,并且意识到阻止即将的危险是有这个可能性的,却决定采取袖手不为的意志,属于**构成要件故意**(Tatbestandsvorsatz)〔比较联邦最高法院,《德国法律月刊》84,795 作者霍尔茨(Holz)〕。

有不同的见阿明·考夫曼(Armin Kaufmann),《不作为犯》,第 66 页及之后以及韦尔策尔(Welzel),《教科书》205,他们否认有"不作为故意"。对此批评的见格林瓦尔德(Grünwald),《H. 迈耶尔纪念文集》281;雅科布斯(Jakobs),《总则》29/82 及之后;罗克辛(Roxin),《刑法典莱比锡评论集》,§26 边码 102。

案例 16 第一种情况中,要认定 A 的构成要件故意。

十、有数人参与行为的情况中,在不纯正不作为犯范围内具有 733
现实意义的,只是在**共同正犯**(Mittäterschaft)和**帮助**(Beihilfe)之间加以划分;对于划分主要是根据一般规则〔比较联邦最高法院,《新刑法杂志》92,31;萨尔(Saal),《法学培训》96,476;批评的对此见罗克辛(Roxin),《正犯》597、669 及之后;塞厄尔(Seier),《法学工作报》90,382〕。

不对通过作为的形式参与某个不纯正不作为适用特别的要求。数个不作为行为人之间,可以成立共同正犯,如同是在作为行为人和不作为行为人之间成立共同正犯那样同样有这样的可能性〔详见《联邦最高法院刑事判决汇编》37,106;联邦最高法院,《新刑法杂志》85,24-6;阿茨特(Arzt),《法学工作报》80,553、557及之后;毛拉赫/格塞尔(Maurach)/(Gössel),《总则》,§47边码108;部分上不同的见耶赛克(Jescheck),《刑法典莱比锡评论集》,§13边码53,据此,在所说的后一种情况中对不作为者总应当视为是帮助人〕。在保障人方面,也可以是通过不作为的方式而对作为犯或者不作为犯提供帮助(详见《联邦最高法院刑事判决汇编》85,27-6;《刑事辩护人》86,59;《新法学月刊》87,199;《新刑法杂志》92,31)。

对整个深入的见佐瓦达(Sowada),《法学培训》86,399。对《刑法典》第8条对于参与不纯正不作为犯的意义见福克勒(Vogler),《郎格华诞纪念文集》265。

第三节 违法性和正当化的义务冲突

734 行为的违法性,是因为不法构成要件的实现而被"推定"。要问的是,A对于G的不实施救助行为,是否受某个"正当化的义务冲突"所庇护。

735 **义务冲突**(Pflichtkollision)出现,如果数个依法成立的**作为义务**(Handlungspflichten)以这样的方式对规范对象产生,即他对一个义务的履行只能建立在牺牲另一个义务的基础之上,也就是说无论他怎样处理,都必然要违反它们中的一个义务。

义务冲突如果是**作为义务**(Handlungspflicht)和**不作为义务**(Unterlassungspflicht)之间的矛盾(如同在前面列举的案例8中要救助重伤者S的命令与不得侵犯不愿意献血的P的身体完好性的禁止之间),则相反的只考虑"正当化的紧急状态"规则(比较本著边码297及之后)。对这里要出现的和有争论的区别问题见赫鲁斯卡(Hruschka),注释,载《法学者报》84,241;屈佩尔(Küper),《法学教育》71,473 和 87,81;同一作者,《义务冲突》19、29、34)。

纯正的义务冲突,只能在有冲突的法律义务并列地要求予以履行的地方才能成立。出于辅助性方面的原因其中的一个要退撤,因为它被另外一个所排挤,则形成的是单纯的"假象冲突",即实际上只有"一个"义务成立(对此比较本著边码 739)。

依据**正当化的义务冲突**(rechtfertigende Pflichtkollision)这个基本原则,行为人的行为不违法,如果他对有等级差别的义务履行其中**等级更高**(höherrangige)者而牺牲第二位等级的义务和对**相同价值**(gleichwertige)义务只履行其中的一个。对法律违反性的否定在这里,是因为规范对象在实际的条件下不可能同时满足两个行为义务,在所谈的第一种情况中价值评价上更高的义务获得优先,在相同价值的行为义务冲突情况中行为人在他的行为可能性的框架内只要其行为是符合义务要求,就足以必须排除不法。 736

冲突义务的等级关系,取决于**受危险法益的价值**(Wert der gefährdeten Güter)(如生命、健康、财产),取决于规范对象对于受保护客体担负的**法律位置**(rechtliche Stellung)(保障人地位或者单纯的救助义务),取决于**危险的远近**(Nähe der Gefahr)和**损害产生的可能性**(Wahrscheinlichkeit des Schadeneintritts)。

案例 16 第一种情况中,出现冲突的是**两个保障人义务**(zwei Garantenpflichten)之间的冲突;A 既对于 B 也对于 G 都为"保障人",对他们都担负有阻止结果发生的义务。如果认为 B 应当获得优先,因为他尚年幼,而则 G 已经快到年迈的年龄,是不适当的;对于刑法而言,每个生命都是**绝对价值相同**(absolut gleichwertg)(比较联邦最高法院,《新刑法杂志》96,129)。在**相同价值的救助义务**(gleichwertige Rettungspflichten)产生矛盾的情况中,法制秩序给予规范对象以权利去决定这个或者那个选择;他的行为 737

系依法和不违法,不论是他给予哪个义务以优先〔见解正确的见布莱(Blei),《总则》,§88 Ⅰ 4c;屈佩尔(Küper),《法学教育》87,81、89;希尔施(Hirsch),《刑法典莱比锡评论集》,§32 前边码 71、72;伦克纳(Lenckner),《申克/施罗德—刑法典注释集》,§32 前边码 73 及之后;不同的见耶赛克/魏根德(Jescheck)/(Weigend),《总则》,§33 Ⅴ 以及加拉斯(Gallas),《梅茨格尔纪念文集》,332,这几位论者只否定具有责任〕。A 在对于 G 的未予救助上,也就是说不具有违法的不作为。

第四节　纯正不作为犯的构成要件

738 在**案例 16 第二种情况(一)**中,看不到可以成立 A 对于 F 具有保障人地位的情况;单纯的朋友关系对此无论如何都不足以。需要审查的但是有《刑法典》第 323 条 c 的构成要件。

出现法律上有详细描述的"构成要件符合性情形"(这里指发生"不幸事故"或者"公共危险")时,《刑法典》第 323 条 c 成立一**般救助义务**(allgemeine Hilfspflicht)。它建立在团结原则之上,目的是阻止损害发生,要求每个人都要在**所要求性**(Erforderlichkeit)、**可期待性**(Zumutbarkeit)和**个体之贡献能力**(individuelles Leistungsvermögen)的界限内予以履行。为预防这个完全可以涉及无任何参与关系的人的义务被过度适用,立法者对它的产生在构成要件层面上就通过**可期待性**(Zumutbarkeit)这个特征进行了限制〔详见弗雷勒任(Frellesen),《救助义务的可期待性》,1980,219〕。

739 依照法律规定,只有在"**可以**(möglich)对自己无重大危险和可以**不侵害其他重要义务**(ohne Verletzung anderer wichtiger Pflichten)"的条件下,对救助义务的可期待性才能认定。

事关**阻止具体的生命危险**(Abwendung einer konkreten Lebensgefahr)时,**保障人义务**(Garantenpflicht)至少在此时也是一个《刑法典》第323条c意义上的"其他重要义务",此时它排斥可以从《刑法典》第323条c中推论的一般救助义务,后者在这种情形下根本就得不到产生〔比较伦克纳(Lenckner),《申克/施罗德—刑法典注释集》,§32前边码75;不同意见见鲁道菲(Rudolphi),《刑法典系统评论》,§13前边码29〕。在对B和对F的关系上,在**案例16第二种情况(一)**中成立的仅仅是一个"假象的义务冲突";实际上这里只有A的**一个**(eine)行为义务,即他**对于B担负的保障人义务**(Garantenverpflicht gegenüber B)。A履行了这个救助义务,他对F的不作为从一开始起就不符合《刑法典》第323条c的构成要件。

第五节 违背义务的不作为之可谴责性

在**案例16第二种情况(二)**中,在对于B的问题上A以违背义务的不作为实现了《刑法典》第212条的构成要件。正当化的义务冲突不存在。 740

一、不清楚出于什么理由A决定牺牲B而救助F。 741

有此可能的是,A错误地认识了他的法律上救助义务,比如是认为在那样的具体的情形中是由他自由决定是救B还是救F。

不作为者虽然认识所有的成立他所担负的保障人地位的情形,却又同时错误地认为允许他不实施法律上要求行为的,是处于**命令认识错误**(Gebotsirrtum)(=对保障人义务认识错误)之中,对此错误适用同样的规则处理,如同对作为犯中的禁止性认识错误

(《联邦最高法院刑事大法庭判决汇编》16,155)。

不过,认识错误的免予责任性在这里比在以作为的形式而违反法益的情况中更应当予以认定(《联邦最高法院刑事判决汇编》19,295、299)。对此要考虑的是,法律要求的是什么样的行为,是在什么样的具体情形下发生和谁负有作为的义务。

742 二、还有这个可能性的此外还有,A 清楚自己对于 B 担负的阻止结果义务,之所以仍然决定救 F,是因为这样做对他而言(比如是考虑到今后结婚的可能性)在人性上更为当然。

如是,A 所处的当时情况就是处在一个**相似于紧急状态的冲突情形**(notstandsähnliche Konfliktslage)之中,要救 B 就必须放弃自己的值得赞同的利益。在这样的动机压力中假如他决定对 B 不作为,其不法性和有责性将在很大程度上由此消除,即他对一个同样在受到危险的人的生命避免了肯定的消灭,法制秩序将对此予以理解宽容,从**规范性举止的不可期待性**(Unzumutbarkeit normgemäßen Verhaltens)的角度必须放弃**提起责任谴责**(Erhebung eines Schuldvorwurfs verzichten)〔比较联邦最高法院,《新刑法杂志》84,164;《帝国法院刑事判决汇编》58,97 和 77,125;屈佩尔(Küper),《义务冲突》,86、96〕。

免予责任的紧急状态,适用延伸到《刑法典》第 35 条中的与行为人"关系密切的人"之上,表明这样的问题解决适法。

第六节 故意不作为的力图

743 在《刑法典》上规定的纯正不作为犯情况中,力图只是在个别地方受到刑罚威吓(比较《刑法典》第 283 条第 3 款结合第 283 条第 1 款第 5 项中第一种或者情况和第 7 项 b)。不作为的力图在这里可能成立，如果外在的行为以足可认识的方式在表示着不作为的决意〔详见蒂德曼(Tiedemann)，《刑法典莱比锡评论集》，§283 边码 195；埃塞尔(Eser)，《申克/施罗德—刑法典注释集》，§22 边码 53〕。但通常只是在下述的不纯正不作为犯情况中，力图的可罚性才获得实际上的意义。

一、在作为犯上发展出来的确定力图开始的基本原则(比较本著边码 597 及之后)，依意义地对**不纯正不作为犯**(unechte Unterlassungsdelikte)适用(详见《联邦最高法院刑事判决汇编》38，356；40，257、268)。对于已经具有行为决意的不作为行为人是在什么时候“开始在直接实现法定构成要件”的这个问题，关键性的是义务违背的在具体危险情况中的开始。法学学说在这里，部分是依据对**最初的**(erste)救助可能性的放手不为〔如赫茨贝格(Herzberg)，《德国法律月刊》73，89；施罗德(Schröder)，《法学教育》62，81〕，部分是依据耽误了**最后的**(letzte)救助机会〔如阿明·考夫曼(Armin Kaufmann)，《不作为犯》，第 210 页及之后；韦尔策尔(Welzel)，《教科书》，221〕。正确的应当是这样加以细分：凡在按照保障人的想法受保护的客体已经是直接陷入了危险，**构成要件性结果的产生已经在临近**(Eintritt des tatbestandlichen Erfolgs nahegerückt)的地方，法律就要求义务人应该**立即**(sofort)履行救助义务。基于他的行为决意，保障人一旦对适合于阻止结果的**第一个**(erste)行为可能性未加利用而放掉的，在这里成立**力图**(Versuch)。 744

例如，某小孩落水，担负有救助义务的保障人就得立即采取行为。如果具有相应的故意则构成依《刑法典》第 212、222 条的力图，假如情况是**第一个救助可能性**(die erste Rettungsmöglichkeit)(比如是抓住孩子伸出的胳膊)未被利用，不论尽管是在后一个时刻也可以救助或者以其他方式还可以救助(比如抛扔救生圈或者施放救生船)。对此见埃塞尔(Eser),《申克/施罗德—刑法典注释集》,§22 边码 50、51。

745 在危险尚遥远,**结果未到临近**(mangelnde Erfolgsnähe)阶段的情况中,力图是在危险进入了**现时阶段**(aktuelles Stadium),而保障人仍在不作为,或者是在保障人**放手了施救的可能性**(Möglichkeit des rettenden Eingriffs aus der Hand gibt),让事情任其发生的时刻开始。

例如,巡道员 S 发现其兄 B 喝得烂醉,躺在铁路线的轨道上,但下一趟列车要一个小时后才经过这里,只要是情况对于 B 没有变坏,产生结果的风险没有提高,救助行为的迟缓就不构成以不作为形式的杀害力图。反之,如果情况是 S 在列车就要开来的那个时刻里仍不采取救助措施,或者是带着不及时返回危险地点的意志离开了(在什么时间上离开都为无关紧要)那里,让 B 的命运听凭安排,则构成**力图**(Versuch)〔详见罗克辛(Roxin),《法学教育》79,1、12;鲁道菲(Rudolphi),《刑法典系统评论》,§13 前边码 49 及之后;批评的见福克勒(Vogler),《刑法典莱比锡评论集》,§22 边码 113 及之后;奥托(Otto),《法学工作报》80,641、645〕。

又如,某个母亲想饿死她的孩子,杀害力图就最迟是在这个时刻为开始,即一旦不喂养对孩子的身体状况在产生并非仅仅是不重大的影响,易言之即在形成**危害法益的性质**(rechtsgutsgefährdenden Charakter)。在这个时刻之前,如果母亲没有做相应的预先安排就把孩子扔下不管,放手事情发生,也可以认定力图〔对此见《联邦最高法院刑事判决汇编》38,356 和 40,257、270 及之后;罗克辛(Roxin),《毛拉赫纪念文集》,213、231;福格尔(Vogel),《德国法律月刊》95,337;沃默尔斯多夫(Womelsdorf),《论不纯正不作为犯的力图问题》,博士论文,1976 年,第 52、95 页及之后〕。

二、《刑法典》第 24 条对回撤的规定，同样也只是依意义地对不作为的力图适用： 746

(一)凡依照行为人的想法对构成要件性的结果的产生还可以通过补为本来要求的行为而避免的，构成未终了的**力图**(unbeendeter Versuch)。 747

在上述的后一个例如情况中，即情况如果是那个母亲认为通过**恢复正常喂养**(Wiederaufnahme der normalen Ernährung)，孩子的生命可以保住。 748

(二)反之，如果情况是依照行为人的想法补为本来要求的行为就其自身已不足以阻止危险，而是还要求采取其他措施的，构成终了的力图(beendet)。

在上述的后一个例如情况中，即情况如果是那个母亲认为已经丧失力气的孩子通过恢复正常喂养也不能得救，而是要有医生的救助(医院里人工进食等)。

法学学说对于未终了的力图和终了的力图之间的划分，有的认为是可有可无，因为在不纯正不作为的力图中，回撤总是必须是存在于一个**阻止结果的**(erfolgsabwendende)行为之中〔赫茨贝格(Herzberg)，《德国法律月刊》73，89、93；雅科布斯(Jakobs)，《总则》29/116；罗克辛(Roxin)，《毛拉赫纪念文集》，232，脚注 54；施米德霍伊泽(Schmidhäuser)，《总则》13/33；鲁道菲(Rudolphi)，《刑法典系统评论》，§13 前边码 56；沃默尔斯多夫(Womelsdorf)，同上，177；如同这里相反的布莱(Blei)，《总则》，§86 Ⅲ 3；耶赛克/魏根德(Jescheck)/(Weigend)，《总则》，§60 Ⅱ 3；福克勒(Vogler)，《刑法典莱比锡评论集》，§24 边码 40；毛拉赫/格塞尔(Maurach)/(Gössel)，《总则》，§40 边码 106；埃塞尔(Eser)，《申克/施罗德—刑法典注释集》，§24 边码 27～30；沃尔特(Wolter)，《归责》，100、259〕。 749

第五编

竞合理论

第十七章　犯罪的单数和复数

案例17：舞会后，许诺走近道送她们回家，A和B将19岁的孪生姐妹L和Z诱骗上车，以先前就在细节上策划好的行为计划，使用暴力和武力把两位姑娘劫持到J的打猎用房，用C为他们准备的配制钥匙开门进去。关上门后A和B先是将从武器柜里找到的武器拿在手上，然后威胁否则就打死（但武器里实际上未装子弹）她俩，威逼两位姑娘脱衣，忍受夜里多次被奸污。离开打猎用的房屋时，A和B带走了找到的武器和其他屋内物品，按照行为前的约定，收钱把武器交给了C；其余的物品卖给了想法单纯的某商人K。所得钱财两人平分（案情根据《联邦最高法院刑事判决汇编》18，26）。 750

对于所实施行为上存在的竞合关系，应该怎样判决（不考虑武器法）？

第一节　竞合理论的基础

A和B的举止，可以分解成数个不同的行为，从法律条文上看实现了很多犯罪行为构成要件： 751

一、**犯罪约定**（Verbrechensverabredung）：《刑法典》

第30条第2款、第177条；

二、**拐骗总合**(Entführungskomplex):《刑法典》第239条第1款、第239条b第1款、第240条、第223/223a条、第241条第1款、第177条、第185条、第123条、第25条第2款；

三、**盗窃总合**(Entwendungskomplex):《刑法典》第242/243条第1款第1项和第7项、第123条、第25条第2款(对于《刑法典》第244条第1款第2项案例17在主观方面不足)；

四、**销赃**(Verwertung der Diebesbeute):《刑法典》第246条、第263条、第25条第2款。

在此范围内这就提出了问题:所提到的对于法律的违反,其相互之间处于一个什么样的关系？实施了多少个犯罪行为？判决时依据什么样的基本原则来确定各法律后果。从系统的角度上看,提出这个提问表明,**竞合理论**(Konkurrenzlehre)是**犯罪行为理论**(Lehre von der Straftat)和**不法结果理论**(Lehre von den Unrechtsfolgen)之间的缝合点。

752 制定《刑法典》第52~55条的规定,背后有这样的考虑,即同时触犯数条法律规定的情况中,定罪量刑如果是把所有的可以成立的自由刑**相加**(Addition),则就将是于行为人责任程度的不当。为了避免这样的自由刑加法,法律以**犯罪单数**(Tatheinheit)(《刑法典》第52条)和**犯罪复数**(Tatmehrheit)(《刑法典》第53条)的形式,提供了两个不同的方法,用于对行为人有利地将相关的刑罚威吓总合起来适用。对被认定为是一个罪的数个触犯法律行为,原则上只是依照*最重刑罚的*那个法规判处一个刑罚(《刑法典》第52条第1款、第2款)。对被判决是数个罪行的触犯法律行为,立法者认为这样的行为具有更大的责任,要通过独立适用有关的刑罚威吓的方式来这样进行惩罚:对这里实现的各个单个犯罪行为,(依照特别的规则)宣告一个*总和刑*,这个总和刑的量刑是通过提高那个就其性质来看是*最重的*刑罚构成,同时又不允许达到把单个刑相加起来的总和(《刑法典》第53～54条;对此也见联邦最高法院,《刑事辩护人》94,424;《新法学周报》95,2234)。

法律上做出这样规定(《刑法典》第52～53条)的核心思想,是要在**行为单数**(Handlungseinheit)和**行为复数**(Handlungsmehrheit)之间加以划分: 753

"同一个"行为触犯了数个法规,或者数次触犯同一个法规的,构成**想象竞合**(Idealkonkurrenz)关系〔= **犯罪单数**(Tateinheit)〕,《刑法典》第52条第1款。

"数个"独立的行为多次触犯一个法规的,构成**实质竞合**(Realkonkurrenz)关系〔= **犯罪复数**(Tatmehrheit)〕,《刑法典》第53～55条。

两种竞合都要求具有一个前提条件,即案情构成的是"纯正的",而非仅仅是"非纯正的"(=表面上的)竞合(比较本著边码787、793)。

由此,行为单数和行为复数的概念,并非与犯罪单数(=想象竞合)和犯罪复数(=实质竞合)相同,而是各自只构成**它们的前提条件**(deren Voraussetzung)和连结点(对此比较本著一览表边码841)。

当年进行刑法改革的时候,立法者经过讨论,决定要继续保持本著在上面所简单勾勒的根据**细分原则**(Differenzierungsprinzip)的竞合规定(对此比较1962年的刑法总则草案,第189页及之后,以及1969年4月23日的刑法改革特别委员会报告,联邦议会印刷品V/409,第25页)。当然有不同的规定上配置而与德国刑法上的竞合规定有所不同的是,在奥地利(《刑法典》第28条第1款)和在瑞士(《刑法典》第68条)以及在德国的青少年刑法(《青 754

少年法庭法》第 31 条第 1 款）上，适用的是**单一刑原则**（Einheitsstrafenprinzip），对于即便是构成了数个独立的犯罪行为的，也只宣告一个单一刑。《刑法典选择性建议·总则》第 64 条也相似的曾主张采用单一刑，并建议对触犯多个法规的适当提高要科处的刑罚。单一刑的优点是比较简单，在实践中易于操作；不足之处是（除了法律技术上的调整困难外）在一定的情况中不同的被相同处理和容易形成一次即决的刑罚量刑。

755 由于学说理论上观点的相互对立，也缺乏同一的概念术语，使得竞合理论整个来说不易理解。

对此详见阿贝尔斯（Abels），《想象竞合的"明示功能"》，1991；格尔茨（Geerds），《论刑法中的竞合理论》，1961；耶赛克（Jescheck），"竞合"，载《整体刑法杂志》67，529；迈瓦尔德（Maiwald），《自然的行为单数》，1964；普珀（Puppe），《想象竞合和犯罪单数》，1979；同一作者，"不同种类想象竞合的功能与成立"，载《戈尔特达默刑法档案》，1982，143；施米德霍伊泽（Schmidhäuser），"论刑法上的竞合理论"，载《戈尔特达默刑法档案 140 年》，1993，191；R. 施米特（R. Schmitt），"现行和未来刑法中的竞合"，载《整体刑法学杂志》75，43、179；施特林泽（Struensee），《不作为犯中的竞合》，1971；福克勒（Vogler），"法规单一的功能和局限"，载《博克尔曼纪念文集》，715；韦勒（Werle），《在持续犯、继续犯和时间上分段的触犯法律行为中的竞合》，1981；威廉（Wilhelm），《作为犯和不作为犯之间的竞合》，博士论文，明斯特，1992；综述的见格佩特（Geppert），《法学培训》82，358、418；米奇（Mitsch），《法学教育》93，385。

756 要注意的是，《刑法典》第 52 ~ 53 条中规定的是**实体上的行为概念**（materieller Tatbegriff），与《刑事诉讼法典》第 155 条、264 条和《基本法》第 103 条第 3 款意义上的程序法上的和宪法上的

"行为"概念不相一致；后者除了起诉书中写明的实际发生事件之外，还包括被告人的整个举止，以该举止同该发生事件构成的是一个**一体的生活流程**(einheitlichen Lebensvorgang)为限〔比较《联邦最高法院刑事判决汇编》29,288;32,215;35,14、60,36,151;14,385;联邦最高法院，《新刑法杂志》95,46;马克森(Marxen),《刑事辩护人》85,472;施吕西特(Schlüchter),《法学教育》91,1057〕。

756a 《刑法典》第52条规定之意义上的**犯罪单数**(Tateinheit)，虽然在大多数的情况中都是(联邦最高法院，《新刑法杂志》84,135)，但也非必然就是《基本法》第103条第3款意义上的**犯罪同一性**(Tatidentität)，这是因为，《刑法典》中的竞合规定所服务的目的，与《基本法》第103条第3款的要服务目的不同，后者的任务在于明确实体确定力的界限，阻止因**同一个行为**(dieselbe Tat)，即因同一个可以个体化的事实**双重受罚**(Doppelbestrafung)〔比较《联邦宪法法院判决汇编》56,22;不同的见施吕西特/杜特格(Schlüchter)/(Duttge)，《新刑法杂志》96,457、461〕。《刑法典》第53条意义上的具有**实质竞合**(realkonkurrierend)关系的数个行为，只是在这种情况下才被视为是《刑事诉讼法典》第264条和《基本法》第103条第3款意义上的一个行为，即这些行为是直接地和内在地相互之间如此连接一起，以至于它们中间没有一个可以被单独地合理处理，如果把它们分割开来审理和判决，将被感觉是对一个一体的生活流程的不自然的分裂。内在的连接，在这里必须是直接**出自于行为或者结果自身**(aus den Handlungen oder Ereignissen selbst)。它并不由此可以成立，即行为人把相关的犯罪行为纳入一个整体计划，或者是它们之间存在一个人员上的关联〔详见联邦最高法院，《新刑法杂志》83,87和《联邦最高法院刑事判决汇编》36,151;批评的对此见诺伊豪斯(Neuhaus)，注释，载《新刑法杂志》93,202〕。

756b 在《刑法典》第52~53条意义上的"行为"之**实体—法律上的**

概念(materiell－rechtlichen Begriff)问题上,司法判决虽然同样认为**生活流程的一体性**(Einheitlichkeit des Lebensvorgangs)是关键性的,但在对于多次着手去既遂行为的案件的判决中,在这里依照的却是《联邦最高法院刑事判决汇编》40,75对就《刑法典》第24条框架内的从力图中的回撤所发展出来的标准和规则(比较本著边码635)。就此,如果服务于构成要件实现的行为部分可以形成一个一体的生活流程,该生活流程又是因为单个行为在相互之间是处在一个**空间上的和时间上的密切关联**(engem räumlichen und zeitlichen Zusammenhang)之中而成立,则构成法律意义上的"一个"行为。在具有这方面的缺陷的,比如是在逐步进行的勒索多次未遂的力图情况中,则大都通常是随着重新在着手目的是去既遂行为的行为而开始了一个新的《刑法典》第53条意义上的行为〔请务必阅读:《联邦最高法院刑事判决汇编》41,368 =《新刑法杂志》96,429有博伊尔克/萨茨格尔(Beulke)/(Satzger)的注释对于"达戈贝特大叔"案;批评的对此见普珀(Puppe),注释,载《法学环视》96,513〕。

第二节　行为单数和行为复数

757　刑法上重要的举止,大都是由一连串的物理上单个动作组成,这些单个动作是一个事件的一定的社会影响性层面上的意义单元。这个**法律—社会影响性上的意义关联**(rechtlich－sozialer Zusammenhang),决定着一个行为发生的哪些外部上可以分割的单个动作,可以被视为是行为单数或者是行为复数。

758　一、*自然意义上的一个行为*成立,如果在"一个"意志动作里实现的是一个行为决意(《联邦最高法院刑事判决汇编》1,20;6,81)。一个这样的行为流程,在法律上也总是构成"一个"行为。

谁比如是向会场里扔爆炸物的,着手的是"一个"行为,尽管这个行为有可能实现数个不法后果和数个犯罪行为构成要件(=杀人和人员伤害,财物损坏:《刑法典》第211/212条、第223条及之后、第303条、第311条)。即便是被伤害的法益属于最高的个人专属性质,也不会对在本案件里成立的是**行为单数**(Handlungseinheit)有任何的改变(《联邦最高法院刑事判决汇编》1,20;2,246;6,81;联邦最高法院,《新刑法杂志》83,1745)。

谁对准不同的人员开了数枪的,所实施的则是数个意志动作,由此是数个"自然意义上的"行为〔联邦最高法院《法学者报》85,250错误地认识了这一点,联邦最高法院在这里错误地把"自然的行为单数"等同于自然意义上的行为;见解正确的对此见迈瓦尔德(Maiwald),注释,载《法学环视》85,513〕。

帮助(Beihilfe)如果唯一是由一个作为或者是不作为组成,则即便是主要行为人实施了数个法律上独立的犯罪行为的,也应该评判为是"一个"一罪的行为(联邦最高法院,《新刑法杂志》93,584;《联邦最高法院刑事判决汇编》40,374、377)。

二、此外,法定构成要件如果把数个自然的意志动作连接成一个法律—社会影响性上的评价单元的,成立法律意义上的一个行为〔=**构成要件性行为单数**(tatbestandliche Handlungseinheit)〕。 759

(一)这比如是这种情况,即如果犯罪行为构成要件之最低前提条件的满足,准许或者要求对此实施数个单个行为;这特别是对于**多个行为的犯罪**(mehraktige Delikte)和**组合性的犯罪构成要件**(zusammengesetzte Deliktstatbestände)来说是这种情况(如抢劫罪中的使用暴力和拿走)。 760

(二)**持续犯**(Dauerdelikte)(比较本著边码32),也对为其实现所服务的行为发生,成立构成要件上的一罪。 761

在持续犯中,比如是在剥夺他人自由(《刑法典》第239条)或者是非法入侵他人住宅(《刑法典》第123条)中,所有的服务于违法状态的成立或者保持的行为动作,都是"一个"行为的组成部分。

762 (三)在**不纯正不作为犯**(unechte Unterlassungsdelikte)情况中,构成要件性的结果如果只是产生一次的,则尽管是耽误了数个救助可能性的,仍然只有"一个"法律意义上的不作为。相反地,保障人如果是对数个阻止结果的义务不作为的,要依据他对结果本是可以一同(即以"一个"一定的行为)还是要实施相互无关的"数个"行为可以阻止。

在第一种情况中只成立"一个"不作为(例如,列车轧死了数名道路工人,因为信号员忘了发出报警信号;比较《联邦最高法院刑事判决汇编》37,106、134)。在第二种情况中构成"数个"不作为。

相应地适用于**纯正不作为犯**(echte Unterlassungsdelikte),如果数个行为义务被违背〔详见《帝国法院刑事判决汇编》76,140;《联邦最高法院刑事判决汇编》18,376;耶赛克/魏根德(Jescheck)/(Weigend),《总则》,§66 Ⅳ 2;福克勒(Vogler),《刑法典莱比锡评论集》,§52 前边码40、41〕。

763 三、数个相同种类的行为动作,构成行为单数,如果这些动作是**基于一个同一的意志决意**(auf einem einheitlichen Willensentschluβberuhen)(联邦最高法院,《法学者报》77,609),在同一个流程中**以直接的前后顺序**(in unmittelbarer Aufeinanderfolge)在逐步或者是反复地实现(包括其加重性和特殊化变异在内的)**同一个犯罪行为构成要件**(gleichen Straftatbestand),即只是加重性质地上升了在一定的行为情形里的不法。

这就是比如在**案例 17** 中，如果 A 在把某 L 强拉进房屋的时候为了打消她的反抗连续打了她数拳，或者如果 A 和 B 在离开房屋之前盗窃了屋内的数件东西（武器、价值物品）。这里，只能各认为是对被侵害法益的承载者发生了“一个”同一的行为（即对 L 的“一个”身体伤害和对房屋主人的“一次”盗窃），比较《帝国法院刑事判决汇编》70，26；《联邦最高法院刑事判决汇编》1，168、170；4，219；10，230。

四、在上述的只有一个一体的犯罪行为只触犯了“一个”法律违反的案情中，司法判决使用了**“自然的行为单数”**（natürliche Handlungseinheit）这个概念，出于在这个人工化的概念的帮助下可以认为是想象竞合而非是实质竞合的目的，又将它延展到那些事实，在这些事实中单个行为中的多数行为实现了*不同种类的*犯罪行为构成要件和触犯了数个法律。据此，对于认定自然的行为单数而言就已经足矣，如果“数个在本质上是相同种类的举止方式，由一个统一的意志承载，基于它们在空间上—时间上的关联是如此密切地相互连接，以至于整个行为在客观上对于一个第三者**从自然的观察方式角度看认为是一个一体的，属于一起的行为**”（bei natürlicher Betrachtungsweise als ein einheitliches, zusammengehöriges Tun erscheint）（《联邦最高法院刑事判决汇编》10，230；联邦最高法院，《法学者报》77，609；《法学环视》85，512；《新刑法杂志》95，46；《新法学周报》95，1766）。 764

这个被司法判决用来处理完全不同的案情的公式，并没有提供足够可靠的区别标准，有被任意操作的危险。无论如何，联邦最高法院在所谓的警察逃逸案（《联邦最高法院刑事判决汇编》22，67；联邦最高法院，《交通法汇编》66，20 和 57，277）中，认为具有行为人的同一个逃逸意志，就可以把事实上差别很大的意志动作（如危险的身体伤害、对执行官员的反抗、造成危险地侵入道路 765

交通和违法地离开事故地点）连接成一个“自然的行为单数”，是必须要受到异议的。对这个非常矛盾的司法判决，批评的详见瓦尔达（Warda），《厄勒尔纪念文集》，241；金德霍伊塞尔（Kindhäuser），《法学教育》85，100；索瓦达（Sowada），《交通法新杂志》95，465 和《法学培训》95，245；沃尔特（Wolter），《刑事辩护人》86，315。

766 在**案例 17** 中，行为决意的“同一性”，绝不足以在武器盗窃和强奸之间认为是自然的行为单数。行为的“同时性”，并不成立它在法律意义上的“同一性”〔对此也比较联邦最高法院，《法学者报》83，907；《交通法汇编》36，354；迈瓦尔德（Maiwald），《新法学周报》78，300〕。此外，在这里还要注意的是，侵害不同法益承载者的个人专属法益（如生命或者身体完好性）的**数个**（mehrere）意志动作，只能是在特别例外的情况中可以被归结为是一个自然的行为单数（联邦最高法院，《刑事辩护人》94，537）。行为人如果是接连侵犯数个个人，要对他们每个人在个体上予以消灭，则即便是行为决意同一和空间上和时间上密切关联，也总是要排除认为是自然的行为单数（联邦最高法院，《新刑法杂志》96，129）。

767 在一个一体的生活流程中构成**自然的行为单数**（natürliche Handlungseinheit）的经典情况，得到大家认可的是对构成要件的逐渐（= 逐步产生）和重复（= 自行反复）满足。

例如，争执中，某 A 以杀害的故意把某 B 打倒在地，接着卡住他的脖子直到他失去知觉，之后又踢了他几脚，最后用路上的砖头将他打死，成立的是**逐渐**（sukzessive）的实施。基于同一个意志决意，这里接着在发生的每个行为动作，都是对先前开始的对某 B 的生命进犯的直接继续，因此是只有单一的一个逐步实现的对法定杀人禁令的触犯（对此比较联邦最高法院，《新刑法杂志》90，490）。

768 成立的则是**重复**（iterative）在实现构成要件，如果某人夜晚进行偷盗时从他人住宅的不同房间里盗窃了现金、首饰、油画、波斯地毯和其他贵重物品，逐一搬运到他停放在附近的机动车上。《刑法典》第242条的构成要件，在这里通过每个单个行为虽然被完全实现，对于自然的观察方式而言在这个一体的生活流程中构成的只是“一个”法律触犯，只是它的不法结果被加重上升。

五、**继续之行为**(fortgestzte Handlung)，是**法律上的行为单数**(rechtliche Handlungseinheit)之一个特别的表现形式。 769

这是一个由司法判决上发展出来的司法判决手段，为的是在重复实现相同种类的构成要件的系列行为情况中对实质竞合(《刑法典》第53条)的适用范围进行限制(比较《帝国法院刑事判决汇编》70，243；《联邦最高法院刑事判决汇编》5，136和19，323)。却由于它缺乏明确的法定基础，内容设定上有很大的适用困难和不足，因此联邦最高法院以1994年5月3日的刑事大法庭判决(《联邦最高法院刑事判决汇编》40，138)，对这个司法判决手段作了严格限制(详见本著边码773)。

对于属于**继续**(fortgestzt)之行为的认为，过去所要求的前提条件，是系列行为中的单个动作，目标上是**指向同一个法益**(gegen das gleiche Rechtsgut)，**实施方式**(Begehungsweise)上是属于**相同的种类**(gleichartig)，主观上是由一个**“概括故意”**(Gesamtvorsatz)承载，该故意必须包括具体行为的时间、地点和实施方式以及所要伤害人员的这些方面主要特点(《联邦最高法院刑事判决汇编》19，323；23，33；26，4；36，105)。 770

不过，这个**概括故意**(Gesamtvorsatz)的内容和边界，过去在很大的范围内并不清晰，因为联邦最高法院对于一定组类的事例

(譬如对性犯罪、毒品交易和税务刑法事例)不断在发展和制定其新的特别情形,使得对此不能取得一致(对此比较判决草案,联邦最高法院,《新刑法杂志》93,434、585)。当然在以前的判决上就很明确的是,行为人决定还要实施一系列相同种类犯罪行为的这样一个一般决意,对于上面提到的概括故意并不足够(比较《联邦最高法院刑事判决汇编》37,45;联邦最高法院,《新法学周报》83,2827;《新刑法杂志》92,436)。

771 与司法判决的意见相反,学说界的部分论者主张用"继续故意"取代概括故意,这个继续故意成立,如果后来的行为决意是对先前的决意的继续,以至于在单个的决意之间存在一根"在持续运行的心理上线条"〔比较毛拉赫/格塞尔(Maurach)/(Gössel),《总则》,§54 边码 78;施特雷(Stree),《舍思克—施罗德—刑法典》,§52 前边码 52;萨姆松(Samson),《刑法典系统评论》,§52 前边码 44〕。但与此连接的对继续关联的扩展,却被视为是在刑事政策上值得商榷,而未被主流意见接受。

772 继续之行为的单个动作,在过去习惯的范围内被理解为是**行为单数**(Handlungseinheit),这个处理方法产生出涉及广泛的后果:尽管行为人以加重形式实施的只有一个部分行为,加重却要覆盖整个行为(《帝国法院刑事判决汇编》67,183)。单个行为部分是力图,部分是既遂的,整体上成立继续之行为既遂(联邦最高法院,《新法学周报》57,1288);但既遂和力图之间的想象竞合有可能进入考虑,如果犯罪只是以较轻的形式既遂,以加重的形式力图。在伤害个人专属法益的情况中,对继续关联的认为被排除,如果和在此范围内单个行为所指向的目标是不同的法益承载人(《联邦最高法院刑事判决汇编》16,397 和 26,24;联邦最高法院,《新法学周报》87,509)。一个被继续的行为,是具有了它的第一个部分行为就为"既遂",却是具有最后的那个过程才为"终了";这对于时效开始具有重要的决定性作用(比较《刑法典》第 78 条

a;《联邦最高法院刑事判决汇编》27,18 和 36,105、116)。刑罚判决的既判力,对于所有的在判决宣布前具有的单个行为而言皆消耗了其刑事起诉权,不论法院是认识还是不认识这些行为(《联邦最高法院刑事判决汇编》6,92 和 15,268;联邦最高法院,《法学者报》86,44)。

《联邦最高法院刑事大法庭判决汇编》40,138 的判决,虽然没 773
有撤销**继续之行为**(fortgestzte Handlung)这个司法判决手段,但实际上宣判它丧失了意义。数个举止方式,其中的每个自身都是对一个犯罪行为构成要件的满足的,要将它们连接成一个继续的行为,所要求的前提条件是,这个连接对于符合事实要求地把握被实现的不法和责任而言是必要的,对此又只允许是依据相关的犯罪行为构成要件来认定。

后者不论怎样,在《刑法典》第 173 条、第 174 条、第 176 条和第 263 条中皆不是这个情况,在《刑法典》第 242 条、246 条和 266 条中也应该是没有什么不同(比较联邦最高法院,《刑事辩护人》95,298)。对于《刑法典》第 332 条(联邦最高法院,《刑事辩护人》95,84),还有在《麻醉品交易法》第 29 条第 1 款第 1 项、第 29 条 a 第 1 款(联邦最高法院,《刑事辩护人》94,479)范围和在偷税情况中也同样(《联邦最高法院刑事判决汇编》40,195)。

对于这个**重大的司法判决转变**(einscheidenden Rechtsprechungswandel),*刑事大法庭*所说明的理由有:单纯由"法官法"中发展出来的"继续之行为"这个司法判决手段,引起了的不小疑虑,要求重新考虑它的实体上的适用基础。刑法的法律上系统,根据的是单个的、法规上自立的犯罪行为,这些犯罪行为原则上只有当它们是同时出现在一个行为部分(《刑法典》第 52 条)中的时候,才连接成为一个**法律上的行为单数**(recheliche Handlungseinheit),而不是仅仅依据一个由行为人制造的意义关联或者其他的犯罪学角度上的共同性。要根据特别的,规定了该罪实现之前提条件的犯罪构成要件来衡量:对于符合事实要求地把握所实施的不法和责任而言,是否要求把重复的构成要件实现综合成法律意义上的“一个”行为。在大多数的情况中,法律对刑罚的确立和刑罚裁量的规定,已经是足够对于凡不连接成一个“自然的行为单数”或者“构成要件性的评价单元”的相同种类行为,也**根据它们的整个无价值**(ihrem Gesamtunwert nach)来把握。出于与*构成要件相关的*理由,为了符合事实要求地评价整个无价值,而在实体上将继续关联正当化,因此只能是一个很少的例外情况。

774 由此,“旧的种类”的继续之行为中迄今所说的“单个行为”,凡不被**自然的行为单数**(natürliche Handlungseinheit)概念所包括的,在今后就将应该作为**独立的犯罪行为**(selbständige Straftaten)来处理(对此比较本著边码764)。司法判决将怎样解决这里将要出现的新问题,还有待观察。

比较在此范围内的起诉,联邦最高法院,《新刑法杂志》97,145和95,245;《新法学周报》94,2556和长期对孩子性滥用案的判决说明,联邦最高法院,《新刑法杂志》94,393和96,349。此外对此也见阿茨特(Arzt),《法学者报》94,1000;比特曼/德赖尔(Bittmann)/(Dreier),《新刑法杂志》95,105;埃尔布(Erb),《戈尔特达默刑法档案》,1995,42;盖斯勒(Geisler),《法学培训》95,74;格佩特(Geppert),《新刑法杂志》96,57、118;拉克纳(Lackner),§52前边码14及之后;卓克尔特(Zschockelt),《新刑法杂志》94,361和95,109。

775 在**案例17**中,对两位姑娘性关系上的自主权的侵犯,按照过去的司法判决属于继续关联,要如是判决:L和Z被A和B反复强奸(对于《刑法典》第177条的共同正犯比较《联邦最高法院刑事判决汇编》27,205)。多次在同一个姑娘身上实施,虽然对于每个共同行为人而言都实现了“继续之行为”的所有特征〔比较联邦最高法院,《德国法律月刊》79,636 作者霍尔茨(Holtz)〕,但由于性关系上的完整性属于是**个人专属法益**(höstpersönliches Rechtsgut),对于 L 和 Z 而言成立的就是(在自身上继续的)**两个分离的行为序列**(zwei getrennte Handlungsreihen)(《联邦最高法院刑事判决汇编》18,26、28)。两个继续之行为在这里又由此是相互连接,即它们是**在一个部分行为上汇合到了一起**(in einem Teiakt zusammenfielen):**谋杀威胁**(Morddrohung)作为自然意义上的"一个"行为,是同时对两位姑娘的意志决定上的自由权利的一个*同一*侵犯〔比较联邦最高法院,《德国法律月刊》72,179 作者达林格(Dallinger)〕。通过这个**实行行为上的部分同一性**(Teilidentität der Ausführungshandlung),侵犯 L 和 Z 的继续之行为被连接成为一个整体(即连接成依《刑法典》第 177 条、第 52 条第 1 款的"相同种类"的想象竞合):《联邦最高法院刑事判决汇编》2,246 和 6,81;联邦最高法院,《新刑法杂志》94,79。

按照今天的司法判决,对反复触犯《刑法典》第 177 条的情况,不再认为有成立继续关联的空间(《联邦最高法院刑事大法庭判决汇编》40,138)。这样,每个单个的强奸行为,原则上都要被视为是法律上独立的行为。在**案例 17** 中不成立"自然的行为单数"(比较本著边码 764),因为各次侵犯行为,都是在时间上有一个较大间隔地"依次"发生〔对此见特伦德尔(Tröndle),§52 前边码 2 c 有进一步的证明〕。**谋杀威胁**(Morddrohung)作为对两位姑娘的意志决定自由的同一个侵犯,在共同正犯方面连接各侵犯 L 和 Z 的犯罪行为,组成*相同种类*的想象竞合,因为在此范围内具备"实行行为的部分同一性"(《刑法典》第 177 条、第 25 条第 2 款、第 52 条第 1 款;详见本著边码 777)。《刑法典》第 53 条第 1 款意义上的**犯罪复数**(Tatmehrheit),由此只是对**多次的重复行为**(mehrfache Tatwiederholung)可以认为。根据它们的(由法院认定的)次数(《刑法典》第 177 条),对 A 和 B 因对 L 和 Z 的共同强奸处罚(对此也比较联邦最高法院,《刑法新决定大全》,22 对《刑法典》第 52 条)。

第三节　想象竞合

776　一、想象竞合（=犯罪单数）成立，如果**同一个行为**（dieselbe Handlung）触犯数个法规或者数次触犯同一法规（《刑法典》第 52 条第 1 款）；第一种情况亦称**不同种类**（ungleichartige）的想象竞合，第二种情况亦称**相同种类的想象竞合**（gleichartige Idealkonkurrenz）。

"触犯数个法规"，指的是**实现数个犯罪行为构成要件**（Verwirklichung mehrerer Straftatbestände）。《刑法典》第 52 条的规定，使得从不同的法律视角上对一体行为（比如是使用虚假文书的诈骗性欺骗 =《刑法典》第 263 条、第 267 条）的不法性予以把握，成为可能。

777　《刑法典》第 52 条，不以构成要件行为具备完全的一致性为前提条件，更多的是一个部分行为在为实现数个刑罚法规的客观方面构成要件作其贡献，便足以〔= **实行行为的部分同一性**（Teilidentität der Ausführungshandlung）；《联邦最高法院刑事判决汇编》18，29 和 26，24；联邦最高法院，《新刑法杂志》85，546〕。因为具有这样的部分上的交叉，在犯罪行为的既遂和终了之间成立犯罪单数，也为可能。例如，服务于某个业已既遂的抢劫之终了的行为，同时又触犯了另一个法规（比如是《刑法典》第 211 条、第 22 条，因为对追赶者开枪），这个触犯便与抢劫处于一个想象竞合上的关系（《联邦最高法院刑事判决汇编》26，24、27；联邦最高法院，《新刑法杂志》93，77 和 95，588）。

778　在**案例 17** 中，由 A 和 B 实施的对两位姑娘的虐待，实现了

《刑法典》第223条a的构成要件（=由“数人共同实施”），同时也是对同时产生的剥夺自由的这个罪行（《刑法典》第239条）的实行行为。在这两个犯罪行为之间，因此成立“不同种类”的想象竞合（比较《联邦最高法院刑事判决汇编》18，26、27）。

不让人能够那么清楚判断竞合上的关系的是这个情况，即**持续犯**（Dauerdelikt）和**状态犯**（Zustandsdelikt）（在**案例17**中即《刑法典》第123条与第177条、第242条、第243条第1款第1项和第7项之间）在同时发生。 779

司法判决在这里，也对实行行为要求它具有部分上的相同（《帝国法院刑事判决汇编》32，137和54，288；《联邦最高法院刑事判决汇编》18，29、33）；否则成立的是实质竞合。与之相比，学术界的主流观点主张这样划分：可以认为**想象竞合**（Idealkonkurrenz），如果状态犯是持续犯的实施手段，或者如果持续犯是对实施某项一定的状态犯创造*前提条件*（如**案例17**中的为了强奸和盗窃的目的而非法侵入他人房宅），也就是说从一开始起就是为了这个*目的*而实施。反之，对于只是出现在持续犯中的“因为机会”而基于新产生的犯意实施的犯罪行为，则要认为**实质竞合**（Realkonkurrenz）（比如是这种情况：J突然来到他的打猎房，不得不忍受遭到A和B的侮辱；《刑法典》第123条和第185条之间形成犯罪复数；比较科布伦茨州高级法院，《新法学周报》78，716）。

对整个详见施特雷（Stree），《舍思克—施罗德—刑法典》，§52前边码88及之后。对触犯武器法与其他犯罪行为之间的法律上关系见《联邦最高法院刑事判决汇编》36，151。

依照固定的司法判决，犯罪单数此外也可以因此成立，即两个自行独立的，各与某个第三行为处于想象竞合关系的行为，通过夹 780

结作用被连接成犯罪单数。这个**添加夹结原则**(Prinzip der Verklammerung),因其对刑罚裁量的较大影响,和因其有可能的对刑事起诉权的消耗(《基本法》第 103 条第 3 款;《刑事诉讼法》第 264 条),只能是在严格的界限之内和必须要顾及有可能成立的犯罪的不法性而适用。数个严重的,本身处于实质竞合关系的行为,不能因为它们与一个在严重程度上要轻一些的犯罪行为有部分上的相同,就被相互连接成想象竞合;这样的连接,将颠倒对于人之举止的社会伦理角度上的评价。按照迄今的主流意见,相关的触犯法律行为中,即便只有一个的无价值大于那个居间的犯罪行为的,就要否定这样的**夹结作用**(Klammerwirkung)(比较《联邦最高法院刑事判决汇编》3,165)。不过新的司法判决期间已经脱离了过去的这个指导思想。现在的意见是,某个各与其他两项犯罪重合的犯罪行为,在即便是其中的一个要比在它们之间居间的连接单元**更为严重**(schwerer wiegt)的情况中,也能够成立这两个其他犯罪上的犯罪单数(《联邦最高法院刑事判决汇编》31,29;联邦最高法院,《刑事辩护人》83,148 对于故意杀人、胁迫和非法持有武器之间的关系;联邦最高法院,《法学环视》83,210)。联邦最高法院在这里并没让重罪总是要比轻罪严重的这个*抽象的*评价规则得到适用,而更多的是在根据所要*具体判决的*情况,根据其分量和可以使用的刑罚框架(《联邦最高法院刑事判决汇编》33,4 对《麻醉品交易法》第 29 ~ 30 条;联邦最高法院,《新刑法杂志》93,133)。

部分法学学说理论,完全拒绝添加夹结原则〔雅科布斯(Jakobs),《总则》33/12;普珀(Puppe),《戈尔特达默刑法档案》,1982,143、152;施米德霍伊泽(Schmidhäuser),《总则》14/36;其他的对此持较大的怀疑态度格佩特(Geppert),《法学培训》97,214;萨姆松(Samson),《刑法典系统评论》,§52 边码 19〕。

由 A 和 B 在**案例 17** 中实施的**非法侵入他人房宅**(Hausfriedensbruch),与对两个姑娘的数次强奸和对 J 的盗窃处于一个犯罪单数的关系(《刑法典》第 52 条第 1 款;对此详见本著边码 791)。非法侵入他人房宅,系严重性上要轻微一些的犯罪行为,但不能够对**强奸**(Vergewaltigung)和**盗窃**(Diebstahl)这两个独立的并且不法性上为更高的犯罪行为“相互之间形成夹结”。因为,由于这里的两个犯罪要比非法侵入他人房宅严重,所以后者不能够产生夹结作用(《联邦最高法院刑事判决汇编》31,29)。 781

某人违反武器法的刑罚规定,在故意杀人(《刑法典》第 212 条)和随即实施的胁迫中使用同一件武器的,各一体行为实现的违反武器法的轻罪,对于自身是独立行为的**故意杀人**(Totschlag)和**胁迫**(Nötigung)行为,同样产生夹结作用,合成**犯罪单数**(Tateinheit)(联邦最高法院,《刑事辩护人》83,148)。 782

二、依照有限制的**吸收原则**(Absorptionsprinzip),来处理想象竞合:根据刑罚威吓最重的那个法规确定刑罚;但不允许轻于其他可以适用的法规准许的刑罚(《刑法典》第 52 条第 2 款)。 783

对罚金、财产刑、附加刑、附加后果、保安处分、收缴、使之不能使用和吊销,必须或者可以在由《刑法典》第 52 条第 3 款、第 4 款确定的限制之内单独宣判,如果可以适用的法规中,有一个是这样在规定或者是对此准许的〔=术语上所说的**组合原则**(Kombinationsprinzip)〕。对判罪书见本著边码 799。

第四节 实质竞合

一、实质竞合成立,如果某人实施了**数个独立的犯罪行为**(mehrere selbständige Straftaten),可以对这些犯罪行为同时宣判 784

(《刑法典》第 53 条)。

在**案例 17** 中,盗窃与属于“拐骗”这个复合犯罪中的各个犯罪行为,成立实质竞合关系。对 K 实施的欺骗也同样。

785 二、实质竞合中的刑罚量刑,主要依照以下基本原则:

造成了数个自由刑或者罚金刑的,宣判一个**总和刑**(Gesamtstrafe)(《刑法典》第 53 条第 1 款)。出现自由刑和罚金刑竞合的也可以宣判总和刑,以法院不认为有理由要单独判处罚金刑为限(比较《刑法典》第 53 条第 2 款)。在《刑法典》第 53 条第 3 款的前提条件下,除了判处总和刑外还允许判处财产刑(《刑法典》第 43 条 a)或者总和财产刑。《刑法典》第 52 条第 3 款、第 4 款 2 的规定在这里相应适用。

786 对总和刑的构成,在《刑法典》第 54 条中已有规定:单个刑中的一个是无期自由刑的,作为总和刑宣告**无期自由刑**(lebenslange Freiheitsstrafte)。在其余的所有情况中,总和刑的构成是通过提高所造成的那个最高刑罚,对于不同种类的犯罪行为是通过提高依其种类的最重刑罚〔术语上所说的**加重原则**(Asperationsprinzip)〕。行为人的个人方面情况和单个的犯罪行为,由此都得到了综合的评价(对此详见联邦最高法院,《新法学周报》95,2234)。

总和刑不允许达到单个刑的总和,对于有期徒刑不得超过 15 年,对于财产刑不得超过行为人的财产价值,对于罚金刑不得超过 720 个日额金(《刑法典》第 54 条第 2 款 2)。《刑法典》第 55 条准许在那里规定的前提条件下嗣后构成总和刑〔比较《联邦最高法院刑事判决汇编》27,359;联邦最高法院,《新法学周报》96,668;格赖布(Greib),《法学教育》94,690〕。

对于1990年10月3日之前在原来的民主德国地区实施的犯罪行为,《刑法典导入法》第315条第2款将罚金刑的绝对最高额度限制在了360个日额金以内。

第五节　法规单数

要区别于两个纯正竞合种类(想象竞合和实质竞合)的,是**非纯正竞合**(unechte Konkurrenz),即这样的情况,从法律条文上看是满足了数个犯罪行为构成要件,但实际上是**首先要适用的那个刑罚法规定,排斥对其余规定的适用**(primär anzuwendende Strafgesetz dieübrigen verdrängt)。在行为单数的范围内,这个“非纯正竞合”的表现形式被归纳在**法规单数**(Gesetzeseinheit)(也称“法条竞合”)的概念之下,在行为复数的范围内,**被共同处罚的先前和后续行为**(mitbestrafte Vor – und Nachtat)只是一个表面上的竞合关系〔对此详见赛埃尔(Seier),《法学培训》83,225;福克勒(Vogler),《博克尔曼纪年文集》,715〕。 787

司法判决认为法规单数成立,如果行为的不法性通过选择依照法条文字可以适用的数个犯罪行为构成要件中的一个,就已经被**完全包括**(erschöpfend erfaßt)的(《联邦最高法院刑事判决汇编》11,17;28,15)。在此范围内对于裁判而言,关键的是依据行为人的侵犯所针对的法益和法律为保护这些法益所制定的构成要件(《联邦最高法院刑事判决汇编》31,380;25,373)。对受一个刑法行为构成要件所保护的法益的侵害,必须是(如果不必然是,则也通常是)实现其他构成要件的表现形式(详见《联邦最高法院刑事判决汇编》41,113;42,27、51)。

在特别、补充和吸收关系中,成立**法规单数**(Gesetzeseinheit)。

一、形成**特别关系**(Spezialität),指的是某项刑法条文**在概念** 788

上必然(begriffsnotwendig)也包容另一条文的所有特征,以至于实现了特别的犯罪构成要件的,也就必然是也实现了进入考虑的一般构成要件。

在加重或者特殊化变异与其基本构成要件之间的关系上,总是存在特别关系,如在**案例 17** 中在《刑法典》第 223 条 a 和第 223 条之间。自立种类的变异,同样也与其初始构成要件成立特别关系,如抢劫(《刑法典》第 249 条)与胁迫(《刑法典》第 240 条)、与盗劫(《刑法典》第 242 条)。

结果加重犯(erfolgsqualifizierte Delikte)(见本著边码 23),依据《刑法典》第 18 条至少是以对"行为的特别结果"上的过失为前提条件。与此相应,相关的过失构成要件在这里因为法规单数而总是退撤其后(=特别关系),如《刑法典》第 222 条对于第 226 条或者对于第 307 条第 1 项(比较《联邦最高法院刑事判决汇编》8,54)。

根据犯罪种类,加重性结果不仅是可以因为过失,而且也可以是因为故意(特别是以间接故意)而造成,如《刑法典》第 117 条第 4 款新文本、第 251 条或者第 307 条第 1 项范围内的受害人死亡,在相应的故意情况中可以考虑成立结果加重犯与相关的故意构成要件(《刑法典》第 212 条、第 211 条)之间的**想象竞合**(Idealkonkurrenz),因为在判决宣告中唯以这个方式才能够清楚说明行为的所有不法性和有责性(《联邦最高法院刑事大法庭判决汇编》39,100)。

789 在法律适用上,特别的刑罚规定优先于一般的构成要件。

在**案例 17** 中,《刑法典》第 177 条作为特别条文,排除被包容其内的《刑法典》第 241 条 I 和第 185 条的适用(对于第 241 条比较联邦最高法院,《戈尔特达默刑法档案》,1977,306;对于第185条比较联邦最高法院,《新法学周报》51,368编号第21),但不排除《刑法典》第239条的适用,如果对自由的剥夺——如同在这里——超过了对于实现《刑法典》第177条的必需〔《联邦最高法院刑事判决汇编》18,26和28,18;联邦最高法院,《德国法律月刊》91,1021作者霍尔茨(Holz);科布伦茨州高级法院,《交通法汇编》49,347〕。《刑法典》第240条退撤于第177条、第239条之后。

在为强奸目的而拐骗的情况中,在"两人关系"的框架内《刑法典》第239条b是*依法律之意*(*retio legis*)被第177条排斥适用还是不被排斥适用,曾在最高法院刑事法庭内部很有争论(比较联邦最高法院,《新刑法杂志》94,283、430;《联邦最高法院刑事判决汇编》39,330)。这个争论的问题目前有了刑事大法庭于1994年11月22日(《联邦最高法院刑事判决汇编》40,350)的裁定在这个意义上已经解决,即《刑法典》第239条b在所述种类情况中的适用,并不从一开始起就被排斥。在第239条b第1款和第177条之间由此是可以成立**犯罪单数**(Tateinheit)。

二、**补充关系**(Subsidiarität),指一刑法条文只是补充性质地可以适用,即只是对于没有已有其他条文介入的情况适用。 790

补充性,有的是被明确地规定(如在《刑法典》第145条第2款、第145条d、第248条b、第265条a、第316条之中),有的是通过对意义关联的解释产生。特别是在具体的危险犯与实害犯之间(比较《帝国法院刑事判决汇编》68,407对《刑法典》第221条、第217条),同一个行为的力图与既遂之间,以及较轻一些的与更重一些的参与形式之间的关系上,悄然有着补充性关系的存在。例如,教唆和帮助对正犯的所有形式,都是补充性的;在参与范围内,帮助对于教唆是补充性的。

三、被激烈争论的是**吸收**(Konsumtion)关系的概念和界限。 791

这种情况成立，如果一犯罪行为构成要件，**并未必然包括**（nicht notwendig enthalten）在另一个构成要件之中，但这一行为**通常和典型**（regelmäßig und typischerweise）地是与另一行为的实施竞合，以至于其不法性和有责性被更严重的犯罪形式所连同包容和耗尽。

例如，按照主流意见，在入室盗窃案中《刑法典》第 242 条、第 243 条第 1 款第 1 项就对单纯的非法侵入他人房宅和财物损坏（《刑法典》第 123 条、第 303 条）产生吸收关系〔比较柏林高级法院，《法学环视》79，242 有格尔茨（Geerds）的注释；福克勒（Vogler），《刑法典莱比锡评论集》，§52 前边码 132；韦塞尔斯（Wessels），《毛拉赫纪念文集》，295、308；不同意见见毛拉赫/施罗德（Maurach）/（Schroeder），《分则》1，第 8 版，§2033 边码 109〕。在翻窗或者使用配制钥匙的盗窃案中，对通常与此连接的非法侵入他人房宅（《刑法典》第 123 条）也同样。这个基本原则但在这种情况下受到限制，即非法侵入他人房宅不仅仅是《刑法典》第 242 条、第 243 条第 1 款第 1 项的一个*伴随行为*，而是（如同这里在**案例 17** 中）同时要使得**实施其他行为**（Begehung weiterer）（比如是强奸）**成其为可能**（ermöglichen），也就是说超过了《刑法典》第 242 条、第 243 条第 1 款第 1 项框架内的一个单纯的伴随行为的范围。在这样的情况下不形成吸收关系，而更多的是非法侵入他人房宅具有**自立的意义**（eigenständige Bedeutung）。

792 四、在法规单数情况中，被排斥适用的刑罚规定不出现在判决的责任宣告上。但量刑不得低于其最低刑罚框架（《联邦最高法院刑事判决汇编》1，152；10，312；15，345；20，235）。此外，被排斥适用的刑罚规定也对从“加重的”力图中回撤（比较本著边码 651）和对附加刑和对判处《刑法典》第 11 条第 1 款第 8 项意义上的措施保持意义（比较《联邦最高法院刑事判决汇编》19，188）。

第六节 “共罚的”事前行为和事后行为

“不纯正竞合”的表现形式,也存在于行为复数的范围内,如果一犯罪行为构成要件的实现,也把一先前的独立行为或者一事后的使用性质的行为之不法性和有责性连同包括其中。为了将这类情况与行为单数情况区别开来,对这里就不说“法规单数”,而是讲**共罚的**(mitbestrafte)(也包括“不处罚的”)**事前行为和事后行为**(Vor-und Nachtat)。在这个范围内被排斥适用的刑罚规定退撤于后,是出于具有**补充性**(Subsidiarität)或者**吸收**(Konsumtion)关系的视点。 793

详见《联邦最高法院刑事判决汇编》38,366;福克勒(Vogler),《刑法典莱比锡评论集》,§52 前边码 135 及之后;奥托(Otto),《法学工作报》94,276。

一、**事前行为是共罚的**(mitbestrafte Vortat),因为它属于**补充性**(Subsidiarität)或者**吸收**(Konsumtion)关系。 794

如**案例 17** 中的犯罪约定(《刑法典》第 30 条第 2 款、177 条),作为独立的行为是强奸罪的共罚的事前行为。也就是说《刑法典》第 30 条第 2 款只是想对预备性行为作为这样的行为进行规定,易言之即就其意义和目的而言是对所约定犯罪的力图实施或者实施既遂上的一个**补充性质**(subsidiär)关系(比较《联邦最高法院刑事判决汇编》1,131;14,378)。相比之下,侵占机动车钥匙完全从**吸收**(Konsumtion)关系的角度构成对之后发生的相关车辆盗窃的共罚的事前行为(哈姆州高级法院,《德国法律月刊》79,421)。暴力敲诈(《刑法典》第 255 条、第 22 条)的力图与接着发生的抢劫既遂(《刑法典》第 249 条)之间也关系相同,如果行为的对象物是他人之物和行为人在实行他的行为决意时从一个实施方式转入了另一个实施方式(联邦最高法院,《刑事辩护人》82,114)。

795 二、**吸收**(Konsumtion)关系的基本思想,也完全适用**共罚的事后行为**(mitbestrafte Nachtat)。构成要件符合性的、违法的和有责的行为之这个形态上的后续行为被吸收,如果它的情节或者情形没有超过通过先前行为的所获程度,没有对已经形成的法益损害造成本质性的扩大,没有侵犯新的法益(《联邦最高法院刑事判决汇编》38,366 和 6,67;联邦最高法院,《新刑法杂志》87,23)。这两个独立行为之间的典型的关联关系,在于行为人通常是必须实施后续行为,如果他想使得主要行为对于他具有意义。

例如,盗窃对于行为人只有这样才具有意义,即他可以把非法获得的对物的控制权使用于他的目的。在**案例 17** 中将盗窃来的武器转手给了 C 和把贵重物品卖给了 K,对于 A 和 B 来讲就不成立独立的要受处罚的侵占(《刑法典》第 246 条);这些典型的使用性质行为已在对盗窃的处罚中被**连同清偿**(mit abgegolten)〔《联邦最高法院刑事判决汇编》14,38 因缺乏再次的“使自己占有”而在这个范围内拒绝成立《刑法典》第 246 条的“构成要件”;对此详见韦塞尔斯(Wessels),《分则》2,边码 295 及之后〕。

对想法单纯的 K 实施的诈骗(《刑法典》第 243 条、《民法典》第 935 条),相反的是与先前的盗窃罪(《刑法典》第 242 条、第 243 条第 1 款第 1 项和第 7 项)形成一个**实质竞合**(Realkonkurrenz)关系,因为在这个范围内具备新的,独立的对某个第三者法益的侵害〔比较《帝国法院刑事判决汇编》49,16、405;联邦最高法院,《德国法律月刊》82,280 作者霍尔茨(Holz)〕。

796 因为不可证明或者已过时效而对主要行为撤销判决的,对后续行为仍可独自处罚〔《联邦最高法院刑事判决汇编》38,366;联邦最高法院,《新法学周报》68,2115;有不同的意见见施特雷(Stree),《法学者报》93,476〕。第三者对"共罚的事后行为"的可罚参与,是可能的(《帝国法院刑事判决汇编》67,70、77)。

第七节　处理提示和总的结果

一、在竞合问题上,建议处理步骤如下: 797

首先审查是成立了"行为单数"还是"行为复数"(比较本著边码753)。

接着查明竞合是属于"纯正"还是"不纯正"的:

在行为单数(Handlungseinheit)情况中,先是排除因为"法规单数"而不适用的刑罚条文;对还留下的犯罪行为构成要件就自行产生《刑法典》第52条的适用性。

在行为复数(Handlungsmehrheit)情况中,要剔除"共罚的事前行为和事后行为";对还留下的犯罪行为由此适用《刑法典》第53条的道路便开启。例外情况中这里可以依据(本著边码780提及的)"夹结"原则,成立数个本身独立的触犯法规行为之间的犯罪单数,以具有某个与它们存在着想象竞合关系的第三个犯罪行为在居间起着一个中介上的"连接单元"作用为限。

二、在**案例17**中,A和B犯了**共同正犯**(Mittäter)(《刑法典》第25条第2款)责任,**总的结果**(Gesamtergebnis)**如下:** 798

(一)因为对L和Z强奸数次,各与拐骗、剥夺自由、危险的身体伤害和非法侵入他人房宅(《刑法典》第177条第1款、第3款第1项和第2项新文本,犯罪单数第239条b第1款,第239条第1款、第223条a、第123条、第52条、第53条)成立的犯罪单数。

（二）此外因为情节特别严重的盗窃与非法侵入他人房宅成立的犯罪单数（《刑法典》第 242 条、第 243 条第 1 款第 1 项和第 7 项、第 123 条、第 52 条）。

（三）因为对 K 不利的欺诈（《刑法典》第 263 条）。

其中，这三个行为复合体之间又相互形成犯罪复数（＝实质竞合，《刑法典》第 53 条）关系。

C 通过“一个”行为即提供配制钥匙，对上述（一）和（二）中的犯罪行为提供了**帮助**（Beihilfe）（＝“异种”想象竞合，依据《刑法典》第 27 条、第 52 条），前提条件是他的帮助故意是对于每个主要行为都成立。

对于参与人，要单独查明他的行为贡献是否是“一个”行为；在这个范围内关键性的是**参与行为的次数**（Anzahl der Teilnahmehandlungen），而不是对主要行为的评价（比较《联邦最高法院刑事判决汇编》40，347、377）。

由 C 此外实施的窝赃（《刑法典》第 259 条；对此比较《联邦最高法院刑事判决汇编》7，134 和 8，390），与前面谈到的帮助形成实质竞合（《刑法典》第 53 条）关系。

799 三、**判决主文**（Urteilsformel）上，要根据《刑事诉讼法典》第 260 条第 4 款第 1 句的规定，写明被告人被有罪宣告之**行为的法律名称**（rechtliche Bezeichnung der Tat）。主文之后的其他写明，由法院斟酌决定（《刑事诉讼法典》第 260 条第 4 款第 5 句）。在数个犯罪行为竞合情况中，在这个范围内的实际处理并非总是统一的（对此很有教益的见联邦最高法院，《新刑法杂志》86，40）。

在异种想象竞合情况中，在《刑法典》第 52 条范围内的有罪宣告必须写明所有的竞合刑罚规定（例如，被告人因与伪造文书成立犯罪单数的欺诈,被判处……)。在同种想象竞合情况中,要写明多次触犯的同一法条,以判决主文不因此变得不是一目了然为限。譬如:被告人因对3 个人的谋杀被判处无期徒刑。在实质竞合情况中,在刚才的譬如中则要写“在 3 起案件”中的谋杀。详见联邦最高法院,《新刑法杂志》96,493、610;对此有教益的见迈耶尔/戈斯内(Meyer)/(Goßner),《新刑法杂志》88,529 和《法学培训》90,253。对**刑事判决**(Strafurteil)的内容结构见联邦最高法院,《新刑法杂志》94,400。

第六编

附件

第十八章　犯罪论概观

第一节　犯罪构造上的评价层次模式（以既遂的故意行为为例） 800

找到可能进入考虑的犯罪行为构成要件	= 进入案情审查
简单思考行为在犯行发生范围内的行为*质量*	
如下意义上的构成要件符合性 一、实现**客观方面**的不法构成要件 二、实现**主观方面**的不法构成要件	=第一评价层次 根据法定构成要件
可罚性的客观方面条件 （=术语上所说的“构成要件附件”）	=只在法律上有规定的地方审查（如《刑法典》第283条第4款）
行为的**违法性**（= 审查是否有正当化事由的介入） 一、是否具备**客观方面**的正当化要素 二、是否具备**主观方面**的正当化要素	=第二评价层次 依据整个法制秩序
责任 一、责任能力（《刑法典》第19~20条） 二、特别的责任特征（以法律规定为限） 三、故意—责任谴责（依照主流意见，有“许可构成要件认识错误”介入时撤销 四、不法意识或者对不法认识的可能性（比较《刑法典》第17条） 五、缺乏或者具备免除责任事由（如比较《刑法典》第35条第1款	=第三评价层次 从行为的*人格上可谴责性*和具体一个人方面情况上的是否能够避免触犯规范的行为人能力的角度
（或许有此可能性的）依据个人方面情况的排除刑罚或者免予刑罚的事由以及刑事追究前提条件或者阻却	=在一定的具体案情中进一步审查（如比较《刑法典》第258条第5款、第6款以及第247条、248条a）

第二节　德国犯罪论发展概述

801 言之在前：**一般犯罪学的任务**(Aufgabe der allgemeinen Verbrechenslehre)，是系统地研究和梳理为所有的犯罪行为所共同的结构元素。它在探讨这个问题，什么时候和基于什么样的前提条件，对某个具有社会危害性的结果或者以此为目的的举止可以对某个一定的人将这个举止作为构成要件符合性的、违法的和有责的行为向他**归咎责任**(zurechnen)。它提出这个问题的**目的**(Ziel)，是为了寻求使得理性的、符合事实要求的和可以检查的法律适用成为可能，以这个途径的方式来保障在刑法维护和运用上的公正性和可靠性。犯罪论的依据**基础**(Grundlage)是**法律**(Gesetz)，它提出的概念必须是与法律的语言相匹配，与立法者的价值决定相吻合。

例如，从《刑法典》第1条、第9条、第13条、第25条中可以得出，“行为”和行为的以作为的形式或者以违背义务的不作为的形式的“实施”，是对于刑法上的裁判和对于犯罪构造的连结点。从《刑法典》第17条、第20条、第26条和第27条中又可以得出，在**不法**(Urecht)和**责任**(Schuld)之间进行划分，属于犯罪论的基础性质的结构元素；对“违法行为”(比较《刑法典》第11条第1款第5项)和“犯罪行为”(比较《刑法典》第44条、66条)的区别也同样。结合《刑法典》第32条、第34条(“行为不违法”)和第35条第1款第1句(“行为不承担责任”)，这些刑法条文此外还表明，法律以之为出发点的关于犯罪的概念，是一个**分为多个层次的犯罪概念**(mehrgliedriger Verbrechensbegriff)，法律理解的**犯罪行为**(Straftat)，是构成要件符合性的、违法的和有责的行为，这之中“行为”是连结点，是要经过刑法上的评价之所有层次的**连接单元**(Bindeglied)。《刑法典》第46条不仅强调了建立在法制国家原则之上的**责任原则**

(Schuldprinzip)(“行为人的责任是量刑的基础”),而且通过所列举的量刑根据也表明立法者对“从行为中表现出来的思想”(术语上所说的思想上无价值),也视为是责任谴责对象。

过去的普通法犯罪论,只是在客观方面和主观方面的归咎责任(imputatio facti und imputation juris)之间加以划分。这个归责概念的任务,是把发生过程作为“人的所为”来把握,将其同单纯的偶然性事件区别开来。现代的具有多个层次的犯罪概念,则是在19世纪中期才发展出来的〔特别是由于海德堡法学教授路登(Luden)的贡献〕,由此产生的犯罪论“古典系统”,先是得到了完全认同;但在20世纪以来又在不断经历(从行为概念开始的)调整,调整逐步深入进犯罪构造上的所有评价阶段,当前正处于一个自身稳固的时期。 802

这个调整过程,是由对*规范性*构成要件特征和*主观方面的*不法要素(详见本著边码118)的发现所引起的;因果行为说和由贝林(Beling)和李斯特(Liszt)所代表的“古典体系”(比较本著边码89),由此失去了它们的支撑和说服力。构成要件和违法性,如今不再是(如同迄今之前那样)依据纯粹客观—公式的标准来确定;因果关系的思维现在必须让步于一个信条学的,把握意思含义的思考方式。作为“不法构成要件”意义上的构成要件,获得了新的符合实际要求的意义(比较本著边码119);与此同时,社会危害性也被认为是违法性的实体成分,由此确立了根据对法益侵害的轻重程度来分级“不法”比重的可能性。 803

20世纪30年代由韦尔策尔(Welzel)创立的*目的*行为说(比较本著边码90),把犯罪构造系统中的“故意”,完全从“责任”的范围中调整了出来,在根据个人方面情况的行为无价值层次上将它归属于“主观方面不法构成要件”,由此是对整个调整过程推动得最远。又更新一些的*目的*犯罪说,则没有完全范围地依照这个步骤,而是与今天的主流意见一致,坚持法律以“故意”和“过失” 804

的概念，除了是对**举止形式**（Verhaltensform）（=实施方式）的描述外，也是对各**责任形式**（Schuldform）的描述，以至于这两个特征在犯罪构造系统上担负着一个对于不法和责任具有意义的**双重功能**（Doppelfunktion）（详见本著边码 142）。

805 对此基本的见加拉斯（Gallas），“犯罪论的当前发展”，载《整体刑法学杂志》67，1；同一作者，“论刑法上不法概念的结构”，载《博克尔曼纪念文集》，155；希尔施（Hirsch），“行为和不法说争论”，载《整体刑法学杂志》93，831 和 94，293；同一作者，“韦尔策尔之后刑法信条学的演进”，载《科隆大学法学系 600 周年纪念文集》，1988，399；耶赛克（Jescheck），“从与奥地利的相关学说的比较角度看贝林以来犯罪论在德国的发展”，载《整体刑法学杂志》73，179；同一作者，“信条学和刑事学基本问题”，载《整体刑法学杂志》93，3；同一作者，“从法律比较的角度看新的刑法信条学和刑事政策”，载《整体刑法学杂志》98，1；罗克辛（Roxin），“近代犯罪论的历史发展”，载《总则》，§7 边码 9 及之后；韦尔策尔（Welzel），“100 年的德国刑法信条学和目的行为论”，载《法学教育》66，421；同一作者，“难道是不可消除的错误理解？——谈对目的行为论的阐释”，载《新法学周报》68，425；艾伯特（Ebert），“故意的刑法行为之不法”，载《法学培训》81，225；许内曼（Schünemann），“刑法体系思想导论”，载《现代刑法体系基本问题》，1984，1；福尔克（Volk），“通过犯罪构成之外的当罚性而非刑事化”，载《整体刑法学杂志》97，871；沃尔特（Wolter），“新刑法体系上的当罚性和要罚性”，载《戈尔特达默刑法档案 140 年》，1993，269；同一作者，“欧洲刑法体系上的人权和法益保护”，载《欧洲刑法基本构造》，1995，3；对在德国更新一些的，但迄今仍是零散的系统理论的批评，见耶赛克/魏根德（Jescheck）/（Weigend），《总则》，§22 Ⅵ；弗里施（Frisch），“刑法行为和刑法体系”，载沃尔特/弗洛因德（Wolter）/（Freund）（主编），《整个刑法体系上的刑法行为、刑罚量刑和刑事程序》，1996，135。

对犯罪论在奥地利的发展情况，见莫斯（Moos），《整体刑法学杂志》93，1023。

下面的概述,以盗窃罪犯罪构成要件(《刑法典》第 242 条)为例,展示各根据犯罪体系对**犯罪构造**(Deliktsaufbau)和与之结合的刑罚后果有哪些影响: 806

理论体系	古典理论	新古典理论
	(=纯粹因果的不法观点)	(=因果观点,但认可主观方面的不法元素)
代表人物	贝林、宾丁、李斯特等	鲍曼、金阿普费尔、韦伯等
《刑法典》第 242 条意义上的构成要件符合性	拿走他人之可动之物	拿走他人之可动之物非法占为己有意图
违法性	无正当化事由(依据客观—公式标准)	在客观和主观方面有可能有正当化事由介入
责任	一、归责能力 二、故意作为责任种类 三、违法的占有意图作为通常的责任特征 四、无免除责任事由	一、责任能力 二、故意作为责任形式 三、不法意识作为通常的责任元素 四、无免除责任事由
批评	该理论体系太单一地以结果犯罪(《刑法典》第 212 条、第 223 条)为依据,必然失败,因为一个纯粹因果的思考方式并不适合规范性的科学。将非法占有意图划分进“责任”范围不适当,因为它与行为的**可谴责性**没有关系。	该学说在对古典体系的变革和对主观方面不法元素的认可上做得不彻底,没有认识到构成要件故意不仅是在力图中,而且也在犯罪既遂中属于“主观方面的不法构成要件”(比较本著边码 139)。

提示:传统的学说,坚持在这里阐释的和被司法判决显然在优先运用的依照“新古典体系”的犯罪构造。

理论体系	目的论学说体系	目的学说体系
	(=在考虑价值的观察方式范围内,寻求通过依据禁止和命令规范的社会影响性上的意义来达到一个折中式的问题解决)	(=从人之举止的目的结构和从立法者受到行为概念的本体论之特点的制约出发)
代表性人物	加拉斯、耶赛克、拉克纳、克拉默、伦克纳、埃塞尔、罗克辛、鲁道菲、韦塞尔斯、沃尔特等人①	韦尔策尔、毛拉赫、阿明·考夫曼、希尔施、戈塞尔、施罗德、斯特拉滕韦特、齐普夫等人
《刑法典》第242条意义上的构成要件符合性	一、客观方面的不法构成要件:拿走他人之物 二、主观方面的不法构成要件:构成要件故意 非法占为己有意图	一、客观方面的不法构成要件:拿走他人之物 二、主观方面的不法构成要件:构成要件故意 非法占为己有意图
违法性	有可能有正当化事由介入 一、客观方面的正当化元素 二、主观方面的正当化元素	有可能有正当化事由介入 一、客观方面的正当化元素 二、主观方面的正当化元素
责任	一、责任能力 二、故意—责任谴责作为责任形式 三、不法意识作为通常的责任元素 四、缺乏免责事由	一、责任能力 二、不法意识作为责任元素 三、缺乏免责事由

① 施米德霍伊泽在目的论学说的体系上走一条自己的路,因此不能将他列举在这里。

续表

批评	在目的论学说的体系上，“故意”和“过失”具有一个作为举止和责任形式的**双重功能**。此细分可使得更好地理解刑法，在对刑法的维护上也导致符合事实要求的结果。	目的学说犯罪体系是从行为概念中太单一地发展出来的。此外它还忽视了故意也有作为责任形式的意义，并不能只是归纳于不法的范畴。

第三节　排除刑罚的事由或者以其他方式影响刑罚的事由

范围	关键的根据	法律后果	807
在行为概念范围内	缺乏“行为质量”	具体的情节在刑法上不为重要。	
在法定构成要件范围内	一、缺乏客观方面的构成要件特征 二、缺乏主观方面的构成要件特征	一、行为**既遂**撤销；要审查是否有**力图**进入考虑。 二、既遂及力图在这里撤销；必要时审查是否有**过失构成要件**介入。	
在违法性范围内	有（客观上及主观上存在的）正当化事由介入	行为人的举止是**正当化的**（=依法许可的）；他没有实施“违法的行为”。	

续表

范围	关键的根据	法律后果
在责任范围内	具备排除刑罚或者免予刑罚事由	虽然属于"违法行为"(《刑法典》第 11 条第 1 款第 5 项);但由于**责任谴责的撤销**,该举止不受罚。
在通常的可罚性前提条件范围内	一、缺乏可罚性的客观方面条件 二、有依据人的排除刑罚或者撤销刑罚事由的介入	一、行为(对于所有的参加人)不受罚,因为没有满足所有的可罚性前提条件。 二、在其身上成立了这个情况的那个人(在相关根据的框架内)不受罚;对其余参加人不适用(比较《刑法典》第 28 条第 2 款)。
在刑罚追究准许性的范围内(即在实体刑法之外)	一、缺乏刑罚追究前提条件 二、具备刑罚追究阻却事由	对于左一和左二: 行为的**可罚性**无变化;只是对**刑罚追究**不准许或者是不再准许(如比较《刑法典》第 77 ~ 78 条)。

第四节　排除构成要件的同意与正当化的承诺的对比

行为当事人的同意	法益权利人的承诺 808
产生**构成要件排除性**的作用，如果法定要件是以行为违背或者缺失行为当事人的意志为前提条件，如在《刑法典》第 177 条、第 235 条、第 240 条情况中，在第 123 条的“非法侵入”情况中或者在第 242 条的“拿走”情况中（对此比较联邦最高法院《交通法汇编》48，175）；	作为对法律保护的放弃，产生**正当化**的作用，如果法制秩序尊重法益权利人对他的受到保护法益的放弃，比如是在身体的完整性（《刑法典》第 226 条 a）或者是在财产法益的保护范围内的放弃；
不需要一定是具有明确的“申明”，但必须是在**行为开始**时已经具备；	必须是在**行为之前**（《联邦最高法院刑事判决汇编》17，359）就具有明确申明，或者至少是从所作的表示中可以得出这样的推论；
在所说情况中纯粹属于**事实上性质**（比较《联邦最高法院刑事判决汇编》23，1）和以当事人的具有如下结果的“自然的意志能力”为前提条件： 当事人不需要是理解了受损失的法益之意义；	具有**规范性**特点（《联邦最高法院刑事判决汇编》23，1），在其**有效性**上在如下方面受到限制： 一、**处置权**（比较《刑法典》第 216 条、第 226 条 a，《自愿阉割法》第 2 条）。

续表

行为当事人的同意	法益权利人的承诺
他的同意不需要无风化上的缺陷和通常也不需要无错误的想象（骗取的同意，只是在法律对“诡计的”行为才处以刑罚的地方为不必注重，比如是在《刑法典》第235条上； 同意必须是在**无强迫的情况下**，即自愿地产生的（被胁迫的同意不为注重）。	二、**承诺能力**，即承诺人必须是具有足够的**判断和认识能力**，能够认识到放弃法益的性质、意义和影响范围（比较《联邦最高法院刑事判决汇编》12，379）。 三、**意志缺失**的负面作用，换言之即承诺通常**无效**，如果是被强迫或者是被骗取的；同样，如果承诺是建立在对医生告知义务的违背之上（比较《联邦最高法院刑事判决汇编》11，111；16，309）。
行为人**不知**具备同意的，成立（因为无既遂的行为）对相关犯罪的**力图**不能（以该犯罪力图受到刑罚威吓为限）。	行为人**不知**具备（有效申明之）承诺的，依照迄今的主流观点成立因**行为既遂**的处罚（比较《联邦最高法院刑事判决汇编》2，111、114），依照最新的意见则成立类推适用**力图规则**（对此见本著边码279）。
在**错误认为**具备同意的情况中，成立对故意的构成要件认识错误的排除（《刑法典》第16条第1款第1句）。	在**错误认为**具备承诺的情况中，类推适用《刑法典》第16条第1款第1句依照**许可要件认识错误**规则取消故意—责任谴责和由此取消因故意实施的行为处罚（详见本著边码478）。

第五节 刑法上的认识错误理论概述

言之在前(Vorbemerkung):对于认识错误,《刑法典》未做全部和整套的明文规定。在一系列的条文上(比较《刑法典》第16条、第17条结合第26条、第27条),《刑法典》却明确在表明所依照的不是故意说而是**责任说**(Schuldtheorie),该理论对不法意识不归结为是故意的组成部分,而是作为独立的责任元素来处理(基本的见《联邦法院刑事大法庭判决汇编》2,194;详见本著边码427、464)。《刑法典》在**构成要件认识错误**(Tatbestandsirrtum)与**禁止性认识错误**(Verbotsirrtum)之间加以区别,由此而清晰地表明所依照的是责任说(这样,过去由帝国法院发展出来的在行为认识错误和法律认识错误之间的区别,就被彻底地摒弃;对此见本著边码458)。除了第16条、第17条(这两条是当前有效的法律规定上关于认识错误的核心的两条)以及第35条第2款(该条处理的是在免除责任的紧急状态框架内的错误认为具备免除责任的行为情形)外,《刑法典》上只有一些零散的自己种类的特别规定,即不一般适用的规定(譬如第113条第4款对于执行官员的抗拒,该条的实用性规定基于第136条第4款、第125条第2款中的提示,也可以依意义地适用于对封印的破坏、对公章的破坏以及对社会安宁的破坏;此外比较第97条b对于错误认识国家秘密的违法性)。其他的就全都是交留给了司法判决和学术界;特别是在关于正当化事由的介入的认识错误上,引起了意见争论(详见本著边码469及之后)。 809

下面的**概述**(Übersicht),以A和B**两组事例**(zwei Fallgruppe)为例,贯通地总结行为人或者参与人是否**对自己有利**(zu seinen Gunsten)(=A组)或者**对自己不利地**(zu seinen Ungunsten)(=B组)错误认识或者错误判断行为形势:

A. 可以对错误人产生有利作用的错误想象和认识不足 810

811 一、错误认识属于**法定构成要件**(gesetzlichen Tatbestand)的**情况**(Umstände)(=构成要件特征上的认识错误)。

812 (一)发生**构成要件认识错误**(Tatbestandsirrtum),谁在实施行为时没有认识到面前的情况是属于**法定构成要件**(gesetzlichen Tatbestand)上的情况的(换言之属于客观方面不法构成要件的与故意相关的特征)。

例如:散步人S,在一个长满树木和灌木丛的林子里练习射击,对准那里的一个木桶开了一枪,他错误认为这个木桶里面是空的,没有想到在玩印第安人游戏的儿童J却偏巧藏在里面。J被击中致死。是杀人罪还是过失杀害?或者:用餐完毕,饭馆客人G将一把他人的雨伞与自己的搞错,将他人雨伞带回了家。是盗窃吗?

心理上的情形(psychische Situation):处于构成要件认识错误中的行为者,**错误认识**(verkennt)他的所为在**社会影响性上的含义**(sozialen Bedeutungsgehalt);他不知道在构成要件的角度上他是在做什么(S比如说不知道自己是在向一个人开枪;G不知道自己拿走的是*他人*雨伞,由此是破坏了*他人占有*)。客观上已经满足的刑罚要件的呼吁和警戒功能,没有在他那里达到。

法律后果(Rechtsfolge):行为人实现了相关的行为构成要件非故意;他的**构成要件故意不成立**(Tatbestandsvorsatz entfällt)(《刑法典》第16条第1款第1句)。因过失实施之可罚性不受影响(《刑法典》第16条第1款第2句),而是法律上规定有相关的过失构成要件,对其前提条件要逐一审查(这些条件并不因为否定了故意就*自动*成立,系显而易见)。在所举的例子中,S要承担依照《刑法典》第222条的责任(任何人不允许向一客体开枪射击,对该客体的特性他先前未曾仔细检查和全部无遗地认识)。G则用不着有什么要承担责任的担心,因为在《刑法典》第242条的范围内不存在过失构成要件。

（二）错误地**认为优遇的构成要件特征**（Annahme privilegierender Tatbestandsmerkmale），换言之错误地认为面前的情况是法律构成要件上较轻处理的情况。 813

例如：A 让 16 岁的女生 S 乘他的车兜风，到达偏僻的山路上，按照预先计划对先是反对，后来放弃了任何反抗的 S 实施了性关系。他在行为时有这样的错误认为，即 S 在兜风开始前就认识了他的真实意图，内心上也对此同意。是依照《刑法典》第 235 条第 1、2 款的可罚性（ = 情节特别严重的使未成年人脱离），还只依照《刑法典》第 236 条（ = 有被诱骗人承诺的诱骗）？

心理上的情形（psychische Situation）：在《刑法典》第 16 条第 2 款上，取决于案件的具体情况和取决于对这条规定的适用伸展到多远的范围。行为人在预想上大都是只认为实现的是一个较轻的犯罪构成要件（在这样的情况中则不同，比如说在"生产后立即"将婴儿杀死，因为错误认为是非婚生，在这里在《刑法典》第 212 条与第 217 条之间的关系上要根据第 16 条第 2 款）。

法律后果（Rechtsfolge）：不依照（通常只是客观上被满足的）从重处理的法律（这里：《刑法典》第 235 条第 1、2 款）处罚。在上面的这个来自司法判决的案例中，这个结果已经是从这之中产生，即在这个范围内（ = "通过诡计"使脱离）缺乏构成要件故意（《刑法典》第 16 条第 1 款第 1 句）。对其行为**既遂**（Vollendung），根据《刑法典》第 16 条第 2 款行为人仅仅是依较轻的构成要件规定受罚（这里即依照《刑法典》第 236 条；详见《联邦最高法院刑事判决汇编》24，168）。

对在《刑法典》第 212 条与第 217 条之间的关系上要根据第 16 条第 2 款〔也就是说在根植于**责任范围内**（im Schuldbereich）的特殊化情况中〕，对此存在的意见分歧不是在处理的结果上，而是在信条学上的说明上〔比较弗兰克（Franke），《法学教育》80，172；罗克辛（Roxin），《总则》，§ 12 边码 122；瓦尔达（Warda），《法学培训》79，113；韦塞尔斯（Wessels），《总则》，边码 422 和《分则》1，边码158〕。

814 二、**禁止性规范**(Verbotsnorm)认识错误〔 = **禁止性认识错误**(Verbotsirrtum)〕,可以是通过如下方式产生:行为人不认识禁止性规范,误解(比如是从宪法上规定的角度)它是无效或者以这个方式错误解释,即对自己的实际是**禁止的行为**(verotenes Handeln)视为是依法准许。

例如:认识某个患精神病妇女的状态,引诱她发生性行为关系,但不认识法律上的禁止(《刑法典》第179条)。或者:虽然认识来历,仍将盗窃物品作为礼物接收,因为错误认为《刑法典》第259条只是禁止"购买"盗窃物品。

心理上的情形(psychische Situation):行为人缺乏自己是在**实施不法的认识**(Einsicht, Unrecht zu tun)。他"明白"自己的所为在社会影响性上的含义;他知道(在构成要件层面上)自己是在干什么,但错误认为这个所为是许可的。

法律后果(Rechtsfolge):依照《刑法典》第17条做如下细分:

(一)行为人不能够避免认识错误的,他对行为不承担责任(《刑法典》第17条第1句)。**不可避免的**(unvermeidbar)禁止性认识错误,排除行为的可谴责性;它是一个**责任排除事由**(Schuldausschließungsgrund)。

(二)**可以避免的**(vermeidbar)禁止性认识错误并不排除责任谴责,但*可以*产生减轻责任的作用(在这里列举的例如情况中是在根据故意构成要件的处罚上);它是一个供选择的**责任减轻事由**(Schuldminderungsgrund)(《刑法典》第17条第2句)。

注意(beachte):在**责任说**(Schuldtheorie)和**故意说**(Vorsatztheorie)之间的意见争论,因为有了《刑法典》第17条而已经得出了对前者有利的了结。在现行法律中故意说因此不具备意义(详见本著边码459、462)。

三、对**正当化事由介入**(Eingreifen von Rechtfertigungsgründen)的认识错误。 815

(一)**许可构成要件认识错误**(Erlaubnistatbestandsirrtum),指不正确地认为具有某个依法正当化根据的事实上的前提条件。这个错误成立,如果行为人错误认为这样的情况已经具备,假如它们果真具备则将使得具体的行为正当化(=错误认为具备正当化的事实;比较《联邦最高法院刑事判决汇编》31,264、286;联邦最高法院,《新刑法杂志》83,500 和 88,296;卡尔斯鲁厄州高级法院,《新刑法杂志》82,123;哈姆州高级法院,《新法学周报》87,1034)。 816

例如:散步人 S 举起手杖,打向冲他走来的(实际上是无恶意和很本分的)流浪汉 L,因为他认为后者是一强盗,要对自己发起侵犯(=假想防卫)。可以适用《刑法典》第 223 条、第 223 条 a 或者还是只适用第 230 条?

心理上的情形(psychische Situation):行为人知道他的举止满足了法定构成要件;在上面这个例子中,S 的举止触及了《刑法典》第 223 条、第 223 条 a 的警戒功能。他对事件发生的在社会影响性上的含义没有正确地把握;**从 S 的视角看**(aus der Sicht des S),对 L 的*毫无理由的*伤害是紧急防卫和自我保护行为。他的构成要件故意由此不是法制秩序的价值决定的反对的表达,这个法制秩序将准许他的举止,假如他作为行为人所认为具备了的情况如果真的具备。如同联邦最高法院在一次表述所说的那样(《联邦最高法院刑事判决汇编》3,105、107),处于**许可构成要件认识错误**(Erlaubnistatbestandsirrtum)中的行为者,想的是遵照法律上的命令,只是因为他对认为自己因此是有行为权力的事实的认识错误,偏离了这个目标。

法律后果(Rechtsfolge):《刑法典》上未作规定。主流意见〔大都是从**限制责任说**(eingeschränkte Schuldtheorie)的基本角度出发〕,以依据《刑法典》第 16 条第 1 款第 1 句的在说明上有不同的说明,否定因相关的故意构成要件的可罚性。至少是在**法律后**

果(in seinen Rechtsfolgen)上,主流意见以撤销**因故意行为的处罚**(Bestrafung wegen vorsätzlicher Tat)的方式,把许可构成要件认识错误等同于构成要件错误(从这里主张的立场的角度,是因为缺乏故意责任;详见本著边码 478 及之后)。这样,因有可能存在的**过失构成要件**(Fahrlässigkeitstatbestand)而对行为人的处罚,不受影响(《刑法典》第 16 条第 1 款第 2 句)。在上面的这个举例情况中,对 S 因此不能依据《刑法典》第 223 条、第 223 条 a,但可以依据第 230 条要求他承担责任,假如他在对情况的估计中没有遵照在交往中所要求的谨慎义务,在这个方面触及了过失谴责(这完全取决于案情中的具体情况)。

有不同的意见(abweichende Ansichten):(主要是由目的说论者所主张的)**严格责任说**(strenge Schuldtheorie),在这类情况中适用《刑法典》第 17 条及那里规定的法律后果,因为它对每个**错误认识行为的违法性**(Irrtum über die Rechtswidrigkeit der Tat),不考虑其产生原因一律归纳于**禁止性认识错误**(Verbotsirrtum)范围(比较本著边码 466)。**故意说**(Vorsatztheorie)则是通过"因为缺乏不法意识"来否定故意而达到《刑法典》第 16 条第 1 款上规定的结果〔比较本著边码 459 和施米德霍伊泽(Schmidhäuser),《法学者报》79,361〕。

817 (二)单纯的**许可性认识错误**(Erlaubnisirrtum)成立,如果行为人错误认识正当化事由的**法定边界**(rechtliche Grenzen),或者相信存在并未受到法制秩序认可的正当化事由。

例如:在对抢劫力图进行防卫时,拳击手 B 将青少年抢劫犯 R 的手枪打落。R 转身逃跑,B 赶上前去将他痛打,因为他错误认为依照紧急防卫规则允许他这样做。或者:某夫人 F 打了 16 岁的家佣 H 一耳光。她认为自己作为雇主,对懒惰异常的家佣有责打的权力。

心理上的情形(psychische Situation):行为人的价值观在这里

（不同于在本著边码 816 之中）与**法制秩序**（Rechtsordnung）的**不相一致**（nicht überein）。在这样种类的和被行为人正确认识的事实情况中，法律是禁止和谴责这个犯行行为的（对已被成功制止和明显已经停止的侵犯，不再存在紧急防卫；某夫人 F 认为的责打权，在实际中也不存在）。

法律后果（Rechtsfolge）：按照主流意见，许可性认识错误（作为*间接的*禁止性认识错误）适用在《刑法典》第 17 条中规范的直接的**禁止性认识错误**（Verbotsirrtum）规则。这样方式的处理，显得是符合事实上的要求；因为，对*不可避免的*认识错误行为人免予受罚，对*可以避免的*认识错误行为人则要为他的有缺陷的评价担负责任。在刑事刑法的严格范围内，对每个具有认识能力者允许要求他要有*社会伦理上正确的*价值决定。

有不同的意见（abweichende Ansichten）：**故意说**（Vorsatztheorie）在这里再次否定故意行为成立；它对这个结果的（不正确的）意见是：不法意识属于"故意"。

四、错误认识**免除责任事由的介入**（Eingreifen von Entschuldigungsgründen）。 818

（一）错误**认为**（Annahme）具有依法免除责任事由的**事实上的前提条件**（sachliche Voraussetzungen）。 819

例如：马戏团演出期间，一只体形巨大的外国犬撞进了观众席。错误认为是猛兽跑出了铁笼，观众们惊恐地往出口处跑，形成拥堵。为了逃避错误认为的危险，某 A 拳打脚踢，为自己开路，将数人打伤。成立依《刑法典》第 223 条的可罚性？

心理上的情形（psychische Situation）：行为人知道他是在实施一**违法行为**（rechtswidrige Tat）。但他认为具备对他的举止**免除责任**（endschuldigen）的情况（比较《刑法典》第 35 条第 1 款）。

法律后果（Rechtsfolge）：从《刑法典》第 35 条第 2 款中可以得出，对这样种类的**不可避免**（unvermeidbar）的认识错误，撤销责任谴责。对**可以避免的**（Vermeidbarkeit），对处罚（在本举例案情中即根据《刑法典》第 223 条的故意处罚）要依照《刑法典》第 49 条第 1 款减轻（ = 必须适用的责任减轻事由，《刑法典》第 35 条第 2 款）。

820 （二）错误认识免除责任事由的**存在**（Existenz）或者错误认识其**法定边界**（rechtliche Grenzen）。

例如：证人 Z 在法庭上做虚伪宣誓（《刑法典》第 154 条），因为他被威胁若做真实陈述，他的新车轮胎将被扎破〔 = 对 Z 的**物价值**（Sachwerte）上危险〕。Z 认为，基于这个威胁他的行为无责任（比较《刑法典》第 35 条第 1 款中对具备紧急状态能力的法益范围的明确规定）。

心理上的情形（psychische Situation）：Z 知道，他是在实施不法行为。他正确认识了行为情况，但对自己举止的“可罚性”判断不正确。

法律后果（Rechtsfolge）：对免除责任根据的存在或者对其法定边界的认识错误，根据普遍的观点是对于提起责任谴责而言**不为注重**（unbeachtlich）；但可以在刑罚量刑框架（《刑法典》第 46 条第 2 款）内被予以考虑。

821 五、错误认识**人的刑罚排除事由的介入**（Eingreifen von persönlichen Strafausschlieβungsgründen）。

822 （一）错误认为具**有刑罚排除性的行为场合**（Annahme strafausschlieβender Tatumstände）。

例如：某女士 F 的未婚夫 V，因为抢劫银行被警察查找，F 为他创造了条件逃往国外。后来发现，F 与尚未婚的 V 之间并不存在依法有效的订婚关系。对此 F 却一直不知。成立依《刑法典》第 258 条的可罚性吗？

心理上的情形(psychische Situation):取决于各案中的情况,有时是与心理上的矛盾冲突连接。但行为人知道,他是在实施违法行为。

法律后果(Rechtsfolge):法律上未做明文规定。主流意见完全是根据**客观上的情况**(objektive Lage),即所涉及的情况的实际上的存在,在这个方面视行为人的想法为不具有意义(比较《帝国法院刑事判决汇编》61,270)。学术界的观点,则因为各对人的排除刑罚事由的范围设定不同而不同,对相关规则的部分业已视为是免除责任事由〔对此比较耶赛克/魏根德(Jescheck)/(Weigend),《总则》,§42 Ⅱ1〕。更为符合事实要求的,显得是在这里依照正在成为主流学说的做如下**细分**(differenzieren):

1. 根据客观情况和纯粹构成要件角度上的事实,如果法律规定的免除刑罚主要是出于**国家政治方面的要求**(staatspolitische Erfordernisse),或者是出于**刑事政策上的符合目的性考虑**(kriminalpolitische Zweckmäßigkeitserwägung)(譬如《刑法典》第36条,该条的目的是保护议院上的言论自由)。

2. 相反地,免予刑罚如果是基于**责任方面的考虑**(schuldrelevate Erwägungen),特别是基于立法者对类似于紧急状态的冲突情况的顾及,则要参酌**行为人的想法**(Tätervorstellungen),对即便是**错误认为**(irrige Annahme)具备法律上规定的前提条件的也要免除刑罚。

这首先是对于《刑法典》第258条第6款具有意义。个别论者主张在这里类推适用《刑法典》第35条第2款〔埃塞尔/布克哈特(Eser)/(Burkhardt),《刑法》Ⅰ,225〕,而大多数人的意见是(依照目的论学说上的考虑)倾向于将(在法律上是对客观方面规定的)刑罚排除事由主观化〔详见本著边码499及之后;施特雷(Stree),《申克—施罗德—刑法典注释集》,§258边码39;瓦尔达(Warda),《法学培训》79,286、292〕。在上面所举的这个例子中,F女士由此是依照《刑法典》第258条第6款免除刑罚,因为她是在要帮助**亲属**(Angehörigen)(《刑法典》第11条第1款第1项)脱离刑事追究的这个错误认为中实施了行为。

823 （二）错误认识人的排除刑罚事由**存在**（Existenz）或者其**法定边界**（rechtliche Grenzen）。

例如：对一个朋友有利地挫败刑罚，因为错误认为《刑法典》第258条第6款意义上的“亲属”，是与行为人“有密切关系的每一个人”（对此比较《刑法典》第11条第1款第1项）。

心理上的情形（psychische Situation）：行为人知道，他是在为不法行为。他正确地理解了事实情况，只是对于自己举止的免除刑罚性判断错误。

法律后果（Rechtsfolge）：单纯的“可罚性认识错误”，按照普遍的观点不具备意义，不影响行为的被谴责性。

824 六、错误认识**可罚性的客观方面条件**（objektive Bedingungen der Strafbarkeit）。

例如：A散布有损于B名誉的议论，对所散布的他认为都是真实。在由B对他提起的诉讼程序（《刑事诉讼法典》第374条第1款第2项）中，A却不能证明所散布内容的真实性。

心理上的情形（psychische Situation）：行为人错误想象了似乎是与责任和不法无关的情况，对这些情况法律却对行为人规定要承担**责任和不法成立的风险**（Risiko ihres Vorliegens）。

法律后果（Rechtsfolge）：这样种类的认识错误不为注重（比较《联邦最高法院刑事判决汇编》21，334、365和本著边码148及之后）。A根据《刑法典》第186条因恶意毁人名誉受罚。

七、对**刑事追究前提条件**(Strafverfolgungsvoraussetzungen)认识错误。 825

例如:丈夫M在他妻子F的衣柜里发现一个信封,装有现金1000马克。M将钱拿走,错误认为是他妻子对他隐瞒的六合彩中奖。实际上这笔钱是邻居N的,F只是临时替她保管。成立M的可罚性吗?

心理上的情形(psychische Situation):M知道,他是在实施盗窃。他的认识错误在于他错误想象了与**刑事追究准许性**(Zulässigkeit der Strafverfolgung)相关的情况〔这里:依照《刑法典》第247条的**告诉乃论**(Strafantrag)性〕。

法律后果(Rechtsfolge):这样的认识错误不具备意义;关键的在此范围内只是**客观上的情况**(objektive Lage)(比较《联邦最高法院行事判决汇编》18,123)。由于邻居N是行为受害人,《刑法典》第247条的前提条件由此不成立,不需要告诉乃论的刑罚请求,而是可以*依职权*对M提起刑事程序(《刑事诉讼法典》第160条、第152条第2款)。

B. 可以对错误人产生不利作用的错误想象和认识不足 826

一、错误认识属于**法定行为构成要件**(gesetzlichen Tatbestand)的**情况**(Umstände)。 827

(一)错误认为**具备**(Vorliegen)客观上的不法构成要件特征(=反方向的构成要件认识错误)。 828

例如:某A带着杀害的故意,向躺在床上的某B开枪,却不知道某B已在此前死于心肌梗塞突发。或者:饭店里,客人G从挂在衣帽架上的M的大衣口袋里拿走了钱包。来到卫生间打开细看,吃惊地发现这竟是他在来饭店时的路上丢失,被M拾到的钱包。

心理上的情形(psychische Situation):行为人错误认识他的所

为的社会影响性上的含义。他认为满足刑罚构成要件的情况已经具备。

法律后果(Rechtsfolge):这样方式的“反方向构成要件认识错误”,成立可罚的**不能的力图**(untauglichen Versuch),以相关犯罪的力图受到刑罚威吓为限。这在这里正是这个情况(《刑法典》第23条第1款结合第212、211条和242条第2款;很有教益的对此见联邦最高法院,《新法学周报》97,750)。

829 (二)**未认识**(mangelnde Kenntnis)到具备**优遇的构成要件特征**(privilegierende Tatbestandmerkmale)。

例如:F的丈夫M在监狱里服刑,已有数月。她生下一个婴儿,立即将其杀害,因为她认为M是孩子生父;实际上婴儿的真正父亲是她的情夫L。这里是成立依照《刑法典》第217条的可罚性(因为客观上是该条意义上的非婚生),还是依照第212条的可罚性(因为孩子被认为是婚生)?

心理上的情形(psychische Situation):F知道,她是在杀害一个人。《刑法典》第217条作为优遇情况所规定的情绪激动和内心上冲突,在她这里并不具备(根据她对孩子生父问题的错误想法)。

法律后果(Rechtsfolge):《刑法典》第217条上的非婚生子女优遇,并不是意味着该罪的不法要减轻,而是仅仅建立在该行为的**有责性要轻微一些**(geringeren Schuldgehalt)的基础上〔详见韦塞尔斯(Wessels),《分则》1,边码158〕。降低责任谴责却不可能进入考虑,如果婴儿母亲**并未认识那些情况**(Umstände nicht gekannt),对这些情况法律是作为是否产生优遇的根据。“非婚生”这个对客观方面制定的(特别的)责任特征,因此根据这条规定的意义和目的可以从主观上进行阐释;在这里关键的不是客观的情况,而是婴儿母亲的**想象图**(Vorstellungsbild)〔比较瓦尔达(Warda),《法学培训》79,113、115〕。F依照《刑法典》第212条因故意杀人既遂处罚(前提条件是《刑法典》第 211 条意义上的谋杀特征不具备)。

法学界有部分论者,主张对**不法**(Unrecht)产生减轻作用的优遇特征,要根据客观的情况,而不是根据行为人对这些特征的是否认识〔耶赛克/魏根德(Jescheck)/(Weigend),《总则》, § 29 V 5 b;克拉默(Cramer),《申克—施罗德—刑法典注释集》, § 16 边码 28〕。这种主张无实际上的意义,因为这样种类的状况,在当前有效的法律上几乎不会出现(可以考虑的也许是《刑法典》第 109 条第 2 款与该条第 1 款的关系上)。

二、以这样方式的**禁止性规范**(Verbotsnorm)认识错误,即行为人认为触犯了刑法上的禁止或者命令,而实际上它们并不存在,或者是因为行为人对自己不利地把它们的适用范围扩大了(= *反方向的禁止性认识错误*)。 830

例如:丈夫 M 引诱他的妻妹 S 与他发生性关系,后者并未完全成年,因为他错误认为《刑法典》第 173 条也对结成姻亲人之间的性关系予以禁止和以刑罚威吓。成立刑法上的判决吗?

心理上的情形(psychische Situation):行为人正确理解情况和他的所为的社会影响性上的含义。他所认为的刑法上的禁止,只存在于他的想象之中或者实际上并不针对他的举止。

法律后果(Rechtsfolge):这样种类的"反方向禁止性认识错误",成立不受罚的**幻觉犯**(Wahndelikt)〔详见本著边码 622;《联邦最高法院刑事判决汇编》14,345;赫茨贝格(Herzberg),《法学教育》80,469;布克哈特(Burkhardt),《法学者报》81,681〕。

三、错误认识**正当化事由**(Rechtfertigungsgründe)。 831

(一)实施侵害行为时**不认识**(in Unkenntnis)这个情况,即具备有依法正当化事由的客观方面前提条件(= *反方向的许可构成要件认识错误*)。 832

例如:为了给后者制造烦恼,A 午夜间扔石头砸邻居 N 的卧室玻璃,却无意间由此救了 N 和他一家人的生命,即 N 被惊醒后感觉屋内有浓重的煤气味,查看发现是厨房的煤气管泄漏,在最后的时刻避免了危险(通过关闭煤气管道、打开所有的窗户、呼叫救助人员等)。这里成立刑法上的判决吗?

心理上的情形(psychische Situation):行为人实现法定构成要件(这里是《刑法典》第 303 条)时行为不是为了救助目的,而是具有侵犯的意志。他不完全认识他的所为的社会影响性上的含义,因为他不认识正当化的情况(对此比较《刑法典》第 34 条)。

法律后果(Rechtsfolge):因为*主观方面*的正当化要素缺乏,成立具体行为的违法性。主流意见在这里是因**故意行为既遂**(vollendete Vorsatztat)论处〔《联邦最高法院刑事判决汇编》2,111 和 3,194;特伦德尔(Tröndle),§34 边码 18〕。学术界绝大多数主张类推适用**力图规则**(Versuchsregeln),因为客观上具备的正当化情况补偿了结果无价值,行为的无价值性如同是在不能的力图中是限制在了主观方面的行为无价值上,表现在实施侵害行为的意志中〔详见本著边码 279;耶赛克/魏根德(Jescheck)/(Weigend),《总则》,§31 Ⅳ 2;毛拉赫/齐普夫(Maurach)/(Zipf),《总则》,§25 边码 34;同样的见柏林高级法院,《戈尔德达默刑法档案》1975,213〕。

833 (二)错误认识正当化事由**法定边界**(rechtliche Grenzen),因为行为人对正当化事由理解过窄(=反方向的许可性认识错误)。

例如:精神病患者 G,抢了 E 的公文包。E 追上去踢了 G 腿肚子一脚,将他踢倒在地,拿回了自己的东西。E 认为,不准许对精神病患者进行紧急防卫,《刑法典》第 32 条不庇护为保护财产价值而实施身体上伤害的侵犯者。这里成立刑法上的判决吗?

心理上的情形(psychische Situation):行为人正确认识事情的

情势，为保护他的法益客观上也要求防卫行为，他只是对依法的许可性（这里：*以保卫意志实施的紧急防卫*）的边界对自己不利地判断错误。

法律后果（Rechtsfolge）：这样的认识错误不改变行为的合法性（《刑法典》第 223 条结合第 32 条）。纯粹建立在评价错误上的以为不正当化的认为，成立不受罚的**幻觉犯**（Wahndelikt）（详见本著边码 622）。

四、错误认识**免除责任事由**（Endschuldigungsgründe）。 834

（一）实现了犯罪行为构成要件，并**不认识**（in Unkenntnis）依法免除责任事由的事实方面的前提条件具备。 835

例如：某 Z 在法庭上做虚伪宣誓时，并不知道就在前一天有人在他还未打开拿取的邮件箱里放了一封威胁信，威胁他将“不会活着离开法院大楼”，如果他在法庭上“据实陈述”。这里成立刑法上判决吗？

心理上的情形（psychische Situation）：行为人知道，他是在实施违法行为。由于他不知道威胁信和对他生命的危险，他不是处于心理上的强迫状况。

法律后果（Rechtsfolge）：行为人**不知道**（nicht bewuβt）客观上存在的紧急状态情况的，《刑法典》第 35 条第 1 款的免除责任事由不对他适用。对某 Z 依照《刑法典》第 154 条论处。

（二）错误认识有可能的，但被行为人过窄理解的正当化事由**法定边界**（rechtliche Grenzen）。 836

例如：在《刑法典》第 35 条第 1 款意义上的紧急状态情况中，鳏夫 W 将他的（已经在他身边多年的）女管家 H 从正在发生的生命危险中救了出来，使得 B 却丧失了生命，W 也想到了 B 要丧失生命。他确信，法律只是对“亲属”的救助才免除责任。成立刑法上的判决吗?

心理上的情形(psychische Situation):行为人在这里充满了《刑法典》第35条第1款中以之为前提条件的动因压力。

法律后果(Rechtsfolge):在上面的举例中,H是W的"关系密切人员",在客观和主观方面《刑法典》第35条第1款的全部前提条件都已满足,因此W的错误判断并不阻碍免除责任事由的介入。在B死亡的问题上,W不担负责任谴责。

837 五、错误认识**人的刑罚排除事由**(persönliche Strafausschlieβungsgründe)。

838 (一)实施行为,并**不认识**(in Unkenntnis)刑罚排除性的情况。

例如:A帮助一个被警察追捕的恐怖主义分子逃往国外,该恐怖主义分子只是通过中间人与他联系,也不想让他知道自己是谁。后来A才了解到,他所帮助的那个恐怖主义分子原来是他的姐夫S。A依据《刑法典》第258条第6款不受罚吗?

心理上的情形(psychische Situation):行为人知道,他是在实施违法行为;他是无内心上冲突地自主地作出了针对法制的决定。

法律后果(Rechtsfolge):按照《帝国法院刑事判决汇编》61,270,唯有**客观上的事实情况**(objektive Sachlage)是关键性的;这样,A依照《刑法典》第258条第6款结合第11条第1款第1项a不受罚。但这对于因为顾及**类似于紧急状态的冲突情况**(notstandsähnliche Konflicktlage)而制定的和因此是在责任范围内根植的刑罚排除事由而言,并无说服力。依照《刑法典》第258条第6款的不处罚性没有空间,如果行为人当时**并不知道**(nicht bewußt)他的行为是有利于一个亲属(对此也见本著边码498及之后)。

839 (二)错误认识人的刑罚排除事由**存在**(Existenz)或者其**法定**

边界(rechtliche Grenzen)。

例如:A 帮助他的(因为抢劫银行被追捕的)姐夫 S 逃往国外。他认为自己的所为要受处罚,因为他不认识《刑法典》第 258 条第 6 款上制定的规定。成立刑法上的判决吗?

心理上的情形(psychische Situation):实施行为时,A 面临与《刑法典》第 258 条第 6 款形成连接的动因压力。

法律后果(Rechtsfolge):错误认为要担负刑罚责任的以为,在具体的情况下不阻碍《刑法典》第 258 条第 6 款的适用。

六、对**可罚性的客观条件**(objektive Bedingung der Strafbarkeit)或者对**刑事追究前提条件**(Strafverfolgungsvoraussetzungen)的认识错误,按照普遍的意见为刑法上**不重要**(irrelevant)(比较《联邦最高法院刑事判决汇编》21,334、365;18,123)。 840

第六节　竞合概述

行为人违犯了数个刑罚规定,或者是多次违犯了同一个刑罚规定的,在依据《刑法典》第 52～53 条的竞合范围以这个思考作为审查的开始,即这里是否系"一个"行为还是为"数个"行为。着手点总是提问是否具备这样的一个行为单数或者行为复数: 841

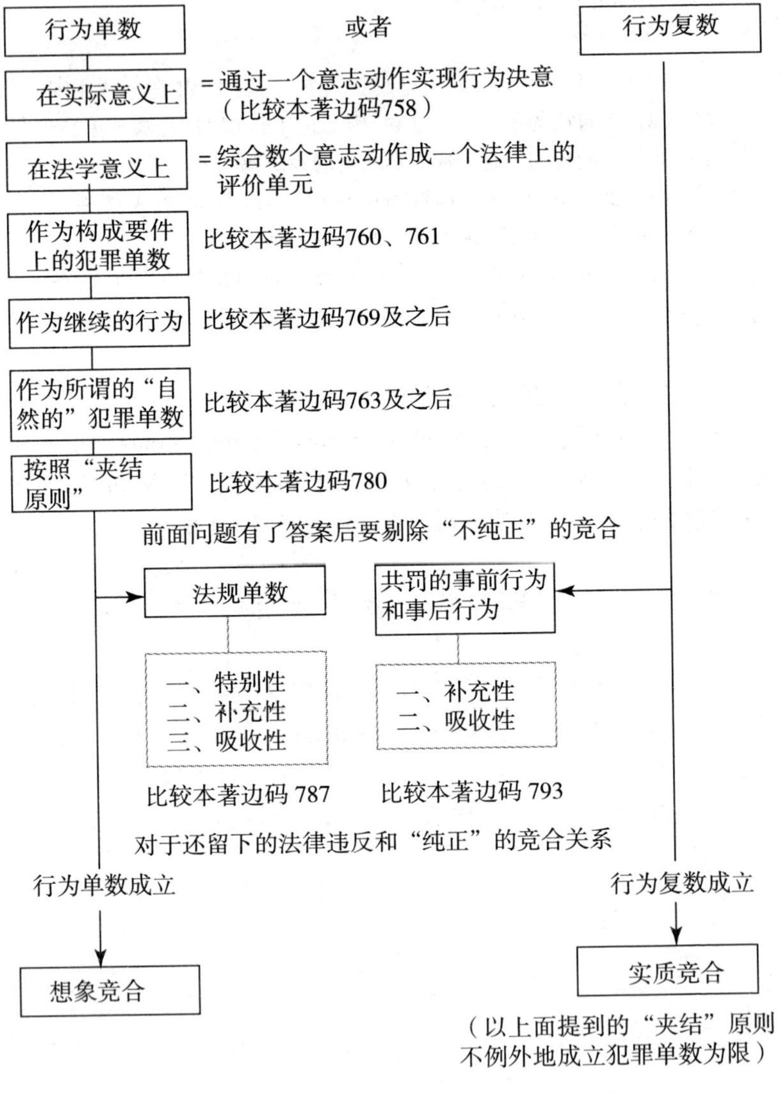
行为单数
或者
行为复数
在实际意义上
=通过一个意志动作实现行为决意（比较本著边码758）
在法学意义上
=综合数个意志动作成一个法律上的评价单元
作为构成要件上的犯罪单数
比较本著边码760、761
作为继续的行为
比较本著边码769及之后
作为所谓的“自然的”犯罪单数
比较本著边码763及之后
按照“夹结原则”
比较本著边码780
前面问题有了答案后要剔除“不纯正”的竞合
法规单数
一、特别性
二、补充性
三、吸收性
比较本著边码 787
共罚的事前行为和事后行为
一、补充性
二、吸收性
比较本著边码 793
对于还留下的法律违反和“纯正”的竞合关系
行为单数成立
想象竞合
行为复数成立
实质竞合
（以上面提到的“夹结”原则不例外地成立犯罪单数为限）

内容索引*

* 数字代表边码;粗体字代表主要出现处。

译者简介

李昌珂,男,1954 年出生于重庆。1992 年 2 月获德国奥克斯堡大学哲学博士学位。1993 年 8 月起在北京大学工作,获德国洪堡奖学金,于 1999 年 2 月—2000 年 2 月在德国多个大学做高级访问学者,现任北京大学外国语学院德语系教授。主要研究方向为德国问题和近当代德语文学。曾翻译出版《德国违反秩序法》和《德国刑事诉讼法典》等德国法律。承担韦塞尔斯《德国刑法总论》一书的翻译工作。

当代德国法学名著计划书目

法哲学·法律理论·法律史

1. 恩吉施:法律思维导论
   K. Engisch:Einführung in das juristische Denken
2. 哈腾豪尔:德国法的思想史基础
   H. Hattenhauer:Die geistsgeschichtlichen Grundlagen des deutschen Rechts
3. 雅科布斯:规范·人格体·社会——法哲学前思
   G. Jakobs:Norm, Person, Gesellschaft: Vorüberlegungen zu einer Rechtsphilosophie
4. 耶林:为权利而斗争
   R. v. Jhering:Der Kampf ums Recht
5. 考夫曼:后现代法哲学——告别演讲
   A. Kaufmann:Rechtsphilosophie in der Nach-Neuzeit
6. 考夫曼/哈斯默尔:当代法哲学和法律理论导论
   A. Kaufmann/W. Hassemer:Einführung in Rechtsphilosophie und Rechtstheorie der Gegenwart
7. 帕瓦洛夫斯基:法律方法论
   H-M. Pawlowski:Methodenlehre für Juristen
8. 拉德布鲁赫:社会主义文化论
   G. Radbruch:Kulturlehre des Sozialismus
9. 韦森贝格/韦森纳:晚近德国私法史
   G. Wessenberg/G. Wesener:Neuere deutsche Privatrechtsgeschichte
10. 维亚克尔:近代欧洲私法史——以德国发展为主要考察对象

F. Wieacker: Privatrechtsgeschichte der Neuzeit unter besonderer Berücksichtigung der deutschen Entwicklung

民商法·经济法

11. 鲍尔/施蒂尔纳:德国物权法(上、下册)
    F. Baur/R. Stürner: Sachenrecht
12. 卡纳里斯:德国商法
    C. W. Canaris: Handelsrecht
13. 弗卢梅:法律行为论
    W. Flume: Allgemeiner Teil des Bürgerlichen Rechts, zweiter Band, Das Rechtsgeschäft
14. 卡泽尔/克努特尔:罗马私法
    M. Kaser/R. Knütel: Römisches Privatrecht
15. 克茨:欧洲合同法(上卷)
    H. Kötz: Europäisches Vertragsrecht
16. 屈布勒:德国公司法
    F. Kübler: Gesellschaftsrecht
17. 拉伦茨:德国民法通论
    K. Larenz: Allgemeiner Teil des Deutschen Bürgerlichen Rechts
18. 梅迪库斯:德国民法总论
    D. Medicus: Allgemeiner Teil des BGB
19. 梅迪库斯:德国债法总论
    D. Medicus: Schuldrecht I (Allgemeiner Teil)
20. 梅迪库斯:德国债法分论
    D. Medicus: Schuldrecht II (Besonderer Teil)
21. 施密德:公司法
    K. Schmidt: Gesellschaftsrecht
22. 施瓦布:德国民法导论
    D. Schwab: Einführung in das Zivilrecht
23. 齐默尔曼: 债法——民法传统的罗马法基础

R. Zimmermann: The Law of Obligations

– Roman Foundation of the Civilian Tradition

24. 梅迪库斯:请求权基础

D. Medicus:Grundwissen zum Bürgerlichen Recht: Ein Basisbuch zu den Anspruchsgrundlagen

25. 克茨/瓦格纳:侵权法

H. Kötz/G. Wagner: Deliktrecht

刑法·行政法·国家法·宪法

26. 黑塞:联邦德国宪法概论

K. Hesse: Grundzüge des Verfassungsrechts der Bundesrepublik Deutschland

27. 毛恩茨/齐佩利乌斯:德国国家法

T. Maunz/R. Zippelius: Deutsches Staatsrecht

28. 毛雷尔:行政法学总论

H. Maurer:Allgemeines Verwaltungsrecht

29. 韦塞尔斯:德国刑法总则

J. Wessels:Strafrecht, Allgemeiner Teil

30. 施莱希/科里奥特:德国联邦宪法法院:地位、程序与裁判

K. Schlaich/S. Korioth: Das Bundesverfassungsgericht

Stellung,Verfahren,Entscheidung

背景系列

31. 雅科布斯:十九世纪德国民法科学与立法

H. H. Jakobs: Wissenschaft und Gesetzgebung im bürgerlichen Recht nach der Rechtsquellenlehre des 19. Jahrhunderts

32. 克斯勒:马克斯·韦伯的生平、著述及影响

D. Käsler:Einführung in das Studium Max Webers

33. 考夫曼:古斯塔夫·拉德布鲁赫传
——法律思想家、哲学家和社会民主主义者
A. Kaufmann: Gustav Radbruch – Rechtsdenker, Philosoph, Sozialdemokrat

34. 克莱因海尔/施罗德:九百年来德意志与欧洲法学家
G. Kleinheyer/ J. Schröder: Deutsche und Europäische Juristen aus neun Jahrhunderten

35. 克尼佩尔:法律与历史——论《德国民法典》的形成与变迁
R. Knieper: Gesetz und Geschichte: Ein Beitrag zu Bestand und Veränderung des Bürgerlichen Gesetzbuches